Instructor's Edition

to accompany

¿Qué te parece?

Intermediate Spanish

SECOND EDITION

Instructor's Edition

to accompany

¿Qué te parece?

Intermediate Spanish

compiled by
James F. Lee
Indiana University, Bloomington

McGraw-Hill Higher Education
A Division of The ***McGraw-Hill*** *Companies*

This is an EBI book.

¿Qué te parece . . . ? Instructor's Edition
Intermediate Spanish

This book is printed on acid-free paper.

3 4 5 6 7 8 9 0 QPD QPD 9 0 9 8 7 6 5 4 3 2

ISBN 0-07-230852-4

Vice president/Editor-in-chief: *Thalia Dorwick*
Executive Editor: *William R. Glass*
Senior development editor: *Scott Tinetti*
Senior marketing manager: *Karen W. Black*
Project manager: *Sharla Volkersz*
Senior production supervisor: *Richard DeVitto*
Designer: *Francis Owens*
Cover designer: *Vargas/Williams Design*
Cover photos: *(clockwise from top left) Danny Lehman/Corbis; courtesy of Jim Lee; AGE Fotostock; Peter Menzel/Stock Boston; Suzanne Murphy-Larrond; Peter Menzel.*
Editorial assistant: *Karen Privitt*
Compositor: *York Graphic Services, Inc.*
Typeface: *Garamond*
Printer: *Quebecor Printing Dubuque*

http://www.mhhe.com

Instructor's Edition

CONTENTS

1. Strategies for Implementing *¿Qué te parece?* James F. Lee

Consult Preface To Instructors (pages xiii–xxv of the Student Text) for a detailed explanation of the structure of *¿Qué te parece?* and of the repeating sections in each lesson.

The Complexities of Second-Year Language Instruction

To the Instructor of *¿Que te parece?* focuses on the complexities of second-year language instruction from the standpoint of student diversity and instructional goals. An additional factor that adds to the complexity of instructional design at the second-year level is that of the diverse makeup of the instructional staff. From university to university and from college to college, any of the following people may be teaching at the second-year level.

- graduate teaching assistants
- tenure track and tenured faculty
- part-time instructors, hired on a term-by-term basis
- lecturers who have an M.A. in Spanish and perhaps are working toward the Ph.D.
- instructors with little teaching experience
- very experienced instructors
- instructors who are up-to-date with changes in second-language instruction
- instructors who teach second year the way they were taught
- instructors who are open to change and innovation
- instructors who prefer to stay with the same text, year after year

Once the instructional goals of second-year programs are determined, the ability of the instructional staff to realize those goals is complicated by this diversity. In addition, the following factors also add to the complexity.

- Are instructors aware of the goals of second-year instruction and willing to implement them?
- Do instructors have the teaching skills, management ability, and language skills necessary to carry out the pedagogical goals?
- Is there a common syllabus, or will instructors work independently?

While each institution must answer these questions within the context of institutional goals, it is fair to suggest that a textbook can help to ameliorate some of these problems. In this regard, *¿Qué te parece?*, with its guided, step-by-step approach to instruction, is well suited to support instructors who have little pedagogical background, who wish to implement a more innovative approach but don't know how, or who have little time to prepare language classes. At the same time, the flexible framework of the activities in *¿Qué te parece?* allows instructors who wish to digress from the text to do so, incorporating their own favorite activities into the flow of classroom interaction.

Strategies for Implementing Sections of Each Chapter

Ideas para explorar

Each **Ideas para explorar** section is designed to be carried out in one 50-minute period.

Vocabulario del tema

We suggest that you assign the corresponding exercises and activities in the *Manual* for homework, before doing the student text activities in class. For this reason, each **Vocabulario del tema** section has a cross-reference to the *Manual.*

Nota lingüística

These sections are also cross-referenced to the *Manual,* where students will find a more detailed explanation of the grammar in question. You can assign the *Manual* exercises and activities for students to do as homework before coming to class. Alternatively, you may wish to cover some or all of them in class. (Keep in mind that the fourth lesson in each unit of the *Manual* provides a review of all the grammar in a given unit.)

Estrategias para la comunicación

You may wish to go over these strategies with students before starting the activity to which they correspond. Another option is to touch on the material when it becomes appropriate to do so while the activity is in progress. You should also feel free to supplement the strategies included in the text with those that you have found work well with students at this level.

Consejo práctico

These sections are presented in English so that students can read and absorb them on their own easily. However, it is perfectly fine to spend class time talking about them. Most likely, you will find that students with weaker preparation will benefit greatly from these sections, while stronger students will not need them as much. It is likely that this feature will allow students of different abilities and background to be equally successful in carrying out an activity.

Así se dice

These features, designed as a handy reminder about grammar, can also be used as a springboard for a quick review of the grammar topic.

Hablando de la literatura

The material contained in these sections is not essential for carrying out the activity, but it does place what students will read into a meaningful context.

Literatura

An important element in bridging second- and third-year language instruction is to prepare students to read literature, since most major and minor programs in Spanish are based primarily on the study of literature. It is not realistic to expect typical second-year students to read unadapted literary selections independently. Rather, students need many types of instructional support to become successful readers.

The various parts of the **Literatura** sections are explained in To the Instructor. We recommend that instructors cover the **Anticipación** and **Primera exploración** sections in class, during one 50-minute class period. We suggest this because we feel that reading does not have to be a private, solitary act. Reading in Spanish can be differentiated from reading for Chemistry and History classes by making it a social act, shared by students as a group.

Hablando de la literatura sections in this part of the lesson should be covered in depth if your second-year program is a bridge to third-year classes. Alternatively, if most of your second-year students do not go on, you may wish to skip these sections in class and recommend that students read them on their own.

Note that **Literatura** sections end with a cross-reference to **Segunda exploración** activities found in the *Manual*. These activities guide students through a second reading of the literary selection, on their own. While the in-class activities **(Primera exploración)** help students get a general sense for the meaning of the text, the **Segunda exploración** activities call for a more in-depth, detailed reading of the text. Students can be encouraged to form study groups and do the **Segunda exploración** activities together.

Instructors should note that the **Literatura** selections are included in the audiocassette materials for the unit. Many language learners may benefit from reading along with the text while they listen to the recording. This technique is especially useful with poetry.

Finally, note that the **Aplicación** activities, which encourage students to relate personally to the content of the literary readings, are designed to be covered in one 50-minute class period. We believe that many students may decide to continue with their study of Spanish if they are encouraged to see themselves in what they are reading.

Arte

¿Qué te parece? uses art to generate communication and interaction among students. Just as we want students to relate personally to the literature they are reading, we want them to relate personally to Hispanic art. Repeating types of activities in this section include the following:

- Which of the pieces of art would you give to your instructor? to your parents? to your best friend? to your worst enemy?
- Which pieces depict something you have experienced?
- Invent a dialogue between the people in the picture.

These activities are not technical analyses of the art but rather art appreciation activities. Sufficient activities are included to support one day of class instruction. Finally, sidebar grammar references provide helpful reminders about grammar topics to use to complete the activities.

Many instructors will not be familiar with all of the artists or the particular works included in the **Galería del arte** sections. Section 5 of this Instructor's Edition includes background information on the artists and the works. You may wish to read over this information before class so that you are prepared in case students ask questions.

Repaso

Few texts make systematic review of content and grammar part of the lesson structure. *¿Qué te parece?* does offer such a review, as a prelude to composition writing. In the **Repaso** sections, students are asked to work in groups to review the lesson themes and comment on them. This is followed by a focused grammar review. It is hoped that review of the themes will make the selection of composition topics easier, and that review of grammar will make students more aware of grammar topics as they write and edit their compositions.

Composición

Another important element in bridging second- and third-year language instruction is to engage students in thoughtful composition writing. For this reason, every unit of *¿Qué te parece?* offers a composition topic, with a well articulated series of steps for writing the composition. Thus, rather than merely assigning a composition to be written and turned in, instructors following the *¿Qué te parece?* approach will help students become better writers, and the preliminary work on the composition can serve as the basis for in-class discussion. Alternatively, compositions can be assigned as out-of-class work if students form study groups as they often do in business or science courses. Detailed instructions for drafting and editing compositions are also provided, as are cross-references to the *Manual,* where students will find reference tools that will help them while they write.

Portafolio cultural

New to the second edition is an exciting feature called **Portafolio cultural.** This section was designed to be assigned in very flexible ways. One way in which it might be implemented is to have students continually work on aspects of the **Portafolio** and to turn it in at the end of the semester. Your instructions to them might be that (1) they include a total of six assignments (two from each of the three units covered in the semester); and (2) the assignments be comprised of at least four different formats (e.g., **Vídeo, Cine, Literatura, Navegando la red**). You may, however, wish to have students turn in their **Portafolio** sections at the completion of each unit.

Suggestions for Implementing the Parts of Each Activity

¿Qué te parece?

Each **Ideas para explorar** section opens with a set of questions relevant to the themes of the activities in the section. You can have students read over these questions at the beginning of class (while you return homework, take attendance, and so on). Also, many instructors like to warm up the class with a few questions. You may wish to present these questions aloud to serve as a springboard to the day's lesson.

Meta lingüística *and* Meta de comunicación

You can use the **Metas** to introduce each activity. Note that many of the communication goals are linked to the critical thinking skills that are integral to the *¿Qué te parece?* approach.

Pasos

The **Pasos** are the key organizational element of the activities. They will help individual students participate fully in each activity and in the classroom interaction. The **Pasos** divide students' tasks into separate and manageable chunks, and they have the added benefit of structuring activities for instructors as well. Thus little instructor preparation is needed to ensure that activities will flow smoothly. By dividing students' tasks into separate steps, instructors can better monitor the activity itself, monitor students' progress, and keep the class moving in a timely and efficient manner.

2. Suggested Syllabi for Three- and Four-Day-a-Week Classes
James F. Lee

The **Lección preliminar** of *¿Qué te parece?* aims to help instructors establish a good working relationship with their students as well as foster communication among students and teach them how to work together. We believe that the lesson can be covered in three 50-minute class periods.

Each of the six regular units of *¿Qué te parece?* was designed to be covered in eleven days. The first, second, and third lessons of each unit require three days of instruction, while the fourth lesson can be covered in one or two days.

What follows is a suggested syllabus for the first half of the book, for both three- and four-day-a-week classes. Note that the four-day-a-week syllabus is an expansion of the work assigned for the three-day-a-week syllabus. If you have a fourth day, you can bring into the classroom a variety of vocabulary, grammar, and reading activities from the *Manual* that appear in the sections called **Actividades optativas (de vocabulario y gramática), Repaso de las lecciones previas,** and **Segunda exploración.**

Sample Week-by-Week Syllabus for Units 1–3

3 days a week			4 days a week
WEEK	IN CLASS	HOMEWORK	ADDITIONAL IN-CLASS WORK
1	**Lección preliminar**	*Manual:* **Lección preliminar**	
2	**Lección 1**	*Manual:* **Lección 1**	**Actividades optativas**
3	**Lección 2**	*Manual:* **Lección 2**	**Actividades optativas**
4	**Lección 3**	*Manual:* **Lección 3**	**Segunda exploración** (literature activities)
5	**Lección 4** Exam Unit 1	*Manual:* **Lección 4**	Grammar review exercises in *Manual:* **Lección 4**
6	**Lección 5**	*Manual:* **Lección 5**	**Actividades optativas**
7	**Lección 6**	*Manual:* **Lección 6**	**Actividades optativas**
8	**Lección 7**	*Manual:* **Lección 7**	**Segunda exploración** (literature activities)
9	**Lección 8** Exam Unit 2	*Manual:* **Lección 8**	Grammar review exercises in *Manual:* **Lección 8**
10	**Lección 9**	*Manual:* **Lección 9**	**Actividades optativas**
11	**Lección 10**	*Manual:* **Lección 10**	**Actividades optativas**
12	**Lección 11**	*Manual:* **Lección 11**	**Segunda exploración** (literature activities)
13	**Lección 12** Exam Unit 3 (or include Unit 3 on the final exam)	*Manual:* **Lección 12**	Grammar review exercises in *Manual:* **Lección 12**
14	Review of all units Final exam		

The preceding syllabus can also serve as the template for the second half of the text.

Institutions on the semester system will probably wish to cover the **Lección preliminar** and the first three regular units of the text in the first semester, followed by the last three units in the second semester. Quarter schools will most likely cover the **Lección preliminar** and two regular units in the first quarter, then two units in each succeeding quarter.

What follows is a more detailed template for a unit of material. In this template, material is divided day by day rather than week by week. Both the in-class and homework materials are organized around **Ideas para explorar** sections.

Sample Daily Syllabus for Unit 1 (3 days a week)

WEEK 2	IN CLASS	HOMEWORK
Lección 1	**Cómo nos comunicamos**	
Day 1	**El lenguaje corporal**	**El lenguaje corporal** (*Manual*)
Day 2	**Hablar usando frases hechas**	**Hablar usando frases hechas** (*Manual*)
Day 3	**De dos idiomas a uno**	**De dos idiomas a uno** (*Manual*)
WEEK 3		
Lección 2	**El español en los Estados Unidos**	
Day 1	**¿Por qué se aprende el español?**	**¿Por qué se aprende el español?** (*Manual*)
Day 2	**El biculturalismo**	**El biculturalismo** (*Manual*)
Day 3	**Los países de habla española**	**Los países de habla española** (*Manual*)
WEEK 4		
Lección 3	**Literatura y arte**	
Day 1	**Anticipación, Primera exploración**	**Segunda exploración** (*Manual*)
Day 2	**Aplicación**	
Day 3	**Arte**	
WEEK 5		
Lección 4	**Repaso y composición**	
Day 1	**Repaso**	**Repaso de las lecciones previas** (*Manual*)
Day 2	**Composición: Actividades A–D**	**Composición: Actividad E**
Day 3	Exam Unit 1	

Sample Daily Syllabus for Unit 1 (4 days a week)

WEEK 2	IN CLASS	HOMEWORK
Lección 1	**Cómo nos comunicamos**	
Day 1	**El lenguaje corporal**	**El lenguaje corporal** (*Manual*)
Day 2	**Hablar usando frases hechas**	**Hablar usando frases hechas** (*Manual*)
Day 3	**De dos idiomas a uno**	**De dos idiomas a uno** (*Manual*)
Day 4	**Actividades optativas** (*Manual*) to review vocabulary and grammar	
WEEK 3		
Lección 2	**El español en los Estados Unidos**	
Day 1	**¿Por qué se aprende el español?**	**¿Por qué se aprende el español?** (*Manual*)
Day 2	**El biculturalismo**	**El biculturalismo** (*Manual*)
Day 3	**Los países de habla española**	**Los países de habla española** (*Manual*)
Day 4	**Actividades optativas** (*Manual*) to review vocabulary and grammar	
WEEK 4		
Lección 3	**Literatura y arte**	
Day 1	**Anticipación, Primera exploración**	
Day 2	**Segunda exploración** (*Manual*)	
Day 3	**Aplicación**	
Day 4	**Arte**	
WEEK 5		
Lección 4	**Repaso y composición**	
Day 1	**Repaso**	**Repaso de las lecciones previas** (*Manual*)
Day 2	**Repaso**	
Day 3	**Composición: Actividades A–D**	**Composición: Actividad E**
Day 4	Exam Unit 1	

3. Suggestions for Testing and Evaluation
James F. Lee

Perhaps the aspect of teaching that instructors find most problematic is testing. So much is at stake in creating a test that is fair, comprehensive, and doable in the allotted time, and that reflects what has been done in the classroom. This section of the Instructor's Edition offers some general guidelines for developing tests for *¿Qué te parece?*[1]

The *¿Qué te parece?* program (both the textbook and the *Manual*) offers numerous review activities. For this reason, you may decide not to quiz as often as you would when using other books. Instead, we recommend that you devise a unit test similar to the practice tests in the *Manual.*

Much of the material in *¿Qué te parece?* lends itself to testing. For example, each **Ideas para explorar** in the first and second lessons in each unit begins with a set of questions **(¿Qué te parece?).** These questions could easily form the basis of a writing section. Alternatively, the questions could be used as a stimulus for having students use grammar and vocabulary in context. The *Manual* contains many **Actividades optativas** for both vocabulary and grammar. In designing the syllabus, you may wish to consider which of these **Actividades** you would prefer to use for testing purposes rather than as homework.

It is also useful to consider using class interactions as the basis for developing test sections.[2] If you do this, you will send two messages to students. First, you will alert them to the importance of the group and pair work they will be doing in class. Second, you let students know that they are responsible for what takes place in the classroom. This latter point is important because students do not always realize the value and importance of what takes place in the classroom. Many students believe that the "real learning" takes place out of the classroom, at home, while they do their homework.

Here is an example of how to take an activity and develop it into a test. The following activity appears in **Lección 5.** It is preceded by a **Nota lingüística** on the present perfect, so it is one of the many activities that has a specific grammatical base to it.

☐ ***META DE COMUNICACIÓN***
Averiguar cuáles son las supersticiones que tiene la mayoría de los estudiantes de la clase

Actividad D ¿Qué has hecho tú?

Paso 1 En grupos, averigüen cuántos de su grupo han hecho las siguientes cosas alguna vez. **¡Ojo!** Será necesario utilizar el pretérito perfecto. Cuidado con las formas verbales.

MODELO: —¿Quiénes han llevado una pata de conejo alguna vez?
—Nunca he llevado ninguna.
—Yo sí. Cuando era niño. ¿Y tú? ¿Has llevado una pata de conejo alguna vez?

SUPERSTICIÓN	LOS QUE LO HAN HECHO
1. llevar una pata de conejo	_____
2. evitar pasar por debajo de una escalera	_____
3. tocar madera	_____
4. buscar un trébol de cuatro hojas	_____
5. preocuparse por haber roto un espejo	_____
6. sentirse mal al cruzar caminos con un gato negro	_____
7. cruzar los dedos	_____
8. colgar una herradura en la puerta	_____
9. romper una espoleta	_____

---

[1] *Making Communicative Language Teaching Happen* (Lee and VanPatten, McGraw-Hill, 1995) contains several chapters on testing that should prove useful reading. The book includes chapters on testing grammar, reading, writing, and speaking. *Tasks and Communicating in Language Classrooms* (Lee, McGraw-Hill, 2000) also contains several chapters on testing.
[2] This concept is explored throughout *Making Communicative Language Teaching Happen* and in *Tasks and Communicating in Language Classrooms.*

10. ponerse cierta prenda de ropa (camisa, gorro) para un examen ______
11. utilizar un bolígrafo en particular durante un examen ______
12. recoger una moneda del suelo ______

Paso 2 Compartan los resultados con el resto de la clase. Entre todos, ¿cuáles son las tres supersticiones más prevalentes entre los miembros de la clase?

Paso 3 ¿A qué conclusión pueden llegar?

- Lo que hemos hecho, lo hemos hecho para alejar la mala suerte.
- Lo que hemos hecho, lo hemos hecho para atraer la buena suerte.
- ¿otra conclusión?

To follow up **Actividad D** on a test, you could do the following:

Contesta las siguientes preguntas a base de lo que pasó en clase. (10 puntos en total. 5 puntos por el uso correcto del presente perfecto; 5 puntos por el contenido correcto.)

1. Indica las supersticiones que crees que son las más comunes entre personas de tu edad.
2. ¿Cuáles son las supersticiones que son las más comunes entre todos los miembros de la clase?
3. De las acciones relacionadas con estas supersticiones, ¿cuáles has hecho tú? Describe las circunstancias. Si no has hecho ninguna, indica tres acciones supersticiosas que sí has hecho y describe las circunstancias.
4. ¿Eres típico/a de las personas de tu edad? ¿Tienes mucho en común con tus compañeros de clase?

We also encourage you to find ways to utilize the photographs and the fine art on your tests. Many of the activities that accompany the fine art include a grammatical element (note the sidebars) that lend themselves to testing grammatical knowledge as well as content knowledge. One of the recurring activities with the fine art is that of creating dialogues and monologues for the characters in the paintings. That activity could be adapted for use with the photographs that open each **Ideas para explorar** section. For example, the caption for the photo that accompanies **El lenguaje corporal** reads **¿Qué expresan los ojos de este niño mexicoamericano? ¿Qué mira?** Using the photo and caption on a test would allow you to test both vocabulary and grammar, within the context of the information explored in the unit.

The following possible test section integrates a grammar point with the fine art pieces in Unit 1.

Ser y estar. Mira las obras de arte en las páginas 16–17 del libro de texto. Luego, escribe una oración para cada cuadro. Dos de las oraciones deben usar el verbo **ser** y las otras dos deben usar el verbo **estar.** (8 puntos en total. 2 puntos cada uno: 1 punto por el verbo; 1 punto por el contenido de la oración)

1. *Pintando una pared*
____

2. *2 Circe*
____

3. *El dolor de cabeza*
____

4. *El sollozo*
____

The following possible test section integrates a grammar point with the content of the literary reading in Unit 1.

Ir + a. Escribe dos oraciones sobre el futuro de los personajes en el cuento «La novia ausente». Las oraciones deben expresar lo que tú crees que va a pasar en el futuro. Debes usar una forma apropiada de **ir + a** en las oraciones. (4 puntos en total. 2 puntos por cada uno: 1 punto por el verbo; 1 punto por el contenido de la oración)

1. Perpetua Gamondal
____
____

2. Bienvenido Mariscotti y la señora Matutina Gamondal
____
____
____

While the self-tests in the *Manual* are self-correcting, the following two test sections are more open-ended and could be used for an in-class exam.

A. Escribe un párrafo sobre las características de cada uno de los tres personajes en el cuento «La novia ausente». ¿Cómo son? (12 puntos en total. 3 puntos cada uno)

1. Perpetua Gamondal

____
____
____

2. Bienvenido Mariscotti

____
____
____

3. la señora Matutina Gamondal

____
____
____

B. Explica el título del cuento «La novia ausente». ¿A qué se refiere la palabra **ausente**? (3 puntos)

____
____
____

Escala de corrección para secciones A y B

3 puntos La respuesta está correcta e indica que tienes por lo menos un buen entendimiento del cuento. El ensayo está bien desarrollado.

2 puntos La respuesta está incomplete e indica que tienes un entendimiento parcial o limitado del cuento. El ensayo en general está bien desarrollado.

1 punto La respuesta está incompleta; no da detalles; da poca información e/o información incorrecta.

0 puntos La respuesta indica que no entendiste el cuento.

Of great concern in communicative language teaching is the appropriate evaluation of oral language ability. Given the orientation of *¿Qué te parece?,* it is more than appropriate to consider how best to evaluate students' oral language ability. The first question that an instructor needs to answer is how often will there be a speaking test. There are two logical options with *¿Qué te parece?:* to test after each unit, or to test once at the end of the term. Your decision will have more to do with scheduling and individual preference than with sound pedagogy. But if using the photos and fine art on written tests is not a viable option, then doing so would be an excellent part of a speaking test.[3]

Our final suggestion about testing oral language ability relates to the previous point about underscoring the importance of what takes place in the classroom. The approach we take to classroom interaction in *¿Qué te parece?* centers on group work. It would, therefore, be very appropriate for oral testing to take place in groups.[4] In essence, any activity that can be done in class can be done as a test. You may decide not to do an **Ideas para explorar** section in class but instead have the students carry out the activities as part of a test. It is perfectly natural to conduct oral tests in groups when the vast majority of oral interaction takes place in groups.

When conducting oral tests in groups, we suggest you adapt the following criteria as part of the group interaction component of your grading scale. Doing so will demonstrate to the students what is important about the interaction.

CRITERIA FOR EVALUATING GROUP INTERACTION

Points	
20	Does not dominate the interaction. Does not shut out others. Helps others to interact. Is pivotal in keeping the interaction going.
15	Sometimes takes over, but does not completely dominate. Sometimes marginalizes others. Tends to help others interact. Helps keep the interaction going.
10	Tends to dominate. Tends to shut others out. Rarely helps others to interact. Rarely helps keep the interaction going.
5	Dominates the interaction so that few others speak. Shuts others out of the interaction. Does not help others to interact. Does not help keep interaction going.

[3]The issues involved in developing appropriate grading criteria for a speaking test are explored in depth in Chapter 9 of *Making Communicative Language Teaching Happen.*

[4]*Making Communicative Language Teaching Happen* and *Tasks and Communicating in Language Classrooms* offer several examples of activities that can be adapted for testing situations.

4. Listening Scripts and Additional Information

James F. Lee, Darlene F. Wolf, Dolly J. Young

The materials in this section of the Instructor's Edition for *¿Qué te parece?* are coordinated with the activities in the student text by the following symbol: ✷. Whenever you see this icon in the student text, you will know that there are corresponding materials in this section.

LECCIÓN PRELIMINAR

Actividad A *¿A quién se refiere?*

Paso 1 **(page 4)**
Read these statements to the class. See if students can do the exercise with only one reading of each sentence.

1. Es argentino.
2. Es rubia.
3. Es moreno.
4. Es famoso.
5. Es político.
6. Es atractiva.

Unidad 2

LECCIÓN 5

Actividad D *Cuando era niño/a, mis padres me decían…*

Paso 1 **(page 90)**
Cuando era niña, mi madre me decía que no me podía quedar a jugar en la casa de mis amiguitas en nuestra vecindad cuando oscurecía porque la Llorona salía por la noche en busca de sus hijos y me podía confundir con ellos. Me explicaba que era más seguro estar en mi casa que estar fuera durante la noche.

Unidad 3

LECCIÓN 9

Actividad C *¿Qué tienes en casa?*

Paso 2 **(page 143)**
Todo el mundo sabe que el humo que sale de las chimeneas de las fábricas y los gases que salen de los tubos de escape de los coches, camiones y autobuses contaminan el aire. Esa contaminación es visible. La contaminación que ocurre cuando la industria y la agricultura descargan residuos en los ríos y lagos también es evidente. La contaminación es visible y huele mal. Pocos se dan cuenta, sin embargo, que muchos productos de uso personal y para la casa también pueden dañar el medio ambiente. Se trata de productos que todos nosotros usamos cada día.

Productos comunes, como la pintura, la cera para muebles y agentes de limpieza emiten vapores al aire cuando se usan. Algunos de estos vapores son nocivos. Muchas personas, sin embargo, se sorprenden al saber que *cualquier* producto perfumado emite vapores nocivos al aire. Entre estos productos son los detergentes, los suavizantes de ropa, los champúes, los jabones y los desodorantes.

Todos estos productos también contienen sustancias químicas que pueden entrar en el sistema de las aguas cuando salen por el desaguadero. Algunas de estas sustancias químicas son tóxicas. ¿Cuántos se dan cuenta, por ejemplo, que muchas marcas de champúes contienen cantidades pequeñas de pesticidas? ¿o que la crema de afeitar contiene amonia y etanol, dos sustancias tóxicas? Por inocuos que parezcan, estos productos contribuyen a la contaminación del agua cuando el consumidor los enjuaga y los desecha por el desaguadero.

Otra clase de productos para la casa que causa daño al medio ambiente son los productos de papel desechables, como las servilletas, los pañuelos y las toallas. Primero, es necesario blanquear estos productos durante la fabricación. Eso produce residuos químicos que son descargados al agua. Luego, después de que el consumidor los desecha, los productos de papel llegan a los vertederos. Aunque el papel es biogradable, no descompone muy rápidamente y, a causa de las cantidades enormes de papel viejo que entran en los vertederos, hoy día existe una falta alarmante de espacio.

Otros productos que causan daño al medio ambiente tanto en la fabricación como cuando se desechan son las pilas no recargables y los varios tipos de plásticos. Durante la fabricación de estos productos, sustancias químicas son emitidas al aire y al agua. La fabricación de espuma plástica, por ejemplo, emite gases que destruyen la capa de ozono. Luego, cuando el consumidor desecha estos productos, siguen dañando el medio ambiente. Las pilas corroen, emitiendo sustancias tóxicas al suelo y al agua. Los productos que contienen plásticos, por ejemplo los pañales desechables, cubiertos de plástico y envases de poliestireno, se descomponen muy muy lentamente. ¡Ni en quinientos años se desparecen!

Así se ve que muchos productos de uso personal o para la casa pueden dañar el medio ambiente igual que el humo y los gases que emiten las fábricas y los coches. Y son doblemente nocivos: primero durante su fabricación y después cuando el consumidor los desecha. No se debe juzgar por las apariencias.

Unidad 4

LECCIÓN 15

Actividad C Las telenovelas hispanas

Paso 1 (page 231)

Las telenovelas que se presentan en la televisión hispana suelen ser un poco diferentes de las que se ven en la televisión de habla inglesa en este país. Una diferencia importante es que en México y en muchos otros países de Latinoamérica las telenovelas se transmiten no sólo durante el día sino también entre las 5 de la tarde y las 9 de la noche. En cambio, en este país las telenovelas se transmiten casi exclusivamente durante el día.

Esta diferencia de horario significa que las telenovelas hispanas y norteamericanas tienen un público distinto. En este, dado que las telenovelas sólo se transmiten durante el día, quienes las ven tienden a ser amas de casa. Por esta razón, las telenovelas van dirigidas a televidentes del sexo femenino. En Latinoamérica, como las telenovelas se transmiten durante la noche, el público televidente tiende a ser más diverso. Toda la familia ve las telenovelas hispanas. Éstas no van dirigidas exclusivamente al elemento femenino; en cambio, van dirigidas tanto a hombres como a mujeres y tanto a jóvenes como a adultos.

Otra diferencia tiene que ver con la duración de las telenovelas. En este país hay telenovelas que se han transmitido por más de veinte años. Son interminables. En Latinoamérica, al contrario, una telenovela tiende a durar meses, no años. La telenovela hispana es una miniserie en comparación con las producciones épicas norteamericanas.

Unidad 5

LECCIÓN 17

Actividad D La censura del arte

Paso 2 (page 261)

Hacia 1800 Francisco Goya pintó *La maja desnuda,* la segunda figura de mujer desnuda en la historia de la pintura española. Goya fue denunciado ante la Inquisición. Ese cuadro, *La maja desnuda,* fue calificado de atentatorio contra los principios morales y religiosos de la sociedad española de aquella época.

Guernica, el famoso cuadro de Pablo Picasso, fue realizado en 1937 para el pabellón español de la Exposición Internacional de París. El cuadro evoca las trágicas consecuencias del bombardeo de la ciudad vasca, Guernica, por la aviación de la Alemania nazista durante la Guerra Civil española, que aconteció entre 1936 y 1939. La intervención de los alemanes permitió que el General Francisco Franco derrotara el gobierno republicano y gobernara España como dictador hasta su muerte en 1975. El gobierno fascista consideró que *Guernica* atentaba contra los principios políticos y sociales de la comunidad española.

LECCIÓN 18

Actividad C Dos casos

Paso 1 (page 285)
and
Portafolio cultural (Unidad 5) (page 305)

Note: In a recent book, anthropologist David Stoll questions sections of Rigoberta Menchú's memoir *I, Rigoberta Menchú.* He alleges that incidents that Menchú describes are exaggerations or outright lies. In her defense, Menchú claims that in cases where her recollections differed from others', she was merely repeating stories told to her by members of her family. Though Menchú's autobiography may not contain the complete truth, it should be known that the indigenous people of Guatemala and their supporters have suffered decades of human rights abuses.

You may wish to point this out to students before or after completing the activity in **Lección 18** or watching the video or assigning Menchú's book (**Portafolio cultural**). It could provide some interesting discussion material regarding human rights abuses and how they are reported.

Unidad 6

LECCIÓN 22

Actividad C ¿Qué es América?

Paso 3 (page 335)

Todas las declaraciones son falsas.

1. El nombre *América* fue usado primero para referirse tanto a Sudamérica como a Norteamérica y a Centroamérica. En español, *América* conserva ese sentido. En inglés suele referirse sólo a los Estados Unidos.

2. El área de los Estados Unidos y el Canadá juntos es, aproximadamente, de 22 millones de kilómetros cuadrados mientras que México, Centroamérica y Sudamérica juntos tienen un área de 20 millones de kilómetros cuadrados, aproximadamente. El área de Latinoamérica es casi igual al área de los Estados Unidos y el Canadá juntos.

3. Las Montañas Rocosas se extienden por más de 4.800 kilómetros mientras que la cordillera de los Andes se extiende por más de 8.000 kilómetros.

4. Los patrones de inmigración en Latinoamérica son tan complejos como los de Norteamérica. La población de Latinoamérica comprende principalmente descendientes de los indígenas, de los colonizadores españoles y portugueses y de los esclavos africanos. Durante los siglos XIX y XX Latinoamérica, igual que los Estados Unidos, ha recibido inmigrantes de los cuatro rincones del mundo. En Latinoamérica se encuentran descendientes de alemanes, italianos, ucranianos, holandeses, rusos, chinos, japoneses, libaneses, judíos e hindúes. Todos estos grupos han tenido una influencia importante en los países donde se establecieron.

5. El área del Brasil es más grande que la que comprende los 48 estados continentales de los Estados Unidos pero más pequeña que el área de los Estados Unidos, Alaska y Hawai juntos.

6. Hasta cierto punto, es cierto: El fútbol (*soccer*) es el deporte más popular en Latinoamérica, como lo es en el resto del mundo. El béisbol, sin embargo, es tan popular en el Caribe como en los Estados Unidos, como lo comprueban todos los jugadores profesionales caribeños que juegan en las Grandes Ligas. El béisbol también es muy popular en México y Centroamérica.

Actividad D Si no hubiera intercambio...

Paso 1 (page 336)

1. en América
2. en América
3. en el Viejo Mundo
4. en el Viejo Mundo
5. tanto en el Viejo Mundo como en América
6. en América
7. en América
8. en América
9. en el Viejo Mundo
10. en el Viejo Mundo
11. en América
12. en el Viejo Mundo
13. en el Viejo Mundo
14. en América

5. Background Information on Artists and Their Works
Karin Millard

The materials in this section supplement the information and fine art selections offered in the **Galería del arte** sections with which each unit begins. Some general background and bibliographical information about the artists is given, along with a brief commentary on the specific work that has been reproduced. It is never necessary for students to have this information in order to do the corresponding activities in the student text. However, you may find that students are curious about the artists, and it may be a good idea to scan the information in this section before doing the activities in class.

Note in particular that, while many "old" and "modern" masters are included in the **Galería del arte** sections, this text also takes the opportunity to introduce you and your students to Hispanic artists who are less well-known. Many are from the United States. For this reason, the information in this section may be particularly useful to you.

Unidad 1

El lenguaje y la comunicación (pages 16–17)

El dolor de cabeza, por Patssi Valdez

Patssi Valdez es una artista chicana de Los Ángeles, California. Creció en el este de Los Ángeles y asistió a la escuela secundaria Garfield, la cual tenía un largo antecedente de violencia y confusión. Esta situación caótica permitía que la atención del país se fijara en la situación de los estudiantes chicanos. La organización Asco, fundada por Valdez junto con otros artistas (Willie Herrón, Harry Gamboa y Gronk) nació en esta confusión. Es un grupo de artistas chicanos que se propone conseguir el reconocimiento del arte chicano. Por medio de dibujos y fotos, Asco demanda la atención del mundo del arte.

Mientras participaba en estas presentaciones, Valdez desarrollaba su obra al mismo tiempo. Esta obra consiste en pinturas, instalaciones, carteles y collages de fotografías, los cuales reflejan la influencia del arte mexicano popular, del arte español barroco y también de los temas autobiográficos. Con sus colegas activistas, Valdez intenta enfrentar ciertos problemas sociales que afectan a la comunidad hispana como el racismo, el acoso de la policía y los desamparados. Quiere crear un mundo de encanto dentro de un mundo empobrecido.

El dolor de cabeza, pintado en 1988, es uno de sus primeros cuadros, pero muestra bien su estilo de contrastar los colores y las formas. Además, es buen ejemplo del estilo introspectivo y provocativo de sus autorretratos. Estas obras reflejan su confusión interior, que contrasta con la realidad exterior.

Pintando una pared y *2 Circe,* por Claudio Bravo

Claudio Bravo nació en 1936 en Valparaíso, Chile. Además de ser pintor, escribe poesía. También formó parte del conjunto de bailarines de la Compañía de Ballet de Chile. En 1961, se estableció en Madrid, España, donde vivió hasta 1972, año en que se mudó a Tánger, Marruecos, lugar donde reside hoy día. La influencia árabe se ve claramente en las obras de Bravo, sobre todo en los rasgos físicos de los modelos, en la arquitectura y en los colores que utiliza. Bravo pinta en un estilo llamado *realismo,* un término apropiado para describir las dos obras que se ven aquí, *Pintando una pared* y *2 Circe,* porque dan la impresión de ser fotografías.

El sollozo, por David Alfaro Siqueiros

David Alfaro Siqueiros nació en Chihuahua, México, en 1896. Se distinguió por sus contribuciones al arte, pero también por su activismo político. Conoció a José Clemente Orozco y Diego Rivera, dos artistas muy importantes de ese período. Mientras editaba el periódico *Vida Americana* en París, les hizo una exhortación a los artistas de Latinoamérica que decía: «Tres llamamientos de orientación actual a los pintores y escultores de la nueva generación americana». En ella, declaró que quería ver un arte original y americano. Quería un arte que expresara los ideales políticos y sociales de los países latinoamericanos en vez de ser una imitación del arte de Europa. Siqueiros era defensor del arte público; postulaba el valor de la cultura indígena y proponía la integración de temas universales con nuevas formas y materiales nuevos. Regresó a México en 1922, donde pintó varios murales. También organizó, junto con Orozco y Rivera, el Sindicato Revolucionario de Obreros Técnicos y Plásticos en 1923. Fue desterrado de México dos veces y del Uruguay una vez, y encarcelado dos veces en México, ya que siempre tomaba parte activa en los movimientos políticos del día. También fue oficial del ejército republicano durante la Guerra Civil española.

El estilo de su obra es siempre realista y los temas, por lo general, son políticos. *El sollozo,* cuadro pintado en 1939, refleja las experiencias que vivió durante la Guerra Civil española. La mujer que se ve en el cuadro puede ser una de tantas, entre los miles de personas que sufrieron los horrores de esa guerra. En la década de los sesenta, recibió dos premios: el Premio Nacional de Arte, en México, y el Premio Lenin de la Paz, de la Unión Soviética.

Unidad 2

Las creencias populares (pages 72–73)

El entierro del conde de Orgaz, por El Greco

Domenicos Theotocópuli, llamado El Greco, nació en 1541 en Candia, en la isla de Creta. Es uno de los pintores más famosos del mundo. Aunque vivió algunos años en Italia, donde amplió sus estudios artísticos, se estableció definitivamente en España, pero nunca olvidó su patria natal: siempre firmaba sus obras con letras griegas e incluía el nombre de la isla donde nació.

Su vida puede ser dividida en tres períodos: una etapa inicial, o sea bizantina, una italiana y, por último, su etapa española. La etapa inicial comprende sus años en Creta, donde estudió el arte bizantino de la isla. La segunda etapa comprende su formación en Italia, donde pudo estudiar la obra de los grandes maestros como Tiziano, Tintoretto y Miguel Ángel. Pero su obra más importante la realizó durante su etapa española. Fue aquí donde pintó sus obras más famosas en algunas catedrales y capillas. En su obra predominan los temas religiosos y se puede apreciar la influencia de los estilos bizantinos e italianos, aunque algunos cuadros tienen como temas mitos o el paisaje y la ciudad de Toledo, donde vivió. Al analizar la obra de El Greco, la mayoría de los críticos notan su realismo místico, la sobriedad, la austeridad de los efectos y, principalmente, la estilización de las formas y figuras. Juzgan que todos estos elementos tienen que ver con el temperamento místico del pintor.

El entierro del conde de Orgaz es una de las obras más famosas que pintó El Greco. Se representa el momento en que el conde, don Gonzalo Ruiz de Toledo, es enterrado por sus santos patronos, San Agustín y San Esteban. Presencia el acto un grupo de caballeros toledanos, vestidos con los trajes de la época. En la parte superior del cuadro, hay una visión de la gloria, donde aparece Jesucristo rodeado de los coros de los bienaventurados. Debajo hay un ángel con el alma desnuda, inocente e iluminada por luces celestiales.

En verdad, el arte de El Greco había de caer en el olvido durante su vida y los siglos siguientes. Sólo en la época moderna ha sido revalorizado. El Greco murió en 1614.

Muerte de Luis Chalmeta, por Fernando Botero

Fernando Botero es uno de los pintores colombianos de más prestigio. Nació en Medellín en 1932. Cuando tenía 13 años, asistió a una escuela de tauromaquia porque quería ser torero. Esta experiencia influiría más tarde en su arte. También asistió a una escuela secundaria jesuita, pero fue expulsado como resultado de un artículo que escribió sobre la disidencia en el arte de Picasso. Sus primeras obras muestran la influencia de los muralistas mexicanos, como Rivera y Orozco. Pero, en 1952, viajó a Europa donde estudió las obras de los grandes pintores españoles e italianos. Su obra de este período refleja la influencia del expresionismo abstracto y los comienzos de su estilo caricaturesco que se caracteriza por las figuras y formas gruesas. En la mayoría de sus obras satiriza al clero, a los militares y a los políticos de Colombia. No obstante, una gran parte de su obra muestra la vida cotidiana de los pueblos colombianos.

Muerte de Luis Chalmeta es parte de una serie de obras que tratan de las corridas de toros. Lo interesante de este cuadro son las manos de la mujer que se extienden hacia el espíritu del toreador muerto.

El milagro, por Carmen Lomas Garza

Carmen Lomas Garza nació en 1948 en Kingsville, Texas. La familia de su madre tiene sus raíces en Texas, por generaciones, pero su padre llegó a los Estados Unidos durante la Revolución mexicana. Su interés en el arte viene desde su niñez, cuando observaba las tendencias artísticas de su abuela y de su madre. Decidió hacer de la pintura su profesión cuando era adolescente. Asistió a escuelas públicas, en donde los estudiantes mexicoamericanos solían ser zurrados por hablar en español. Luego asistió a la Universidad del Arte y de la Industria en Texas y, después, a la Universidad Estatal de San Francisco en California. Lomas Garza es participante del movimiento del chicanismo en el arte, donde los artistas se proponen crear una conciencia sociopolítica a fin de acelerar cambios sociales y efectuar una realidad cultural autónoma para otros norteamericanos de ascendencia mexicana.

El milagro, pintado en 1987, es un cuadro representativo de su obra en que muestra un pueblo y la vida diaria de la gente. Ella dice que su obra artística representa los eventos de su vida como chicana en el sur de Texas.

El cuarto de Rosalía, por Germán Pavón

Germán Pavón nació en el Ecuador en 1933. Desde niño, mostró una habilidad extraordinaria para dibujar y reproducir obras de una manera muy detallada. Por eso su madre le consiguió una beca en el Colegio Técnico, en donde ganó, por sus méritos, una beca para estudiar en la Escuela de Bellas Artes. En esta escuela, se destacó pronto como dibujante y tuvo su primera muestra en 1955. Su obra durante este período presentó motivos de raíces indígenas y negras. A causa de las dificultades económicas de ser artista durante esa época, tenía que trabajar en publicidad y diseño gráfico. Después de hacer este trabajo por una década, decidió dedicarse a la pintura. La obra de Pavón de este período tiene como temas el paisaje y el folklore.

Para 1974, su obra había llegado a la plenitud. Un año más tarde, pintó *El cuarto de Rosalía.* En esta obra muestra un estilo que refleja los temas indígenas con atmósferas mágicas y bellas. En la obra también se aprecian la estilización del geometrismo y el uso de la luz para revelar el contenido significativo del cuarto. En los años siguientes, Pavón ensanchó sus temas a lo universal, a lo mestizo, a lo español y a los temas religiosos. En sus obras más recientes incluye escenas de Quito, de campesinos, de rincones urbanos y el folklore ecuatoriano.

Unidad 3

El medio ambiente (pages 130–131)

Delirio febril urbanístico, por José R. Oliver

José R. Oliver nació en 1910 en Arecibo, Puerto Rico. A la edad de 10 años, se fue a España a estudiar. Mientras estudiaba química en Barcelona, dedicaba parte de su tiempo al estudio del arte. Después, se trasladó a París donde pintó, esculpió e hizo esmaltados. Regresó a Barcelona, pero, a causa de la Guerra Civil, volvió a Puerto Rico donde trabajó en química mientras pintaba en sus horas libres. De 1959 a 1975, fue director de la Escuela de Bellas Artes del Instituto de Cultura Puertorriqueña. Del movimiento cubista-expresionista, desarrolló su propio estilo. Pintó en fragmentos y con prismas de colores primarios.

Delirio febril urbanístico, cuadro pintado en 1963, refleja su cuidadoso tratamiento de la luz y la sombra. Estos elementos dan a su obra un sentido de orden y lógica. Además, usa las estructuras matemáticas como base de sus composiciones. La mayoría de sus pinturas tiene como tema los paisajes urbanos y rurales, como en esta pintura. En su obra capta visualmente el período de transición y modernización de Puerto Rico. Murió en San Juan, Puerto Rico, en 1979.

Cubo atmósfera, por Grace Solís

Grace Solís nació en 1961 en Baños, Tungurahua, Ecuador. Obtuvo el bachillerato en artes plásticas y licenciatura en la Facultad de Artes de la Universidad Central de Quito. Sus profesores en la universidad pertenecían a la generación de conceptualistas. De éstos aprendió la expresión por la tensión dentro del paisaje convencional. Este paisaje posee algunas huellas románticas, pero también refleja una sensibilidad contemporánea. Al pintar, Solís suele escoger las marinas, y los cuadros que pinta muestran efectos visuales de clara belleza.

Cubo atmósfera, obra pintada en 1987, es buen ejemplo de esta tendencia. En esta pintura, como en la mayoría de su obra, predominan los azules, que se vinculan fuertemente a la composición temática. En 1983, justo después de su graduación en la Facultad de Artes, obtuvo su primer triunfo: ganó el primer premio en el Salón Nacional de Aeronáutica. Aunque Solís es muy joven, su éxito no es sorprendente cuando se trata de alguien de tanto talento.

La jungla, por Wilfredo Lam

Wilfredo Lam nació en 1902 en Sagua la Grande, Cuba. La herencia cultural de sus padres influyó mucho en él a lo largo de su vida. Su madre tenía sangre africana, y su padre era chino, por lo cual, desde niño Lam siempre fue conocido como chino. Sus padres compartieron con él muchas de las tradiciones chinas y africanocubanas que luego influirían en su obra. Su madrina también tuvo gran influencia en su vida, al introducirlo al mundo espiritual de los africanocubanos. En 1914, se fue a La Habana para estudiar arte en la Academia de San Alejandro. En 1923, ganó una beca para continuar sus estudios en España. Se quedó allí hasta 1938, cuando la Guerra Civil española lo obligó a salir del país. Entonces, se fue a París, en donde conoció a Picasso y tuvo la oportunidad de asociarse con los artistas surrealistas más famosos del mundo. En 1941, regresó a La Habana, donde empezó a poner en práctica las lecciones de los surrealistas. Pintó una serie de cuadros que mostraban figuras de personas con las partes del cuerpo trastocadas. A partir de entonces, la influencia afrocubana es evidente en su obra. Los africanocubanos han conservado elementos de su herencia africana—la música, el baile, la lengua, el folklore—al mismo tiempo que los han mezclado con la religión cristiana del país.

Esta mezcla se ve en su cuadro *La jungla,* así como en muchas de sus pinturas. Obviamente, es una muestra del surrealismo, pero lo más interesante de la obra son las máscaras de los personajes. Estas máscaras, en el mundo espiritual africano, representan el momento en que el hombre y el espíritu llegan a comunicarse mutuamente. Para Lam, las mismas figuras son una metáfora de la unificación del hombre con el mundo espiritual. Se puede decir, entonces, que Lam define el mundo real en términos del mundo espiritual. El artista murió en Francia en 1982.

El violinista de Chernobyl, por Daniel Quintero

Daniel Quintero nació en 1949 en Málaga, España. Ha vivido y trabajado en España toda su vida, con excepción de unos años que pasó en Gran Bretaña. Su obra se ha expuesto en todo el mundo. El arte de Quintero es realista y se caracteriza por el uso de colores vivos, lo cual se puede apreciar en *El violinista de Chernobyl.* La obra trae a la mente el accidente nuclear ocurrido en Rusia en los años ochenta. La irradiación, consecuencia de este desastre, afectó los productos agrícolas en Europa, causó la muerte de muchas personas y dejó inválidas a muchas otras. La inocencia que se refleja en la cara del niño provee un fuerte contraste con el horror del desastre que ocurrió.

Unidad 4

La televisión (pages 190–191)

Los cuentos, por Amado M. Peña, Jr.

Amado M. Peña, Jr., es uno de los artistas chicanos más conocidos. Hablando de su arte, él ha dicho que el artista es un historiador que crea imágenes de la cultura de un pueblo que recuerdan para siempre su historia. Dice también que, a través de las imágenes, el artista comunica quiénes son los del pueblo y de dónde vienen. Para él, el arte y la identidad del pueblo son inseparables. El arte de Peña refleja los colores vibrantes y los diseños e imágenes del suroeste de los Estados Unidos.

En esta obra, se puede apreciar la importancia que da el pintor a la familia, las tradiciones y las costumbres. Las imágenes de los indígenas parecen parte del paisaje del suroeste, lo cual es propio del estilo de Peña. Las arrugas, por ejemplo, traen a la mente las rocas y mesetas características de Nuevo México y Arizona.

Delincuencia juvenil, por Félix Rodríguez Báez

Félix Rodríguez Báez nació en 1929 en Cayey, Puerto Rico. Estudió en la Academia Edna Coll, una de las instituciones de Puerto Rico que ofrecía una educación general en las bellas artes en la década de los cuarenta. En 1949, fundó junto con otro artista puertorriqueño, José Torres Martinó, un taller y escuela de arte para niños. El taller, llamado Estudio 17, se convertió en lugar de reunión y taller de los artistas jóvenes que participaban en el auge del arte en la Isla en los años cincuenta. Este grupo creó el Centro de Arte Puertorriqueño en 1950. En los años siguientes, Rodríguez Báez trabajó como pintor, maestro y diseñador gráfico y comercial. Fue director de la Escuela de Bellas Artes del Instituto de Cultura Puertorriqueña entre 1978 y 1983. Su obra se propone representar la experiencia de los profundos cambios en la sociedad puertorriqueña y en los ambientes urbanos. Por sus pinturas de los barrios pobres urbanos, se convirtió en una de las figuras más destacadas del realismo social en Puerto Rico.

Su cuadro *Delincuencia juvenil,* pintado en 1960, es representativo de estos temas. Báez pinta las barriadas urbanas y la injusticia de un sistema social basado en la distribución desigual de la riqueza. Para él, el realismo representa un medio de comunicación visible accessible a todas las clases sociales.

Sobre la mesa roja 1, por Daniel Quintero

(Véase Unidad 3, *El violonista de Chernobyl.*) En su cuadro *Sobre la mesa roja I,* se pueden apreciar los aspectos que caracterizan la obra de Quintero, el realismo y el uso de color. Aunque esta obra no implica una crítica social, como la obra de Báez, nos invita a reflexionar sobre la falta obvia en la televisión de imágenes positivas en cuanto a gente de color y a ciertos grupos étnicos. ¿Cómo va a influir en este joven la televisión?

La tertulia, por Ángeles Santos

Ángeles Santos nació en 1912 en Port Bou, España. Empezó a pintar seriamente desde que era niña y, a la edad de 17 años, expuso varios cuadros en Madrid. En estos primeros cuadros presenta imágenes de personajes alucinados, esqueletos y niños deformes. Durante los años siguientes, su arte surrealista se expuso en Pittsburgh y París. En 1935, se casó con el pintor Grau Sala y abandonó la pintura. Después de la Guerra Civil española, empezó a pintar otra vez, pero con un estilo y temas diferentes. Estas pinturas representan el paisaje y las escenas urbanas.

El cuadro *La tertulia* pertence a su primer período surrealista. Las mujeres en la pintura reflejan su interpretación de la realidad, con las formas alucinadas y deformes.

Unidad 5

La libertad y la falta de libertad (pages 250–251)

La familia del presidente, por Fernando Botero

(Véase Unidad 2, *Muerte de Luis Chalmeta.*) Botero es el artista más conocido de Colombia. Aunque pintó la vida del pueblo, gran parte de su obra se concentra en las figuras políticas y religiosas del país. *La familia del presidente* es una muestra de estos temas. Además, en esta obra se puede apreciar el estilo característico de Botero de representar figuras gruesas y formas esféricas.

La república, por Débora Arango

Déborah Arango nació en 1910 en Medellín, Colombia. Asistió a la escuela de Bellas Artes de Medellín de 1933 a 1935. Su obra es muy original, aunque también ella respondió a la situación política y social, como lo hicieron sus colegas. El arte de Arango es brutal y profundamente humano. Arango dijo de su arte que «tenía la intuición de que mi temperamento me impulsaba a buscar movimiento, a romper los rígidos moldes de la inquietud hacia la concepción modernista y revolucionaria del arte destinado a interpretar el anhelo de las masas». Se puede decir que la obra que realizó entre los años 1938 y 1940 pertenece al período de la expresión pagana, al período de los desnudos. Estas acuarelas son notorias por el desparpajo de las poses y por la actitud de la modelo, quien mira descaradamente al espectador. A sus detractores de este período les dijo que «tengo mi convicción de que el arte, como manifestación de cultura, nada tiene que ver con los códigos de la moral. El arte no es amoral ni inmoral». Entre 1942 y 1944, sus obras son de denuncia social. Pintó, por primera vez en la historia del arte colombiano, la sordidez de la prostitución y los bares y su clientela dudosa. Usó colores fuertes y pintó a las personas con ciertas deformaciones del rostro y de las figuras. De 1946 a 1948, estudió en la Escuela Nacional de Bellas Artes de Nueva York. Después, regresó a Medellín, pero no reveló públicamente ninguna pintura hasta 1953, año en que viajó a Inglaterra, Francia, Escocia y Austria. Fue durante esta época que realizó unas pinturas de calaveras, sapos, perros, hienas, reptiles y buitres. La obra *La república* pertenece a este período. Estas obras son notorias por el predominio de la diagonal en la composición y de los colores chocantes. Entre 1960 y 1975, se dedicó al cuidado de su padre enfermo y pintó los zócalos de cerámica de su casa. En 1976, empezó a pintar otra vez. El arte de Arango duplica el mundo, pero con un lenguaje propio, sin intervención de las convenciones del buen gusto y «lo culto». Arango creó imagenes que movilizaron la conciencia de Colombia.

Lienzo de castas, Anónimo

No se sabe quién pintó este cuadro. A finales del siglo XVIII, la mezcla de gente de varias razas caracterizó la población de Latinoamérica. La organización social de esa época se basaba en las castas; es decir, tenía que ver con la raza de los individuos. En esta obra se ve muy claramente el intento de identificar y darle nombre a las personas que tenían una mezcla de razas para que los funcionarios pudieran categorizarlas. Como se ve en el primer cuadro, el mestizo es producto de la mezcla de la sangre española con la indígena. Se debe notar la composición del lienzo: el hijo en el primer cuadro es uno de los padres en el segundo; el hijo en el segundo cuadro es uno de los padres en el tercero, y así sucesivamente. Pero lo absurdo del sistema se ve en el cuadro 15 en que el hijo del matrimonio se llama Noteentiendo.

Sin título, por Santa Contreras Barraza

Santa Contreras Barraza nació en 1951 en Texas. Al igual que Carmen Lomas Garza, se crió en Kingsville, Texas, por los años sesenta y setenta. Esta región es conocida por la opresión a que han sido objeto las comunidades mexicanas y chicanas, lo cual se refleja en su arte. Esta pintora explora la vida de los mestizos en esta parte de América por medio de los símbolos e imágenes de su herencia cultural. La mayoría de su obra tiene que ver con los cuentos y corridos, la tradición oral que mantiene viva la identidad cultural de esta gente. En el primer período de su obra presenta la realidad de los chicanos dentro de la cultura norteamericana por medio del fotorealismo. Muestra las imágenes de las personas y los eventos de la vida de éstas en detalle, además de representar eventos y memorias de su propia vida y de su familia. Por ejemplo, en gran parte de su obra pinta figuras familiares, paisajes, barrios y ceremonias religiosas. Más tarde, su arte evolucionó del fotorealismo al expresionismo. Como la mayoría de las artistas chicanas, quiere mostrar imágenes femeninas con obras de medias mixtas y grabados. Su obra reciente tiene como temas los sueños, la muerte y la sexualidad.

En *Sin título,* Contreras Barraza explora la realidad de la mujer chicana. Al fondo del cuadro se ve a la Virgen de Guadalupe, un símbolo muy respetado por los mexicanos y por las personas de ascendencia mexicana en los Estados Unidos. La imagen central de la obra es una mujer chicana contemporánea. La presencia de la Virgen en el fondo representa las restricciones y prohibiciones impuestas por la religión y la cultura en las mujeres.

Unidad 6

Perspectivas e imágenes culturales (pages 308–309)

Libertad, por Éster Hernández

Ester Hernández nació en 1944. Sus padres son descendientes de los indios yaquis de México. En los años setenta, fue catalogada entre las Mujeres Muralistas por sus imágenes poderosas de la sociedad. La obra más famosa de Hernández es el grabado llamado *Sun Mad.* La artista transforma en esqueleto, símbolo de la muerte, la figura en la caja de pasas. Esta obra refleja la influencia de los artistas mexicanos tradicionales, pero también denuncia la situación de los trabajadores del campo en las haciendas. Era común que se aplicaran pesticidas en los cultivos mientras los campesinos trabajaban, sin que éstos lo supieran. Hernández sabe yuxtaponer bien el símbolo doméstico con los elementos de la sorpresa y del horror. Además, Hernández también presenta en su obra una imagen fuerte de la mujer que no es la tradicional, por influencia de su madre y su abuela.

En *Libertad,* cuadro pintado en 1976, se puede ver cómo cambia la imagen tradicional de la mujer. La estatua de la Libertad no es la mujer del vestido flotante que simboliza la libertad de los Estados Unidos, sino un mosaico de la gente que vivía aquí antes de la llegada de los europeos. Hoy día, la artista vive en San Francisco donde continúa su creación artística.

Códice III, por Santa Contreras Barraza

(Véase Unidad 5, *Sin título.*) Los aztecas utilizaban códices para recordar su historia. Los códices contenían imágenes de ceremonias, dioses y tradiciones. En la época colonial, los españoles documentaban en códices la historia de la conquista. En el cuadro *Códice III,* se ve cómo Contreras Barraza utiliza esta forma tradicional para presentar imágenes y símbolos que predominan en la cultura chicana contemporánea. (El cacto que se ve se llama maguey y de esta planta se distila el tequila.)

Austin Celebrates the Sesquicentennial, por Amado M. Peña, Jr.

(Véase Unidad 4, *Los cuentos.*) El arte de Amado Peña refleja los colores y las imágenes del suroeste de los Estados Unidos. En este cartel, se puede ver varios símbolos que han caracterizado el estado de Texas. Las banderas simbolizan la historia de Texas que ha sido, sucesivamente, territorio español, mexicano, francés y norteamericano. Texas fue también, durante varios años, una república independiente de los Estados Unidos y México, y fue parte de la Confederación durante la Guerra Civil estadounidense. La estrella que se ve en la parte superior de la obra figura aparace en la bandera estatal y también en el mote del estado: *Lone Star State.* El edificio que se ve es el capitolio, localizado en Austin. Las figuras de los indígenas, pintadas según el estilo propio de Peña, aparecen como si fueran parte del paisaje del suroeste.

Bleeding Reality: Así estamos, por Juan Sánchez

Juan Sánchez nació en 1954 en Brooklyn, Nueva York. Sus padres africanopuertorriqueños lo criaron en los barrios puertorriqueños de Nueva York. Mientras asistía a la escuela secundaria, participaba en las actividades de los Young Lords, una organización política de puertorriqueños radicales. Su activismo político y social es evidente en su obra. Le sirvió de inspiración la obra de los artistas que documentaron la vida y las raíces culturales de los puertorriqueños. Obtuvo el bachillerato en bellas artes en el Cooper Union por el Avance de la Ciencia y el Arte en 1977, y la maestría en bellas artes en Rutgers University. Sánchez realizó una variedad de obras de arte. Pintó cuadros de medias mixtas y también hizo grabados. El artista llama a su arte «Rican/Structions» de la palabra en inglés que significa *reconstruir.* En su obra presenta imágenes de la historia e identidad de los puertorriqueños desde una perspectiva activista.

Este cuadro, *Bleeding Reality: Así estamos,* pintado en 1988, representa bien la obra de Sánchez. Muestra los temas típicos de este artista y también el estilo que ha desarrollado para expresar sus ideas. Consiste en capas de dibujos, imágenes pintadas, fotografías y textos de grafiti. El artista vive en Nueva York.

6. Suggested Composition Grading Criteria
James F. Lee and David L. Paulson

We suggest that you use the criteria in Appendix 3 of the text to evaluate the final versions of the compositions. (It is also printed at the end of this Instructor's Edition insert.) These criteria have been used in evaluating both first- and second-year compositions. We feel that the different categories in which criteria are presented reflect well the process(es) emphasized in the different activities associated with the composition. We *strongly* urge you to provide students with a copy of whatever criteria you use *before* they begin to write.

Being consistent from composition to composition in your application of the criteria is essential. Here are some suggestions to help you do that.

- Read the composition from start to finish without making any comments or judgments.
- Apply each category of the criteria separately from the others.
- To determine the level within categories, start at the lowest level and read until you find the level that best describes the work.
- Circle the points associated with that level.
- Repeat the procedure for the next category.
- Total the points in the four categories, and you will have a grade based on 100 possible points.

Evaluation Criteria for Compositions

The evaluation criteria suggested consider four categories of student writing: Content, Organization, Vocabulary, and Language. Each category is worth a certain number of points; the total number of points possible is 100. These categories have been selected because each is included in the steps that comprise the composition activity. Each category is divided into four achievement levels with specific associated point values. First read the list of evaluation criteria; suggestions for their application follow.

Before adopting the criteria for use in your classes, you may wish to consider whether you agree with two particular features. First, the lower achievement level in each category includes the phrase "not enough to evaluate." Students are given guidelines for length in each composition. Also, students are asked to plan and organize their arguments for each composition. If the work does not meet a minimum standard for length and quality, we suggest a policy of assigning the lowest point values in all four categories. Some believe that a short composition should be downgraded for Content only, but not in other categories such as Language or Organization. If you disagree with the policy suggested here, then you should delete the phrase "not enough to evaluate" in the criteria you use. Second, note that in the Language category, students are expected to use the grammar of the lesson accurately and appropriately. This requirement reflects the use of the compositions as a means of synthesizing both the content *and* language of the lesson. In addition, the compositions include a step in which students are instructed to edit their language. It is reasonable, therefore, to expect students to focus on the language of the lesson. Moreover, the criteria for Language ask you to judge how well a composition was edited. The best way to do so is to examine edited drafts as well as the final version. You will therefore probably want to have students hand in drafts with their final versions so that you can have direct access to what they edited rather than speculate about it.

EVALUATION CRITERIA FOR COMPOSITIONS

	POINTS
Content (Information Conveyed)	
• minimal information; information lacks substance (is superficial); inappropriate or irrelevant information; or not enough information to evaluate	19
• limited information; ideas present but not developed; lack of supporting detail or evidence	22
• adequate information; some development of ideas; some ideas lack supporting detail or evidence	25
• very complete information; no more can be said; thorough; relevant; on target	30
Organization	
• series of separate sentences with no transitions; disconnected ideas; no apparent order to the content; or not enough to evaluate	16
• limited order to the content; lacks logical sequencing of ideas; ineffective ordering; very choppy; disjointed	18
• an apparent order to the content is intended; somewhat choppy; loosely organized but main points do stand out although sequencing of ideas is not complete	22
• logically and effectively ordered; main points and details are connected; fluent; not choppy whatsoever	25
Vocabulary	
• inadequate; repetitive; incorrect use or non-use of words studied; literal translations; abundance of invented words; or not enough to evaluate	16
• erroneous word use or choice leads to confused or obscured meaning; some literal translations and invented words; limited use of words studied	18
• adequate but not impressive; some erroneous word usage or choice, but meaning is not confused or obscured; some use of words studied	22
• broad; impressive; precise and effective word use and choice; extensive use of words studied	25
Language	
• one or more errors in use and form of the grammar presented in lesson; frequent errors in subject/verb agreement; non-Spanish sentence structure; erroneous use of language makes the work mostly incomprehensible; no evidence of having edited the work for language; or not enough to evaluate	13
• no errors in the grammar presented in lesson; some errors in subject/verb agreement; some errors in adjective/noun agreement; erroneous use of language often impedes comprehensibility; work was poorly edited for language	15
• no errors in the grammar presented in lesson; occasional errors in subject/verb or adjective/noun agreement; erroneous use of language does not impede comprehensibility; some editing for language evident but not complete	17
• no errors in the grammar presented in lesson; very few errors in subject/verb or adjective/noun agreement; work was well edited for language	20
Total points _____	/100

INSTRUCTOR'S NOTES

¿Qué te parece?

SECOND EDITION

¿Qué te parece?

Intermediate Spanish

James F. Lee
Indiana University, Bloomington

Dolly Jesusita Young
University of Tennessee

Darlene F. Wolf
Late, University of Alabama

Paul Michael Chandler
University of Hawai'i at Manoa

McGraw-Hill

Boston Burr Ridge, IL Dubuque, IA Madison, WI New York San Francisco St. Louis
Bangkok Bogotá Caracas Lisbon London Madrid
Mexico City Milan New Delhi Seoul Singapore Sydney Taipei Toronto

McGraw-Hill Higher Education
*A Division of The **McGraw-Hill** Companies*

This is an EBI book

¿Qué te parece... ?
Intermediate Spanish

This book is printed on acid-free paper.

4 5 6 7 8 9 0 QPD QPD 9 0 9 8 7 6 5 4 3 2

ISBN 0-07-365519-8

Vice president/Editor-in-chief: *Thalia Dorwick*
Executive editor: *William R. Glass*
Senior development editor: *Scott Tinetti*
Senior marketing manager: *Karen W. Black*
Project manager: *Sharla Volkersz*
Senior production supervisor: *Richard DeVitto*
Designer: *Francis Owens*
Cover designer: *Vargas/Williams Design*
Cover photos: *(clockwise from top left) Danny Lehman/Corbis; courtesy of Jim Lee; AGE Fotostock; Peter Menzel/Stock Boston; Suzanne Murphy-Larrond; Peter Menzel.*
Editorial assistant: *Karen Privitt*
Compositor: *York Graphic Services, Inc.*
Typeface: *Garamond*
Printer: *Quebecor Printing Dubuque*

Library of Congress Cataloging-in-Publication Data

¿Qué te parece?: Intermediate Spanish / James F. Lee ... [et al.].-- 2nd ed.
p. cm.
Includes index.
ISBN 0-07-365519-8
1. Spanish language--Textbooks for foreign speakers--English. I. Lee, James F.
PC4129.E5 Q45 1999
468.2'421--dc21 99-047956

http://www.mhhe.com

Dedication

First Edition

We dedicate this book to our co-author, Dr. Darlene Faye Wolf, whose life ended in December 1994. We celebrate her talent, intellect, beauty, elegance, and spirit. She was a model teacher, dedicated and devoted to her students. She was a published scholar whose promise was infinite. She was a published textbook writer, and her influence will continue to be felt through the materials she wrote. She was an outstanding language program director. Above all, she was a generous and loyal friend.

We celebrate Darlene's life and its impact on ours. We love you, Darlene, and miss you.

Second Edition

To our friend, Darlene. It's not the same without you.

Contents

UNIDAD 2 71
LAS CREENCIAS POPULARES

UNIDAD 3 129
EL MEDIO AMBIENTE

Preface

To Instructors

Welcome to the exciting second edition of *¿Qué te parece? Intermediate Spanish!*

¿Qué te parece? is a comprehensive second-year (intermediate) Spanish program designed for use at the college level (or in third- and fourth-year high school courses). It offers a review of Spanish grammar and systematic vocabulary and skill development. Units are organized around unique activities and interesting topics that will help students have a successful experience in second-year Spanish as well as prepare them to go on to other Spanish courses, if that is their goal.

What's New in the Second Edition?

Based on extensive reviewer feedback, we made some significant content and structural changes to the second edition of *¿Qué te parece?* While the text still retains its task- and content-based approach, we made much of the content more accessible to students and improved the organizational structure within each lesson to make the text more user-friendly for students and instructors alike.

Here are some of the more significant changes we made to the second edition.

- Each **Ideas para explorar** string now has a simpler, more straightforward structure. Each **Ideas** string contains four activities: **Actividad A** always practices new vocabulary while **Actividad B** practices the grammar in the preceding **Nota lingüística. Actividades C** and **D** work with vocabulary and grammar in contextual communicative activities.
- We completely redesigned and repurposed the **¿Qué te parece?** feature. Rather than placing the thought-provoking **¿Qué te parece?** questions at the end of each activity, as in the first edition, these questions now appear at the beginning of each **Ideas para explorar** string and serve as an introduction to the themes explored in the set of activities that follows.
- Vocabulary terms are now defined in Spanish in the textbook. These definitions are also repeated in the *Manual que acompaña ¿Qué te parece?*
- To complement the new consistent structure of main lessons within each unit, all **Ideas para explorar** strings now have exactly one **Nota lingüística.** In the first edition most, but not all, **Ideas** sections contained a **Nota lingüística,** and some contained more than one. We simplified the presentation of grammar so that now it is evenly distributed throughout the book.
- New **Así se dice** boxes offer additional information about various linguistic features of Spanish, from orthographic conventions to morphological variations of the language.
- We changed the order of the review and literature lessons in each unit. **Literatura y arte** lessons are now the third lessons in each unit, while **Repaso**

y composición lessons are now the fourth lesson in each unit. This change allows students to incorporate ideas from the literary selections and fine art into their compositions.

- A new feature found at the end of each unit, **Portafolio cultural,** provides optional topics for in-class discussion, brief projects, or writing assignments. Most, but not all, of the following categories are included in **Portafolio cultural** sections: **Vídeo, Literatura, Cine, Música, Televisión,** and **Navegando la red.**
- We switched the order of **Unidades 3** and **4. Unidad 3** is now **El medio ambiente** and the topic for **Unidad 4** is now **La televisión.** We made this change in order to end the first half of the book with a more serious topic and to begin the second half with a topic that is somewhat more fun and applicable to most students' lives.
- We replaced the literary readings in **Unidades 1** and **5.** The new reading in **Unidad 1** is a short story from Marco Denevi called "La novia ausente", and the new reading for **Unidad 5** is a short story from Álvaro Menéndez Leal titled "Una carta de familia". The new selections are briefer than those found in the first edition, but each still provides students with many stimulating ideas for discussion.

We also added some new and exciting multimedia features to the overall package in order to make *¿Qué te parece?* a truly complete and integrated intermediate-level program. New components of the package include:

- a **CD-ROM** that incorporates the literary selections and works found in **Galería del arte** sections from the beginning of each unit
- a **video** of authentic footage that correlates to each unit's theme
- a **website** that contains ample resources for both students and instructors

Unit Organization of ¿Qué te parece?

Each unit of the second edition of *¿Qué te parece?* contains four lessons, which can be thought of as Lessons A–D:

Lessons A and B: three **Ideas para explorar** strings that practice vocabulary and grammar
Lesson C: Literatura y arte
Lesson D: Repaso y composición
Portafolio cultural

Lessons A & B

Ideas para explorar

Each **Ideas para explorar** section contains the following features:

- **¿Qué te parece?:** Thought-provoking questions that introduce the theme and stimulate discussion
- **Vocabulario del tema:** Thematic vocabulary
- **Nota lingüística:** Grammar topic

Every **Ideas para explorar** section contains the following recurring activity structure:

- **Actividad A:** Vocabulary practice
- **Actividad B:** Grammar practice
- **Actividades C and D:** Thematically related communicative activities

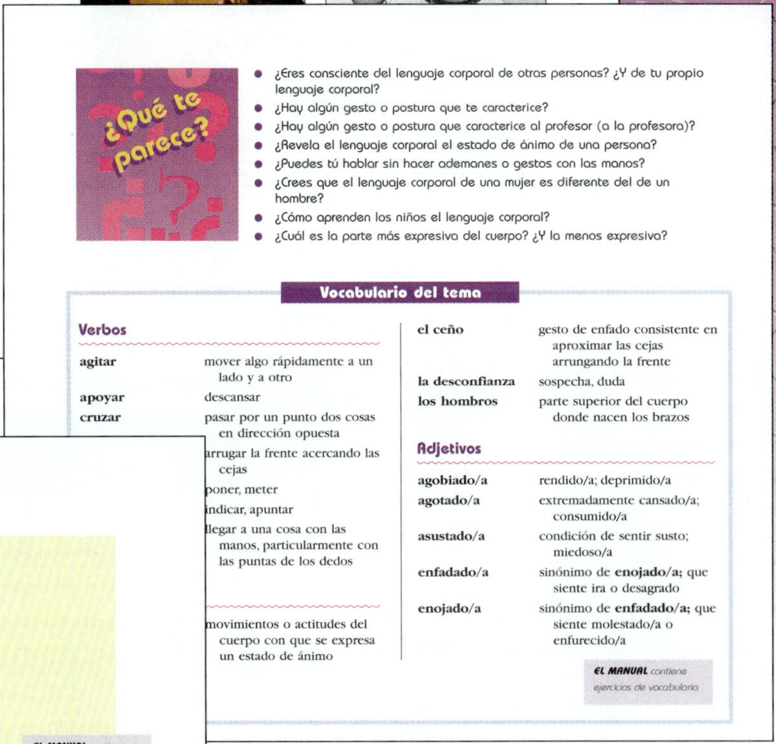

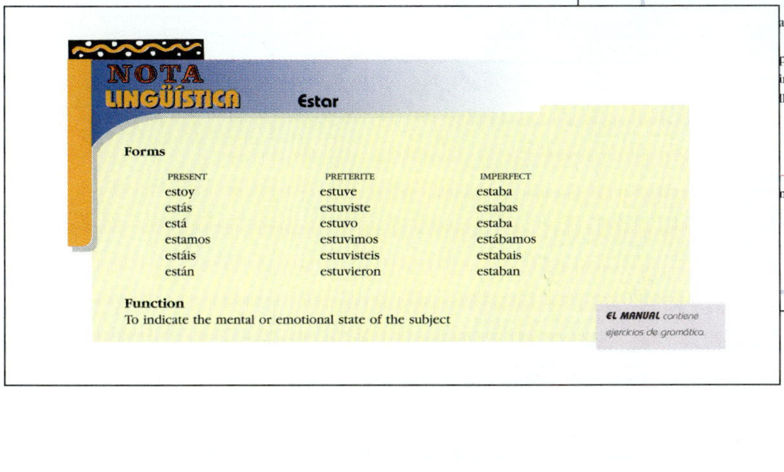

LECCIÓN 3 Literatura y arte

Literatura

The *¿Qué te parece?* CD-ROM offers additional activities related to the **Literatura** selection in this unit.

«La novia ausente», por Marco Denevi (1922–)
Marco Denevi es un escritor argentino muy conocido: es narrador, dramaturgo, ensayista y cuentista. Algunas de sus obras se han convertido en teleproducciones, como *La ceremonia secreta* y *Rosaura a las diez.* Denevi frecuentemente incluye un elemento sorprendente al final de sus cuentos, los cuales a veces son de un solo párrafo. «La novia ausente» es de la colección de cuentos

Verbos

adelantarse	to
arrepentirse	to
bifurcarse	to
bordar	to
coser	to
hurgar	to
postergarse	to
rechinar	to
reventar	to

52 Unidad 1 El lenguaje y

Lesson C: Literatura y arte

- **Literatura:** Literary work with pre- and postreading activities
- **Arte:** Activities that work with the fine art found in the **Galería del arte** section at the beginning of each unit

Arte

The *¿Qué te parece?* CD-ROM offers additional activities related to the **Galería del arte** selection in this unit.

Vocabulario útil

Pintando una pared, por Claudio Bravo

el cepillo	brush
la cortina	curtain
la escalera	ladder
la pared	wall
la pinta	paint
los trabajadores	workers
descalzo/a	barefoot
descamisado/a	shirtless

2 Circe, por Claudio Bravo

la alfombra	area rug
el cafetán	caftan
el canario	canary
el conejillo de indias	guinea pig
la gallina	hen
el loro	parrot
el turbante	turban

El sollozo, por David Alfaro Siqueiros

la angustia	anguish
el antebrazo	forearm
el dolor	pain
la frente	forehead
el puño	fist
apretar	to clench
llorar	to cry
sufrir	to suffer

El dolor de cabeza, por Patssi Valdez

el dolor de cabeza	headache
la fuente de frutas	fruit bowl
la luna	moon
la mujer	woman
la ventana	window
la noche	night
apoyar	to lean

Actividad A Impresiones

Paso 1 Mira los cuadros que aparecen en las páginas 16 y 17. Si pudieras regalarle un cuadro a cada una de las siguientes personas, ¿cuál sería?

CUADROS
1. *El dolor de cabeza,* por Patssi Valdez
2. *2 Circe,* por Claudio Bravo
3. *Pintando una pared,* por Claudio Bravo
4. *El sollozo,* por David Alfaro Siqueiros

PERSONAS
____ tu padre
____ tu madre
____ tu profesor(a) de español

LECCIÓN 4 Repaso y composición

Repaso

Consejo práctico

To review the themes and ideas explored in the various activities that make up a lesson in *¿Qué te parece?,* look first at the **¿Qué te parece?** questions. Then look at the **Metas de comunicación.** Finally, scan the **pasos** and any articles or textual material that accompanies an activity. You'll find that you tend to explore several aspects of the theme, not just one, in each activity.

Composición

A prepararte

Actividad A ¿Qué tema vas a explorar?

Consejo práctico

Choosing a theme is important because the right theme will help your ideas flow, whereas the wrong theme might block your ideas. Keep the lists of themes explored in **Lecciones 1** and **2** handy as you go through this activity so that you can refer to the information you will want to use in your composition.

Paso 1 Lee con atención los siguientes temas y escoge el que más te interese y que tenga más posibilidades para una composición.

1. El lenguaje corporal es tan expresivo como el lenguaje oral.
   - ¿Qué se puede comunicar con el cuerpo que no se puede expresar con palabras?
   - ¿Es verdad que el lenguaje corporal no es nada más que una serie de gestos que complementa la expresión oral?
   - ¿Se puede hablar sin usar el lenguaje corporal?
2. El contexto social de la comunicación.
   - ¿Hay contextos en que el bilingüismo es esencial?
   - ¿Cuál es la relación entre el bilingüismo y el biculturalismo?
   - ¿Es éste un país bilingüe? ¿Es éste un país bicultural?
3. Hay algunas (des)ventajas de saber un segundo idioma.
   - ¿Qué oportunidades tienen los que saben más de un idioma? ¿En qué carreras es esencial saber otro idioma?
   - ¿Han tenido éxito profesional algunas personas bilingües famosas?
   - ¿Existe cierta discriminación contra las personas que hablan idiomas que no sean el inglés?

Paso 2 Después de escoger un tema, forma un grupo con otros compañeros de clase que han escogido el mismo tema para hacer la Actividad B.

Lesson D: Repaso y composición

- **Repaso:** Review of themes and grammar presented in the unit
- **Composición:** Thematically related composition with suggestions on using unit grammar

Portafolio cultural

Optional projects or brief writing assignments that integrate movies, television, music, literature, the Internet, and the *¿Qué te parece?* video.

Portafolio cultural

Vídeo

En el vídeo que acompaña el libro de texto se encuentra un reportaje que se titula «La batalla del idioma.» El reportaje se enfoca en el decreto de establecer el español como el idioma oficial de Puerto Rico. Mientras miras el vídeo, piensa en la siguiente pregunta: ¿Están los puertorriqueños en contra del idioma inglés o simplemente están a favor del español? También apunta las siguientes ideas.

- lo que hizo Rafael Hernández Colón en abril de 1991
- lo que hizo Pedro Roselló en enero de 1993
- el porcentaje de puertorriqueños que habla sólo español
- el porcentaje de puertorriqueños bilingües

Cine

Opción 1 El lenguaje y la identidad, el bilingüismo y el biculturalismo son algunos temas de la película *Selena* que cuenta la historia de esta cantante de música tejana. Al mirar la película, busca la siguiente información y luego escribe dos párrafos contestando estas preguntas.

- ¿Por qué aprende Selena a cantar en español?
- ¿Por qué se muestra ansioso su padre cuando los periodistas mexicanos entrevistan a Selena?
- Además de cantar en español, ¿por qué decide cantar en inglés Selena?

Opción 2 En las obras del famoso director español de cine, Carlos Saura, la danza es fundamental para expresar las emociones de los personajes y las relaciones entre ellos. Busca y mira una de las siguientes películas: *Carmen, El amor brujo, Bodas de sangre, Flamenco, Sevillana* o *Tango*. Describe en dos o tres párrafos las emociones que provocan la coreografía, los gestos y las miradas intensas entre los personajes. **Optativo:** Compara y contrasta una obra de Saura con una película norteamericana como *Flashdance, Dirty Dancing* o *A Chorus Line* o con la película australiana *Strictly Ballroom.*

Lectura

Opción 1 Lee el cuento «Dos palabras» de la escritora chilena Isabel Allende. El cuento se publicó en la colección «Cuentos de Eva Luna» (1989). En el cuento se menciona que hay dos palabras misteriosas e importantes, pero nunca se revela cuáles son esas dos palabras. Después de leer el cuento, escribe un párrafo en el que indicas tu opinión sobre cuáles son las dos palabras. Da razones para apoyar tu opinión.

Opción 2 Lee algunos cuentos del libro *Uncle Remus con chile*, por el escritor mexicoamericano Américo Paredes. Al leerlos, nota cómo el autor juega con la mezcla del inglés y el español. Escribe dos párrafos en que das tu opinión acerca del uso del lenguaje en los cuentos. ¿Cómo usó Paredes el inglés? ¿Qué efectos tiene en los cuentos el uso del inglés?

Televisión

Haz una lista de los diez programas televisivos más populares, en tu opinión. ¿Cuántos actores hispanos actúan en esos programas? ¿Cómo se llaman? ¿Es ser hispano/a una parte importante del papel que hace el actor (la actriz)?

Additional features

- **Así se dice:** Additional information on the Spanish language
- **Estrategia para la comunicación:** Communication strategies and tips
- **Consejo práctico:** Hints to help students manage the interaction of a particular activity
- **Hablando de la literatura:** Additional information on literary devices or features within a given reading

Así se dice

You may have noted the expressions **hacer ademanes con las manos** and **señalar con el dedo.** Spanish uses the definite article with parts of the body and not the possessive adjective, as in English.

¿Haces ademanes con las manos?	*Do you make gestures with your hands?*
¿Señalas mucho con el dedo?	*Do you often signal (point) with your finger?*

Spanish also uses the indirect object pronoun or reflexive pronoun to indicate whose part of the body is mentioned.

Me tocó el hombro.	*He touched my shoulder.*
Se toca la boca cuando habla.	*She touches her mouth when she speaks.*

Estrategia para la comunicación

We often find ourselves searching for words in both our first and second languages. Pantomime, or acting out the meaning of the word, is one way to get someone to understand your intended meaning and perhaps help you to find a word you're looking for. We also use our hands to help us communicate ideas. For example, what would you do with your hands to indicate that something was very, very large? Or very, very small?

Hablando de la literatura

Unlike a newspaper article in which the writer reports on events, a literary work often has a narrator who relates the events of the story. The narrator may be a character in the story whose knowledge of the other characters and events is limited. Sometimes, however, the narrator is all-knowing and objective; this type of narrator can even inform readers of the private thoughts of the characters. In either case, you must decide just how reliable the narrator is.

Consejo práctico

In **Actividad D** some of you will have to act out or pantomine various states of being. Doing so can be very entertaining. When doing this, think about how you will use your entire body to communicate. What facial expressions will you use? What will you do with your hands? with your legs?

Second-Year Spanish Courses: What Are They? What Can They Be?

If you have taught second-year courses before, or if you have tried to articulate the second-year curriculum with the rest of your instructional program, you know that the answers to these questions are complex. Second-year courses need to accomplish all the following goals—and perhaps more—at the same time:

- provide a continuation and expansion of first-year Spanish
- accommodate a variety of students placed into second year from different high school programs (some of these students may not have taken Spanish for two or three years)
- represent the "end of the line" for students fulfilling a language requirement
- act as a springboard to advanced Spanish courses and, as such, function as a critical course for students who will eventually become Spanish majors or minors

These issues force us to ask many questions when planning a second-year program. Can the transition from first year be a smooth one? Do students with high school preparation have the same skills as students coming from our own first-year courses? How many students will continue on to third year and beyond? Can we help them make a smooth transition into those courses? What can we do to motivate students whose last Spanish course will be this one? What skills should we try to develop in this diverse student population? How much time do we have to get through the materials we choose? Should we juggle a set of books or use a single text?

How Does *¿Qué te parece?* Address These Issues?

The solutions to these problems will vary from institution to institution. The coauthors of *¿Qué te parece?* have faced them all, since we are all currently or have been language program directors in diverse settings. We asked ourselves the same questions as we were planning and writing the *¿Qué te parece?* materials.

Only you can decide if these materials are right for your program, but we believe that you will find the following features to be useful:

- manageable amount of material, organized according to class meetings of 50 minutes
- grammar and vocabulary practice leading to communicative activities
- strategies for communication, reading, and listening as well as strategies that will help students learn from and manage interactions with other students
- literary readings presented with an instructional framework that will help students understand, appreciate, and work with the meaning of the readings
- integration of journalistic readings into communicative activities
- systematic review of grammar, vocabulary, and content in each unit
- process-oriented approach to composition writing

- fine art from around the Spanish-speaking world, accompanied by art appreciation activities
- windows into contemporary Hispanic culture via photographs, realia, and contemporary readings

In addition, you will find that these linguistic and cultural features are presented in the context of traditional and contemporary topics and issues that have proven to be of high interest to students.

Here are some of the general and specific questions that students will explore in the six units of *¿Qué te parece?*

GENERAL	SPECIFIC
What are language and communication?	Why does Jon Secada attribute his success to being bilingual and bicultural?
How universal are superstitions and popular beliefs?	How are Hispanic belief systems similar to others? How are they different?
Why isn't the issue of environmental protection as simple as it seems?	Does the future of our environment depend on what happens to Latin American rain forests?
How does television influence modern society?	Is television as important in the Spanish-speaking world as it is in this country?
On what basis do we discriminate against others?	Could the Spanish Inquisition happen again today?
Must different cultures enter into conflict or can they coexist?	Is Columbus a hero or a villain?

Some of these topics are fun and immediately engaging; others are more serious and challenging. What is important to note about *¿Qué te parece?* is that *it gives students the tools they need to talk about what they think,* not about what someone thinks they should believe.

What Is the Place of Spanish in a Humanities Curriculum?

Unfortunately, in today's world all educated people do not have to speak more than one language. Many Spanish departments try to justify the study of Spanish on practical grounds, knowing that Spanish can be useful to students in their chosen profession. But how can we say that this is the case when most of our students will change jobs many times in their working lifetimes? Science or history departments don't need to justify themselves on practical grounds.

The co-authors of *¿Qué te parece?* feel that the study of Spanish is more appropriately discussed in the context of an individual's general education, or **formación,** to use the Spanish term. Studying Spanish can lead our students to explore different world views. Consider how many cultures and peoples speak, read, and write Spanish! Consider the many national and regional literatures, arts, artists, oral and folk traditions, and peoples, in contact and in conflict, that make up the Spanish-speaking world. In addition, language study can be linked with the development of students' critical-thinking skills. Studying Spanish not only contributes to students' **formación** as people but also as intellectuals.

We believe that *¿Qué te parece?* contributes to students' **formación** as people and as intellectuals in many ways. Seen as a whole, the program offers integrated materials in the areas of basic language, cultural content, and critical thinking skills.

BASIC LANGUAGE	CULTURE	CRITICAL THINKING
grammar	literature	rating and evaluating
vocabulary	popular figures	drawing conclusions
speaking	historical facts	note-taking
writing	art and artists	debating
reading	political figures	supporting opinions
listening	popular culture	drawing inferences

Organization of the Student Text and the *Manual*

The Student Textbook consists of a **Lección preliminar** and six units. Each unit opens with an overview of the unit's content and a **Galería del arte,** followed by four **lecciones** of varying length. The units of the *Manual que acompaña ¿Qué te parece?* (workbook/laboratory manual) follow the organization of the student text section by section.

The following chart summarizes the organization and content of the six units and indicates the amount of time (50-minute classes) suggested for each **lección.** Note that the main "organizer" of the student text is the section called **Ideas para explorar,** designed to be covered in one fifty-minute class each.

¿QUÉ TE PARECE? HEADING	WHAT IS IN THE STUDENT TEXT?	DAYS ALLOTTED	WHAT IS IN THE *MANUAL*?
unit table of contents	overview of unit content		
Galería del arte	fine art from the Hispanic world		
LECCIÓN A		3 days	
Ideas para explorar	basic unit of organization within the lesson; there are three per lesson		
Vocabulario del tema	presentation of vocabulary with definitions in Spanish		vocabulary practice
Nota lingüística	grammar needed to do in-class activities		complete grammar explanations with exercises
Actividades (Pasos)	in-class activities, organized into easy-to-follow steps		

¿QUÉ TE PARECE? HEADING	WHAT IS IN THE STUDENT TEXT?	DAYS ALLOTTED	WHAT IS IN THE *MANUAL*?
LECCIÓN B Same as **Lección A.**		3 days	
LECCIÓN C **Literatura**	literary readings supported by reading instruction and communicative activities based on the readings	3 days	vocabulary-building exercises and activities that encourage a second reading of the literary work
Arte	communicative, art appreciation activities based on the **Galería del arte** section that opens the unit		
LECCIÓN D **Repaso**	one-day review of lessons A and B	2 days	summary of unit grammar and vocabulary
Composición	process composition writing		

Additional Features of the Student Text and the *Manual*

The following features will also help you and your students have a rewarding experience in second-year Spanish. A more detailed discussion of them can be found in the bound-in section of the Instructor's Edition.

In the Student Text

- **Metas lingüísticas** and **Metas de comunicación** clearly articulate linguistic and communication goals for each activity.
- Consistent cross-references to vocabulary and grammar sections found in the *Manual* are included within the main text.
- **Así se dice** boxes provide additional information about the Spanish language.
- **Estrategia para la comunicación** boxes help students be successful language learners.
- **Consejo práctico** hints help students manage the interaction of a particular activity.
- **¿Qué te parece?** sections begin each **Ideas para explorar** section and provide brainstorming-type questions.
- **Hablando de la literatura** boxes provide a context within which to examine a literary fragment or to explain the literary devices featured in a given reading selection.

- **Anticipación** sections help students prepare to read literary selections by activating their knowledge of the topic.
- **Primera exploración** activities help students identify the plot and main ideas and characters of a literary work.
- **Aplicación** activities help students explore their personal reactions to the readings.
- **Vocabulario útil** lists accompany **Arte** activities to help students express themselves about fine art.

In the *Manual*

- **Ejercicios** provide form-focused practice that students can self-correct.
- **Actividades** provide open-ended, communicative writing tasks that students can hand in.
- **Actividades,** coordinated with **Repaso** lessons in the Student Text, provide opportunities for review and reentry.
- **Segunda exploración** sections guide students through a second reading of the literary selections.

A Few Words About Literature in *¿Qué te parece?*

Since most major and minor programs in Spanish are primarily based on the study of literature, second-year courses must help students learn to read literature. Literary readings are featured in *¿Qué te parece?* as complete selections in the **Literatura** section of the third lesson of each unit.

Literary selections in these lessons are accompanied by pre- and postreading activities (discussed earlier) that help students become successful readers and explore their reactions to the selections. Selections were chosen with the unit theme in mind, as well as to represent a variety of authorial voices and countries.

	UNIT	READING	AUTHOR
1	**El lenguaje y la comunicación**	"La novia ausente" (short story)	Marco Denevi (Argentina)
2	**Las creencias populares**	"Cirios" (narrative)	Marjorie Agosín (Chile)
3	**El medio ambiente**	"Kentucky" (poem)	Ernesto Cardenal (Nicaragua)
4	**La televisión**	"Telenovela" (poem)	Rosario Castellanos (Mexico)
5	**La libertad y la falta de libertad**	"Una carta de familia" (short story)	Álvaro Menéndez Leal (El Salvador)
6	**Perspectivas e imágenes culturales**	"Balada de los dos abuelos" (poem)	Nicolás Guillén (Cuba)

A Few Words About Art in *¿Qué te parece?*

While many textbooks feature fine art from different parts of the Spanish-speaking world, not all make use of the art to stimulate communication and interaction among students. Just as the co-authors of *¿Qué te parece?* want students to relate personally to the literature they are reading, we also want them to react to Hispanic art in a personal way.

The **Galería del arte** sections feature artists from a wide range of countries, working in a wide range of styles. Corresponding **Vocabulario útil** lists will stimulate students' self-expression, and strategically placed sidebar hints will encourage students to use the grammar presented in the unit.

Additional Parts of the *¿Qué te parece?* Package

The supplements listed here may accompany *¿Qué te parece?* Please contact your local McGraw-Hill representative for details concerning policies, prices, and availability, as some restrictions may apply.

- Complete **Audio Program** (available in cassette or CD formats and free to adopting institutions or for purchase by students), coordinated with the *Manual,* that provides listening comprehension practice and structured activities that use the vocabulary and grammar of each unit. The **Literatura** readings from the student text are also included on the audio program.
- A new **CD-ROM** works with the literary selections and **Galería del arte** sections found in each unit. The interactive format of the CD-ROM includes audio and colorful visuals to further engage students in the world of Hispanic arts and letters.
- A new text-specific video contains authentic footage coordinated with the six unit themes in *¿Qué te parece?* **Portafolio cultural** sections at the end of each unit in the text contain, among other projects, ideas for brief writing assignments or projects related to the video episode(s) for each unit.
- The new *¿Qué te parece?* web site offers abundant material and information for students and instructors alike to get the most out of their intermediate Spanish instruction. Visit the site at **www.mhhe.com/queteparece.**
- A bound-in **Instructor's Edition** with the following features:
  —expanded discussion of the program's features, with suggestions for implementation
  —scripts for listening activities and additional information on text content, keyed to the student text with this icon: ✸.
  —biographical information on the artists featured in the **Galería del arte** sections
  —suggestions for organizing a syllabus for three- and four-day-a-week programs
  —suggestions and guidelines for testing
  —suggested criteria for grading compositions
- **Audioscript** of the materials on the audio program

Making the Transition from First- to Second-Year Spanish Courses

¿Qué te parece? can be used in any second-year course that is communication or proficiency oriented; it serves as a follow-up to any first-year text.

If your first-year program has the following emphasis . . .	*¿Qué te parece?* offers the following strengths:
• grammar foundation	• balance of skill development • cultural panorama

	• systematic review and recycling of grammar
• comprehension approach	• comprehension-based materials • student production and interaction • grammar presented as needed for communication
• controlled, contextualized exercises and activities	• task-based, open-ended production activities • engaging themes • useful grammar highlighted
• four-skills approach	• four-skills approach
• task-based approach	• task-based approach

In addition, instructors using *¿Sabías que... ?*, now in its third edition, will find that *¿Qué te parece?* is an appropriate second-year follow-up text. (We are indebted to the co-authors who brought us *¿Sabías que... ?*: Bill VanPatten, James F. Lee, Terry Ballman, and Trisha Dvorak [first edition].) The following features are shared by *¿Sabías que... ?* and *¿Qué te parece?*:

- use of tasks as a primary learning and teaching format
- goal-oriented activities that lead students in a particular direction
- highlighting of only the forms and functions of grammar necessary to carry out an activity
- use of **pasos** to structure activities for students
- process-oriented approach to composition
- reading to gain information
- incorporation of both popular and classical culture
- wealth of communication and learning strategies

Acknowledgments

We would like to thank the following instructors who participated in a series of surveys and reviews that were instrumental in the development of the second edition of *¿Qué te parece?* The appearance of their names does not necessarily constitute an endorsement of the text or its methodology.

Deborah Baldini
University of Missouri, St. Louis

Terry L. Ballman
Western Carolina University

Lisa Barboun
Coastal Carolina University

Julia Caballero
Duke University

Carmen Chaves Tesser
University of Georgia

Lina Lee
University of New Hampshire

Lynn Loewen
Carthage College

Newell T. Morgan
Northwest Nazarene College

Sheri Ann Sanford
Northwestern University

Joseph Schraibman
Washington University (St. Louis)

Kristi Steinbrecher
Coastal Carolina University

Isabel Valiela
Gettysburg College

James Tisdale
Pikes Peak Community College

We would also like to thank the following instructors for taking the time to participate in a focus group at a major foreign language conference. Their participation in the focus group and the appearance of their names do not necessarily constitute an endorsement of the text or its methodology.

Robert L. Davis
University of Oregon

Mike Fast
University of Massachusetts at Amherst

Susan McMillen-Villar
University of Minnesota

Marcela Ruiz-Funés
University of Illinois at Urbana-Champaign

Teresa Smotherman
University of Georgia

Many people worked diligently on the first edition of *¿Qué te parece?* or in some way influenced our thinking on it, for which we still are appreciative. In particular, we would like to acknowledge Mark Porter, Karin Millard, Renato Rodríguez, Ronald P. Leow, Daniel Bender, Linda Paulus, and Mary Jane Tracey. With regard to the first edition, we wish to acknowledge the special contributions of Trisha Dvorak, a believer in the power of task-based and content-based instruction. Trisha guided the development of a previous version of the second-year follow-up to *¿Sabías que... ?*, working with her authorial team on concepts, principles, and ideas. We also owe a great deal to Bill VanPatten and his work on the first, second, and third editions of *¿Sabías que... ?*

Thanks also are due Diane Renda and her production staff at McGraw-Hill in San Francisco, especially Sharla Volkersz, whose superb project and people management skills were instrumental in producing a timely and beautifully coordinated program; to Francis Owens and Juan Vargas, who were responsible for the much improved design of the second edition; to Rosalyn L. Sheff, whose wonderful copyediting work provided a quality and stylistic control element; and to Richard DeVitto, David Sutton, Louis Swaim, and Florence Fong.

Thanks also go to members of the editorial team who worked on the main text and its various supplements, including Ina Cumpiano, supplements editor; to Laura Chastain (El Salvador), who read the manuscript for linguistic and cultural authenticity; to Carine Held, Senior New Media Developer; and to Julie Melvin.

We are very pleased with your work on this second edition and hope that you have enjoyed it as much as we.

We are also grateful to our editor-in-chief, Thalia Dorwick, for her continued support of *¿Qué te parece?*; to our executive editor, William R. Glass, for making the revision planning meeting so enjoyable; and to our editor, Scott Tinetti, who worked diligently to keep the second edition moving along toward publication.

Preface

To Students

What's in a Name?

We named this book *¿Qué te parece?* (*What Do You Think?*) because it invites you to say what you think. This book does not intend to impose any beliefs on you. Rather, the activities are structured so that many points of view can and will emerge and the final decision about what to think, feel, or believe with regard to the topics and questions you will explore in this course is yours.

¿Qué te parece? was written with students in mind. It will help you be successful in second-year Spanish courses and make you want to use Spanish to explore a variety of topics that we hope are of interest to you.

Topics of Interest

As you work through the exercises and activities in the textbook (the book you are reading right now) and the companion workbook/laboratory manual (*Manual*) that accompanies the textbook, you will learn about and express yourself on topics such as the following:

- Why does Jon Secada, a Hispanic recording star with great crossover momentum, attribute his success to being bilingual and bicultural? And what do those terms really mean?
- What belief systems organize your world? And how similar are your belief systems to those of Hispanics, regardless of where they live?
- Why isn't protecting the environment as simple an issue as it seems to be on the surface? And why is everybody talking about the Latin American rain forests?
- Are people in the Spanish-speaking world as glued to TV as are people in this country? And what impact has U.S. television had on the Hispanic world?
- What is the Spanish Inquisition? Could it happen again today?
- Is Columbus a hero, as some people in this country think? How do people in Latin America view him and his exploits?

Some of these topics will be fun to discuss, while others will be more challenging. In either case, *¿Qué te parece?* will give you the tools you need to express yourself.

Organization of This Text and the *Manual*

This text contains a preliminary unit that will help you get acquainted with other students in the class, as well as with your instructor. This unit is followed by six core units organized in the following way:

- overview of the unit
- **Galería del arte:** fine art from the Hispanic world
- first **Lección:** grammar, vocabulary, and communicative activities
- second **Lección:** more grammar, vocabulary, and communicative activities
- third **Lección:** a reading (**Lectura**) and discussion activities about the art in **Galería del arte**
- fourth **Lección:** review (**Repaso**) of the first and second lessons and composition (**Composición**) practice

If you want to learn more about the text's organization and about its many features, you may wish to read pages xiii–xvii of the Preface to Instructors. The *Manual* is coordinated with the text, section by section, so it will be easy to understand.

Special Features Designed to Help You Be Successful

The basic unit of organization of *¿Qué te parece?* is called **Ideas para explorar.** Each of these sections contains the following features:

- **¿Qué te parece?** sections at the beginning of each **Ideas para explorar** section will provide opportunities for open discussion.
- **Vocabulario del tema:** words and expressions you will want to use to talk about the lesson's theme
- **Nota lingüística:** a brief grammar chart and explanation that will give you what you need to complete the activities on each topic. (Both this section and **Vocabulario del tema** are cross-referenced to more detailed explanations, exercises, and activities in the *Manual.*)
- **Actividades:** organized by **pasos,** which break tasks down into separate and manageable pieces.

In addition, the following features will help you learn better, speak more easily, understand more, and appreciate Spanish more in general.

- **Estrategia para la comunicación** offers suggestions to help you express yourself better.
- **Consejo práctico** helps you do the **pasos** of each activity more easily and efficiently.
- **Así se dice** boxes offer additional information about the Spanish language
- **Hablando de la literatura** boxes orient you to the content of a literary fragment or a complete selection.

One Last Point

It is likely that your Spanish class will include a wide variety of people: students who took Spanish in high school, students who started Spanish at this university, people who are finishing up their language requirement, and individuals who want to major or minor in Spanish. Whether or not you plan to continue with Spanish after this course, we hope that you will enjoy using the *¿Qué te parece?* program and that you will say what you think about a variety of topics as well as listen to what others have to say about them. With this program, you will see a wonderful panorama—via art, literature, cartoons, newspaper and magazine articles—of the many cultures and people that make up the Spanish-speaking world here in this country and abroad.

Para empezar

LECCIÓN preliminar

Ideas para explorar

Notas lingüísticas

Así se dice

Estrategias para la comunicación

LECCIÓN

preliminar

Para empezar

Ideas para explorar

Características personales

Eva Perón y Antonio Banderas, dos personas hispanas famosas. ¿Cuáles son sus características físicas y personales?

¿Qué te parece?

- ¿Empezaste a estudiar español en la escuela secundaria? ¿Cuántos años o semestres (trimestres) tomaste?
- ¿Empezaste a estudiar español en la universidad?
- ¿Conoces a otras personas en la clase? ¿Has tomado otros cursos con ellos?
- ¿Cómo se llaman los profesores de los cursos de español que tomaste antes?
- ¿Los puedes describir físicamente? ¿Eran altos? ¿rubios?
- ¿Qué características compartes tú con esas personas?
- ¿Cuáles son las características personales de los que te gustaron más?
- En la clase, ¿estaban siempre de buen humor los profesores? ¿Estaban nerviosos o preocupados?

NOTA LINGÜÍSTICA Adjective Agreement

Forms

Adjectives agree in number and gender with the noun they modify.

FEMININE/SINGULAR	FEMININE/PLURAL
la herencia latina	las culturas hispanas
MASCULINE/SINGULAR	**MASCULINE/PLURAL**
el español moderno	los pueblos unidos

Functions

That adjectives agree with nouns is a purely grammatical function of the Spanish language. The fact that the forms are called masculine and feminine carries no meaning.

EL MANUAL *contiene ejercicios de gramática.*

☐ ***META LINGÜÍSTICA***
Practicar la gramática

Consejo práctico

To continue developing your abilities in Spanish, you will need to continue developing your ear. In other words, how you should listen to Spanish is a bit different from how you listen to English. For example, in **Actividad A,** you will need to listen to the end of the word, to hear whether it ends in **-o** or **-a.** When you hear the word ending, you know to whom it refers. There are many activities throughout the *Manual* that will help you train your ear.

✱ Actividad A ¿A quién se refiere?

Paso 1 Escucha las oraciones que va a leer el profesor (la profesora). Basándote en la forma del adjetivo, indica a quién se refiere. Luego, determina si la oración es cierta o falsa.

MODELO: (oyes) Es española.
(indicas) Eva Perón
(determinas) falso

1. ☐ Antonio Banderas ☐ Eva Perón
   ☐ cierto ☐ falso
2. ☐ Antonio Banderas ☐ Eva Perón
   ☐ cierto ☐ falso
3. ☐ Antonio Banderas ☐ Eva Perón
   ☐ cierto ☐ falso
4. ☐ Antonio Banderas ☐ Eva Perón
   ☐ cierto ☐ falso
5. ☐ Antonio Banderas ☐ Eva Perón
   ☐ cierto ☐ falso
6. ☐ Antonio Banderas ☐ Eva Perón
   ☐ cierto ☐ falso

Paso 2 Verifica tus respuestas con el resto de la clase.

☐ ***META DE COMUNICACIÓN***
Describirte a ti mismo/a físicamente

Consejo práctico

Hopefully, you should soon get to know your classmates' names. An easy way to accomplish this is to introduce yourself to the people you work with. Since this is a Spanish class, try doing it in Spanish.

—¿Cómo te llamas?
—Me llamo Casey.
—Encantada. Soy Isabel.

Do this each time you work with people whose names you don't know.

Actividad B Los rasgos físicos

Paso 1 A continuación aparece una lista de rasgos físicos. Escoge los tres más notables que te distinguen a ti de los demás.

RASGOS FÍSICOS

☐ alto/a	☐ ojos azules	☐ pelo castaño
☐ bajo/a	☐ ojos castaños	☐ pelo lacio
☐ delgado/a	☐ ojos claros	☐ pelo negro
☐ gordo/a	☐ ojos verdes	☐ pelo rizado
☐ guapo/a	☐ orejas grandes	☐ pelo rubio
☐ moreno/a	☐ orejas pequeñas	☐ pelirrojo/a
☐ nariz grande	☐ pecoso/a	☐ otro: _____

Paso 2 Trabaja con uno o dos compañeros. Debes escoger los tres rasgos físicos que tú crees que son los más notables en ellos/as. Ellos/as van a escoger los tres rasgos que creen que son más notables en ti.

Paso 3 Comparen y contrasten las selecciones. ¿Qué oración describe mejor la interacción entre Uds.?

- Ellos/as notaron rasgos diferentes de los que yo escogí. ¡Es cuestión de perspectiva!
- Notamos los mismos rasgos. ¡Increíble!
- Coincidimos sólo en unos pocos.

Actividad C ¿Quién es?

☐ ***META DE COMUNICACIÓN***
Adivinar a quién se describe

Paso 1 Cinco voluntarios deben ir al frente de la clase e indicar cómo se llaman. El profesor (La profesora) va a describir físicamente a una de estas personas. Los otros en la clase tienen que adivinar a quién describe.

MODELO: Esta persona es alta. No es ni delgada ni gorda. Es pecosa, pero no mucho. Tiene los ojos marrones. Tiene el pelo rizado. ¿Quién es?

Paso 2 Pueden repetir el Paso 1 con los mismos voluntarios o con otros.

Así se dice

Note that the adjectives in the **Modelo** for **Actividad C** are feminine even though the group of volunteers might be all males or a mixed group of males and females. Why? The adjectives describe the word **persona,** and this word is feminine. A man would say, **Soy una persona sincera,** not **sincero.**

Actividad D Los estados de ánimo

☐ ***META DE COMUNICACIÓN***
Comparar y contrastar tus estados de ánimo

Paso 1 A continuación aparece una lista de palabras que describen los varios estados de ánimo. Lee la lista rápidamente. Luego, completa cada una de las siguientes oraciones con tres palabras de la lista.

1. Al entrar en el salón de clase hoy, yo estaba...
2. Al salir del salón de clase, voy a estar...

ESTADOS DE ÁNIMO

☐ aburrido/a
☐ animado/a
☐ avergonzado/a
☐ cansado/a
☐ confundido/a
☐ contento/a
☐ curioso/a
☐ deprimido/a
☐ horrorizado/a
☐ impaciente
☐ interesado/a
☐ nervioso/a
☐ relajado/a
☐ sorprendido/a
☐ tenso/a
☐ otro: _____

Paso 2 Comparte tus oraciones con los demás. ¿Cómo se sentían Uds. al entrar en el salón de clase? ¿Cómo se sienten ahora?

Consejo práctico

In **Actividad D** you are being asked to do something that will be repeated throughout the book: Listen to what others have to say, then generalize the information you've taken in. What your classmates say and contribute to the class is important, so listen carefully to them.

Estrategia para la comunicación

Here are some phrases that will help you generalize the mood of the class.

En general...
Muchos de nosotros, pero no todos...
La mayoría...
La minoría...
Algunos de nosotros...

Ideas para explorar

¡Vamos a conocernos!

Unos amigos se saludan en la Universidad de Buenos Aires.

¿Qué te parece?

- ¿Te consideras aplicado/a y dedicado/a a los estudios?
- ¿Cuál es la estación del año que prefieres más? ¿Te gusta el frío? ¿Te gusta el calor?
- ¿Cómo te afecta el clima? ¿Te sientes bien cuando hace sol? ¿Te sientes mal cuando está nublado?
- ¿Sabes cuál es la carrera más popular en tu universidad?
- ¿Cuáles son las carreras que las personas deben seguir para triunfar en el campo de los negocios y la industria?
- ¿Es popular la carrera de profesor universitario? ¿Por que sí o por qué no?
- ¿Has escogido una carrera? ¿Te fue fácil escogerla?
- ¿Con cuántas personas compartes el mismo número de teléfono?
- ¿Cuántos teléfonos hay en el apartamento, casa o residencia estudiantil donde tú vives?
- Las personas con quienes vives, ¿toman buenos mensajes?

NOTA LINGÜÍSTICA Word Order

While both Spanish and English tend to use *subject + verb + object* word order in declarative sentences, Spanish allows more options than English does.

> Mi compañero limpia el apartamento.
> Limpia mi compañero el apartamento.

With interrogatives, the subject often follows the verb.

> ¿Limpia tu compañero el apartamento?
> ¿Dónde puso Juana el libro?

Because Spanish has a whole set of verb endings that indicate the subject, often no overt subject pronoun is written or spoken.

> Limpio el apartamento los lunes.
> Limpiamos el apartamento el sábado.

You'll learn about object pronouns in later chapters.

***EL MANUAL** contiene ejercicios de gramática.*

Actividad A Los rasgos personales

☐ ***META DE COMUNICACIÓN***
Buscar las semejanzas y diferencias entre ti y tus compañeros de clase

Paso 1 A continuación aparece una lista de rasgos personales. Lee la lista rápidamente y escoge las tres palabras que mejor te describen.

RASGOS PERSONALES

☐ activo/a	☐ dedicado/a	☐ práctico/a
☐ agresivo/a	☐ divertido/a	☐ rebelde
☐ alegre	☐ imaginativo/a	☐ reservado/a
☐ aplicado/a	☐ impulsivo/a	☐ sedentario/a
☐ atrevido/a	☐ inteligente	☐ serio/a
☐ bromista	☐ listo/a	☐ sociable
☐ cruel	☐ perezoso/a	☐ otro: _____

Paso 2 Trabaja con dos compañeros/as. Compartan los rasgos personales que cada uno/a escogió y busquen las semejanzas y diferencias entre ellos. Compartan los resultados con el resto de la clase.

MODELO: Marta y Carlos son bromistas y sociables pero yo soy más reservada. Carlos y yo somos aplicados mientras que Marta es perezosa.

Paso 3 Optativo. Un voluntario (Una voluntaria) debe tratar de recordar los nombres de todas las personas que pueda e identificar uno de los rasgos personales de cada persona.

Estrategia para la comunicación

The following words link information together. Be sure you know what they mean.

y	*and*
pero	*but*
además	*besides*
también	*also*
a la vez	*at the same time*

Consejo práctico

Some people are better at remembering names than others. You are about to spend a significant amount of time with the members of your Spanish class. Try to learn their names as quickly as possible. Here are some ideas to help you.

- Attach names to faces, clothes, voice, or some other detail.
- Visualize the face or the name.
- Associate the name of someone you've just met with the same name of someone you already know.
- Review the names of your classmates in your head.

□ ***META DE COMUNICACIÓN***
Determinar el efecto del clima en las actividades de los miembros de la clase

Así se dice

Spanish does not use an equivalent of the word *it* in the following phrases.

It's raining. Está lloviendo.
It's sunny. Hace sol.
It's cloudy. Está nublado.
It's one o'clock. Es la una.
It's important. Es importante.

These are examples of the indefinite *it* used as the subject of a verb in English. While English requires the indefinite *it*, Spanish does not and, in fact, prohibits its use.

Actividad B ¿Qué te gusta hacer?

Paso 1 En grupos, completen el siguiente cuadro con las actividades que les gusta hacer los fines de semana.

	CUANDO ESTÁ NEVANDO	CUANDO ESTÁ LLOVIENDO	CUANDO HACE SOL	CUANDO HACE CALOR
solo/a				
con amigos				

POSIBLES ACTIVIDADES

charlar con un compañero (una compañera)
descansar
dormir (mucho)
escuchar música
estudiar hasta muy tarde
hacer la tarea
hacer ejercicio
ir a la iglesia
ir a la playa
ir al cine
ir de compras
lavar la ropa
leer un libro
practicar algún deporte
relajarse
sacar vídeo(s)
salir a comer
¿ ?

Paso 2 Compartan la información con el resto de la clase. ¿Cuáles son las actividades mencionadas con más frecuencia?

MODELO: Cuando estamos solos y está nevando, nos gusta dar un paseo.

Actividad C ¿Qué carrera haces?

□ **META DE COMUNICACIÓN**
Buscar información sobre lo que estudian los miembros de la clase

Paso 1 Completa las siguientes oraciones con información que tú crees que es verdadera para tus compañeros de clase. **¡Ojo!** En este contexto, la palabra «popular» significa «el mayor número de personas».

- Este semestre, el curso (¡además del español!) más popular entre los miembros de la clase es _____.
- La carrera más popular entre los miembros de la clase es _____.

Paso 2 Trabaja con un grupo de compañeros/as. Compara tus respuestas con las de ellos/as. ¿Apuntaron las mismas cosas?

Paso 3 Comparen sus respuestas con las del resto de la clase y averigüen para la clase entera la siguiente información. ¿Cuál es el curso que el mayor número de Uds. toma este semestre? ¿Cuál es la carrera más popular entre Uds.?

Así se dice

Both **¿qué?** and **¿cuál?** are used in Spanish as the equivalent of English *what*? Using **¿cuál?** implies a choice among options and is often used with **ser.**

¿Cuál es tu libro preferido?	*What is your favorite book?*
¿Cuál es tu número de teléfono?	*What is your phone number?*

The interrogative **¿qué?** often precedes a noun.

¿Qué carrera haces?	*What is your major?*
¿Qué nombre le pusiste a tu perro?	*What did you name your dog?*

Actividad D ¿Cuál es tu...?

□ **META DE COMUNICACIÓN**
Intercambiar los números de teléfono y las direcciones electrónicas

Paso 1 Entrevista a un compañero (una compañera). En una hoja de papel aparte, apunta la siguiente información.

- su nombre
- su número de teléfono
- su dirección electrónica
- su preferencia en cuanto a la comunicación (usar el teléfono o el correo electrónico)

Paso 2 Verifica que la información que tu compañero/a apuntó sobre ti es correcta.

Paso 3 Averigua las preferencias del resto de la clase.

- El número de estudiantes que prefieren usar el teléfono: _____
- El número de estudiantes que prefieren usar el correo electrónico: _____

Ideas para explorar

El horario y la rutina

¿Qué haces tú los días en los que vas a la universidad? Estos estudiantes de Sevilla, España, asisten a clases, estudian juntos y se reúnen para divertirse.

¿Qué te parece?

- ¿Te gusta el horario que tienes este semestre (trimestre)? ¿Fue mejor o peor tu horario el semestre (trimestre) pasado?
- ¿Crees que tienes control de tu horario? ¿Te sientes víctima del sistema y del horario de los departamentos y profesores?
- ¿Funcionas mejor de día o de noche? ¿A qué hora sueles despertarte?
- ¿Te despiertas fácilmente o necesitas tomar muchas tazas de café para despertarte?
- ¿A qué hora sueles acostarte? ¿Te duermes fácilmente? ¿Te molestan los ruidos?
- ¿Tienes un compañero (una compañera) de cuarto? ¿Ya estás acostumbrado/a a él (ella)?

NOTA LINGÜÍSTICA

Present Tense of Regular and Stem-Changing Verbs

Forms

The following endings are attached to verb stems based on the infinitive forms. These endings indicate not only present time but also the person who is performing the action.

-ar	**-er**	**-ir**
tomar: tom-	beber: beb-	vivir: viv-
tom**o**	beb**o**	viv**o**
tom**as**	beb**es**	viv**es**
tom**a**	beb**e**	viv**e**
tom**amos**	beb**emos**	viv**imos**
tom**áis**	beb**éis**	viv**ís**
tom**an**	beb**en**	viv**en**

Vocalic changes in stressed syllables

e → ie	**o → ue**	**e → i**
cerrar → c**ie**rra	almorzar → alm**ue**rza	pedir → p**i**de
empezar → emp**ie**za	dormir → d**ue**rme	servir → s**i**rve
pensar → p**ie**nsa	mover → m**ue**ve	
perder → p**ie**rde	recordar → rec**ue**rda	
preferir → pref**ie**re	volver → v**ue**lve	
tener → t**ie**ne		

These vocalic changes occur only in stressed syllables in the **yo, tú, él, ella, usted,** and **ustedes** forms. Therefore, in the **nosotros** and **vosotros** forms the stem vowel does not change: **pensamos, dormimos, pedimos.**

Functions

To express that an action, event, or state happens or is happening at the time of speaking. All verbs in the present tense, no matter their forms, perform the same functions.

vivo = *I live, I do live, I am living*

EL MANUAL *contiene ejercicios de gramática.*

□ ***META DE COMUNICACIÓN***

Averiguar si te gusta el horario de un compañero (una compañera)

Actividad A Tu horario

Paso 1 En una hoja aparte, prepara un horario de tus actividades semanales. Utiliza el siguiente horario como guía.

DATOS PERSONALES	LUNES	MARTES
________	________	________
________	________	________
________	________	________
________	________	________
________	________	________
________	________	________
MIÉRCOLES	**JUEVES**	**VIERNES**
________	________	________
________	________	________
________	________	________
________	________	________
________	________	________
________	________	________

Así se dice

To express *on Tuesday* or *on Tuesdays*, Spanish uses the definite article (**el** or **los**) whereas English uses the preposition *on.*

La profesora tiene horas de oficina **los martes.**

El examen es **el viernes.**

Paso 2 Intercambia tu horario con un compañero (una compañera) de clase. Evalúa su horario. Indica tres cosas de su horario que te gustan y tres que no te gustan.

MODELOS: La primera clase que tienes los lunes es a las once. Eso me gusta.
La última clase que tienes los viernes es a las tres. Eso no me gusta.

Paso 3 ¿Está él (ella) de acuerdo con tu evaluación? ¿Estás tú de acuerdo con la evaluación de él (ella)?

Estrategia para la comunicación

You often listen to what other people have to say, then indicate whether you agree with them or not. Use the following expressions to indicate agreement and disagreement. You will also probably want to indicate what aspects of the other person's opinion you are (dis)agreeing with.

AGREEMENT	DISAGREEMENT
¡Por supuesto!	¡De ninguna manera!
¡Claro que sí!	¡Imposible!
¡Definativamente!	¡Qué tontería!
¡Tiene(s) toda la razón!	¡No es cierto!
Estoy de acuerdo.	No estoy de acuerdo.
Es cierto.	A cada cual lo suyo.
Ya lo creo.	Todo lo contrario.
	Te equivocas.

Actividad B El mejor horario y el peor

Paso 1 Trabajen en grupos de cinco o seis personas. El grupo debe determinar cuál de Uds. tiene el mejor horario y cuál tiene el peor.

Paso 2 Primero, presenten su selección del mejor horario y den las razones que apoyan su opinión. Escuchen las presentaciones de los otros grupos. Luego, la clase entera va a votar por el mejor horario de la clase.

Paso 3 Repitan el Paso 2, pero ahora voten por el peor horario.

META DE COMUNICACIÓN
Votar por el mejor horario y por el peor

Así se dice

Superlatives, such as the hardest class or the least shy student, are usually rendered in Spanish with the *definite article* + *noun* + **más** + *adjective* or with the *definite article* + *noun* + **menos** + *adjective*

la clase más difícil	los libros más caros
la alumna menos tímida	el programa menos popular

Exceptions are **mayor, menor, peor,** and **mejor.** They simply take the definite article and a noun.

el/la mayor *the oldest*	la hija mayor
el/la menor *the youngest*	el hijo menor
el/la mejor *the best*	la mejor escritora
el/la peor *the worst*	el peor año

Actividad C ¿A qué hora pueden estudiar juntos?

META DE COMUNICACIÓN
Encontrar a alguien con quien puedes estudiar español

Paso 1 Trabajen en grupos de cinco o seis personas y comparen sus horarios. Encuentra a la persona con quien puedes estudiar por dos horas seguidas dos días diferentes de la semana.

Paso 2 **Optativo.** Busquen a una tercera persona que pueda estudiar con Uds.

Consejo práctico

Instructors share certain responsibilities with their students, and both instructors and students have unique responsibilities. For your part, be sure you are aware of the policy for:

- absence in this class
- turning in late work
- makeup work
- how to get information when (if) you are absent
- the time and place of the final exam

META DE COMUNICACIÓN
Evaluar si sus actividades son las de un estudiante típico (una estudiante típica) o no

Actividad D ¿Son Uds. estudiantes típicos?

Paso 1 Trabaja con un compañero (una compañera) de clase. Utilizando el siguiente cuadro como guía, indiquen dos actividades que Uds. dos hacen por la mañana, por la tarde y por la noche.

	LUNES	MARTES	MIÉRCOLES	JUEVES	VIERNES
por la mañana					
por la tarde					
por la noche					

Paso 2 Evalúen la información. ¿En qué aspectos son Uds. estudiantes típicos de la universidad? ¿En qué *no* son típicos? Presenten sus conclusiones a sus compañeros de clase. Ellos tienen que indicar si están de acuerdo con su evaluación o no.

MODELO: Somos estudiantes típicos porque trabajamos por la noche tres días a la semana. No somos típicos porque no tomamos clases por la mañana.

UNIDAD 1

El lenguaje y la comunicación

Ideas para explorar

Notas lingüísticas

Así se dice

Estrategias para la comunicación

Galería del arte

The *¿Qué te parece?* CD-ROM offers additional activities related to the **Galería del arte** in this unit.

Dimensión de experiencias

¿Cómo nos afecta lo que vemos en una obra de arte? ¿Cómo nos sentimos? ¿Despierta la obra de arte algunas emociones en nosotros? ¿Nos provoca? Estas preguntas tienen que ver con la dimensión de las experiencias del individuo que percibe la obra de arte. Esta dimensión se relaciona con las reacciones sentimentales y emotivas y no con las reacciones y análisis intelectuales.

1 Claudio Bravo (chileno, 1936–)
Pintando una pared

2 David Alfaro Siqueiros (mexicano, 1896–1974)
El sollozo

3 Patssi Valdez (estadounidense, 1950s–)

El dolor de cabeza

4 Claudio Bravo (chileno, 1936–)

2 Circe

LECCIÓN

1 Cómo nos comunicamos

Ideas para explorar

El lenguaje corporal

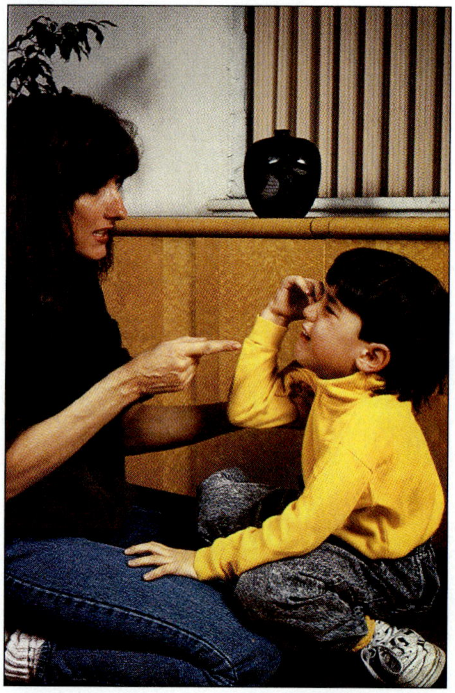

¿Qué te sugiere el lenguaje corporal de esta mujer y su niño? ¿Están jugando?

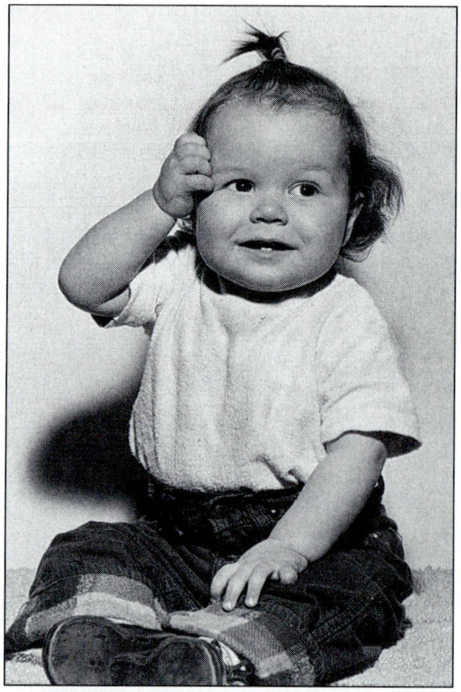

¿Qué expresan los ojos de este niño mexicoamericano? ¿Qué mira?

¿Qué te parece?

- ¿Eres consciente del lenguaje corporal de otras personas? ¿Y de tu propio lenguaje corporal?
- ¿Hay algún gesto o postura que te caracterice?
- ¿Hay algún gesto o postura que caracterice al profesor (a la profesora)?
- ¿Revela el lenguaje corporal el estado de ánimo de una persona?
- ¿Puedes tú hablar sin hacer ademanes o gestos con las manos?
- ¿Crees que el lenguaje corporal de una mujer es diferente del de un hombre?
- ¿Cómo aprenden los niños el lenguaje corporal?
- ¿Cuál es la parte más expresiva del cuerpo? ¿Y la menos expresiva?

Vocabulario del tema

Verbos

agitar mover algo rápidamente a un lado y a otro

apoyar descansar

cruzar pasar por un punto dos cosas en dirección opuesta

fruncir arrugar la frente acercando las cejas

llevar poner, meter

señalar indicar, apuntar

tocar llegar a una cosa con las manos, particularmente con las puntas de los dedos

Sustantivos

los ademanes movimientos o actitudes del cuerpo con que se expresa un estado de ánimo

el ceño gesto de enfado consistente en aproximar las cejas arrugando la frente

la desconfianza sospecha, duda

los hombros parte superior del cuerpo donde nacen los brazos

Adjetivos

agobiado/a rendido/a; deprimido/a

agotado/a extremadamente cansado/a; consumido/a

asustado/a condición de sentir susto; miedoso/a

enfadado/a sinónimo de **enojado/a;** que siente ira o desagrado

enojado/a sinónimo de **enfadado/a;** que siente molestado/a o enfurecido/a

EL MANUAL *contiene ejercicios de vocabulario.*

☐ ***META LINGÜÍSTICA***
Practicar el vocabulario

Actividad A ¿Quién es?

Paso 1 Identifica en el dibujo a la persona a quien corresponde cada pregunta.

1. ¿Quién lleva las manos en los bolsillos?
2. ¿Quién anda con los hombros caídos?
3. ¿Quién hace ademanes con las manos?
4. ¿Quién agita el pie?
5. ¿Quién frunce el ceño?
6. ¿Quién apoya la cabeza?
7. ¿Quién se siente asustado/a?
8. ¿Quién se siente cómodo/a?
9. ¿Quién está enojado/a?
10. ¿Quién está agotado/a y agobiado/a?
11. ¿Quién señala con el dedo?

Paso 2 Verifica tus respuestas con el resto de la clase.

Así se dice

You may have noted the expressions **hacer ademanes con las manos** and **señalar con el dedo.** Spanish uses the definite article with parts of the body and not the possessive adjective, as in English.

¿Haces ademanes con las manos?	*Do you make gestures with your hands?*
¿Señalas mucho con el dedo?	*Do you often signal (point) with your finger?*

Spanish also uses the indirect object pronoun or reflexive pronoun to indicate whose part of the body is mentioned.

Me tocó el hombro.	*He touched my shoulder.*
Se toca la boca cuando habla.	*She touches her mouth when she speaks.*

NOTA LINGÜÍSTICA

Estar

Forms

PRESENT	PRETERITE	IMPERFECT
estoy	estuve	estaba
estás	estuviste	estabas
está	estuvo	estaba
estamos	estuvimos	estábamos
estáis	estuvisteis	estabais
están	estuvieron	estaban

Function

To indicate the mental or emotional state of the subject

EL MANUAL *contiene ejercicios de gramática.*

META LINGÜÍSTICA
Practicar la gramática

Actividad B ¿Cómo está el padre de Mafalda?

Paso 1 Mira la siguiente tira cómica del famoso argentino Quino. Mafalda, la niña, es uno de sus personajes más conocidos. Ella piensa como adulta y suele hacer observaciones perspicaces (astutas). Indica cómo está el padre en cada uno de los cinco dibujos. A continuación hay una lista de adjetivos que te ayudarán.

animado	fascinado	nervioso
asustado	frustrado	preocupado
enojado	impaciente	sorprendido
estresado	interesado	tenso

A B C D E

[1]partes prominentes cubiertas de pelo sobre la órbita de los ojos

Paso 2 Comparte tus interpretaciones con el resto de la clase.

Paso 3 **Optativo.** Comenta las noticias de hoy día que causan las mismas reacciones en ti.

META DE COMUNICACIÓN
Relacionar el lenguaje corporal con su significado

Actividad C ¿Qué significan?

Paso 1 En grupos de tres, repartan las siguientes secciones del artículo titulado «¡Tu cuerpo grita!». Al leer las secciones debes buscar información sobre el significado de determinado gesto o postura. Apunta en el cuadro a continuación la información que sacas de las dos secciones que te toca leer.

PARTE DEL CUERPO	LO QUE COMUNICA
las manos	
los brazos	
los hombros	
las piernas	
los pies	
la cabeza	
el rostro	

Así se dice

Estar is used with many adjectives to depict an emotional state, to say how something is at that moment. To communicate how you *get* to that emotional state, you can use **ponerse** + *adjective.* This roughly translates as *to become.*

Me pongo nervioso cuando pienso que tengo seis cursos este semestre.

¡Tu cuerpo grita!

Las manos: Estas suelen ser como la puntuación de tus palabras. Palmas hacia arriba indican honestidad; es una posición abierta, sumisa. Las palmas hacia abajo: Posición dominante. Señalar con el dedo: Posición imperativa y dominante.

Los brazos: Cruzados sobre el pecho: La persona se protege (quizás por timidez o desconfianza). El área del torso es muy vulnerable, ya que en ella se encuentran los órganos vitales; inconscientemente, la protegemos cuando nos sentimos amenazados en el aspecto emocional o mental. Los brazos descruzados indican que la persona se siente cómoda, segura, a sus anchas; son señal de "bienvenida".

Los hombros: Los hombros caídos indican que la persona se siente decaída, precisamente; quizás tiene complejos de inferioridad o está momentáneamente agobiada por algún problema. Los hombros muy rígidos son señal de inflexibilidad; estás ante una persona bastante rígida y no es fácil que cambie su forma de pensar.

Las piernas: Al igual que los brazos, la posición de éstas indica rechazo o comodidad.

Los pies: Agitar el pie rápidamente, indica impaciencia. La persona literalmente quiere irse o "cortar" la conversación. Cuando la persona tiene los pies volteados lejos de ti, es señal de que desea irse de tu lado (no lo tomes a la tremenda; quizás tiene una cita ineludible y además, está retrasada).

La cabeza: Apoyar la cabeza en la mano es señal de que la persona está aburrida; es más: cualquier gesto de apoyar la cabeza denota tedio. Escuchar con la cabeza ligeramente inclinada es señal de interés.

El rostro: Es fascinante, pues muestra tanto... con gestos tan pequeños. Los seres humanos elevan levemente las cejas cuando ven a otra persona; el movimiento suele ser mínimo e imperceptible, pero es señal de reconocimiento. Arquear una ceja muestra una actitud de cierta incredulidad; fruncir el ceño denota concentración o enojo (depende de las circunstancias).

Paso 2 Comparte con el resto del grupo la información que obtuviste y apunta en el cuadro lo que te dicen tus compañeros.

> MODELO: Leí que tener las palmas hacia arriba indica que la persona que habla es honesta.

Paso 3 Con todo el grupo, repasen los significados de los gestos y/o posturas. Escojan cuatro que, según Uds., son verdaderos y preséntenlos a la clase.

META DE COMUNICACIÓN
Comunicar las emociones sin decir ninguna palabra

Actividad D Comunicarse sin palabras

Consejo práctico

In **Actividad D** some of you will have to act out or pantomine various states of being. Doing so can be very entertaining. When doing this, think about how you will use your entire body to communicate. What facial expressions will you use? What will you do with your hands? with your legs?

Paso 1 Trabajen en grupos. Cada miembro del grupo tiene que expresar con gestos o ademanes una de las siguientes emociones. ¡No se debe decir ninguna palabra! El resto del grupo tiene que adivinar cuál es esa emoción.

te sientes cómodo/a
estás enojado/a (enfadado/a)
estás aburrido/a
estás agotado/a
estás interesado/a
dudas algo
señalas algo
quieres comer algo
piensas que todo está perfecto

Paso 2 Un miembro del grupo debe dar una demostración de su interpretación a la clase. La clase tiene que adivinar cuál es la emoción que se comunica.

Estrategia para la comunicación

We often find ourselves searching for words in both our first and second languages. Pantomime, or acting out the meaning of the word, is one way to get someone to understand your intended meaning and perhaps help you to find a word you're looking for. We also use our hands to help us communicate ideas. For example, what would you do with your hands to indicate that something was very, very large? Or very, very small?

Ideas para explorar

Hablar usando frases hechas

«En boca cerrada no entran moscas.» ¿Qué significa esta frase hecha?

¿Qué te parece?

- ¿Qué haces cuando se te olvida una palabra durante una conversación?
- ¿Qué significa la expresión *break a leg* en inglés? ¿Conoces algunas expresiones como ésta en español?

Vocabulario del tema

Verbos

costar	adquirir una cosa por determinado precio
elogiar	alabar las cualidades y méritos de una persona o cosa
insultar	dirigir a alguien una expresión ofensiva
interferir	cruzarse o interponerse algo en el camino de otra cosa
meter	insertar, introducir
regalar	hacer un regalo
tirar	arrojar

Sustantivos

la cabeza	la parte del cuerpo en que se encuentran los ojos, la boca y la nariz
el corazón	el órgano de la circulación de la sangre
las moscas	insectos de color negro y alas transparentes, muy comunes en el verano
el pelo	lo que crece sobre la cabeza; el cabello
la sangre	el líquido rojo que circula por todo el cuerpo

EL MANUAL *contiene ejercicios de vocabulario.*

META LINGÜÍSTICA
Practicar el vocabulario

Actividad A ¡A emparejar!

Paso 1 Empareja la palabra del vocabulario en la columna A con lo que se asocia en la columna B.

A	B
1. _____ costar	**a.** los insectos
2. _____ elogiar	**b.** hacer un regalo
3. _____ insultar	**c.** ofender
4. _____ interferir	**d.** el cabello
5. _____ meter	**e.** interponerse
6. _____ regalar	**f.** el precio
7. _____ tirar	**g.** arrojar
8. _____ la cabeza	**h.** el líquido
9. _____ el corazón	**i.** la circulación
10. _____ las moscas	**j.** alabar
11. _____ el pelo	**k.** insertar
12. _____ la sangre	**l.** la cara

Paso 2 Verifica tus respuestas con el resto de la clase.

NOTA LINGÜÍSTICA Definite Articles

Forms

	MASCULINE	FEMININE
singular	el	la
plural	los	las

Functions

- To indicate a specific person, place, or thing

  Los estudiantes de esta clase trabajan mucho.
  The students in this class work a lot.

- To refer to people, places, or things as a general group or in the abstract

  Los ciudadanos de los Estados Unidos tienen muchos derechos.
  U.S. citizens have many rights.

  La libertad es algo muy apreciado en este país.
  Liberty is highly valued in this country.

- To express seasons of the year, dates, time of day, and *on* with days of the week

Prefiero **la primavera.**	*I prefer Spring.*
Hoy es **el 22** de marzo.	*Today is March 22.*
Son **las 4:30.**	*It's 4:30.*
El examen es **el miércoles.**	*The exam is on Wednesday.*

EL MANUAL *contiene ejercicios de gramática.*

NOTA LINGÜÍSTICA Future Tense

Forms

Endings: To form the future tense, add the following endings to the infinitive of a verb. These endings are the same for **-ar, -er,** and **-ir** verbs.

-é, -ás, -á, -emos, -éis, -án

A few common verbs have irregularities in the future-tense stem.

decir: dir-	poder: podr-	saber: sabr-	tener: tendr-
haber: habr-	poner: pondr-	salir: saldr-	venir: vendr-
hacer: har-	querer: querr-		

Functions

To indicate that an event, action, or state of being will take place or will exist at some point in the future. Future time is frequently conveyed in Spanish by using **ir + a +** infinitive or by the present tense when the future time referred to is close to the present (that is, the time of speaking).

EL MANUAL *contiene ejercicios de gramática.*

Actividad B ¿Qué opinas?

☐ ***META LINGÜÍSTICA***
Practicar la gramática

Paso 1 Lee las siguientes oraciones. Primero, escoge la palabra o frase más lógica para completar la oración. Luego, da la forma apropiada del futuro del verbo.

1. El número de hispanohablantes en los Estados Unidos _____ (aumentar/disminuir) en los próximos diez años.
2. El estudio del francés en los Estados Unidos _____ (ser) (más/menos) popular.
3. Los gobiernos estatales en este país _____ (eliminar/establecer más) programas de enseñanza bilingüe en las escuelas primarias.
4. Los ciudadanos de los Estados Unidos _____ (aprobar/desaprobar) el inglés como lengua oficial del país.
5. Los puertorriqueños _____ (votar) (a favor de/en contra de) convertir a Puerto Rico en el estado número 51 de los Estados Unidos.
6. El gobierno federal _____ (rechazar/proponer) la idea de declarar el español y el inglés como los dos idiomas oficiales de los Estados Unidos.

Paso 2 Comparte tus respuestas y verifica las formas verbales con el resto de la clase.

Así se dice

Because English is the dominant language used when talking about technology, many English words are being adopted into other languages, even though these languages have words to represent the concepts in question. The most recent example is called «CyberSpanglish». Here are a few examples.

ENGLISH	SPANISH	CYBERSPANGLISH
to scan	explorar	escanear
to surf	navegar	surfear
to shut down	cerrar	hacer un shutdown
shift key	tecla de mayúsculas	tecla shift

If you look up baseball terms in Spanish, you will find a great deal of English influence there as well.

META DE COMUNICACIÓN
Descubrir lo que es el portuñol

Actividad C El portuñol

Paso 1 Lee la primera mitad del artículo sobre el portuñol que se publicó en la revista *Hombre internacional.* Luego, con un compañero (una compañera) indiquen cuál de las oraciones es cierta en cada grupo a continuación.

1. la dirección de la influencia (del español al portugués o del portugués al español)
   - **a.** El español está cambiando el portugués.
   - **b.** El portugués está cambiando el español.
2. el impacto del portuñol
   - **a.** El portuñol todavía tiene poca influencia en la vida cotidiana de la gente.
   - **b.** El portuñol es más importante que el español en ciertas regiones.

EN AMÉRICA DEL SUR

EL PORTUÑOL:

¡un nuevo dialecto que amenaza con desplazar al idioma español!

Cada vez se expande más el uso del portuñol entre todos los países fronterizos con Brasil. El español se está perdiendo en los países de habla hispana, mientras que las cifras de personas que hablan y escriben el portuñol va en franco aumento.

Por FRANCO CAPUTI

Mientras contempla un apasionado juego de fútbol entre un grupo de niños de una escuela primaria, un poblador de la frontera Uruguay-Brasil comenta entusiasmadamente: *"Eses niñós juegan bem"* (*"Esos niños juegan bien"*). Al escucharlo, inmediatamente surge una pregunta: ¿qué idioma es el que está hablando? Fonéticamente, sus palabras tienen puntos de contacto con el español, pero sin duda, no es éste el idioma que está utilizando; también los vocablos empleados poseen cierta similitud con el portugués, pero tampoco es ésta la lengua que ha empleado... ¿De qué se trata, entonces? Las palabras de este apasionado espectador pertenecen al *Portuñol*, un dialecto que está invadiendo la América del Sur, amenazando la conservación de nuestra lengua natal... Una mezcla de palabras en castellano y portugués, con la que ha surgido toda una nueva y complicada terminología.

En 1970, sólo un millón de personas conocía el *Portuñol*; hoy, veintiún años más tarde, es hablado por casi 20 millones de individuos, ¡el 15% de la población hispano-parlante de América del Sur! Tal ha sido la influencia ejercida por este dialecto, que en la actualidad, miles de regiones lo utilizan como su lenguaje cotidiano; Santa Elena (Venezuela), Leticia (Colombia), Iberia (Perú), Puerto Suárez (Bolivia), Pedro Juan Caballero (Paraguay), Paso de los Libres (Argentina) y Rivera (Uruguay), son sólo algunas de las ciudades en las que el Portuñol se ha convertido en el principal medio de comunicación, y prácticamente, ¡ha desplazado al idioma español!

EL SURGIMIENTO DEL *PORTUÑOL*: UN PROCESO EN EL QUE HAN INCIDIDO VARIOS FACTORES...

El *Portuñol* es el resultado de la acción de tres factores fundamentales: historia, geografía y medios de comunicación social. Junto con los colonizadores españoles convivieron en la América del Sur muchas familias portuguesas que llegaron a estas tierras entre los siglos XVI y XVII. De esta forma —y como consecuencia de la convivencia portuguesa-española— comenzaron a mezclarse las dos lenguas. El hecho de que Brasil posea fronteras con siete de las nueve naciones sudamericanas en las que el español es el idioma oficial (únicamente no limita con Chile y Ecuador), también ha contribuido significativamente al desarrollo de este fenómeno. El portugués (la lengua oficial de los brasileños) se fue filtrando por las fronteras, y la mezcla de los dos idiomas fue tomando cada vez más fuerza. El Portuñol prosiguió su desarrollo, y poco a poco —paralelamente al incremento de la población— fue traspasando los límites fronterizos y extendiéndose a otras regiones.

Posteriormente, la radio y la televisión fueron dos elementos decisivos en el proceso de enriquecimiento y propagación de este dialecto. El portugués llegaba ahora a través de nuevas vías: los programas radiales y televisivos. Con ello, se incentivó aún más la fusión de los dos idiomas, y comenzaron a surgir miles de nuevas palabras para sustituir a las que hasta ese momento se habían utilizado.

Paso 2 Verifiquen sus respuestas con el resto de la clase. Luego, lean la segunda mitad del artículo. Expliquen con sus propias palabras los tres factores fundamentales en la extensión del portuñol.

- la historia
- la geografía
- los medios de comunicación

Paso 3 Compartan sus respuestas con el resto de la clase.

Paso 4 **Optativo.** ¿Cuáles son las palabras que utiliza el autor del artículo (Franco Caputi) para expresar su opinión personal acerca del portuñol?

Consejo práctico

Writers communicate ideas and information to their readers. Although the article about **el portuñol** is journalistic and therefore should be objective, the author lets it be known what he thinks about **el portuñol.** Look for words that are strong rather than neutral. Note the differences between the following.

MILD	STRONGER	EVEN STRONGER
to raise your voice	to yell	to rage
to comment on	to criticize	to ridicule
to support	to cheer on	to stand behind

☐ ***META DE COMUNICACIÓN***
Predecir el futuro del portuñol

Actividad D El futuro del portuñol

Paso 1 Indica tu opinión sobre las siguientes predicciones. En el número 9, inventa una predicción e indica tu opinión sobre ella.

	SÍ, PASARÁ.	NO, NO PASARÁ.
1. El portuñol reemplazará al español.	☐	☐
2. Aumentará el número de personas que hablan el portuñol.	☐	☐
3. Disminuirá el número de personas que hablan el portuñol.	☐	☐
4. Se reconocerá el portuñol como lengua oficial.	☐	☐
5. Se publicarán libros en portuñol.	☐	☐
6. Se creará un nuevo país de habitantes que hablen el portuñol.	☐	☐
7. Se enseñará el portuñol en las universidades de los Estados Unidos como lengua extranjera.	☐	☐
8. Los hispanos en los Estados Unidos aprenderán a hablar portuñol.	☐	☐
9. ¿ ? ______	☐	☐

Paso 2 Comparte con el resto de la clase tus predicciones y explica las razones que las apoyan. **¡Ojo!** Cuidado con las formas del futuro.

Paso 3 **Optativo.** En grupos, hagan tres predicciones sobre el uso del español en los Estados Unidos. Compartan sus predicciones con el resto de la clase. La clase tiene que indicar si cree que las predicciones de cada grupo serán una realidad o no.

LECCIÓN

2 El español en los Estados Unidos

Ideas para explorar

¿Por qué se aprende el español?

¿Qué es una lengua extranjera? En Chile el español es la lengua nativa de la mayoría de los habitantes y el inglés es una lengua extranjera.

En los Estados Unidos, el inglés es la lengua nativa de la mayoría de los habitantes y el español es una lengua minoritaria.

¿Qué te parece?

- ¿Cuál es la lengua materna (o nativa) de tus abuelos? ¿Y la de tus padres?
- ¿Vienes de una tradición monolingüista o polilingüista?
- ¿Hay alguien en la clase cuya lengua materna no es el inglés?
- ¿Por qué es tan popular el estudio del español?
- ¿Es obligatorio estudiar una lengua extranjera en tu universidad?
- ¿Era obligatorio estudiar una lengua extranjera en tu escuela secundaria?
- ¿Debe ser obligatorio estudiar una lengua extranjera?
- ¿Por qué estudias español y no otra lengua?
- ¿Cuántas lenguas has estudiado?

Vocabulario del tema

Verbos

ampliar aumentar

asimilarse el proceso por el cual un grupo gradualmente adopta las características de otra cultura

enfocarse concentrarse

especializarse seguir un determinado curso de estudios en un campo en particular

mudarse trasladarse; cambiar de alojamiento

relacionarse tener relación dos o más personas o cosas

traducir expresar en un idioma una cosa dicha o escrita originariamente en otro

Sustantivos

la absorción cultural dejar de formar parte de un grupo mientras se va formando parte de otro

la formación educación en general o adiestramiento en determinada materia o actividad

el idioma lenguaje propio de un grupo humano

la lengua extranjera el lenguaje de un grupo humano al que uno no pertenece

la lengua nativa el lenguaje del grupo humano al que uno pertenece

EL MANUAL contiene ejercicios de vocabulario.

☐ ***META LINGÜÍSTICA***
Practicar el vocabulario

Actividad A La palabra apropiada

Paso 1 Completa las siguientes oraciones con las palabras o frases apropiadas del Vocabulario del tema.

1. Para los que nacen en Chile, el inglés es una _____ mientras que el español es su _____.
2. Mis bisabuelos nacieron en Irlanda y emigraron a los Estados Unidos. Por el proceso de _____, ya no tenemos mucho contacto con la cultura irlandesa.
3. En muchas universidades, una persona puede _____ en español si toma un mínimo de ocho cursos avanzados, es decir, los cursos que siguen a los cuatro semestres introductorios de lengua.
4. Dicen que los estudiantes universitarios _____ cada año a un lugar diferente. Primero viven en las residencias estudiantiles y luego en apartamentos, muchas veces con diferentes compañeros de cuarto.
5. Mi meta es pensar completamente en español para no tener que _____ de mi lengua nativa al español.
6. Lo que busco es tener amistades variadas y diversas. Es decir que _____ con todo tipo de persona. No me importa su raza, religión u orientación sexual.
7. Además del español, el _____ que a mí me gustaría estudiar es el chino. Es completamente diferente del español, incluyendo el sistema ortográfico.
8. Todos los cursos obligatorios del currículum general son íntegros en la _____ de los estudiantes. Les enseñan a pensar y a ver el mundo desde varias perspectivas.

9. El propósito o meta de estudiar la literatura hispanoamericana y también la literatura española es _____ la experiencia del estudiante de español. Es importante darle al estudiante una variedad de experiencias.
10. Este semestre voy a trabajar menos para poder _____ en los estudios. No salí muy bien el semestre pasado.
11. La vida universitaria es diferente de la vida de la escuela secundaria. Así que todos tienen que adaptarse y _____ a las nuevas circunstancias.

Paso 2 Verifica tus respuestas con el resto de la clase.

NOTA LINGÜÍSTICA Future with **ir**

Forms

The verb **ir** followed by **a** and an infinitive expresses future intent.

Functions

To express an intent to do something or to be a certain way in the future

Voy a descansar.	*I am going to rest.*
Me voy a sentir mejor.	*I am going to feel better.*

Expressing the future with **ir** + **a** + infinitive is more common in spoken Spanish than the use of the future tense.

EL MANUAL *contiene ejercicios de gramática.*

Actividad B ¿Estás de acuerdo?

☐ ***META LINGÜÍSTICA***
Practicar la gramática

Paso 1 Expresa el futuro con la forma correcta de **ir** + **a** + infinitivo. Luego, indica si estás de acuerdo o no con lo expresado.

	SÍ	NO
1. Si hago errores de gramática, nadie me _____ (entender) cuando hablo.	☐	☐
2. Después de cuatro semestres de estudiar un idioma a nivel universitario, una persona _____ (ser) bilingüe.	☐	☐
3. Si me concentro en aprender la gramática, _____ (poder hablar) con fluidez.	☐	☐
4. Después de estudiar español, estudiar portugués _____ (ser) mucho más fácil.	☐	☐
5. Para aprender bien el español, las personas _____ (tener que pensar) en español y no traducir primero de su lengua materna al español.	☐	☐

Paso 2 Verifica tus respuestas con el resto de la clase.

Así se dice

A very common expression in Spanish is **Vamos a ver,** often shortened to simply **A ver.** It is roughly equivalent to English *Let's see,* and is used both literally, when someone is going to look at or for something, and figuratively as a *filler* in conversation when someone is thinking of what to say next.

—**A ver,** hijo, ¿qué has hecho ahora?	—*Let's see, son, what have you done now?*
—¿La receta para el pan de maíz? **Vamos a ver...,** masa harina, sal, huevos,...	—*The cornbread recipe? Let's see... corn meal, salt, eggs, ...*

☐ ***META DE COMUNICACIÓN***
Averiguar por qué se estudia otro idioma

Actividad C Tus razones

Paso 1 Lee la siguiente lista de razones por las cuales se estudia el español. Indica las razones que se aplican a ti.

1. ☐ Voy a necesitar saber español para ejercer mi profesión.
2. ☐ Me voy a mudar a un lugar de los Estados Unidos donde se habla español.
3. ☐ Voy a visitar comunidades bilingües (español/inglés) como las de Miami, Nueva York, Los Ángeles, San Antonio o Chicago.
4. ☐ Voy a vivir en un país donde se habla español.
5. ☐ El estudio de otro idioma y cultura va a ampliar mi formación profesional.
6. ☐ Me voy a relacionar con personas hispanohablantes.
7. ☐ Pienso que el español me va a ser útil en el futuro, pero por ahora no sé exactamente cómo.
8. ☐ Me voy a especializar en español o en lenguas extranjeras.
9. ☐ ¿Otra razón? ______

Paso 2 Formen grupos y comparen los resultados del Paso 1. Averigüen cuáles son las razones mencionadas más frecuentemente entre Uds. También, determinen cuál es la mejor razón por estudiar español.

Paso 3 Presenten a la clase lo que comentaron en el Paso 2. ¿Están de acuerdo con Uds. los otros grupos? **¡Ojo!** Deben utilizar **ir + a +** infinitivo para expresar el futuro.

MODELO: En nuestro grupo, la razón mencionada más frecuentemente es: «Vamos a vivir en un país donde se habla español». Y la razón más importante por estudiar español es: «Va a ampliar nuestra formación profesional».

Paso 4 **Optativo.** Determinen las razones por las cuales el profesor (la profesora) estudió español. ¿Lo estudió por las mismas razones que lo estudian Uds.?

Así se dice

You might have noticed that in the singular, **razón** has an accent mark on the last syllable but in the plural, it does not: **razones.** In Spanish, the tendency is to stress the same syllable in the singular and plural forms of a word. Words that end in **-n** or **-s** are normally accented on the next to last syllable. However, if the accent is on the last syllable, as in **razón,** then an accent mark is needed to indicate that. **Razones** ends in **-s** and so the next to the last syllable is accented. This is also the case with **alemán/alemanes.**

There are many nouns in Spanish whose singular form ends in **-ión,** accent on the **o,** but whose plural forms do not have a written accent mark. For example, **nación/naciones, estación/estaciones, acción/acciones.** The same principle applies to words that end in **-s,** for example, **interés/intereses, estrés/estreses, portugués/portugueses.**

Actividad D El bilingüismo en Hialeah

META DE COMUNICACIÓN
Comentar las ventajas y desventajas del bilingüismo

Consejo práctico

Your reading task will be to locate information relevant to a specific question. The article contains more information than just that, but for now, you should limit yourself. As you quickly go through your section of the article, you need to ask yourself if the information you're getting will adequately answer your question. If it will, note it. If it won't, let it go until you have the time to read the article from start to finish.

Paso 1 Trabajen en grupos. A cada grupo el profesor (la profesora) le va a asignar una sección del artículo «El bilingüismo en Hialeah», publicado en *Miami Mensual,* una revista. Contesten la pregunta designada a su sección.

SECCIÓN	PREGUNTA
• La absorción cultural	• ¿Qué es la absorción cultural?
• El caso de Ricco	• ¿Cómo aprendió a hablar español?
• La madre reacciona	• ¿Es completamente positivo saber español?

Paso 2 Compartan la información con el resto de la clase.

¡Qué iba a imaginarse Jackie Sorrentino, cuando vino de Chicago a vivir a Miami, que sus dos hijos se transformarían en "cubanitos"! Los latinos del condado de Dade creen que la adaptación cultural es un problema únicamente inherente a ellos. No se han puesto a mirar la "paja en el ojo ajeno".

EL BILINGÜISMO EN HIALEAH

por RALPH REWES

La absorción cultural

La familia Sorrentino vive en un complejo de apartamentos, cercano al Palm Springs Hospital, una zona llena de cubanos que pasa en estos momentos a través de un proceso de absorción cultural inesperado, un proceso muy conocido entre los cubanos, por ejemplo, pero en aumento entre los angloparlantes. Los padres cubanos protestan porque los hijos hablan en inglés todo el tiempo delante de ellos —aún cuando los muchachos hablan español entre ellos. Los padres ven esto como una amenaza a la comunicación familiar y al idioma.

Pero, ¿qué sucede cuando el proceso es a la inversa y son los angloparlantes los que ven cómo sus hijos se asimilan a otra cultura?

—Yo me siento totalmente aislada —nos dice Jackie, en inglés— porque si bien yo entiendo alguna que otra palabra en español, no es suficiente. Y ellos (los hijos) se pasan la vida hablando en español con los amigos cubanitos. Y también hablan español delante de mí, cuando quieren que yo no me entere de qué están hablando. Yo voy a tener que aprender también.

El caso de Ricco

Ricco tiene 15 años, el cabello rubio oscuro y los ojos color castaño. Es un muchachón fuerte y ágil y habla ayudado de las manos, como cualquier otro latino. Eso lo puede haber heredado del padre, italiano de Calabria. Pero no es así. No lo ve desde hace años, desde que Jackie se divorció.

—Y tú, ¿cómo te sientes, Ricco, americano o miamense?, le pregunto. Sin la menor vacilación, me contesta con un fuerte acento *cubano:*

Chico, a la verdad que yo me siento cubano...

—¿Cómo fue que te empezaste a interesar en hablar español? ¿Fue la curiosidad o qué?

Se echa para atrás en el borde de la piscina donde ésta sentado, se ríe y me contesta, siempre en español:

—Primero fue porque, yo parezco cubano, tú sabes. Y todo el mundo me hablaba en español. Empecé a entender ya mucho, pero no hablaba casi nada. Después en la escuela me empecé a reunir con cubanitos, y me gustó el ambiente, tú sabes.

Ricco está siempre reunido con los otros muchachos cubanos del barrio. Y considera que hablar español es un privilegio. Me dice que tiene un amigo americano que está molesto porque no puede hablar tan bien como él.

La madre reacciona

Jackie no objeta en ningún momento que los hijos hablen español. Es más se siente orgullosa.

—Si vivo aquí en Hialeah, eso es una ventaja. Yo me siento aislada por no saber español. En cantidad de lugares de aquí de Hialeah, ellos me tienen que servir de intérpretes... cuando voy a las tiendas y para muchísimas otras cosas. En otros lugares, como Culter Ridge, no. Pero en Hialeah... aquí todo el mundo habla español.

Solamente se queja de algo.

—Lo que yo les digo a ellos, es que también tienen que aprender inglés. Para mí, lo que me preocupa es que él (Ricco), por ejemplo, habla como un cubanito, con acento y hasta con gestos igual que los cubanos. Habla inglés con acento cubano... no muy fuerte, pero yo se lo noto. Tiene que estudiar inglés también, recalca Jackie.

Y no sólo eso. El vocabulario de Ricco en inglés se le está empobreciendo por falta de uso.

—No son pocas las veces que Ricco me dice "Ah, yo no sé cómo se dice eso en inglés". Yo le digo que él necesita del inglés, que si quiere hablar español, bien, pero que hay que hablar los dos..."

Conclusión

Cualquier idioma se aprende fácilmente si no hay prejuicios culturales. El interés y la curiosidad hacia otra cultura hacen que el idioma se aprenda efectivamente. Si existen prejuicios, éstos entorpecen e impiden el aprendizaje. Ricco y Tina se sienten bien con los cubanos y les gusta la cultura latina: por eso han aprendido a hablar el español con fluidez. El idioma es solamente un instrumento que les sirve a Tina y a Ricco para comunicarse mejor con los cubanos y otros hispanoparlantes.

Estrategia para la comunicación

Since you are reading only a part of this article, you will need to pay attention to and understand what your classmates tell you about what they have read. The following phrases are useful when asking for clarification.

Repita, por favor. No comprendo/entiendo.
Otra vez, por favor.
Más despacio, por favor.

These phrases, however, don't let the speaker know if you understood any of what you heard. If you don't need to have the entire message repeated, try the following strategy. State the topic you want to have clarified and follow it with a question word.

El caso de Ricco, ¿qué?

Paso 3 Toda la clase debe comentar acerca de las siguientes ideas.

- Ricco va a perder el inglés y, como consecuencia, va a perder su cultura.
- Jackie va a aprender español y no va a necesitar que sus hijos le sirvan de intérpretes.
- El bilingüismo le va a abrir puertas a Ricco, no se las va a cerrar.

En el Harlén español de Nueva York se nota el uso del español tanto como el inglés. ¿Cuáles son los idiomas que se hablan donde tú vives?

Ideas para explorar

El biculturalismo

Jon Secada, cantante cubano-americano popular, es bilingüe ¡y tiene éxito en los dos idiomas!

- ¿Qué sabes de Jon Secada? ¿De dónde es? Entre sus canciones, ¿cuáles son sus grandes éxitos (más populares)?
- ¿A qué otras personas famosas bilingües conoces?
- ¿Sabes quién es la cantante de «Canciones de mi padre»?
- ¿Has visto la película «La Bamba»? ¿Quién es el protagonista?
- ¿Has visto la película «Selena»? ¿Quién fue Selena? ¿Qué tipo de música se asocia con ella?
- ¿Qué sabes de Joan Baez? ¿Gloria Estefan? ¿Julio Iglesias? ¿Los Lobos? ¿Rubén Blades? ¿Ricky Martin?
- ¿Cómo se llaman algunos actores de Hollywood que también son de ascendencia hispana?

Vocabulario del tema

Verbos

tener éxito lograr que algo salga bien; triunfar

triunfar obtener fama, honor; vencer

Sustantivos

la cultura conjunto de las tradiciones, costumbres, ideas, arte, etcétera, de un país

la dualidad circunstancia de reunir en una misma persona o cosa dos caracteres distintos

la mezcla combinación

la ventaja cualquier aspecto positivo asociado con algo

Adjetivos

bicultural que tiene dos culturas diferentes y que practica las costumbres de ambas

bien parecido/a guapo/a; hermoso/a

bilingüe que habla con la misma facilidad dos lenguas diferentes

inseparable imposible o difícil de separar

EL MANUAL *contiene ejercicios de vocabulario.*

Actividad A Antónimos y sinónimos

☐ ***META LINGÜÍSTICA***
Practicar el vocabulario

Paso 1 Empareja las palabras de la columna A con su antónimo en la columna B.

A	B
1. _____ tener éxito	**a.** separable
2. _____ la ventaja	**b.** feo
3. _____ bicultural	**c.** monolingüe
4. _____ bien parecido	**d.** la desventaja
5. _____ bilingüe	**e.** monocultural
6. _____ inseparable	**f.** fracasar

Paso 2 Ahora empareja las palabras de la columna A con su sinónimo en la columna B.

A	B
1. _____ la dualidad	**a.** lograr fama
2. _____ la cultura	**b.** las costumbres
3. _____ triunfar	**c.** tener dos caracteres distintos
4. _____ la mezcla	**d.** la combinación

Paso 3 Verifica tus respuestas con el resto de la clase.

Estrategia para la comunicación

We sometimes don't know or have forgotten a particular word. We can ask the people we are talking to for help. The following phrases are useful in doing just that.

Es lo opuesto de...
Es sinónimo de...
Significa...

NOTA LINGÜÍSTICA Ser

Forms

PRESENT	PRETERITE	IMPERFECT
soy	fui	era
eres	fuiste	eras
es	fue	era
somos	fuimos	éramos
sois	fuisteis	erais
son	fueron	eran

Functions

1. To indicate a relationship of equivalence between sentence elements

Las ballenas **son mamíferos.** (*defining trait*)	*Whales are mammals.*
El Rey Juan Carlos **es español.** (*nationality*)	*King Juan Carlos is Spanish.*
Mi madre **es dentista.** (*profession*)	*My mother is a dentist.*
La computadora **es de plástico.** (*material, with* **de**)	*The computer is made of plastic.*
Son las 3:20. (*time*)	*It is 3:20.*
Ayer **fue jueves, 30 de julio.** (*day, date*)	*Yesterday was Thursday, the thirtieth of July.*

2. To indicate origin (with **de**)

Somos de diferentes estados.	*We are from different states.*
El vino **era de Chile.**	*The wine was from Chile.*
Margarita **es de Texas** pero vive en Kentucky.	*Margarita is from Texas but she lives in Kentucky.*

EL MANUAL *contiene ejercicios de gramática.*

☐ ***META LINGÜÍSTICA***
Practicar la gramática

Actividad B Jon Secada: ¿Es o no es?

Paso 1 Lee las siguientes oraciones sobre la vida de Jon Secada. Luego, lee el artículo «Jon» que salió en la revista *Más* (página 45). Después de leer el artículo, tú y un compañero (una compañera) deben evaluar cada oración sobre Jon Secada según los siguientes criterios.

a. Es verdad.
b. No es verdad.
c. Es probable. Se puede inferir de la información del artículo.
d. Es imposible saberlo por el artículo.

1. ______ Es de Miami.
2. ______ Es de Cuba.
3. ______ No es originario de los Estados Unidos.
4. ______ Es amigo de Gloria Estefan.
5. ______ Es atractivo.
6. ______ Es compositor de canciones.
7. ______ Es aficionado de Stevie Wonder.
8. ______ Es popular.
9. ______ Es alto.
10. ______ Es inteligente.
11. ______ Es rico.
12. ______ Es casado.
13. ______ Era maestro de música antes de ser cantante de la Miami Sound Machine.

Paso 2 Verifiquen sus respuestas con el resto de la clase.

> **Consejo práctico**
>
> You are asked to read the thirteen items in **Paso 1** before you read the article. Why? So that you know what you're looking for in the article. The thirteen items give you a framework for taking in information. If you read the article first and then saw the items, your memory would have to work overtime to remember whether the information was in the article, was implied, or wasn't there at all.

JON

SEXY, CUBANOAMERICANO Y ACABA DE SALIR DE LA COMPAÑÍA MIAMI SOUND MACHINE DISPUESTO A CONQUISTAR EL MERCADO INGLÉS Y ESPAÑOL. Y, PARA SU SORPRESA, LO HA CONSEGUIDO EN UN TIEMPO RECORD **POR CYN ZARCO**

AUNQUE NO SE DIVULGUE demasiado, Secada no es sólo un cantante bien parecido, es un cerebro, un académico certificado, probablemente uno de los pocos cantantes populares con un diploma de maestría en música, específicamente en ejecución vocal de jazz obtenido con dedicación y esfuerzo en la Universidad de Miami.

Secada se ha mantenido en la cima porque ha conquistado simultáneamente el mercado inglés y el español, algo insólito en el mundo de la música. Ni siquiera románticos veteranos de la altura de Julio Iglesias han conseguido triunfar de una forma tan rápida en el mercado americano. Pero, por supuesto, Jon Secada le lleva bastante ventaja: es cubanoamericano, su inglés es impecable y ha vivido 21 años en EE. UU. Tiempo suficiente para perfeccionar una personalidad de tipo cool, sin duda cultivada en el circuito de jazz latino de Miami y durante años de escuchar a sus ídolos: Stevie Wonder, Elton John, Billy Joel; y de ver mucha televisión en este país.

Jon Secada se ha convertido en el primero de una nueva hornada de artistas modernos hispanoamericanos bilingües y biculturales. El ha hecho que el término *crossover* no funcione con su caso. Porque en él no ha habido cruce de ningún tipo ni hacia ningún lugar. La dualidad de idiomas y de culturas estaba ya en él, de una forma tan natural como esa mezcla de música soul, pop, funk y bailable de hoy combinada con un poco de romance latino que ofrece en sus canciones. Y ese coctel de sonidos y de sabores culturales, unido a su físico, es lo que lo convierte en un fenómeno irresistible para el público que se sitúa a uno y otro lado del supuesto *crossover*.

META DE COMUNICACIÓN
Explorar lo que significa ser bilingüe y bicultural

Actividad C Asociaciones

Paso 1 En grupos, preparen una lista de por lo menos cinco ideas o cosas que asocian con la palabra **bilingüe.** Luego, compartan sus ideas con el resto de la clase.

Paso 2 Preparen una lista de por lo menos cinco ideas o cosas que asocian con la palabra **bicultural.** Luego, compartan sus ideas con el resto de la clase.

Paso 3 Toda la clase debe comentar las siguientes ideas. ¿Cuál de estas ideas refleja la opinión de la mayoría de los estudiantes de la clase?

- Es posible ser bilingüe sin ser bicultural.
- Es posible ser bicultural sin ser bilingüe.
- Es necesario ser bilingüe para ser bicultural.
- Es necesario ser bicultural para ser bilingüe.

Así se dice

Ser can be used in what are called impersonal expressions, impersonal in that the subject is undefined.

Es importante...	*It's important* . . .
Es necesario...	*It's necessary* . . .
Es bueno...	*It's good* . . .
Es imprescindible...	*It's essential* . . .

When these expressions are followed by an infinitive, they make a generalized statement applicable to everyone.

Es importante salir bien en los exámenes.
Es necesario pagar el alquiler.
Es bueno participar en clase.

You'll see more of these impersonal expressions in a later lesson.

META DE COMUNICACIÓN
Proponer ideas sobre cómo llegar a ser bilingüe y bicultural

Actividad D Cómo llegar a ser bilingüe y bicultural

Paso 1 Trabajen en grupos. La mitad de los grupos va a proponer por lo menos cinco maneras sobre cómo llegar a ser bilingüe. La otra mitad va a proponer cinco maneras sobre cómo llegar a ser bicultural.

Paso 2 Compartan las ideas con el resto de la clase y apunten lo que proponen los otros grupos.

Paso 3 Toda la clase debe evaluar las ideas propuestas. ¿Cuáles de las ideas son necesarias? ¿imprescindibles? ¿poco prácticas?

MODELOS: Es necesario hablar con hablantes nativos para llegar a ser bilingüe.
Es buena idea leer revistas en español.

Ideas para explorar

Los países de habla española

Estos mexicoamericanos celebran el Cinco de Mayo en San Francisco, California. ¿Crees tú que se puede considerar los Estados Unidos como un país de habla española?

- ¿Qué sabes del movimiento «English Only»? ¿En qué estados es más fuerte el movimiento?
- ¿En qué lengua se basa la cultura estadounidense? ¿Es igual la lengua que se habla en el noreste a la que se habla en el suroeste del país? ¿De qué lenguas vienen los nombres de ciudades importantes como Los Ángeles, Nueva York y Milwaukee?
- En cuanto a las lenguas, ¿en qué se diferencia la situación del Canadá de la de los Estados Unidos?
- ¿Cuáles son las ventajas de la enseñanza bilingüe? ¿las desventajas?
- ¿Cuáles son las lenguas oficiales de los Juegos Olímpicos?
- ¿Deben establecer los Estados Unidos una lengua oficial? ¿Deben establecer más de una lengua oficial como en los Juegos Olímpicos?
- ¿Sabías que el español se habla también en Asia (la República de las Filipinas) y en África (Guinea Ecuatorial)?

Vocabulario del tema

Sustantivos

el anglohablante	persona que habla inglés
los ciudadanos	las personas de una ciudad, estado o país con sus derechos y deberes
la desventaja	aspecto negativo asociado con algo
el hispanohablante	persona que habla español
el nivel de vida	estado económico y social
la población	los habitantes de un área geográfica, un estado o un país
el porcentaje	proporción; tanto por ciento

***EL MANUAL** contiene ejercicios de vocabulario.*

META LINGÜÍSTICA
Practicar el vocabulario

Actividad A Oraciones incompletas

Paso 1 Completa las oraciones con la palabra o frase apropiada del Vocabulario del tema.

1. Todos los _____ de los Estados Unidos tienen que pagar impuestos (*taxes*).
2. El _____ de los países del tercer mundo no es muy alto.
3. _____ se refiere a una persona cuya lengua nativa es el español.
4. _____ se refiere a una persona cuya lengua nativa es el inglés.
5. Una _____ de ser estudiante universitario es que uno nunca tiene mucho dinero.
6. La _____ de algunas ciudades europeas como Madrid, París, Lisboa y Munich es parecida en número a la de algunas ciudades grandes de los Estados Unidos como Los Ángeles, Nueva York y Chicago.
7. El _____ de hispanohablantes aumenta cada año en los Estados Unidos. Algún día los hispanos van a ser la minoría con más presencia en este país.

Paso 2 Verifica tus respuestas con el resto de la clase.

NOTA LINGÜÍSTICA Comparisons

Forms

- Comparisons of inequality

  más/menos + adjective/adverb/noun + **que**
  verb + **más/menos** + **que**

  Tengo **menos alumnos** este semestre **que** el semestre pasado.
  Juana **estudia más que** yo.

- Comparisons of equality

  tan + adjective + **como**
  tantos/as + noun + **como**

  Estudiar español es **tan popular hoy como** siempre ha sido.
  Hay **tantas alumnas como** alumnos en la clase.

Functions

To express that the relationship between two or more things is either equal or unequal

EL MANUAL *contiene ejercicios de gramática.*

Actividad B Comparaciones

☐ ***META LINGÜÍSTICA***
Practicar la gramática

Paso 1 Escribe oraciones verdaderas para ti usando la siguiente información. Cada oración debe expresar una comparación.

1. número de cursos, este semestre (trimestre) y el semestre (trimestre) pasado
2. horas de crédito, este semestre (trimestre) y el semestre (trimestre) pasado
3. tu estado de ánimo, hoy y ayer
4. tu participación en clase, hoy y en la clase anterior
5. dos programas de televisión que ves, divertido
6. dos cursos que tomas este semestre (trimestre), difícil
7. correr frecuentemente, tú y un amigo (una amiga)

Paso 2 Comparte tus oraciones con el resto de la clase y verifica las formas de las comparaciones.

Estrategia para la comunicación

The comparisons that you are making now are done within the same sentence. You may also want to compare ideas across sentences at some point. Here are some useful phrases for doing that.

asemejarse a	*to be similar to*
diferenciarse de	*to be different from*
igual a	*the same as, just like*
en contraste con	*in contrast to*

Así se dice

You know that definite articles as well as adjectives must agree in number and gender with the noun they modify. Why then do you see the phrases **el águila blanca, el agua fría,** and **el hada madrina,** in which the definite article is masculine but the noun and adjective are feminine? Whenever a word begins with the letters **a** or **ha** and that syllable is stressed, Spanish uses the masculine definite article in the singular in order to avoid having the sound of two **a**'s blend together. These nouns are feminine, as you can see by the adjectives and as you can see in the plural: **las águilas blancas, las aguas frías, las hadas madrinas.** The **s** on the end of the definite article prevents two **a** sounds from coming together.

☐ ***META DE COMUNICACIÓN***

Sacar información de una tabla

Actividad C ¿Dónde se habla español?

Paso 1 Trabaja con un compañero (una compañera). La tabla que aparece a continuación contiene información sobre la población hispana en los Estados Unidos. Miren la tabla y averigüen la siguiente información.

1. las cinco ciudades en los Estados Unidos con el mayor número de hispanohablantes
2. las cinco ciudades en los Estados Unidos con la mayor proporción de hispanohablantes en comparación con el número de anglohablantes

Paso 2 Verifiquen los resultados con el resto de la clase. Luego, comenten las estadísticas.

Paso 3 Ahora miren el mapa que indica el número de hispanohablantes en cada país (página 51). ¿Cuáles son los países con una mayor población hispanohablante que los Estados Unidos?

Paso 4 Verifiquen la información con el resto de la clase. Luego, observen su reacción. ¿Les sorprendió la información?

Así se dice

When the words **más** and **menos** are followed by a number, the preposition **de** is used rather than **que.**

Hay **más de cinco millones** de hispanohablantes en los Estados Unidos.

Hay **menos de tres millones** de habitantes en Cuernavaca, México.

Tengo **más de tres** horas de tarea cada noche.

CIUDAD	POBLACIÓN HISPANA	PORCENTAJE DE LA POBLACIÓN
Albuquerque, NM	515.336	35
Austin, TX	197.101	20
Boston, MA	249.132	4
Chicago, IL	932.806	11
Dallas, TX	605.666	13
Denver, CO	301.283	12
El Paso, TX	511.885	67
Fresno-Visalia, CA	519.983	36
Hartford-New Haven, CT	151.050	6
Houston, TX	861.454	21
Laredo, TX	136.824	92
Los Ángeles, CA	5.013.571	34
Miami-Ft. Lauderdale, FL	1.133.942	34
Nueva York, NY	2.879.120	15
Philadelphia, PA	305.420	4
Phoenix, AZ	449.433	16
San Antonio-Victoria, TX	476.139	47
San Diego, CA	548.421	21
Seattle-Tacoma, WA	117.291	3
Tucson, AZ	225.577	27

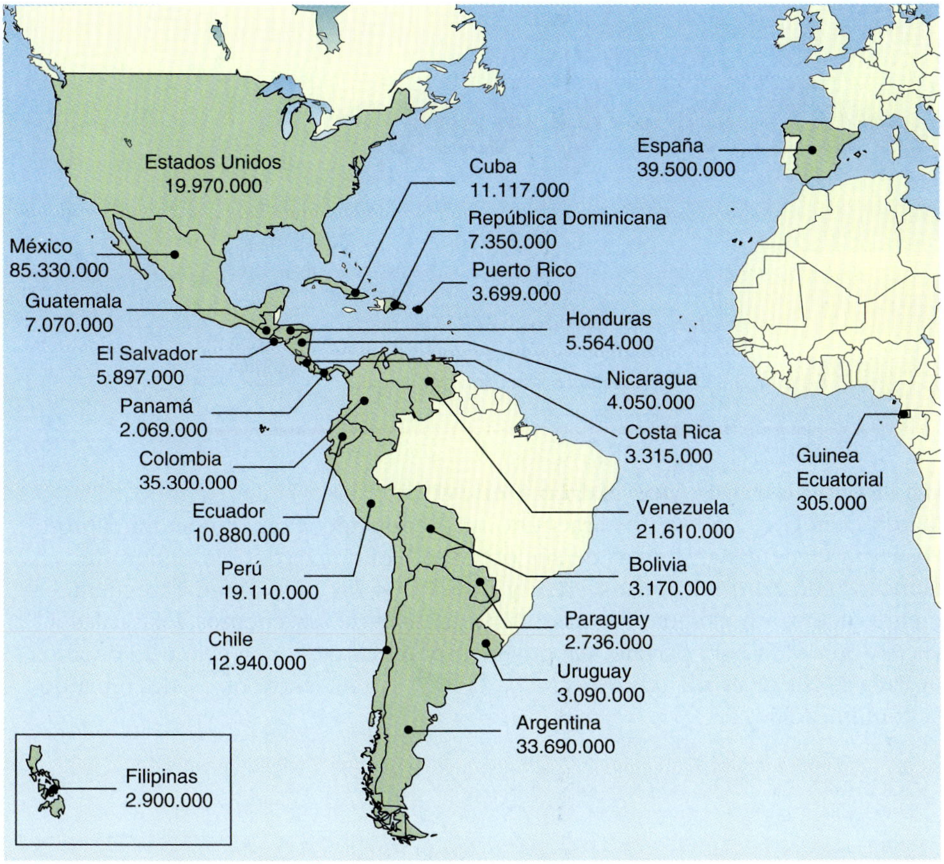

Actividad D Debate

META DE COMUNICACIÓN
Determinar si los Estados Unidos es un país de habla española

Paso 1 En grupos, den razones que apoyen las dos posiciones opuestas.

A. Los Estados Unidos es un país de habla española.

1... 2... 3...

B. Los Estados Unidos no es un país de habla española.

1... 2... 3...

Paso 2 Compartan sus razones con el resto de la clase y apunten lo que dicen los otros grupos. Luego, clasifiquen las razones. ¿Cuál es la razón...

- más convincente?
- menos convincente?
- más absurda?
- más nacionalista?

Paso 3 ¿Cuántos en la clase creen que los Estados Unidos son un país de habla española? ¿Cuántos no están de acuerdo?

LECCIÓN

3 Literatura y arte

Literatura

The *¿Qué te parece?* CD-ROM offers additional activities related to the **Literatura** selection in this unit.

«La novia ausente», por Marco Denevi (1922–)
Marco Denevi es un escritor argentino muy conocido: es narrador, dramaturgo, ensayista y cuentista. Algunas de sus obras se han convertido en teleproducciones, como *La ceremonia secreta* y *Rosaura a las diez*. Denevi frecuentemente incluye un elemento sorprendente al final de sus cuentos, los cuales a veces son de un solo párrafo. «La novia ausente» es de la colección de cuentos titulada *El amor es un pájaro rebelde* (1993) y trata, entre otros, del tema de la comunicación.

Vocabulario útil

Verbos

adelantarse	to get ahead
arrepentirse	to regret
bifurcarse	to branch off
bordar	to embroider
coser	to sew
hurgar	to rummage through; to search
postergarse	to postpone
rechinar	to creak (upon moving)
reventar	to burst

Sustantivos

el ajuar de novia	a bride's trousseau, including household furnishings
el apuro	rush; hurry
la calvicie	baldness
el camisón	nightshirt
el espliego	lavender
la funda	pillowcase
la monja	nun
la prenda	article of clothing
el ramo	bouquet of flowers
el resquicio	opportunity
la sábana	(bed)sheet
la verborragia	verbiage; verbosity

Adjetivos

aquejado/a (de)	suffering (from); afflicted (with)
atiborrado/a	full (of stuff)
enrarecido/a	thin
lacónico/a	brief; concise
veloz	fast, rapid

Expresiones

darle alcance	to catch up with someone/something
día por medio	every other day
humo de palabras	cloud of words (*fig*).
sentirse cargos de conciencia	to feel guilty

Anticipación

Actividad A La ausencia

Paso 1 El título del cuento que vas a leer es «La novia ausente». La ausencia puede referirse al hecho de no estar físicamente presente en un lugar. También se puede referir a un estado mental, el sentimiento de desasociación, aislamiento y soledad. Con un compañero (una compañera) de clase, preparen una lista de momentos en la vida en los que uno puede sentirse «ausente» o sentir la ausencia de otra persona. También preparen una lista de las razones que causan este sentimiento. Aquí hay dos ejemplos:

OCASIONES	RAZONES
la boda de mi hermano	Yo estaba triste porque lo iba a echar de menos en la casa.
la primera clase de la mañana	Me siento ausente porque a las ocho de la mañana todavía estoy medio dormido.

Paso 2 Comparen su lista con las del resto de la clase. Toda la clase debe escoger las tres situaciones que afectarían a la mayoría de la clase.

Consejo práctico

It is easier to comprehend what you read if you are already familiar with the topic and the ideas expressed in a work. The activities in **Anticipación** will help you start thinking about some of the ideas you will come across in the reading.

Actividad B Las madres, las hijas y las bodas

Paso 1 Trabajen en grupos pequeños. Hagan una lista de cinco razones que explican los conflictos que puede haber entre una madre y su hija cuando la hija se casa.

Paso 2 Compartan su lista con el resto de la clase. Escojan los conflictos que Uds. creen que ocurren con más frecuencia.

Así se dice

The grammatical gender of the word **pareja** is feminine, no matter if the person referred to is biologically male or female. Other words like this in Spanish are **persona** and **víctima.** Any adjective you use to describe **pareja, persona,** or **víctima** should have feminine endings.

> **Juan Carlos** es **la pareja perfecta** para mí.
> **Octavio** es **una persona digna** de admiración.
> **Guillermo** no quiere ser **víctima** del sistema.

Actividad C ¿Cómo se caracteriza la pareja perfecta?

Paso 1 Trabajen en grupos pequeños. A cada grupo el profesor (la profesora) le va a asignar una de las siguientes perspectivas.

LAS CARACTERÍSTICAS DE LA PAREJA PERFECTA	
SEGÚN LOS PADRES	SEGÚN LOS GUSTOS DEL GRUPO
1. ______	1. ______
2. ______	2. ______
3. ______	3. ______
4. ______	4. ______
5. ______	5. ______

Paso 2 Compartan las listas con el resto de la clase. ¿Coinciden las dos listas o hay discrepancias y desacuerdos?

Primera exploración

Consejo práctico

Before you read this story on your own, do the activities in **Primera exploración.** They will help you understand the story better. These activities concentrate on helping you get the highlights of the story, not the details. There are follow-up activities in the *Manual* to help you get the details. This story is too long to read from beginning to end in class. You will be asked to do that as part of the *Manual* exercises.

Hablando de la literatura

Unlike a newspaper article in which the writer reports on events, a literary work often has a narrator who relates the events of the story. The narrator may be a character in the story whose knowledge of the other characters and events is limited. Sometimes, however, the narrator is all-knowing and objective; this type of narrator can even inform readers of the private thoughts of the characters. In either case, you must decide just how reliable the narrator is.

Actividad A Perpetua Gamondal

Paso 1 Trabajen en grupos de tres. Lean los dos primeros párrafos de «La novia ausente» y apunten cómo se comunica Perpetua con la gente.

Paso 2 En el grupo, preparen una lista de cuatro adjetivos que describen a Perpetua. Luego, compartan su lista con el resto de la clase. ¿Cuáles son las características que la mayoría ha notado?

Paso 3 Lean el tercer párrafo y contesten las siguientes preguntas.

1. ¿Cuántos años tiene Perpetua?
2. ¿Está Perpetua contenta con su vida?

Actividad B Bienvenido Mariscotti

Paso 1 En los párrafos cuatro y cinco se introduce el personaje de Bienvenido Mariscotti. Trabajen en grupos. La mitad de los grupos debe buscar detalles sobre el aspecto físico de Bienvenido Mariscotti. La otra mitad de los grupos debe buscar detalles sobre su personalidad.

Paso 2 Compartan la información con los otros grupos. Con toda la clase comenten si, en su opinión, Bienvenido Mariscotti es la pareja perfecta para Perpetua o no. Identifiquen en el cuento las líneas que apoyen su opinión.

Hablando de la literatura

In certain literary works the names of the characters are meant to be evocative or symbolic. Movie executives were well aware of the power of a name when they changed stars' names: Marion Michael Morrison became John Wayne and Norma Jean Baker became Marilyn Monroe. Consider the names used in this story: Perpetua, Bienvenido, and la señora Matutina. What ideas or feelings do they invoke?

Actividad C La señora Matutina

Paso 1 En su grupo, repasen los cinco párrafos que ya han leído. Esta vez, enfóquense en el personaje de la señora Matutina. Busquen la siguiente información y preparen una lista de los datos que encuentran.

- su manera de hablar
- su personalidad
- las relaciones entre madre e hija
- las relaciones entre Matutina y Bienvenido

Paso 2 Verifiquen la información con el resto de la clase.

Paso 3 Ahora lean el resto del cuento. Añadan más datos a la lista de información que prepararon en el Paso 1.

Lectura

La novia ausente

por Marco Denevi

A la señorita Perpetua Gamondal se le conocía un defecto, uno solo pero grave: la cachaza para hablar.[1] No es que sufriese[2] de rémoras[3] de elocución. Necesitaba meditar una frase, palabra por palabra, y no incurrir así en disidencias entre lo que se piensa y lo que se dice y arrepentirse después, cuando ya es tarde.

Ella no hablaba mientras no se sintiese conforme con lo que iba a decir. Pero cuando por fin lo decía, los demás se habían ido y ella debía permanecer callada, mirando dolorosamente el vacío, mientras pensaba que la gente vive demasiado de prisa y no sabe conversar.

A los veinte años quiso ser monja: dialogaría con Dios, que es el único que no tiene apuro. Veinte años después todavía no había conseguido transmitirle esa aspiración a su madre, la señora Matutina, matrona de lengua veloz y movimientos tan rápidos que era imposible darle alcance.

[1]la... hablaba muy despacio [2]sufriera; **sufriese** es otra forma del imperfecto de subjuntivo que termina en **-se.** [3]obstáculos

Así las cosas, un tal Bienvenido Mariscotti, vecino del barrio, aquejado de calvicie, de traje negro y de monólogo, pidió la mano de Perpetua. Ella no dijo ni que sí ni que no, porque cuando se quiso acordar la señora Matutina y Bienvenido se habían puesto de acuerdo y ya estaban fijando la fecha de la boda y a quiénes invitarían.

Pero la boda, por una razón o por la otra, fue postergándose, y entre tanto Bienvenido visitaba la casa día por medio, comía y bebía como un Heliogábalo,[4] y entre él y la futura suegra, hablando los dos al mismo tiempo, llenaban todas las habitaciones con una especie de humo de palabras que a Perpetua le provocaba la asfixia.

Durante todo ese tiempo del noviazgo, y fueron años, Perpetua no halló un resquicio por el que participarles a los dos,[5] con frases por las que después no sintiese cargos de conciencia, sus intenciones de no contraer matrimonio.

Pero como la señora Matutina le había mandado hacerse el ajuar de novia, ella se pasaba el día cosiendo y bordando en silencio, porque apenas abría la boca su madre se le adelantaba con algún ataque de verborragia y cuando paraba[6] de hablar ya Perpetua se había ido a la cama y dormía.

Al cabo del noviazgo el ropero de Perpetua reventaba de prendas íntimas, de camisones, de vestidos, de blusas, de sábanas, de fundas para las almohadas, de abrigos y de toallas. Era un enorme ropero de tres cuerpos, con espejo de luna y tres puertas que rechinaban.

[4]Heliogábalo (204–222) fue un emperador romano famoso por su locura, glotonería y crueldad [5]participarles... explicarles a ellos [6]terminaba

Una tarde la señora Matutina entró en el dormitorio y dijo por primera vez lacónica:

—Vístete, que es la hora de ir al Registro Civil.

Entonces Perpetua se introdujo en el ropero y no salió nunca más. La señora Matutina y Bienvenido hurgaron entre los montones de ropa colgada, descubrieron que aquel mueble se bifurcaba en galerías y que esas galerías, tapizadas[7] de sábanas y de fundas, conducían a otros roperos más pequeños, igualmente atiborrados de camisones, de vestidos y de ropa interior. El aire, muy enrarecido, estaba impregnado del perfume de los ramos de espliego seco que había por todas partes.

Les costó encontrar la salida. Bienvenido Mariscotti juraba que había escuchado, muy lejos, la risa de Perpetua. Pero la señora Matutina no le creyó.

[7]cubiertas

Aplicación

Consejo práctico

The activities in **Aplicación** provide you with an opportunity to relate more personally to the ideas expressed in the reading. In this way, the readings will be the starting point for further exploration of the themes they suggest.

EN EL MANUAL *se hallan más actividades relacionadas con «La novia ausente» que sirven de guía para la lectura en casa.*

Actividad A Semejanzas y diferencias

Paso 1 Cada uno de los tres personajes de «La novia ausente» tienen su propia manera de hablar. Trabajen en grupos y contesten las siguientes preguntas.

1. ¿Se parece en algo tu manera de hablar a la de alguno(s) de los personajes?
2. ¿En qué se diferencia la manera de hablar de cada uno de los personajes de tu manera de hablar?

Paso 2 Compartan los resultados de sus comentarios con el resto de la clase. Luego, indiquen el número de estudiantes que tiene algo en común con:

- la señora Matutina
- Bienvenido Mariscotti
- Perpetua Gamondal

Actividad B El buen oyente

Paso 1 Mientras una persona habla, otra persona escucha, por lo general. Indica tres características de una persona que se considera buen oyente, es decir, alguien que escucha con atención a los otros.

Paso 2 Comparte tu lista con el resto de la clase. Según los hombres, ¿cuáles son las características de un buen oyente? Según las mujeres, ¿cuáles son las características de un buen oyente? ¿Coinciden en algo las dos perspectivas?

Paso 3 Con toda la clase, comenten si Perpetua escucha con atención a los otros o no. Den ejemplos tomados del cuento para apoyar su opinión.

Paso 4 **Optativo.** ¿Cuántos en la clase se consideran buenos oyentes? ¿Hay más hombres o hay más mujeres que se consideran buenos oyentes?

Actividad C Opciones

Paso 1 En el cuento, Perpetua se siente dominada y sin salida. Así que decide desaparecer entre las prendas en el ropero. Trabajen en grupos. Preparen una lista de opciones que uno tiene para escapar de una situación de dominación por parte de:

- los padres
- los amigos
- los novios

Paso 2 Compartan sus ideas con el resto de la clase. De todas las opciones presentadas, elijan las tres más fáciles de realizar.

Paso 3 **Optativo.** Determinen entre todos si hay diferencias de comportamiento entre los hombres y las mujeres cuando se encuentran con gente que habla mucho y es dominante.

Actividad D Tú eres el autor (la autora) del cuento

Paso 1 En grupos de tres, van a volver a escribir algunos aspectos de «La novia ausente». Primero, determinen en qué aspecto quieren trabajar:

- cambiar el final del cuento
- continuar el cuento, describiendo lo que ocurrió seis meses después
- añadir otro personaje al cuento
- ¿otro aspecto?

Paso 2 Escriban uno o dos párrafos. Luego, presenten su versión a la clase. ¿Qué grupo escribió el cuento más original?

Arte

The *¿Qué te parece?* CD-ROM offers additional activities related to the **Galería del arte** selection in this unit.

Vocabulario útil

Pintando una pared, por Claudio Bravo

el cepillo	brush
la cortina	curtain
la escalera	ladder
la pared	wall
la pinta	paint
los trabajadores	workers
descalzo/a	barefoot
descamisado/a	shirtless

2 Circe, por Claudio Bravo

la alfombra	area rug
el cafetán	caftan
el canario	canary
el conejillo de indias	guinea pig
la gallina	hen
el loro	parrot
el turbante	turban

El sollozo, por David Alfaro Siqueiros

la angustia	anguish
el antebrazo	forearm
el dolor	pain
la frente	forehead
el puño	fist
apretar	to clench
llorar	to cry
sufrir	to suffer

El dolor de cabeza, por Patssi Valdez

el dolor de cabeza	headache
la fuente de frutas	fruit bowl
la luna	moon
la mujer	woman
la ventana	window
la noche	night
apoyar	to lean

Actividad A Impresiones

Paso 1 Mira los cuadros que aparecen en las páginas 16 y 17. Si pudieras regalarle un cuadro a cada una de las siguientes personas, ¿cuál sería?

CUADROS	PERSONAS
1. *El dolor de cabeza,* por Patssi Valdez	_____ tu padre
2. *2 Circe,* por Claudio Bravo	_____ tu madre
3. *Pintando una pared,* por Claudio Bravo	_____ tu profesor(a) de español
4. *El sollozo,* por David Alfaro Siqueiros	_____ tu mejor amigo/a
	_____ un enemigo

LECCIÓN

4 Repaso y composición

Repaso

Consejo práctico

To review the themes and ideas explored in the various activities that make up a lesson in *¿Qué te parece?*, look first at the **¿Qué te parece?** questions. Then look at the **Metas de comunicación.** Finally, scan the **pasos** and any articles or textual material that accompanies an activity. You'll find that you tend to explore several aspects of the theme, not just one, in each activity.

Actividad A Repaso de los temas de la Lección 1

Paso 1 En grupos de tres personas, hagan una lista de los temas explorados en las Ideas para explorar de la Lección 1, Cómo nos comunicamos. Cada miembro del grupo trabajará con una sección diferente de la lección.

TEMAS EXPLORADOS
IDEAS PARA EXPLORAR: El lenguaje corporal
____
____
____
IDEAS PARA EXPLORAR: Hablar usando frases hechas
____
____
____

IDEAS PARA EXPLORAR: De dos idiomas a uno

____

____

____

Paso 2 ¿Qué temas proponen los otros grupos? Compartan su lista con el resto de la clase para verificar los temas.

Paso 3 ¿Cuáles son los temas principales de la Lección 1? ¿Qué información no fue nueva para Uds.? De todos los temas explorados, ¿cuáles les interesaron más? ¿Cuáles les interesaron menos? ¿Pueden resumir el contenido de la lección con sus propias palabras? ¿Cuál es el concepto general que abarca toda la Lección 1? De todo lo que han aprendido, ¿hay cierto concepto o dato que para Uds. fue muy importante? ¿Cuál es?

Actividad B Repaso de los temas de la Lección 2

Paso 1 En grupos de tres personas, hagan una lista de los temas explorados en las Ideas para explorar de la Lección 2, El español en los Estados Unidos. Cada miembro del grupo trabajará con una sección diferente.

TEMAS EXPLORADOS

IDEAS PARA EXPLORAR: ¿Por qué se aprende el español?

____

____

____

IDEAS PARA EXPLORAR: El biculturalismo

____

____

____

IDEAS PARA EXPLORAR: Los países de habla española

____

____

____

Paso 2 ¿Qué temas proponen los otros grupos? Compartan su lista con el resto de la clase para verificar los temas.

Paso 3 ¿Cuáles son los temas principales de la Lección 2? ¿Qué información no fue nueva para Uds.? De todos los temas explorados, ¿cuáles les interesaron más? ¿Cuáles les interesaron menos? ¿Pueden resumir el contenido de la lección con sus propias palabras? ¿Cuál es el concepto general que abarca toda la Lección 2? De todo lo que han aprendido, ¿hay cierto concepto o dato que para Uds. fue muy importante? ¿Cuál es?

Actividad C Repaso de las Notas lingüísticas

Consejo práctico

When reviewing grammar, review not only the forms but the functions of each grammar item. Also, when asked to write sentences that illustrate a grammar point, try to come up with original sentences instead of sentences you have read.

Paso 1 Entre todos, repasen las Notas lingüísticas de la Lección 1, Cómo nos comunicamos, y escriban una lista en la pizarra de la gramática presentada.

Paso 2 Escribe dos oraciones para cada punto gramatical para demostrar lo que has aprendido. Después, intercambia tus oraciones con las de un compañero (una compañera) para que él (ella) las revise. Opción: Mientras corrijan las oraciones, cuatro voluntarios pueden escribir sus oraciones en la pizarra. Luego, la clase entera las puede corregir.

Paso 3 Apliquen los Pasos 1 y 2 a la gramática presentada en la Lección 2, El español en los Estados Unidos.

Paso 4 ¿Qué parte gramatical presentada en las lecciones les resulta fácil de comprender? ¿Cuál les parece más difícil? ¿Pueden incorporar las partes gramaticales en los resúmenes de las lecciones?

Composición

A prepararte

Actividad A ¿Qué tema vas a explorar?

Consejo práctico

Choosing a theme is important because the right theme will help your ideas flow, whereas the wrong theme might block your ideas. Keep the lists of themes explored in **Lecciones 1** and **2** handy as you go through this activity so that you can refer to the information you will want to use in your composition.

Paso 1 Lee con atención los siguientes temas y escoge el que más te interese y que tenga más posibilidades para una composición.

1. El lenguaje corporal es tan expresivo como el lenguaje oral.
   - ¿Qué se puede comunicar con el cuerpo que no se puede expresar con palabras?
   - ¿Es verdad que el lenguaje corporal no es nada más que una serie de gestos que complementa la expresión oral?
   - ¿Se puede hablar sin usar el lenguaje corporal?
2. El contexto social de la comunicación.
   - ¿Hay contextos en que el bilingüismo es esencial?
   - ¿Cuál es la relación entre el bilingüismo y el biculturalismo?
   - ¿Es éste un país bilingüe? ¿Es éste un país bicultural?
3. Hay algunas (des)ventajas de saber un segundo idioma.
   - ¿Qué oportunidades tienen los que saben más de un idioma? ¿En qué carreras es esencial saber otro idioma?
   - ¿Han tenido éxito profesional algunas personas bilingües famosas?
   - ¿Existe cierta discriminación contra las personas que hablan idiomas que no sean el inglés?

Paso 2 Después de escoger un tema, forma un grupo con otros compañeros de clase que han escogido el mismo tema para hacer la Actividad B.

Paso 3 ¿Repasaron las Actividades A y B en la sección Repaso mientras consideraban los temas? ¿Qué aspectos de los temas les parecen interesantes? ¿Han aprendido algo sobre estos temas en otros cursos?

¡A escribir!

Actividad A El borrador

LA LECCIÓN 4 DEL MANUAL *contiene un resumen de las Notas lingüísticas y del vocabulario que puedes consultar al escribir la composición.*

Consejo práctico

Some people have the ability to create a truly good piece of writing the first time they sit down to write it. Most people don't, and so they need to prepare several drafts of a composition. As you read over the **pasos,** you'll see that you are first directed to concentrate on expressing information and then, when you feel confident about the information, to concentrate on the grammar. By focusing your attention this way, you should be better able to express something that is worth reading . . . and do so with good grammar!

Paso 1 Teniendo en cuenta el propósito de la composición, el tipo de lector, el tema y el bosquejo, escribe en casa un borrador de unas 300 palabras.

Paso 2 Lee el borrador. ¿Hay argumentos que quieras añadir? ¿ideas que quieras aclarar? ¿ejemplos que quieras incluir?

Paso 3 Cuando el contenido te parezca lo suficientemente completo, lee el borrador de nuevo para revisar. . .

- ☐ las formas verbales regulares e irregulares en el presente del indicativo
- ☐ la concordancia entre los sustantivos y adjetivos
- ☐ el uso de **ser**
- ☐ el uso de **estar**
- ☐ el uso de los artículos definidos
- ☐ el uso del futuro
- ☐ el uso del futuro con **ir**

Actividad B Redacción

Paso 1 Intercambia tu composición con la de un compañero (una compañera). Lee su composición y haz un bosquejo de ella. Luego, dale el bosquejo a tu compañero/a y lee el bosquejo que hizo de tu composición. ¿Refleja lo que querías comunicar? ¿Ahora quieres añadir, cambiar o modificar algo en tu composición para mejorarla?

Paso 2 Haz todos los cambios necesarios y escribe la composición a máquina (computadora), a doble espacio. Luego, entrégale la composición y el borrador al profesor (a la profesora).

Paso 3 ¿Seguiste los pasos indicados? ¿Te gusta tu composición? Es decir, ¿sientes satisfacción por el trabajo que has hecho? ¿Cómo crees que reaccionará el profesor (la profesora)? ¿Encontrará que tu composición es muy interesante? ¿excelente?

Portafolio cultural

Vídeo

En el vídeo que acompaña el libro de texto se encuentra un reportaje que se titula «La batalla del idioma.» El reportaje se enfoca en el decreto de establecer el español como el idioma oficial de Puerto Rico. Mientras miras el vídeo, piensa en la siguiente pregunta: ¿Están los puertorriqueños en contra del idioma inglés o simplemente están a favor del español? También apunta las siguientes ideas.

- lo que hizo Rafael Hernández Colón en abril de 1991
- lo que hizo Pedro Roselló en enero de 1993
- el porcentaje de puertorriqueños que habla sólo español
- el porcentaje de puertorriqueños bilingües

Cine

Opción 1 El lenguaje y la identidad, el bilingüismo y el biculturalismo son algunos temas de la película *Selena* que cuenta la historia de esta cantante de música tejana. Al mirar la película, busca la siguiente información y luego escribe dos párrafos contestando estas preguntas.

- ¿Por qué aprende Selena a cantar en español?
- ¿Por qué se muestra ansioso su padre cuando los periodistas mexicanos entrevistan a Selena?
- Además de cantar en español, ¿por qué decide cantar en inglés Selena?

Opción 2 En las obras del famoso director español de cine, Carlos Saura, la danza es fundamental para expresar las emociones de los personajes y las relaciones entre ellos. Busca y mira una de las siguientes películas: *Carmen, El amor brujo, Bodas de sangre, Flamenco, Sevillana* o *Tango.* Describe en dos o tres párrafos las emociones que provocan la coreografía, los gestos y las miradas intensas entre los personajes. **Optativo:** Compara y contrasta una obra de Saura con una película norteamericana como *Flashdance, Dirty Dancing* o *A Chorus Line* o con la película australiana *Strictly Ballroom.*

Lectura

Opción 1 Lee el cuento «Dos palabras» de la escritora chilena Isabel Allende. El cuento se publicó en la colección «Cuentos de Eva Luna» (1989). En el cuento se menciona que hay dos palabras misteriosas e importantes, pero nunca se revela cuáles son esas dos palabras. Después de leer el cuento, escribe un párrafo en el que indicas tu opinión sobre cuáles son las dos palabras. Da razones para apoyar tu opinión.

Opción 2 Lee algunos cuentos del libro *Uncle Remus con chile,* por el escritor mexicoamericano Américo Paredes. Al leerlos, nota cómo el autor juega con la mezcla del inglés y el español. Escribe dos párrafos en que das tu opinión acerca del uso del lenguaje en los cuentos. ¿Cómo usó Paredes el inglés? ¿Qué efectos tiene en los cuentos el uso del inglés?

Televisión

Haz una lista de los diez programas televisivos más populares, en tu opinión. ¿Cuántos actores hispanos actúan en esos programas? ¿Cómo se llaman? ¿Es ser hispano/a una parte importante del papel que hace el actor (la actriz)?

Música

Opción 1 Los siguientes artistas cantan en español y en inglés. En dos o tres párrafos, contrasta los estilos de música (español frente a inglés) de dos de los siguientes artistas.

- Gloria Estefan
- Linda Ronstadt
- Los Lobos
- Jon Secada
- Ricky Martin

Opción 2 Busca información sobre Fito Páez, un cantante argentino, o sobre Marta Sánchez, una cantante española. Escribe un párrafo sobre lo que encuentres.

Navegando la red

Busca información sobre tres de las siguientes lenguas minoritarias. ¿Cuántas personas hablan estas lenguas? ¿Son lenguas oficiales del país en que se hablan? ¿En qué partes del país se hablan?

- el catalán, en España
- el gallego, en España
- el mapuche, en Chile y la Argentina
- el guaraní, en el Paraguay
- el quechua, en Bolivia y el Perú
- el náhuatl, en México
- el maya-quiché, en Guatemala

Puedes comenzar tu búsqueda en el sitio Web que acompaña *¿Qué te parece?* en **www.mhhe.com/queteparece**.

UNIDAD 2

Las creencias populares

Ideas para explorar

Notas lingüísticas

Así se dice

Estrategias para la comunicación

GALERÍA del ARTE

The *¿Qué te parece?* CD-ROM offers additional activities related to the **Galería del arte** in this unit.

Dimensión contextual

¿En qué época se produjo cada obra de arte? ¿Cómo era la sociedad y la situación política de la época? ¿Qué tradiciones socioculturales subyacen en la obra de arte? Estas preguntas tienen que ver con la dimensión contextual de una obra de arte. Esta dimensión se relaciona con la situación sociohistórica representada en la obra. Así se puede apreciar las condiciones que hicieron surgir la obra. ¿Cómo era la época en que vivió El Greco en España? ¿Qué experiencias tuvo durante su vida? ¿Cómo fue la juventud de Carmen Lomas Garza en el sur de Texas? ¿Qué experiencias dieron forma a su vida?

1 **El Greco** (español, 1541–1614)
El entierro del conde de Orgaz

2 **Fernando Botero** (colombiano, 1932–)
Muerte de Luis Chalmeta

3 Carmen Lomas Garza
(estadounidense, 1948–)
El milagro

4 Germán Pavón (ecuatoriano, 1933–)
El cuarto de Rosalía

LECCIÓN

5 Las creencias populares

Ideas para explorar

La buena y la mala suerte

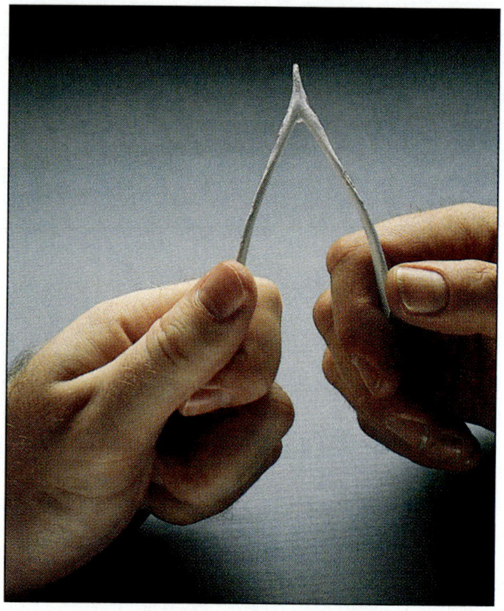

¿Crees que puedes realizar tus deseos con la ayuda de una espoleta?

¿Qué te parece?

- ¿Qué asocias con la palabra **superstición**?
- ¿Crees que tienes buena suerte? ¿Conoces a alguien que siempre tenga buena suerte?
- ¿Crees que tienes mala suerte? ¿Conoces a alguien que siempre tenga mala suerte?
- ¿Juegas a la lotería? ¿Qué números escoges? ¿Escoges números especiales como, por ejemplo, la fecha de tu nacimiento?
- ¿Puede una persona ser supersticiosa y práctica a la vez?
- ¿Crees que las personas supersticiosas son inseguras también?
- ¿Con qué frecuencia lees el horóscopo? ¿Confías en lo que dice?

Vocabulario del tema

Verbos

cruzar los dedos acción de colocar el dedo de en medio sobre el índice

traer atraer; causar

Sustantivos

el conejo mamífero de orejas largas, patas de adelante más cortas que las de atrás y cola muy corta

el espejo superficie brillante de vidrio que refleja la imagen de cualquier objeto que está delante de él

la espoleta hueso de un ave en forma de arco

la herradura objeto semicircular hecho de metal que se le pone en las patas a un caballo para proteger sus cascos

la madera material procedente de los árboles

la pata la pierna y el pie de los animales

la suerte fortuna, destino, azar; se llama así a la causa de los sucesos no intencionados o previsibles

el trébol una especie de planta que suele tener las hojas en grupos de tres y raramente en grupos de cuatro

***EL MANUAL** contiene ejercicios de vocabulario.*

Actividad A Seleccionar

☐ ***META LINGÜÍSTICA***
Practicar el vocabulario

Paso 1 Selecciona la palabra o frase que asocias con cada descripción.

MODELO: Las piernas son parte del cuerpo humano. Al referirse a los pies y piernas de un animal se dice... → las patas

1. _____ Hacer esto le puede traer a una persona siete años de mala suerte.
a. encontrarse con un gato negro
b. cruzar los dedos
c. romper un espejo

2. _____ Se refiere a la acción de golpear suavemente con los dedos un objeto de madera para alejar la mala suerte.
a. llevar consigo una pata de conejo
b. tocar madera
c. cruzar los dedos

3. _____ Se cree que esto le puede traer buena suerte a la persona que lo encuentra.
a. un gato negro
b. un trébol de cuatro hojas
c. un espejo

4. _____ Según esta creencia, pasar por debajo de este objeto trae mala suerte.
a. una escalera
b. un espejo
c. un árbol

5. _____ Se refiere a la acción de poner el dedo de en medio sobre el índice para evitar la mala suerte.
a. aplaudir
b. tocar madera
c. cruzar los dedos

Así se dice

There isn't just one way to say *"lucky"* in Spanish. Note the following expressions.

lucky number
número que trae suerte

a lucky break
una oportunidad fortuita

Thank your lucky stars.
Bendice tu buena estrella.

It was lucky that you went.
Menos mal que fuiste.

I am lucky to have good friends.
Tengo la (buena) suerte de tener buenos amigos.

6. _____ Para realizar algún deseo, dos personas agarran los dos lados de esto y tiran hasta que se rompe. A la persona a quien le queda la parte más grande se le va a realizar un deseo.
   a. la espoleta **c.** el espejo
   b. el dedo
7. _____ Es como un zapato para caballos. Colgada sobre la puerta de la casa trae buena suerte.
   a. la espoleta **c.** el dedo
   b. la herradura

Paso 2 Verifica tus respuestas con el resto de la clase.

NOTA LINGÜÍSTICA Present Perfect

Forms

Use the present tense of **haber** with a past participle.

present of **haber** + past participle (**-ar** verbs = **-ado, -er/-ir** verbs = **-ido**)

he
has
ha
hemos
habéis
han

} tomado / vendido / recibido

Hemos tomado un examen.

Hemos recibido los resultados del examen.

IRREGULAR PAST PARTICIPLES

decir → dicho	poner → puesto
escribir → escrito	romper → roto
hacer → hecho	ver → visto

Object pronouns and reflexive pronouns precede the form of **haber.**

¿Por qué **te has puesto** nerviosa?
¿La carta? Ya **la han escrito.**

Functions

To indicate a state or action in the past that is relevant to the time of speaking. This is similar to the function of English present perfect.

EL MANUAL *contiene ejercicios de gramática.*

Actividad B ¿Estás de acuerdo?

☐ ***META LINGÜÍSTICA***
Practicar la gramática

Paso 1 Completa las siguientes oraciones con el pretérito perfecto (*present perfect*) del verbo indicado. Luego, indica si estás de acuerdo o no con lo expresado.

Sí = Estoy de acuerdo.
No = No estoy de acuerdo.

1. _____ En los Estados Unidos se _____ (hacer) muchas películas sobre las supersticiones.
2. _____ La mala suerte es un tema que los científicos en todo el mundo _____ (estudiar) por mucho tiempo.
3. _____ Hay muchos individuos que _____ (comportarse) en formas muy raras para atraer la buena suerte.
4. _____ Nosotros _____ (ver) en las películas una tendencia de aprovecharse de los temores de la gente y de utilizar temas sobre lo fantástico.
5. _____ El gobierno _____ (saber) que hace muchos años que existe vida en otros planetas.
6. _____ Rubén Blades _____ (ser) cantante, actor y político pero no _____ (hacerse) tan popular como Jon Secada o Julio Iglesias.
7. _____ Los científicos _____ (aprobar) la teoría de Charles Darwin sobre la evolución de las especies.
8. _____ Yo jamás _____ (ver) nada que parezca sobrenatural.

Paso 2 Compara tus respuestas con el resto de la clase.

Así se dice

The typical placement of descriptive adjectives in Spanish is after the noun they modify. Descriptive adjectives tell us what kind of person, place, or thing we are talking about as opposed to other persons, places, or things.

una civilización avanzada versus **una civilización no desarrollada**
un carro rojo versus **un carro negro**
un policía cortés versus **un policía arrogante**

But there are adjectives that can go either before or after the noun they modify. You may have noted that **buena** and **mala** precede **suerte.** You might also have heard **Es buena idea** or **Es buena hija.** When **bueno** and **malo** precede the noun they modify, they are considered to be traits inherent in the noun: inherently good luck, inherently bad luck, an inherently good child, an inherently bad idea, and so forth. Note that **bueno** and **malo** have short forms before masculine singular nouns: **el buen hijo, el mal hijo.**

META DE COMUNICACIÓN
Averiguar si los miembros de la clase creen en la suerte

Actividad C ¿Tienes buena o mala suerte?

Paso 1 Trabajen en grupos. Primero, preparen una lista de cinco cosas que asocian con las personas que tienen buena suerte. Luego, preparen una lista de cinco cosas que asocian con las personas que tienen mala suerte.

ASOCIACIONES	
Las personas que tienen buena suerte	*Las personas que tienen mala suerte*
1. ______	1. ______
2. ______	2. ______
3. ______	3. ______
4. ______	4. ______
5. ______	5. ______

Paso 2 Compartan las listas con el resto de la clase. Apunten las ideas que les parezcan interesantes.

Paso 3 Con toda la clase, averigüen la siguiente información.

- el número de miembros de la clase que cree que tiene buena suerte
- el número de miembros de la clase que cree que tiene mala suerte
- el número de miembros de la clase que no cree en la suerte, aunque ésta sea buena o mala
- ¿otra posibilidad?

META DE COMUNICACIÓN
Averiguar cuáles son las supersticiones que tiene la mayoría de los estudiantes de la clase

Actividad D ¿Qué has hecho tú?

Consejo práctico

In **Actividad D** you will interview classmates. The communicative goal of the activity is to find out what others have done. To do that you need to use the present perfect. In other words, you have the chance to use the grammar in a meaningful way. As the model in **Paso 1** shows, you can answer with a sentence that uses the grammar point or with a *yes* or *no*. It is suggested that you make the effort to find ways to use as much language as you can during the interaction.

Paso 1 En grupos, averigüen cuántos de su grupo han hecho las siguientes cosas alguna vez. **¡Ojo!** Será necesario utilizar el pretérito perfecto. Cuidado con las formas verbales.

MODELO: —¿Quiénes han llevado una pata de conejo alguna vez?
—Nunca he llevado ninguna.
—Yo sí. Cuando era niño. ¿Y tú? ¿Has llevado una pata de conejo alguna vez?

	SUPERSTICIÓN	LOS QUE LO HAN HECHO
1.	llevar una pata de conejo	_____
2.	evitar pasar por debajo de una escalera	_____
3.	tocar madera	_____
4.	buscar un trébol de cuatro hojas	_____
5.	preocuparse por haber roto un espejo	_____
6.	sentirse mal al cruzar caminos con un gato negro	_____
7.	cruzar los dedos	_____
8.	colgar una herradura en la puerta	_____
9.	romper una espoleta	_____
10.	ponerse cierta prenda de ropa (camisa, gorro) para un examen	_____
11.	utilizar un bolígrafo en particular durante un examen	_____
12.	recoger una moneda del suelo	_____

Paso 2 Compartan los resultados con el resto de la clase. Entre todos, ¿cuáles son las tres supersticiones más prevalentes entre los miembros de la clase?

Paso 3 ¿A qué conclusión pueden llegar?

- Lo que hemos hecho, lo hemos hecho para alejar la mala suerte.
- Lo que hemos hecho, lo hemos hecho para atraer la buena suerte.
- ¿otra conclusión?

Así se dice

You probably know many negative words in Spanish such as:

nunca/jamás	*never*
nada	*nothing, not anything*
nadie	*no one, not anyone*
ninguno/a	*none, not any*
tampoco	*neither, not either*

Negative words typically follow the verb, and when they do, a **no** is required before the verb. When **nunca, jamás,** and **tampoco** precede a verb, the **no** is not necessary.

No he buscado nunca un trébol de cuatro hojas.
Nunca he buscado un trébol de cuatro hojas.

No he colgado tampoco una herradura.
Tampoco he colgado una herradura.

Ideas para explorar

La maldición y la bendición del número 13: Perspectiva global

Cada 12 de diciembre, penitentes mexicanos andan de rodillas hacia la Basílica de la Virgen de Guadalupe en la Ciudad de México. La fecha conmemora la aparición de la Virgen a un hombre indígena, Juan Diego, en 1531.

La fe en la Virgen de Guadalupe es una parte importante de la identidad de los mexicanos y mexicoamericanos. ¿En qué crees tú?

¿Qué te parece?

- ¿Qué asocias con el número 13? ¿Crees que estas asociaciones son las mismas en otras culturas?
- ¿Hay algún número que te trae buena suerte?
- ¿Hay algún día de la semana en que te pasan cosas buenas?
- ¿Hay algún día de la semana en que te pasan cosas malas?
- ¿Qué sabes de la Virgen de Guadalupe? ¿Con qué país es asociada?
- ¿Dónde está la Basílica de Guadalupe?
- ¿Es importante en este país la Virgen María como figura simbólica?

Vocabulario del tema

Verbos

carecer faltar, no tener

temer tener miedo

Sustantivos

la certeza certitud, convicción

la desgracia infortunio, adversidad

la maldición amenaza de desgracias o fracasos

el milagro acto del poder divino superior a las fuerzas humanas; cualquier cosa extraordinaria y maravillosa

el mundo occidental conjunto de países de varios continentes, cuya civilización tiene su origen en Europa; son los países del oeste y no los orientales

la sabiduría conjunto de todos los conocimientos que posee la humanidad

Adjetivo

maléfico/a nocivo/a, que causa o puede causar daño

***EL MANUAL** contiene ejercicios de vocabulario.*

Actividad A Opciones

□ ***META LINGÜÍSTICA***
Practicar el vocabulario

Paso 1 Escoge la opción que mejor se relaciona con cada palabra del Vocabulario del tema.

1. _____ carecer
- **a.** aumentar
- **b.** disminuir
- **c.** faltar

2. _____ la certeza
- **a.** la convicción
- **b.** una bebida alcohólica
- **c.** la validez

3. _____ el mundo occidental
- **a.** los países orientales
- **b.** los países del oeste
- **c.** los países del sur

4. _____ la sabiduría
- **a.** la pobreza
- **b.** el conocimiento
- **c.** la profesión de saborear comida

5. _____ maléfico/a
- **a.** afortunado/a
- **b.** que ocasiona un mal
- **c.** benéfico/a

6. _____ la desgracia
- **a.** algo desafortunado
- **b.** el acto de dar las gracias
- **c.** la condición de ser una persona graciosa

7. _____ la maldición
- **a.** los males
- **b.** la bendición
- **c.** la aprobación

8. _____ el milagro
- **a.** lo cotidiano
- **b.** un acto divino
- **c.** lo ordinario

9. _____ temer
- **a.** asustar
- **b.** dar la bienvenida
- **c.** tener miedo

Paso 2 Verifica tus respuestas con el resto de la clase.

NOTA LINGÜÍSTICA Preterite

Forms

The preterite is a past tense formed by adding the following endings to the verb stem.

-ar VERBS		**-er/-ir** VERBS	
-é	-amos	-í	-imos
-aste	-asteis	-iste	-isteis
-ó	-aron	-ió	-ieron

Many verbs have irregular stems in the preterite. These are presented in the *Manual.*

Functions

To narrate events or actions that took place at one specific time in the past.

EL MANUAL *contiene ejercicios de gramática.*

☐ ***META LINGÜÍSTICA***
Practicar la gramática

Consejo práctico

Belief systems vary tremendously around the world. Miracles are taken very seriously by some and are considered blasphemous by others. A virgin birth is seen as essential to one religion's faith and impossible in another's. One culture eats beef while another venerates the cow. The great religions of the world don't agree on many issues, and it isn't necessary that everyone in the class see eye to eye. But to keep discussion going, remember that it is essential not to attack someone else's beliefs.

Actividad B La aparición de la Virgen de Guadalupe

Paso 1 El siguiente párrafo es un resumen de la leyenda de la aparición de la Virgen de Guadalupe. Con un compañero (una compañera), lean el párrafo y llenen cada espacio en blanco con un verbo de la lista. (Se puede usar un verbo más de una vez.) **¡Ojo!** Será necesario usar el pretérito para narrar la historia.

acercar	ir	ver
caer	pedir	volver
extender	responder	

Según la leyenda, entre el 9 y el 12 de diciembre de 1531, Juan Diego, uno de los primeros aztecas convertidos a la fe cristiana por los misioneros, caminaba del campo hacia la Ciudad de México cuando _____[1] una luz brillante. Se _____[2] a ella para ver lo que era. Era la Virgen María. La aparición le _____[3] que le dijera al obispo que quería que se edificara un templo en ese lugar. Juan Diego _____[4] a darle el mensaje de la aparición al obispo, quien le _____[5] que necesitaba una prueba de la veracidad del milagro. Juan Diego _____[6] al lugar de la aparición. Allí estaba de nuevo la Virgen, y él le dio la respuesta del obispo. Entonces ella le _____[7] que recogiera todas las rosas del lugar donde estaban y que las pusiera en su capa para llevárselas al obispo. Cuando estuvo en frente del obispo, Juan Diego _____[8] su capa. Los pétalos _____[9] al suelo para revelar una imagen de la Virgen María grabada en su capa. Construyeron en ese mismo lugar la Basílica de Guadalupe, que atrae cada año a diez millones de visitantes.

Paso 2 Verifiquen sus respuestas con el resto de la clase.

Así se dice

As you learned previously in this lesson, the past participle of a verb is formed from the infinitive and is used with the present perfect. The past participle can also be used as an adjective. When it is, it must agree in gender and number with the noun it modifies. In the article «La maldición de martes y trece» you find numerous examples of the past participle used as an adjective. As you look over the article, determine what the following adjectives refer to.

reducida
compartida
considerado
afortunada
achacado
ocurridas

Actividad C La maldición y la bendición del 13

META DE COMUNICACIÓN
Sacar conclusiones sobre la universalidad de las creencias populares

Paso 1 Trabaja con un compañero (una compañera). Lean el fragmento de un artículo que se titula «La maldición de martes y trece» (página 84). Apunten en la tabla los lugares donde el 13 es considerado una maldición (un día de mala suerte) y los lugares donde el 13 es considerado una bendición (un día benéfico). Luego, verifiquen sus respuestas con el resto de la clase.

	LA MALDICIÓN DEL 13	LA BENDICIÓN DEL 13
los países latinos		
los países anglosajones		
los países eslavos		
Francia		
Cataluña		
China		
Centroamérica		
la India		
Inglaterra		

La maldición de martes y trece

por Paloma Lagunero

Mientras en los países latinos el día de mala suerte es el martes y 13, en los anglosajones y eslavos lo es el viernes y 13. Francia también teme a los viernes y 13. En alguna zona de Cataluña se mantienen ambas supersticiones, la del viernes por influencia provenzal y gala, y la del martes por influencia española.

Esta superstición queda reducida al[1] mundo occidental y a Latinoamérica. «Allí la introdujimos los españoles con la colonización, junto con el catolicismo», explica Juan García Atienza, quien tiene la certeza de que no es compartida en el resto del mundo. «Los chinos —añade— al tener otros calendarios diferentes poseen sus propias fechas fatídicas.[2]»

Tampoco es considerado como día maléfico por ciertas tribus indias de Centroamérica que adoran a 13 divinidades con forma de serpiente. En Asia, en la India, un templo con 13 budas simboliza el universo de la sabiduría, y el viernes 13 es considerado como una fecha afortunada, la mejor para contraer matrimonio, en cuya mesa nupcial se sientan 13 personas.

En Inglaterra es frecuente encontrarse con calles que carecen del número 13. Ante las dificultades de venderlas o alquilarlas las constructoras directamente se lo saltan. El accidente de la cápsula Apolo XIII fue rápidamente achacado[3] a su numeración... Los ejemplos serían infinitos. Con un morboso sadomasoquismo todos recuerdan las desgracias ocurridas en martes o viernes 13.

[1]queda... existe solamente en [2]que anuncia el futuro [3]atribuido

Paso 2 Ahora repasen el artículo y saquen los datos que no sabían antes de leerlo. Compartan la información con el resto de la clase.

MODELO: Al leer el artículo supimos que el número 13 trae buena suerte en algunas culturas.

Así se dice

The preterite is used to refer to an event that the speaker views as completed in the past. There are events, however, that theoretically have no end. For example, when you know something, you always know it. For such events, the preterite signals the beginning of the event rather than its completion. What is the beginning of knowing something? Finding it out!

Hoy **supe** que mañana hay un examen.	*Today I found out that there's a test tomorrow.*

What's the beginning of knowing someone? Meeting them!

Conocí a Eduardo en abril.	*I met Eduardo in April.*

The verbs **poder** and **comprender** are similar. In the present tense they mean *to be able to* and *to understand.* In the preterite they mean *to manage* (*to do something*) and *to grasp* (*a fact*).

Actividad D ¿Qué pasó?

Meta de comunicación
Relatar las desgracias que les pasaron a los miembros de la clase

Estrategia para la comunicación

You will be telling your classmates about something unfortunate or unlucky that has happened to you. You will most likely start by presenting some background information and then relate the main point of the story. You can use the following phrases to introduce this main point, thereby signaling to your listeners that they are about to hear something important about the story.

Como consecuencia,	*Consequently,*
Como resultado,	*As a result,*
A fin de cuentas,	*In the end,*
Desafortunadamente, / Desgraciadamente,	*Unfortunately,*
Trágicamente,	*Tragically,*

Paso 1 Según Paloma Lagunero en «La maldición de martes y trece», «todos recuerdan las desgracias ocurridas los martes o viernes 13». En grupos, traten de recordar algo malo que les pasó algún día 13. **¡Ojo!** Será necesario utilizar el pretérito. Cuidado con las formas verbales.

MODELO: Tomé un examen un viernes 13. Aunque estudié mucho, salí muy mal. Como consecuencia, mi nota en el curso bajó bastante.

Paso 2 Escojan a un compañero (una compañera) del grupo para que relate al resto de la clase lo que le pasó. ¿Quién en la clase tuvo muy mala suerte un viernes 13?

Paso 3 **Optativo.** ¿Qué más pueden relatar? A continuación hay una lista de temas posibles para elaborar una breve historia.

1. otras apariciones de la Virgen María (por ejemplo, en Fátima, en Lourdes)
2. los milagros de Jesucristo o alguno de los santos de la iglesia católica
3. algo de la vida de Buda, fundador de la religión budista
4. algo de la vida de Mahoma, fundador de la religión islámica

Ideas para explorar

Los niños y las supersticiones

¿Recuerdas los cuentos e historias que te contaban cuando eras niño/a?

¿Creías en el «bogeyman» de niño/a? ¿Crees que hay algún personaje semejante en otras culturas? (Francisco de Goya y Lucientes [español, 1746–1828], *Que viene el coco*)

¿Qué te parece?

- ¿Eras muy supersticioso/a cuando eras niño/a?
- ¿De qué tenías miedo? ¿Temías la oscuridad?
- ¿Dormías con la luz prendida? ¿Duermes con la luz prendida ahora?
- ¿Cómo te explicaban tus padres (abuelos, tíos) lo que eran la lluvia y la nieve? ¿Te decían que la nieve era la caspa (*dandruff*) de los ángeles? ¿que la lluvia era las lágrimas de los ángeles? ¿que el trueno (*thunder*) significaba que los ángeles estaban jugando al boliche?
- ¿Cuál fue la primera explicación que te dieron sobre la procedencia de los bebés?
- ¿Hasta qué edad todavía creías que Santa Claus era una persona verdadera?

Vocabulario del tema

Verbos

asustar	causar temor
castigar	infligir una pena a alguien que ha cometido un delito o falta
inculcar	infundir
lograr	alcanzar; conseguir
proteger	impedir que algo sufra daño; defender

Sustantivos

el comportamiento	conducta
el daño	mal; perjuicio
el peligro	amenaza; riesgo
el presagio	predicción, pronóstico, profecía
el propósito	el porqué; la intención

***EL MANUAL** contiene ejercicios de vocabulario.*

Actividad A ¿Por qué se hace?

META LINGÜÍSTICA
Practicar el vocabulario

Paso 1 Lee las siguientes creencias populares de varios países hispanos. Indica tu opinión sobre el propósito de cada creencia.

1. _____ En Venezuela se cuelga un rosario de un árbol para que deje de llover.
   a. influir en el futuro **b.** traer buena suerte **c.** aclarar dudas
2. _____ En el Ecuador se pone sábila (áloe) detrás de la puerta para evitar que los malos espíritus entren en la casa.
   a. servir de presagio **b.** proteger de un daño **c.** explicar algo incomprensible
3. _____ En México se cree que el «mal aire» puede causar algunas enfermedades. Por eso, la gente evita las corrientes de aire, especialmente las de la noche.
   a. proteger de un daño **b.** castigar **c.** mantener la armonía en la comunidad
4. _____ En Venezuela se lleva un diente de ajo en la cartera para tener dinero siempre.
   a. alejar el mal **b.** asustar **c.** influir en el futuro
5. _____ En España y Latinoamérica hay un refrán que dice: «El martes 13 ni te cases ni te embarques, ni de tu casa te apartes».
   a. proteger de un daño **b.** castigar **c.** mantener la armonía en la comunidad

Paso 2 Verifica tus respuestas con el resto de la clase.

NOTA LINGÜÍSTICA Imperfect

Forms

The imperfect is a past tense formed by adding the following endings to the verb stem.

-ar VERBS		**-er/-ir** VERBS	
-aba	-ábamos	-ía	-íamos
-abas	-abais	-ías	-íais
-aba	-aban	-ía	-ían

Functions

- To indicate that an action, event, or state of being took place repeatedly or habitually in the past
- To express ongoing mental, emotional, or physical states or to describe physical appearance in the past
- To express two or more events simultaneously in progress in the past

EL MANUAL *contiene ejercicios de gramática.*

☐ ***META LINGÜÍSTICA***
Practicar la gramática

Actividad B Los cuentos de hadas

Paso 1 Completa cada oración con el personaje o título apropiado. (No te preocupes en este momento por las palabras en negrita ni por el primer espacio en blanco que acompaña cada número. Vas a trabajar con ellos en el Paso 2.)

Esopo	*La Cenicienta*
Bambi	*Hansel y Gretel*
La Bella y la Bestia	Robin Hood
Blancanieves	

1. _____ En las fábulas de _____, un gran escritor que vivió antes de Cristo, los animales siempre **hablaban, pensaban** y muchas veces eran muy sabios.
2. _____ La madrastra de _____ **era** una reina perversa y envidiosa. **Tenía** celos de la belleza de la protagonista del cuento.
3. _____ En el cuento _____, la casa de la vieja bruja **estaba** construida de dulces para atraer a los niños.
4. _____ En el cuento _____, la madrastra **trataba** mal a su hijastra pero no a sus propias hijas. La hijastra **tenía que hacer** todos los quehaceres domésticos mientras que las hijas no **hacían** nada.
5. _____ En _____, los animalitos del bosque **jugaban** mientras que sus madres los **vigilaban.** La escena en la que muere la madre del protagonista es muy impresionante.
6. _____ En _____, el personaje principal **estaba** solo y muy triste porque **era** muy feo.
7. _____ Para unos era un héroe y para otros un ladrón. _____ les **robaba** el dinero a los ricos y se lo **daba** a los pobres.

Paso 2 En cada oración hay uno o más verbos o frases verbales en negrita. Determina cuál es la función del imperfecto que ejemplifica cada verbo. Escoge entre las siguientes posibilidades.

a. habitual or repeated action in the past
b. ongoing mental or emotional states or physical description in the past
c. simultaneous actions in the past

MODELO: En *Caperucita Roja,* el lobo **era** muy feroz. → b

Paso 3 Verifica tus respuestas con el resto de la clase.

Actividad C La Llorona

META DE COMUNICACIÓN
Determinar las funciones de ciertas creencias

Paso 1 Entre todos, comenten todo lo que se asocia con el «bogeyman». Hagan una lista en la pizarra.

Paso 2 En las culturas hispanas hay dos personajes equivalentes al «bogeyman»: el coco y la Llorona. Lee la siguiente versión de «La Llorona» y luego indica si las afirmaciones que aparecen después de la lectura son ciertas o falsas.

La Llorona en California

DE LA LLORONA solamente sé que era una señora que tuvo tres hijos. Y que... los mató para seguir ella su vida libre. Y cuando ella... ya se murió, que fue a dar las cuentas[1] a Dios, entonces Él le dijo que solamente que ella le llevara sus hijos, que dijera qué había hecho con sus hijos. Ella le dijo que... uno echó al excusado,[2] otro echó al mar... y que otro lo había echado en... en un río. Entonces Dios le dice que para... poderla... perdonar, que se fuera a buscar [a] sus hijos. Y desde entonces la señora anda en busca de sus hijos. Y por eso dice con ese grito: —Ay, mis hijos.

[1]dar... justificar su vida [2]retrete

	C	F
1. La Llorona estuvo condenada a andar errante por el mundo.	☐	☐
2. Los hijos de la Llorona la abandonaron porque era muy cruel.	☐	☐
3. Los niños deben tenerle miedo a la Llorona porque anda en búsqueda de niños. A ella no le importa si son suyos o de otra persona. Es posible que se los lleve.	☐	☐
4. La Llorona anda en misión de Dios: busca a los niños malos para castigarlos.	☐	☐

Hablando de la literatura

Many children's stories rely on the superstition, fear, and naïveté of the listener to make their point. This excerpt tells the tale of La Llorona, the Mexican equivalent of the bogeyman. This excerpt is a transcription of a recording made on October 31, 1966, and the language is authentic. The storyteller was Elvira Higuera. This story and others can be found in the book *Mexican Folk Narrative from the Los Angeles Area,* published by the University of Texas Press, 1973.

Note that the gruesome aspects of this story aren't that different from those in other fairy tales. Hansel and Gretel's parents abandon them in the forest. The Queen wants Snow White's heart to be cut out. Jack kills the Giant after stealing his goose. All of these stories come from a different—not so politically correct!—time and place.

Paso 3 Verifiquen tus respuestas con el resto de la clase.

Paso 4 Ahora con toda la clase, indiquen qué efecto quieren lograr los padres al contarles a los hijos la leyenda de la Llorona.

1. Quieren traer buena suerte para los hijos.
2. Quieren influir en su futuro.
3. Quieren explicarles a los niños algo sobre el universo.
4. Quieren evitar que los hijos tengan mala suerte.
5. Quieren inculcar cierto comportamiento apropiado.
6. Quieren controlar a los niños.
7. Quieren saber el futuro de los niños.
8. ¿ ?

Paso 5 **Optativo.** ¿Cuál es peor? ¿El «bogeyman» o la Llorona? ¿Por qué?

☐ ***META DE COMUNICACIÓN***
Relatar lo que otros te decían cuando eras niño/a

Actividad D Cuando era niño/a, mis padres me decían...

Paso 1 El profesor (La profesora) les va a leer un relato de Jesusita Sosa, una mexicoamericana que reside en Austin, Texas. En el relato, Sosa describe lo que le decía su madre sobre la Llorona. Escuchen para saber...

- lo que quería Jesusita
- lo que le decía su madre
- el propósito de la madre

Paso 2 Formen grupos de tres. Usando como modelo lo que dijo Jesusita Sosa, ¿pueden contar algo que les solían decir sus padres (abuelos, tíos) sobre la Llorona u otro personaje semejante a ella? ¿Por qué les contaban historias así? **¡Ojo!** Será necesario usar el imperfecto.

Paso 3 Escojan a una persona del grupo para que cuente a la clase lo que sus padres (abuelos, tíos) le decían a él (ella).

MODELO: Cuando era niño/a, mi _____ me decía que _____. Lo decía porque _____.

LECCIÓN

6 La ciencia y lo anticientífico

Ideas para explorar

Las ciencias adivinatorias

En Guatemala, una adivinadora interpreta el tarot para un cliente.

¿Qué te parece?

- ¿Has visto los naipes del tarot? ¿Los puedes describir? ¿Sabes el significado de las varias representaciones que se ven en los naipes?
- ¿Has consultado alguna vez una tabla de Ouija? ¿Qué preguntas le hiciste?
- ¿Has visto la película *Poltergeist*? ¿Recuerdas la oración, muy famosa, que le dijo la chica a la espiritista?
- ¿En qué se basa el horóscopo grecorromano? ¿Cuántos signos tiene? ¿Cuáles son? ¿Cómo se determina el signo de alguien? ¿Cuál es tu signo?
- ¿En qué se basa el horóscopo chino? ¿Cuántos signos tiene? ¿Cuáles son? ¿Cuál es tu signo?
- ¿Crees que tu letra *(handwriting)* revela tu personalidad?

Vocabulario del tema

Sustantivos

el adivinador (la adivinadora) persona que predice el futuro

la astrología estudio de la posición y movimiento de los astros para explicar sucesos y predecir el futuro

el/la espiritista persona que se supone que se puede comunicar con los espíritus de los muertos

la grafología arte de descubrir el carácter de una persona estudiando su escritura

el horóscopo predicción del futuro de una persona, que se deduce de la posición de los astros en relación con los signos del zodíaco al momento de su nacimiento

la numerología adivinación por medio de los números, según la cual los números asociados con una persona, como la fecha y hora de su nacimiento, tienen significado en el futuro de esa persona

la oniromancia arte de interpretar los sueños (representaciones mentales que ocurren mientras uno duerme)

la parapsicología estudio de los fenómenos sobrenaturales, como la telepatía, la levitación, etcétera

la quiromancia adivinación por medio de las líneas de las manos, según la cual la dirección y longitud de una línea tiene relación con el futuro de la persona

el talismán amuleto; fetiche

el tarot adivinación por medio de los naipes, según la cual la combinación y orden de los naipes tienen significado en el futuro de la persona

EL MANUAL *contiene ejercicios de vocabulario.*

☐ ***META LINGÜÍSTICA***
Practicar el vocabulario

Actividad A ¿Qué son las ciencias adivinatorias?

Paso 1 Trabajen en grupos. Miren los siguientes anuncios e imágenes relacionados con varias ciencias adivinatorias. Emparejen cada anuncio con una o más de las siguientes palabras.

- ______ el adivinador (la adivinadora)
- ______ la astrología
- ______ el/la espiritista
- ______ la grafología
- ______ el horóscopo
- ______ la oniromancia
- ______ la parapsicología
- ______ la quiromancia
- ______ el talismán
- ______ el tarot

Paso 2 Comparen las respuestas de su grupo con las del resto de la clase.

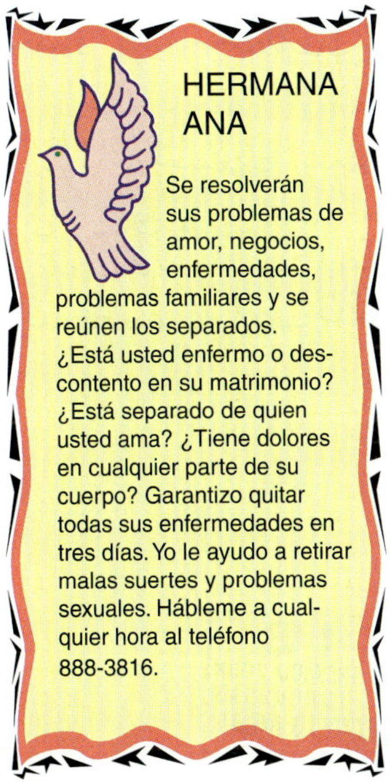

1.

2.

4.

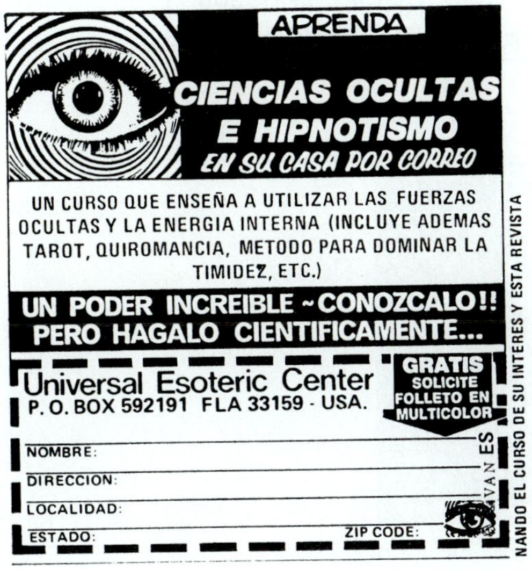

3.

Lincoln tuvo varios sueños premonitorios, dos de ellos relacionados con su propio sepelio (*burial*).

5.

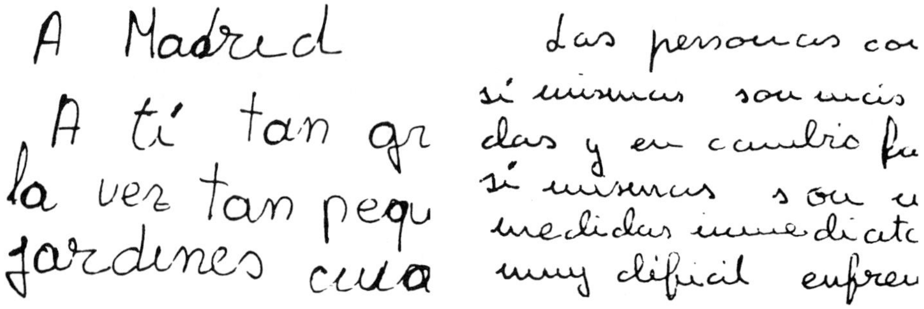
A Madrid
A tí tan gr
la vez tan peq
jardines cua
las personas co
sí mismas son más
das y en cambio fu
sí mismas son u
medidas inmediat
muy difícil enfren

6.

HOROSCOPO OCCIDENTAL
Marca el número de tu horóscopo y consigue más información sobre tu futuro. Simplemente marca:
\ (07-14) 00 49 059 +
y luego el número que figura al lado de tu signo del Zodiaco.
21 ARIES
22 TAURO
23 GEMINIS
24 CANCER
25 LEO
26 VIRGO
27 LIBRA
28 ESCORPION
29 SAGITARIO
30 CAPRICORNIO
31 ACUARIO
45 PISCIS

7.

GRATIS
MEDALLA DE ORIGEN INCAICO CON INCRUSTACIONES DE TURQUESAS
¡GRAN SECRETO INCA!
PARA TENER DINERO Y FORTUNA
Catálogo a colores español GRATIS.
PARA RECIBIRLO SOLO ENVIE $1.00 PARA LOS GASTOS DE ENVIO A :
FORTUNA DEPT. 308
2285-Manya St.-San Diego,Ca.92154

8.

¡ALTO!
POR QUE SI Y POR QUE NO HACE LO QUE HACE
¿Cuántas veces nos sucede en la vida que, por más que creémos obrar bien, todo se nos junta y nos sale mal?...
Entonces sin saber por qué, le echamos la culpa a la mala suerte y así nos "consolamos" del mal de amores, desempleo, angustias económicas y hasta mala salud...
Déje que KINARI se lo explique: "entre otros motivos, por que a lo mejor usted desconoce los sucesos que podrían presentársele más adelante. ALTO. Su futuro podría cambiar ahora mismo. Mande de inmediato el Cupón de este aviso y a vuelta de correo KINARI le enviará su Horóscopo privado de un mes. Recuerde, más vale prevenir que remediar. KINARI está con usted.
Envíe hoy mismo este cupón a KINARI quien le mandará otro mes de su Horóscopo Personalizado sin costo adicional, en el caso de que usted mande su pago por anticipado en Giro Postal o Cheque.
GARANTIA FORMAL: En caso de no estar satisfecho(a) con los resultados esperados de nuestro producto, puede devolverlo en un plazo de hasta 30 días y a vuelta de correo le reintegraremos su dinero, descontando los gastos de envío, sin formularle pregunta alguna.
Visitenos Personalmente en:
AVE. NUEVO LEON 192-16 (4º Piso)
Esq. Baja California (Eje 3 Sur)
Col. Hipodromo/ 06100 Mexico, D.F.
TEL. a su disposición 24 Hrs. Haga su pedido, o Pida Informes
TEL. 2-56-19-27
No olvide incluir su fecha de nacimiento.
KINARI, Legendaria astróloga del Medio Oriente.
TVYN 14/16
Envielo a:
KINARI= EXITO EN CORREOS
ADMINISTRACION DE CORREOS No.5
Apdo. Postal 5-700 México D.F. C.P. 06500
Si me gusta recibir Mi Horóscopo privado de un mes y estoy de acuerdo en que puedo devolverlo en 30 días si no obtengo algún beneficio personal. Y ustedes me regresarán, integramente el valor de Mi Horóscopo personalizado de un mes, menos los costos de envío. Usted puede hacer sus pedidos de estas dos maneras (elija la que más le convenga marcando con una equis).
☐ Le envío con este cupón la cantidad de $ 67,000 en giro postal o bancário (adquieralo en cualquier oficina de correos o banco),a la orden de Administración de correos #5 Apdo. Postal 5-700 (no envíe efectivo ni giro telegráfico, porque no anotan sus datos).
☐ Prefiero pagar al correo al retirar el envío, la cantidad de $ 79,000(incluidos los gastos de envío C.O.D.).
Del extranjero, favor de enviar su pago por adelantado para poder surtir su pedido, en Money Order a nombre de KINARI por $25.00 Dls.
Nombre y Apellidos
Domicilio
Colonia
Ciudad
Estado
Código Postal

9.

NOTA LINGÜÍSTICA Present Subjunctive

Forms

The present subjunctive is formed by adding the following endings to a verb stem. The regular forms of the present subjunctive are based on the verb stem of the **yo** form of the present indicative. Notice that, except in the **yo** form, the present subjunctive endings for **-ar** verbs are the same as the present indicative endings of **-er** verbs, and **-er/-ir** verbs in the subjunctive have the present indicative endings of **-ar** verbs.

-ar VERBS		**-er/-ir** VERBS	
-e	-emos	-a	-amos
-es	-éis	-as	-áis
-e	-en	-a	-an

Compare the **yo** forms of the present indicative and the present subjunctive.

INDICATIVE	SUBJUNCTIVE
pienso	piense
leo	lea
escribo	escriba
tengo	tenga

Irregular forms are presented in the *Manual.*

Functions

To indicate that the speaker doubts, disbelieves, or is uncertain about something. Here are some expressions that are normally followed by subjunctive forms.

Es dudoso que...
Es (im)probable que...
Es (im)posible que...
No es seguro que...

EL MANUAL *contiene ejercicios de gramática.*

Actividad B ¿Es posible que lo hagas?

☐ ***META LINGÜÍSTICA***
Practicar la gramática

Paso 1 Conjuga el verbo indicado entre paréntesis en el subjuntivo para completar cada oración. Después indica tu reacción a lo expresado:

a. Se me aplica. **b.** No se me aplica.

1. _____ Es posible que algún día yo _____ (llevar) un talismán a una entrevista de trabajo.
2. _____ Es improbable que mis amigos _____ (pedir) un análisis de mi escritura para saber más acerca de mi personalidad.
3. _____ Es posible que yo _____ (consultar) mi horóscopo antes de invertir dinero.
4. _____ Es posible que yo _____ (visitar) a una espiritista para saber algo de un ser querido que ya murió.

5. _____ Es dudoso que mañana _____ (asistir) a una sesión de espiritismo para saber las notas que voy a sacar este semestre.
6. _____ Dudo que _____ (usar) una tabla de Ouija para comunicarme con el más allá.
7. _____ Es improbable que _____ (escuchar) a una echadora de naipes para saber si voy a tener éxito en la vida.
8. _____ Es imposible que las personas razonables e inteligentes _____ (depender) de la quiromancia para determinar su oficio o profesión.

Paso 2 Verifica las formas verbales con el resto de la clase. También compara tus reacciones con las de los demás.

☐ ***META DE COMUNICACIÓN***
Expresar una opinión sobre las ciencias adivinatorias

Actividad C Lo que crees y lo que dudas

Paso 1 Trabajen en grupos. El profesor (La profesora) le va a asignar a cada grupo uno de los siguientes temas.

- **a.** los espiritistas
- **b.** la astrología
- **c.** la quiromancia
- **d.** la oniromancia

Escriban cuatro oraciones sobre el tema asignado que expresen las reacciones del grupo. **¡Ojo!** Si están seguros de algo, es decir, si no hay duda ni incertidumbre, van a usar el indicativo en sus oraciones.

1. Dudamos que...
2. Estamos seguros de que...
3. Negamos que...
4. Afirmamos que...

Paso 2 Compartan las oraciones con el resto de la clase. ¿Están todos de acuerdo con Uds.?

Así se dice

The expression **no creer que...** can be followed by a verb conjugated in either the indicative or subjunctive mood.

No creo que Carlos **puede** hacerlo.
No creo que Carlos **pueda** hacerlo.

The difference between the two statements reflects the speaker's beliefs about whether or not Carlos has the ability to do something. The first sentence indicates that the speaker is certain of Carlos' inability, and thus the indicative is used. The second sentence reflects uncertainty on the part of the speaker regarding Carlos' ability, so the subjunctive is used.

Actividad D Un experimento con la grafología

☐ ***META DE COMUNICACIÓN***
Analizar la personalidad según la grafología

Paso 1 Copia las siguientes oraciones en una hoja aparte.

Tomás tomó jugo de tomate. ¿Y tú? ¿Lo tomaste también?

Luego, intercambia la hoja con un compañero (una compañera). (Optativo: Algunos voluntarios deben escribir las oraciones en la pizarra para que la clase haga la actividad con referencia a lo que está en la pizarra.)

Paso 2 Ahora lee la siguiente selección «"T" analizamos». Luego, analiza la escritura de tu compañero/a aplicando esas ideas. Escribe en la hoja los adjetivos que describen la personalidad de la persona cuya letra analizaste, y devuélvele la hoja.

"T" ANALIZAMOS

Con la tilde hacia la derecha		Enérgica y productiva
Con la tilde hacia la izquierda		Perezosa, poco productiva
Con la tilde inclinada hacia abajo		Agresiva y arriesgada
Con la tilde por encima		Imaginativa y espiritual
Con la tilde cruzando la letra		Disciplinada y responsable
Con forma de estrella y tilde larga		Rápida y persistente
Con forma de estrella y tilde corta		Insegura

Consejo práctico

Analyzing the way each of you writes the letter *t* is being done just for fun, so enjoy it. Graphology has, however, a strong scientific basis. Handwriting experts are often brought in on court cases to verify the identity of the writer or to determine whether two samples of handwriting were written by the same person.

Paso 3 Lee el análisis que hizo tu compañero/a. ¿Cuál es tu reacción al análisis?

MODELOS: Es dudoso que la grafología... porque...
Es verdad que la grafología... porque...

Paso 4 Comparte tu reacción con el resto de la clase. En general, ¿tienen validez los análisis?

Estrategia para la comunicación

There are times when you may wish to express a degree of agreement or disagreement. The following words and phrases can help you express your opinion more precisely.

Es válido.	Tiene alguna validez.	No tiene ninguna validez.
Estoy de acuerdo.	Estoy, en parte, de acuerdo.	No estoy de acuerdo para nada.
Tienes razón.	Tienes algo de razón.	No tienes ninguna razón.

Ideas para explorar

La ciencia y la suerte

En el Monasterio de Montserrat, cerca de Barcelona, España, los creyentes dejan fotos y otros objetos de los muertos y enfermos.

¿Qué te parece?

- ¿Qué sabes del campo de la antropología?
- ¿Qué cualidades deberían tener los antropólogos? ¿Tienes tú estas cualidades?
- ¿Es importante o es esencial que los antropólogos respeten las otras culturas? ¿Qué opinas?
- ¿Cómo se define la palabra **milagro?**
- Algunos dicen que la edad de los milagros ya ha pasado y que no volverá nunca. ¿Puedes explicar lo que significa esto? ¿Estás de acuerdo?
- ¿Es obligatorio estudiar ciencias en tu programa de estudios?
- ¿Has tomado algún curso en que tenías que asistir al laboratorio científico? ¿Cuál te gustó más, el laboratorio o las conferencias en clase?
- ¿Cuántos de tus compañeros de clase toman un curso de ciencias naturales este semestre? ¿Cuántos en la clase se especializan en ciencias naturales? ¿Qué cualidades tienen en común estos miembros de la clase?

Vocabulario del tema

Verbos

contar	narrar, relatar
enfrentarse	luchar, afrontar
parecerse	tener aspectos semejantes o idénticos a otro

Adjetivos

asegurado/a	estar confiado/a, seguro/a
desordenado/a	descompuesto/a, alterado/a
incrédulo/a	desconfiado/a, suspicaz
intuitivo/a	se aplica a las personas que tienen la facultad de comprender las cosas inmediatamente por intuición, sin razonamiento
metódico/a	se aplica a las personas que lo hacen todo con método
objetivo/a	despasionado/a, imparcial; inspirado/a por la razón
perjudicado/a	se aplica a la persona que es objeto de un daño material o moral
razonable	sensato; se aplica a las personas que obran según la razón
subjetivo/a	apasionado/a, parcial; inspirado/a por el modo de pensar o sentir de uno

EL MANUAL *contiene ejercicios de vocabulario.*

Actividad A Descripciones

☐ ***META LINGÜÍSTICA***
Practicar el vocabulario

Paso 1 Escoge la palabra que corresponde a cada descripción.

1. _____ Esta cualidad se refiere a alguien que generalmente percibe las cosas inmediatamente sin necesidad de razonamiento lógico.
   a. intuitivo/a **b.** metódico/a **c.** razonable
2. _____ Se refiere a la semejanza entre dos o más personas o cosas.
   a. enfrentarse **b.** contar **c.** parecerse
3. _____ Describe a una persona cuyo escritorio está lleno de papeles y libros por todos lados sin ninguna organización.
   a. incrédulo/a **b.** objetivo/a **c.** desordenado/a
4. _____ La persona que tiene esta característica es imparcial. Toma sus decisiones después de evaluar la información pertinente al asunto.
   a. objetivo/a **b.** perjudicado/a **c.** asegurado/a
5. _____ Se refiere a la manera en que alguien toma decisiones. Las toma independiente de los datos objetivos. Lo que motiva las decisiones no es directamente pertinente al asunto.
   a. incrédulo/a **b.** perjudicado/a **c.** subjetivo/a
6. _____ Lo hace una persona que, frente a una dificultad o peligro, se prepara para hacerle frente.
   a. enfrentarse **b.** parecerse **c.** contar
7. _____ Describe a la persona que está muy confiada.
   a. asegurado/a **b.** subjetivo/a **c.** perjudicado/a
8. Describe a la persona que actúa ordenando sus ideas para llegar a una conclusión.
   a. subjetivo/a **b.** incrédulo/a **c.** razonable

Paso 2 Verifica tus respuestas con el resto de la clase.

NOTA LINGÜÍSTICA More on the Imperfect

Forms

Here is a review of imperfect forms.

-ar VERBS	**-er/-ir** VERBS	IRREGULAR
crear:	*mover:*	*ser:*
creaba	movía	era
creabas	movías	eras
creaba	movía	era
creábamos	movíamos	éramos
creabais	movíais	erais
creaban	movían	eran

Functions

- To express mental, emotional, or physical states in the past
- To describe physical appearance in the past

***EL MANUAL** contiene ejercicios de gramática.*

META LINGÜÍSTICA
Practicar la gramática

Actividad B El antropólogo y el indígena

Paso 1 Mira el siguiente dibujo (A) y observa bien lo que está pasando entre el antropólogo y el indígena.

A

Paso 2 Sin mirar el dibujo A de nuevo, contesta las siguientes preguntas.

1. ¿Cuál era la actitud del antropólogo? ¿Parecía curioso o arrogante?
2. ¿Parecía reservado el indígena o se veía obviamente ofendido?
3. ¿Estaba arrodillado el indígena o estaba de pie?
4. ¿Quién se tocaba el mentón, el antropólogo o el indígena?
5. ¿Quién tenía las manos cruzadas sobre el pecho, el antropólogo o el indígena?
6. ¿Quién daba vueltas alrededor de la imagen del dios, el antropólogo o el indígena?

Paso 3 Mira el siguiente dibujo (B) y observa bien los resultados de la interacción entre el antropólogo y el indígena.

B

Paso 4 Sin mirar el dibujo B de nuevo, contesta las siguientes preguntas.

1. ¿Se parecían los niños al antropólogo, al indígena o al dios?
2. ¿Dónde estaba el antropólogo?
3. ¿Cómo estaba vestido el antropólogo?
4. ¿Cuántos niños había en el dibujo?
5. ¿Cuántos niños dormían?
6. ¿Cuántos niños jugaban?
7. ¿Cuántos niños lloraban?
8. ¿Se sentía feliz el antropólogo?

Paso 5 En el dibujo A, el antropólogo le hizo una pregunta al indígena. Ahora contesta esa pregunta. ¿Era capaz de hacer milagros el dios indígena?

Así se dice

The verb **hay**, a form of the verb **haber**, means *there is* or *there are*. It only has the one form in the present tense, and its singular or plural meaning is determined by the rest of the sentence.

Hay un niño en el dibujo.	*There is one child in the drawing.*
Hay dos niños en el dibujo.	*There are two children in the drawing.*

The past tense forms of **hay** are **hubo** (preterite) and **había** (imperfect). The use of a singular or plural equivalent in English depends on the rest of the sentence as well.

Hubo un accidente.	*There was an accident.*
Hubo dos accidentes anoche.	*There were two accidents last night.*
Había un niño en el dibujo.	*There was one child in the drawing.*
Había dos niños en el dibujo.	*There were two children in the drawing.*

☐ ***META DE COMUNICACIÓN***
Interpretar el significado de una tira cómica

Actividad C ¿Cómo son los científicos?

Paso 1 Con un compañero (una compañera) comenten si los científicos poseen las siguientes características.

¿Cómo son los científicos?

¿razonables o emocionales?
¿supersticiosos o incrédulos?
¿objetivos o subjetivos?
¿exactos o ambiguos?
¿analíticos o intuitivos?
¿imparciales o perjudicados?
¿lógicos o ilógicos?
¿metódicos o desordenados?
¿asegurados o preocupados?

Paso 2 Miren la siguiente tira cómica del caricaturista argentino Quino. ¿Cómo son los científicos en cada sección de la tira cómica?

1. la explicación del cohete y la fórmula matemática
2. cómo funciona la computadora
3. la invitación
4. la anticipación del lanzamiento del cohete

Paso 3 Todos deben comentar acerca del significado y la interpretación del dibujo. ¿Cuál es la relación entre la ciencia y la suerte que Quino subraya?

1.

2.

3.

4.

Así se dice

In **Actividad D** you are asked to **contar historias.** The word **historia** can refer to the field of history or it can refer to a story or tale.

Me especializo en historia.	*I'm majoring in history.*
¿Cuál es tu historia?	*What's your story?*
Cuéntame tu historia.	*Tell me your story.*
La muerte de mi amiga es una historia trágica.	*The death of my friend is a tragic story.*

The word **cuento** also means story, but it most often refers to literary works, such as short stories.

META DE COMUNICACIÓN
Compartir historias de algo que les pasó a los miembros de la clase

Actividad D ¿Y tú?

Paso 1 Han trabajado con dos tiras cómicas, la del antropólogo y la de los científicos. El antropólogo se enfrentó con lo desconocido mientras los científicos juntaron la ciencia con la suerte. Trabajando en grupos, cuenten historias acerca de las veces en que Uds.:

- se enfrentaron con lo desconocido
- juntaron la ciencia con la suerte

Paso 2 Unos voluntarios deben compartir sus historias con el resto de la clase. Ahora entre todos, indiquen cuál es la historia:

- más humorística/divertida
- más trágica
- más absurda/increíble
- más típica de las experiencias de los estudiantes universitarios

Estrategia para la comunicación

The following words and phrases are useful when narrating a series of events, putting them in the order in which they took place.

Primero... Segundo... Tercero...
Al principio... Luego... Después...
Por fin... Finalmente...

Ideas para explorar

El porqué de las creencias anticientíficas

En esta botánica de Miami, se puede notar la mezcla de elementos de las creencias populares, la fe religiosa y las supersticiones. ¿Puedes distinguir entre las tres?

¿Qué te parece?

- ¿Qué importancia tiene la fe en tu vida actual?
- ¿Has tenido períodos en tu vida durante los cuales la fe ha tenido mucha importancia?
- ¿Has tenido períodos en tu vida durante los cuales la fe ha tenido muy poca importancia?
- ¿Con qué frecuencia asistes a servicios religiosos? ¿Cada semana o cada vez que alguien se casa o muere?
- ¿Crees que los avances tecnológicos disminuyen el poder de la fe?
- ¿Crees que el ateísmo se ha generalizado, que hay muchos ateos?
- ¿Piensas que se debe permitir rezar en las escuelas públicas? ¿O crees que se debe prohibirlo?
- ¿Qué significa la libertad de religión? ¿Qué sabes del contexto histórico de los Estados Unidos en cuanto a la persecución de una persona debido a su religión?
- ¿Qué les pasó a los cristianos en la antigua Roma?
- ¿Qué les pasó a los judíos en la Segunda Guerra Mundial?

Vocabulario del tema

Sustantivos

la aspiración	ambición, meta, deseo
el ateo (la atea)	persona que no cree en la existencia de Dios
el campo	conjunto de todo lo que está asociado con las distintas áreas de estudio e investigación; especialización de una persona
el escape	huida, fuga, evasión
el riesgo	peligro

Adjetivo

realizado/a	que se ha cumplido o concluido

***EL MANUAL** contiene ejercicios de vocabulario.*

META LINGÜÍSTICA
Practicar el vocabulario

Actividad A Sinónimos y antónimos

Paso 1 Indica si las dos palabras son sinónimas (S) o antónimas (A).

1. _____ realizado / alcanzado
2. _____ la aspiración / la meta
3. _____ el ateo (la atea) / el/la creyente
4. _____ el campo / la especialización
5. _____ el escape / la realidad
6. _____ el riesgo / la seguridad

Paso 2 Verifica tus respuestas con el resto de la clase.

NOTA LINGÜÍSTICA Subjunctive in Adjectival Clauses

Functions

You are already familiar with the forms of the subjunctive. You must use the subjunctive to express a characteristic of a nonexistent or indefinite antecedent. The subjunctive appears in a clause that functions adjectivally, modifying the nonexistent or indefinite antecedent. The antecedent is indicated in bold in these examples.

No hay ningún **argumento** que me convenza.	*There is no* ***argument*** *that will convince me.*

The verb **convencer** is in the subjunctive because it describes a nonexistent argument.

No hay **nadie** que me pueda ayudar.	*There is* ***no one*** *who can help me.*

The verb **poder** is in the subjunctive because it describes a person who does not exist.

Cualquier **cosa** que necesiten...	***Whatever*** *you (may) need...*

The verb **necesitar** is in the subjunctive because it refers to an indefinite antecedent, **cosa.**

***EL MANUAL** contiene ejercicios de gramática.*

Actividad B Un hispano habla

☐ ***META LINGÜÍSTICA***
Practicar la gramática

Paso 1 Lee lo que dice el antropólogo y folclorista mexicoamericano Américo Paredes sobre las raíces de las creencias anticientíficas.

No existen pueblos, por muy avanzados que sean, que no tengan **(1)** creencias anticientíficas. Tampoco existen razas salvajes que no tengan **(2)** algún conocimiento científico o que no posean **(3)** alguna actitud científica, a pesar de que se les haya negado la existencia de ésta. En comunidades primitivas, que han sido estudiadas por personas muy competentes, se han encontrado dos campos claramente definidos: el campo de la ciencia y el campo de lo anticientífico.

En todas las culturas y en todas las personas, sin distinción, aparece **(4)** lo anticientífico que frecuentemente se manifiesta en situaciones de estrés emocional (a nivel personal o a nivel social): crisis de la vida, aspiraciones no realizadas, importantes intereses personales, muertes, problemas amorosos y odios, problemas relacionados con el poder, problemas de autoridad y subordinación, problemas entre clases sociales, etcétera. Lo anticientífico ofrece posibilidades de escape a estas situaciones sin salida por medio de ritos y creencias en el terreno de lo sobrenatural. Esencialmente el riesgo es el mayor factor que afecta a las creencias populares. Cuanto mayor es el riesgo en la vida de una persona, mayores son las probabilidades de que surjan las creencias anticientíficas.

Así se dice

Whereas the forms of the definite article are **el** and **los** (masculine) and **la** and **las** (feminine), **lo** is the neuter form. **Lo** is used with adjectives to express the quality of the adjective as an abstract noun. There are two instances of this in the reading by Paredes.

lo anticientífico
unscientific things, that which is unscientific

lo sobrenatural
supernatural things, that which is supernatural

Paso 2 Escoge la interpretación correcta de cada oración enumerada en el discurso. La interpretación se basa en el uso del subjuntivo o del indicativo.

1. **a.** Hay pueblos que no tienen creencias anticientíficas.
   b. Todos los pueblos del mundo tienen creencias anticientíficas.
2. **a.** Ciertas razas salvajes no tienen ningún conocimiento científico.
   b. Todas las razas salvajes tienen algún conocimiento científico.
3. **a.** Ciertas razas salvajes no poseen ninguna actitud científica.
   b. Todas las razas salvajes poseen alguna actitud científica.
4. **a.** No hay ninguna cultura y no hay ninguna persona en que no aparezca lo anticientífico en situaciones de estrés emocional.
   b. En ciertas culturas y en ciertas personas lo anticientífico no aparece en situaciones de estrés emocional.

Paso 3 Verifica tus respuestas con el resto de la clase.

Actividad C Generalizaciones

☐ ***META DE COMUNICACIÓN***
Compartir opiniones sobre el pensamiento

Paso 1 Trabaja con un compañero (una compañera). Lean las cinco generalizaciones que aparecen a continuación sobre las creencias populares. Indiquen si creen que la oración es cierta (C) o falsa (F). Den por lo menos dos razones que apoyan sus opiniones.

1. _____ La gente que vive en las ciudades da menos crédito a las creencias populares que la gente que vive en el campo.
2. _____ Las mujeres suelen ser más supersticiosas que los hombres.
3. _____ Las personas que asisten o que han asistido a la universidad creen menos en las ciencias adivinatorias que la gente que tiene menos formación académica.

4. ______ Los adultos suelen ser menos supersticiosos que la gente joven.
5. ______ En el pasado, era más común ser supersticioso que hoy día.
6. ______ Cada país y cada cultura se caracterizan por sus propias supersticiones, creencias populares y ciencias adivinatorias.

Paso 2 Compartan sus ideas con el resto de la clase. ¿Con qué oraciones hay más estudiantes de acuerdo? ¿Con qué oraciones hay menos estudiantes de acuerdo?

META DE COMUNICACIÓN
Aplicar las ideas del profesor Paredes a la vida de cada uno de los miembros de la clase

Estrategia para la comunicación

Most of the statements in **Actividad C** make comparisons between groups of people. Comparisons of inequality are commonly rendered by the pattern **más/menos** + adjective + **que.** However, you may wish to express *equality* between groups of people. Here are some phrases that will be useful to express comparisons of equality.

tanto como
as much as
igual que
equal to; (just) like
así como
(just) like
de una manera parecida
similar to

Actividad D Experiencias personales

Paso 1 Según el profesor Paredes, en todas las personas aparece lo anticientífico, especialmente en algunas situaciones. En grupos, compartan las experiencias personales que han tenido en las siguientes situaciones.

1. una crisis de la vida
2. las aspiraciones no realizadas
3. los intereses personales importantes
4. la muerte de un ser querido
5. los problemas amorosos
6. los problemas relacionados con el poder
7. los problemas de autoridad y subordinación
8. los problemas entre clases sociales

MODELO: Cuando conozco a una persona por primera vez y estoy interesada en ella, me gusta leer su horóscopo. Quiero saber si somos compatibles o no.

Paso 2 Unos voluntarios deben compartir sus experiencias con el resto de la clase. Luego entre todos determinen hasta qué punto están de acuerdo con lo que afirma el profesor Paredes: «Cuanto mayor es el riesgo en la vida de una persona, mayores son las probabilidades de que surjan las creencias anticientíficas.» Utilicen la siguiente escala para evaluar sus opiniones.

NO ESTAMOS DE ACUERDO EN ABSOLUTO.		SUS IDEAS TIENEN ALGUNA VALIDEZ EN NUESTRA VIDA.		ESTAMOS DE ACUERDO.
1	2	3	4	5

Así se dice

In the model of **Paso 1** you see the phrase **«y estoy interesada en ella.»** The speaker is female because the ending of **interesada** lets you know that. But the gender of the person in whom she is interested is not known. Why not? The word **ella** is a pronoun, and since pronouns take the place of nouns, they agree in gender and number with the word they replace. What noun does **ella** refer back to? It refers to the feminine singular noun **persona.** What pronoun would you use if the speaker said **hombre** instead of **persona**? Or **mujer** instead of **persona**? What about **alguien**?

LECCIÓN

7 Literatura y arte

Literatura

The *¿Qué te parece?* CD-ROM offers additional activities related to the **Literatura** selection in this unit.

«Cirios», por Marjorie Agosín

Marjorie Agosín, escritora chilena, estudió en su país natal y en los Estados Unidos. Conocida por su poesía, sus cuentos y su colaboración en la película *Threads of Hope,* que recibió el premio Peabody en 1993, Agosín es profesora de literatura latinoamericana en Wellesley College, en Massachusetts. Sus obras se han publicado en español, inglés y en versiones bilingües. Como defensora de los derechos humanos, Agosín escribe con gran impacto y convicción de la tragedia de los desaparecidos, o sea, las personas secuestradas y asesinadas por las dictaduras latinoamericanas durante las décadas de los setenta y ochenta. Agosín describe el sufrimiento de ellos y de sus familiares. Algunas de sus obras reflejan las diferentes épocas de su vida. «Cirios» pertenece a una colección de cuentos titulada *La felicidad* (1991); es la historia de algo que sucedió en su niñez. En este cuento se nota el sentido del humor de la autora.

Vocabulario útil

Verbos

crepitar	to crackle
persignarse	to make the sign of the cross

Sustantivos

el cirio	candle
el desvelo	insomnia
el lapislázuli	lapis (*blue stone*)
la marejada	movement of ocean waves
la penumbra	shadow
el rebozo	shawl
la tibieza	warmth

Adjetivos

balsámico/a	balsamic
desatinado/a	foolish, irrational
descalzo/a	barefoot
desgarbado/a	awkward
desgarrado/a	broken, destroyed
encuclillado/a	squatting
propicio/a	fitting, appropriate

Actividad B Soy judía, desde niña lo supe

Paso 1 Uno de los temas que Agosín trata en «Cirios» es el de ser diferente. En este caso, es lo que significa ser judío en un país católico. Con toda la clase, comenten los conflictos que menciona Agosín.

Paso 2 Ahora van a explorar el tema de lo que significa ser diferente. En grupos de tres o cuatro, escojan un miembro de cada una de las categorías a continuación y contesten la pregunta: ¿Qué significa ser _____ en los Estados Unidos? **¡Ojo!** Deben evitar los estereotipos.

MODELO: Ser una persona ciega en los Estados Unidos significa llevar una vida difícil. Las carreras abiertas a las personas que no ven son limitadas, no siempre porque una persona ciega no puede hacer el trabajo, sino porque un empleador *cree* que la persona no lo puede hacer. Hay otros problemas: los medios de transporte públicos son muy limitados, por ejemplo.

ETNICIDAD	CREENCIA	SEXO	OTRO
africanoamericano/a	ateo/a	bisexual	anciano/a
asiático/a	budista	hombre	ciego/a
europeo/a	católico/a	homosexual	excombatiente
hawaiano/a	espiritista	lesbiana	paralítico/a
hispano/a	evangelio/a	mujer	sordomudo/a
indígena	judío/a		zurdo/a
	musulmán/ musulmana		
	protestante		

Paso 3 Comparen sus respuestas con las de los otros grupos. ¿Es difícil ser diferente en los Estados Unidos?

Actividad C ¿Y tú?

Paso 1 En grupos de tres o cuatro compañeros, completen las siguientes oraciones con el objeto de aplicarlas a un miembro del grupo. Noten: las frases entre paréntesis son del cuento de Agosín.

Cuando era niño/a,

1. amé con felicidad _____ (las iglesias).
2. gozaba con pensar en _____ (las iglesias).
3. mis padres no se preocupaban de _____ (mis visitas regulares a la misa).
4. _____ (comer el cuerpo de Cristo) no me hizo mucha gracia.
5. me sentí horrorizado/a de _____ (haber devorado el cuerpo de Cristo).

Paso 2 Cada grupo va a leer unas oraciones a la clase. La clase tiene que adivinar a qué miembro del grupo se le aplica la oración. ¿Fue fácil reconocerlo?

Paso 3 ¿A qué conclusión pueden llegar a base de los comentarios del Paso 2?

- ☐ De niño a adulto, ocurren pocos cambios en la persona.
- ☐ De niño a adulto, la persona cambia radicalmente.
- ☐ ¿ ?

Arte

The *¿Qué te parece?* CD-ROM offers additional activities related to the **Galería del arte** in this unit.

Vocabulario útil

El milagro, por Carmen Lomas Garza

agradecer	to give thanks
aparecer	to appear
arrodillarse	to kneel down
la aparición	apparition
el arbusto	bush
el camión	truck
el campesino	country person
la granja	farm
el granjero	farmer
la hacienda	ranch
el molino de viento	windmill
el nopal	type of cactus
el porche	porch
el tanque de agua	water tank
árido/a	dry

El entierro del conde de Orgaz, por El Greco

el alma	soul
el ángel	angel
la antorcha	torch
el caballero	gentleman, nobleman
el cielo	heaven
el cura / el sacerdote	priest
Dios	God
el entierro	burial
Jesucristo	Jesus Christ
la luz	light
el monje	monk
la nube	cloud
el obispo	bishop
el Señor	Lord (God)
la vestimenta	vestment, robe

El cuarto de Rosalía, por Germán Pavón

mirar por la ventana	to look out the window
sentarse	to sit
el alféizar	windowsill
el altar	altar
el asiento de la ventana	window seat
el baúl	trunk
la caja	box
la cruz	cross
el cuadro	painting
la estatua	statue
el icono	icon
el retrato	portrait

Muerte de Luis Chalmeta, por Fernando Botero

ascender	to ascend
el alma	soul
la corrida de toros	bullfight
el cuerno	horn
el espíritu	spirit
las manos femeninas	woman's hands
las nubes	clouds
el traje de luces	bullfighter's costume
el torero	bullfighter

Actividad A Impresiones

Paso 1 Mira los cuadros que aparecen en las páginas 72 y 73. Basándote en tu primera impresión, escribe el título de la obra que a ti te parece que es...

1. la más bella ____________________
2. la más provocativa ____________________
3. la que quisieras tener en tu casa ____________________
4. la más espiritual ____________________
5. la más sencilla ____________________
6. la que no entiendes ____________________
7. la que «te dice» algo ____________________
8. la que no te dice nada ____________________

Nota: Puedes contestar «ninguna» si ésa es tu opinión.

Paso 2 Compara tus impresiones con las de dos o tres compañeros de clase.

MODELO: Paquita cree que *El entierro del conde de Orgaz* es la obra más espiritual porque muestra la importancia de la fe al momento de la muerte. En mi opinión, *El cuarto de Rosalía* es la más espiritual porque hay objetos religiosos en su cuarto. Es decir, la fe es parte de cómo vive, no solamente de cómo muere.

Paso 3 Compartan sus impresiones con el resto de la clase. ¿Qué obras causaron la misma impresión entre la mayoría de los miembros de la clase? ¿Cuáles son las que causaron muchas impresiones diversas? ¿Hay una que no entiendan bien?

Actividad B ¿Con qué obra te identificas?

Paso 1 En grupos de tres, miren los cuadros y comenten aquéllos con los cuales se identifican personalmente.

MODELO: Me identifico con *El entierro del conde de Orgaz.* Siendo católico/a, puedo comprender la gran importancia del momento de la muerte y de los funerales.

Paso 2 Compartan sus comentarios con la clase. ¿Entre todos los cuadros, hay alguno con el cual se identifique la mayoría de estudiantes? ¿Se identifican con ese cuadro por las mismas razones? ¿Hay alguno ante el cual muchos reaccionen negativamente? ¿Por qué?

Actividad C Colócate dentro de la obra

El profesor (La profesora) va a nombrar uno de los cuadros. Imagínate que puedes entrar en esa obra. Di a la clase dónde te colocarías y por qué. Considera las siguientes preguntas antes de contestar.

- ¿Quieres ser uno de los personajes centrales o quieres aparecer en el fondo?
- ¿Quieres ser algún objeto? ¿Qué objeto?
- ¿Qué estás haciendo en el cuadro? ¿Estás solo/a?
- ¿Qué ropa llevas?

MODELO: EL PROFESOR (LA PROFESORA): *El cuarto de Rosalía,* por Germán Pavón

TÚ: Soy una persona más en el cuadro. No quiero que Rosalía se sienta tan sola como a veces me sentía yo cuando era niño/a.

Actividad D Comparaciones y contrastes

Paso 1 El profesor (La profesora) va a dividir la clase en cuatro grupos. Cada grupo debe escoger y comentar uno de los siguientes temas de comparación y contraste. Luego, debe preparar un informe para presentar a la clase. Con cada tema se dan algunas ideas para guiar la conversación.

1. *Muerte de Luis Chalmeta,* por Fernando Botero, y *El entierro del conde de Orgaz,* por El Greco
    - el empleo del color en los cuadros
    - los rasgos y la apariencia física de las figuras
    - la representación del cielo
    - la religión formal frente a la fe
2. *El entierro del conde de Orgaz,* por El Greco, y *El milagro,* por Carmen Lomas Garza
    - el efecto de los colores en un cuadro
    - las facciones de la cara de las figuras
    - las diferentes creencias populares representadas
3. *El cuarto de Rosalía,* por Germán Pavón, y *Muerte de Luis Chalmeta,* por Fernando Botero
    - la soledad
    - la representación de la espiritualidad
4. *El milagro,* por Carmen Lomas Garza, y *El cuarto de Rosalía,* de Germán Pavón
    - las facciones de las caras de las mujeres
    - lo que se ve en las obras, además de las mujeres
    - cómo se representa la fe

Paso 2 Presta atención mientras los otros grupos presentan sus informes. Después de cada presentación, indica si hay algo que no han considerado al analizar las obras. ¿Qué han omitido? Explícate. ¿Hay algún punto con el que no estés de acuerdo? Explica por qué.

Review the **Notas lingüísticas** on the preterite and imperfect in **Lecciones 5** and **6** before doing **Actividad E.**

Actividad E Expresión creativa

Paso 1 Con un compañero (una compañera), escriban sobre el tema que el profesor (la profesora) les asigna.

1. Inventen una historia sobre el pasado del torero representado en *Muerte de Luis Chalmeta,* por Fernando Botero. ¿Quién era? ¿De dónde era? ¿Qué le ocurrió? ¿De quién son las manos femeninas?
2. Inventen una historia de la muerte del conde de Orgaz representada en el cuadro por El Greco. ¿Cómo ocurrió? ¿Fue un asesinato? ¿un accidente? ¿Murió de muerte natural? ¿Con quién(es) estaba cuando murió? ¿Quiénes son los personajes en el cuadro?
3. Inventen una historia que explica por qué Rosalía está sola en la obra de Germán Pavón. ¿Qué día de la semana es? ¿Luchó con alguien?

Review the **Nota lingüística** on the present subjunctive in **Lección 6** before doing situation 3 in **Actividad E.**

MODELO: Rosalía está sola porque es muy pensativa. Dudo que esté satisfecha con la vida.

4. Describan lo que ha pasado en el cuadro *El milagro,* por Carmen Lomas Garza. Escriban un mínimo de cinco oraciones. Luego, traten de explicar las acciones de los personajes.

Review the **Nota lingüística** on the present perfect in **Lección 5** before doing situation 4 in **Actividad E.**

MODELO: Dos hombres han matado tres serpientes para ofrecérselas a la Virgen.

Paso 2 Compartan con la clase lo que han escrito. ¿Cuál es la más original de las historias que usan el pretérito y el imperfecto? ¿Cuál es el más real de las historias que usan el subjuntivo? ¿Cuáles son las oraciones más creativas? ¿Han descubierto algo nuevo al analizar las obras?

Paso 3 **Optativo.** Si hay tiempo, cada pareja puede completar otra situación del Paso 1, usando otro punto gramatical.

LECCIÓN

8 Repaso y composición

Repaso

Consejo práctico

Remember that you explored a variety of themes and ideas in each activity. In addition to reviewing the **Metas de comunicación,** you should also go over the **Pasos,** the readings, and the questions in the **¿Qué te parece?** sections.

Actividad A Repaso de los temas de la Lección 5

Paso 1 En grupos de tres compañeros, hagan una lista de los temas explorados en Ideas para explorar de la Lección 5, Las creencias populares. Cada miembro del grupo trabajará con una sección diferente de la lección.

TEMAS EXPLORADOS
IDEAS PARA EXPLORAR: La buena y la mala suerte ____________________ ____________________ ____________________
IDEAS PARA EXPLORAR: La maldición y la bendición del número 13: Perspectiva global ____________________ ____________________ ____________________

IDEAS PARA EXPLORAR: Los niños y las supersticiones

___

___

___

Paso 2 ¿Qué temas proponen los otros grupos? Compartan su lista con el resto de la clase.

Paso 3 ¿Cuáles son los temas principales de la Lección 5? ¿Qué información no fue nueva para Uds.? De todos los temas explorados, ¿cuáles les interesaron más? ¿Cuáles les interesaron menos? ¿Pueden resumir el contenido de la lección con sus propias palabras? ¿Cuál es el concepto general que abarca toda la Lección 5? De todo lo que han aprendido, ¿hay cierto concepto o dato que para Uds. fue muy importante? ¿Cuál es?

Actividad B Repaso de los temas de la Lección 6

Paso 1 En grupos de tres personas, hagan una lista de los varios temas explorados en Ideas para explorar de la Lección 6, La ciencia y lo anticientífico. Cada miembro del grupo trabajará con una sección diferente.

TEMAS EXPLORADOS

IDEAS PARA EXPLORAR: Las ciencias adivinatorias

___

___

___

IDEAS PARA EXPLORAR: La ciencia y la suerte

___

___

___

IDEAS PARA EXPLORAR: El porqué de las creencias anticientíficas

___

___

___

Paso 2 ¿Qué temas proponen los otros grupos? Compartan su lista con el resto de la clase.

Paso 3 ¿Cuáles son los temas principales de la Lección 6? ¿Qué información no fue nueva para Uds.? De todos los temas explorados, ¿cuáles les interesaron más? ¿Cuáles les interesaron menos? ¿Pueden resumir el contenido de la lección con sus propias palabras? ¿Cuál es el concepto general que abarca toda la Lección 6? De todo lo que han aprendido, ¿hay cierto concepto o dato que para Uds. fue muy importante? ¿Cuál es?

Actividad C Repaso de las Notas lingüísticas

Consejo práctico

When reviewing grammar, review not only the forms but the functions of each grammar item. Also, when asked to write sentences that illustrate a grammar point, try to come up with original sentences instead of copies of sentences you have read.

Paso 1 Entre todos, repasen las Notas lingüísticas de la Lección 5, Las creencias populares, y escriban una lista en la pizarra de la gramática presentada.

Paso 2 Escribe dos oraciones para cada punto gramatical para demostrar lo que has aprendido. Después, intercambia tus oraciones con las de un compañero (una compañera) para que él (ella) las revise. Opción: Mientras corrijan las oraciones, cuatro voluntarios pueden escribir sus oraciones en la pizarra. Luego, la clase entera las puede corregir.

Paso 3 Apliquen los Pasos 1 y 2 a la gramática presentada en la Lección 6, La ciencia y lo anticientífico.

Paso 4 ¿Qué parte gramatical presentada en las lecciones les resulta fácil de comprender? ¿Cuál les parece más difícil? ¿Pueden incorporar las partes gramaticales en los resúmenes de las lecciones?

Composición

A prepararte

Actividad A ¿Qué tema vas a explorar?

Consejo práctico

Keep the lists of themes you explored in **Lecciones 5** and **6** handy as you go through this activity so that you can refer to the information. You will want to incorporate some of it into your composition.

Paso 1 Lee con atención los siguientes temas y escoge el que más te interese y te parece que tenga más posibilidades para una composición.

1. Las ciencias puras deben predominar sobre el pensamiento anticientífico.
   - ¿Qué es la ciencia pura?
   - ¿Por qué ha sido y seguirá siendo importante la ciencia pura?
   - ¿Qué es lo anticientífico? ¿Es verdaderamente anticientífico?
   - ¿Desempeña el pensamiento anticientífico un papel cultural? ¿Qué beneficios obtendríamos el día que lo anticientífico no formara parte de la cultura?
2. Lo anticientífico es parte esencial en todas las culturas.
   - ¿Por cuánto tiempo han existido las creencias populares?
   - ¿Qué nos ofrecen estas creencias?
   - ¿Es posible que el pensamiento anticientífico no exista para el año 3000?
3. Las supersticiones son una parte íntegra de una cultura.
   - ¿Cuáles son las supersticiones que predominan en tu cultura?
   - ¿Se puede describir tu cultura como supersticiosa?
   - ¿Se les enseña a los niños a ser supersticiosos?
   - ¿Qué días festivos se basan en la superstición y las creencias populares?

Paso 2 Después de escoger un tema, forma un grupo con otros compañeros de clase que han escogido el mismo tema para hacer la Actividad B.

Paso 3 ¿Repasaron las Actividades A y B en la sección Repaso mientras consideraban los temas? ¿Qué aspectos de los temas les parecen interesantes? ¿Han aprendido algo sobre estos temas en otros cursos?

Actividad B ¿Con qué propósito escribes y a quién te diriges?

Consejo práctico

You don't talk to your instructors and professors the same way you talk to your friends and family. Keep this in mind as you consider the list of possible audiences and purposes in this activity.

Paso 1 Entre todos, lean estas listas de propósitos y posibles tipos de lectores. ¿Qué tipo de lector y qué propósito van bien con el tema? ¿Tienen sentido en combinación? Después de comentar las posibles combinaciones, cada miembro del grupo debe escoger un propósito y un tipo de lector para escribir su propia composición.

TIPOS DE LECTORES

- estudiantes que se especializan en la física
- estudiantes que se especializan en filosofía
- científicos
- antropólogos
- pastores, sacerdotes y monjas
- ¿otros?

PROPÓSITOS

- aclarar
- analizar
- comparar
- contrastar
- convencer
- describir
- explicar
- informar
- narrar
- persuadir
- reportar
- resumir

Paso 2 Ahora divídanse en grupos pequeños formados sólo por personas que escogieron los mismos temas y propósitos y que se dirigen al mismo tipo de lector. Estos grupos pequeños trabajarán juntos para completar la Actividad A en la siguiente sección, A organizarte.

Paso 3 ¿Consideraron más de un tipo de lector antes de escoger uno? ¿Hicieron lo mismo con varios propósitos antes de escoger uno? ¿Tiene sentido combinar este tipo de lector con el propósito escogido? Es decir, ¿es apropiado el uno para el otro?

A organizarte

Actividad A ¿Qué información piensas incluir?

Consejo práctico

The best compositions are not necessarily the longest ones but the ones that include the most compelling and pertinent information. As you know from reviewing the themes explored in this unit, you have a lot of information to choose from. Be careful to choose those details that most strongly support your thesis. Don't include details that are irrelevant.

Paso 1 La clase entera debe repasar y comentar las Actividades A y B en Repaso donde identificaron todos los temas explorados en las Lecciones 5 y 6. Apunten cualquier idea (del texto o sugerida por un compañero [una compañera]) pertinente al tema. Es importante no criticarse en este momento; deben aceptar cualquier sugerencia. Pueden repasar una vez más las actividades en las secciones Ideas para explorar para señalar específicamente los comentarios que hicieron y para escoger ejemplos textuales de las varias lecturas.

Paso 2 Hagan una lista completa de las ideas que se podrían incluir en la composición.

Paso 3 ¿Escribieron muchas ideas en las listas? ¿Incluyeron información además de los datos incluidos en este libro? ¿Será necesario pedirle ayuda al resto de la clase para añadir ideas a las listas?

Actividad B ¿Cómo vas a organizar la información?

Consejo práctico

Outlining a composition before you write it is a useful way of working with your ideas. When you actually sit down to write, let the outline guide you, not restrict you. If you need to revise your plan as you go, feel free to do so!

Paso 1 Ahora cada uno/a de Uds. debe empezar a organizar sus propias ideas. Repasa la lista que preparaste para la Actividad A y escoge las ideas que te parecen más adecuadas al tema. Luego, ordena la información en forma de bosquejo.

Paso 2 Muéstrale el bosquejo que hiciste a un compañero (una compañera) que ha escogido otro tema para que lea y comente tu bosquejo. Haz lo mismo con el bosquejo de tu compañero/a.

Paso 3 **Optativo.** Algunos voluntarios pueden escribir sus bosquejos en la pizarra para que toda la clase los comente.

Paso 4 ¿Les fue difícil encontrar un orden adecuado para presentar la información? ¿Hacen bosquejos para escribir composiciones o trabajos en otras clases? ¿Encuentran beneficiosa la técnica de preparar un bosquejo?

¡A escribir!

Actividad A El borrador

LA LECCIÓN 8 DEL MANUAL *contiene un resumen de las Notas lingüísticas y del vocabulario que puedes consultar mientras escribes la composición.*

Consejo práctico

Once you've drafted the composition, let it sit for a few days. With a little distance, you'll be able to analyze your writing more objectively. There is a set of composition grading criteria in Appendix 3 of this book. Try applying those criteria to your work in order to gauge your progress and accomplishments. Of course, if your instructor uses a different set of criteria, apply it instead.

Paso 1 Teniendo en cuenta el propósito de la composición, el tipo de lector, el tema y el bosquejo, escribe en casa un borrador de unas 300 palabras.

Paso 2 Lee el borrador. ¿Hay argumentos que quieras añadir? ¿ideas que quieras aclarar? ¿ejemplos que quieras incluir?

Paso 3 Cuando el contenido te parezca lo suficientemente completo, lee el borrador de nuevo para revisar...

- ☐ el uso del pretérito perfecto
- ☐ el uso del imperfecto
- ☐ el uso del pretérito
- ☐ el uso del presente de subjuntivo
- ☐ el uso del presente de subjuntivo en cláusulas adjetivales

Actividad B Redacción

Paso 1 Intercambia tu composición con la de un compañero (una compañera). Lee su composición y haz un bosquejo de ella. Luego, dale el bosquejo a tu compañero/a y lee el bosquejo que hizo de tu composición. ¿Refleja lo que querías comunicar? ¿Ahora quieres añadir, cambiar o modificar algo en tu composición para mejorarla?

Paso 2 Haz todos los cambios necesarios y escribe la composición a máquina (computadora), a doble espacio. Luego, entrégale la composición y el borrador al profesor (a la profesora).

Paso 3 ¿Seguiste los pasos indicados? ¿Te gusta tu composición? Es decir, ¿sientes satisfacción por el trabajo que has hecho? ¿Cómo crees que reaccionará el profesor (la profesora)? ¿Encontrará que tu composición es muy interesante? ¿excelente?

Portafolio cultural

Vídeo

En el vídeo que acompaña el libro de texto se encuentra un reportaje que se titula «Sefarad», nombre que se da a España en la Biblia. En 1492, los Reyes Católicos, Fernando e Isabel, expulsaron de España a los judíos. Estos judíos expulsados son los sefardíes a que se refiere el vídeo. En una ceremonia que tuvo lugar en 1990, el Príncipe Felipe de España da la bienvenida a los judíos sefardíes. Mientras miras el vídeo, piensa en la siguiente pregunta: ¿Es bueno separar el Estado (el gobierno) de la Iglesia? También apunta lo siguiente:

- lo que dice el decreto de expulsión
- las tres culturas que existían en España antes de 1492
- el contraste entre el Rey Fernando III El Santo y los Reyes Católicos, Fernando e Isabel
- las razones por la expulsión de los judíos

Cine

Mira la película mexicana *Como agua para chocolate* en que las creencias y el mundo de los espíritus forman una parte importante de la trama. A esta técnica de incluir elementos fantásticos dentro de un contexto realista se le llama «realismo mágico». Al ver la película presta atención a lo siguiente.

- el pastel de boda
- el fantasma de la madre
- la muerte de la hermana de la protagonista
- la muerte de la protagonista

Escribe dos o tres párrafos sobre las ocurrencias del realismo mágico presentadas en la película.

Lectura

Lee la novela *Bless Me, Última* del escritor mexicoamericano Rudolfo Anaya. En la novela, la religión católica y las creencias populares indígenas se mezclan en la vida de la gente de Nuevo México. Al leer la novela, observa lo siguiente:

- la relación entre Última y el buho
- la primera comunión y lo que cree el protagonista sobre la hostia
- los símbolos católicos en la casa
- lo que necesita Última para curar a la gente
- la escena en que acusan a Última de ser bruja

Escribe dos o tres párrafos en que describes cómo se mezclan las creencias cristianas con las populares. ¿Se contradicen las creencias? ¿Cómo coexisten en las mismas personas?

Música

Escucha el disco del español Joan Manuel Serrat llamado *Utopia* (BMG Ariola: 1994). Escucha la canción «Toca madera», en que se mencionan varias supersticiones. Después de escuchar la canción, haz una lista de las supersticiones que tú tienes o has tenido. Luego, comenta en un párrafo si crees que Joan Manuel Serrat es supersticioso o no según lo que canta.

Navegando la red

Busca información sobre los judíos establecidos en países hispanos. Puedes empezar la búsqueda con los siguientes periódicos.

- *Clarín,* Buenos Aires, Argentina
- *El Mercurio,* Santiago, Chile
- *El País,* Madrid, España

Busca un artículo sobre la cultura de los judíos y otro sobre la política de ellos. Luego, prepara un resumen de los dos artículos. Puedes comenzar tu búsqueda en el sitio Web que acompaña *¿Qué te parece?* en **www.mhhe.com/queteparece**.

UNIDAD 3

El medio ambiente

Ideas para explorar

Notas lingüísticas

Así se dice

Estrategias para la comunicación

Galería del arte

The *¿Qué te parece?* CD-ROM offers additional activities related to the **Galería del arte** in this unit.

Dimensión formal

¿Cómo está organizada la obra de arte? ¿Es simétrica? ¿Asimétrica? ¿Hay líneas, figuras o formas que llaman la atención? Estas preguntas tienen que ver con la dimensión formal del arte. Esta dimensión tiene que ver con las relaciones entre la composición y la organización de los elementos que componen la obra. ¿Cómo interpretas las dimensiones en *La jungla*, por Wilfredo Lam? ¿Cómo se relacionan las dimensiones de *Cubo atmósfera*, por Grace Solís?

1 Daniel Quintero (español, 1949–)
El violinista de Chernobyl

2 Wilfredo Lam (cubano, 1902–1982)
La jungla

3 **José R. Oliver**
(puertorriqueño,
1910–1979)
Delirio febril urbanístico

4 **Grace Solís**
(ecuatoriana, 1956–   )
Cubo atmósfera

LECCIÓN

9 Nuestras acciones

Ideas para explorar

¿Somos una sociedad consumidora?

¿Qué programas de reciclaje hay donde tú vives? ¿Participas en ellos?

¿Qué te parece?

- ¿Reciclas? ¿Qué cosas y productos reciclas?
- ¿Es evidente el tema de la ecología en tu universidad? ¿Existe un programa de reciclaje allí?
- ¿Cómo funciona el programa de reciclaje en el pueblo o la ciudad en que vives?
- ¿Cuál es el problema ecológico asociado con los perfumes en los jabones y detergentes perfumados?
- ¿Crees que tus hábitos personales en cuanto a la ecología son típicos de los estudiantes de tu universidad?
- ¿Cuáles son los problemas ecológicos que más te importan a ti?
- ¿Qué sabes de la organización Greenpeace?
- ¿Cuáles son las características personales que debe tener una persona para dedicarse a trabajar en cuestiones ecológicas? ¿Hay alguien en la clase que tenga estas características? ¿Las tienes tú?

Vocabulario del tema

Verbos

reciclar usar de nuevo

tirar en la basura echar las cosas en el lugar destinado a los restos de la comida, papeles y otras cosas que no sirven

Sustantivos

las acciones concienzudas acciones que se hacen siendo consciente del impacto que éstas pueden tener

las acciones nocivas acciones que hacen daño, que perjudican

los detergentes productos para lavar y limpiar

los envases recipientes

de aluminio recipientes de metal, como las latas en que vienen los refrescos

de espuma plástica recipientes hechos de burbujas de plástico en que se pone algo para guardarlo

de vidrio recipientes de vidrio como las botellas y jarras

las latas envases de metal (hierro o acero) que sirven para contener líquidos o comidas

Adjetivos

desechable que ya no tiene uso

perfumado/a que tiene fragancia

__EL MANUAL__ contiene ejercicios de vocabulario.

Actividad A Afirmaciones con sentido

☐ ***META LINGÜÍSTICA***
Practicar el vocabulario

Paso 1 Indica la palabra que complete el sentido de cada oración a continuación.

1. Los _____ se encuentran perfumados o sin perfume. Ambos tienen por objeto dejar la ropa limpia.
2. Algunos _____ son tan bonitos que se pueden usar para otras cosas, como para poner flores.
3. Los padres no permiten que sus niños abran las _____ porque se pueden cortar los dedos con el filo de las tapas de aluminio.
4. En vez de reciclar las latas y envases, algunas personas _____ todas las cosas desechables.
5. El poliéster y el _____ han sido los productos que más han cambiado la vida de los consumidores de este país.
6. Muchas personas usan los _____ cuando mandan algo frágil por correo. Así se reduce el riesgo de que se rompan objetos delicados.
7. Las acciones _____ no son concienzudas, y dañan el medio ambiente.
8. Cerca de las máquinas vendedoras de refrescos se encuentran recipientes donde se puede reciclar los _____.

Paso 2 Verifica tus respuestas con el resto de la clase.

NOTA LINGÜÍSTICA **Gustar** and Similar Verbs

Forms

Sentences that use **gustar** and similar verbs follow this sentence pattern:

indirect object pronoun + verb + subject

Me gusta la naturaleza.	*I like nature.*
Me gustan las montañas.	*I like the mountains.*

In some cases, a prepositional phrase with **a** is used to clarify or to emphasize the indirect object.

me → a mí	nos → a nosotros/as
te → a ti	os → a vosotros/as
le → a él, a ella, a Ud.	les → a ellos/as, a Uds.

A nosotros nos molesta el ruido de las motos.	*The noise of motorcycles bothers us.*
A algunas personas no les importa el medio ambiente, pero a mí me importa mucho.	*Some people don't care about the environment, but I do.*

Functions

To express a mental attitude or perception about something.

EL MANUAL *contiene ejercicios de gramática.*

□ ***META LINGÜÍSTICA***
Practicar la gramática

Actividad B ¿Cómo te afecta?

Paso 1 Escribe oraciones combinando los elementos dados en cada oración. Cuidado con el pronombre de objeto indirecto y con el sujeto del verbo. Sugerencia: Puedes añadir la palabra **no** para crear oraciones que indiquen tu propia opinión.

MODELO: molestar / a mi mejor amigo/a / el humo de los cigarrillos. →
A mi mejor amiga le molesta el humo de los cigarrillos.

1. preocupar / a mis amigos / las emisiones de los coches viejos
2. sorprender / a mí / la cantidad de periódicos no reciclados
3. encantar / a mis amigos y a mí / los productos naturales de uso personal
4. gustar / a mí / la gente dedicada a la preservación de las ballenas (*whales*)
5. importar / a mí y a mi familia / los desastres ecológicos
6. convencer / a mí / los argumentos a favor de la eliminación de los herbicidas
7. impresionar / a mis amigos / el efecto de las leyes contra el fumar en lugares públicos

Paso 2 Comparte tus oraciones con el resto de la clase.

Actividad C ¿Cuáles son tus hábitos personales?

☐ ***META DE COMUNICACIÓN***
Entrevistar a tu compañero/a sobre lo que tira y lo que recicla

Paso 1 Entrevista a un compañero (una compañera) para averiguar algunos de sus hábitos respecto a la ecología. También debes contestar las preguntas de tu compañero/a.

	SIEMPRE	CON FRECUENCIA	A VECES	NUNCA
1. ¿Te niegas a comprar... ?				
a. los artículos no biodegradables	3	2	1	0
b. los artículos desechables, como servilletas de papel y vasos de plástico	3	2	1	0
c. los detergentes y jabones perfumados	3	2	1	0
d. los productos que vienen en envases de espuma plástica	3	2	1	0
2. ¿Reciclas... ?				
a. los recipientes de plástico	3	2	1	0
b. el vidrio	3	2	1	0
c. los periódicos y las revistas	3	2	1	0
d. las latas vacías y los envases de aluminio	3	2	1	0

Paso 2 Ahora suma el número de puntos de tu compañero/a y busca la categoría que le corresponde. Léele la descripción. ¿Está de acuerdo? Y tú, ¿estás de acuerdo con la descripción que te toca a ti?

PUNTOS		
20–24	El verdadero (La verdadera) ecologista	Eres muy concienzudo/a en cuanto al medio ambiente. Te importa mucho la ecología. Debes estar orgulloso/a de tu comportamiento.
15–19	El/La ecologista principiante	Eres concienzudo/a en cuanto al medio ambiente, pero no lo suficiente. Te interesa algo la ecología. Todavía haces, por pereza, cosas que dañan el medio ambiente.
9–14	El/La indiferente	¡Cuidado! Aunque tus acciones no son del todo malas para el medio ambiente, todavía haces muchas cosas que sí son dañinas. Parece que no te preocupa la ecología. Debes reflexionar más antes de actuar.
0–8	¡Un «desastre natural»!	¡Huy! ¿No te importa nada el medio ambiente? ¡Piensa en el futuro del planeta que todos compartimos! Debes comportarte de una manera más responsable.

Paso 3 Entre todos, determinen cuántos compañeros están en cada categoría. Luego, determinen si las mujeres son más o menos concienzudas que los hombres sobre asuntos ecológicos.

	VERDADERO/A ECOLOGISTA	ECOLOGISTA PRINCIPIANTE	INDIFERENTE	«DESASTRE NATURAL»
Número total de miembros de la clase				
Número de compañeras				
Número de compañeros				

Así se dice

Even though the most common word order with **gustar**-type verbs is *indirect object pronoun + verb + subject* (**Le interesa la historia**), Spanish allows other possible word orders as well. This flexibility can be seen in the following examples.

> Le fastidia mucho a la persona concienzuda la gente que no piensa en la ecología.
> *Indirect object pronoun + verb + indirect object + subject*
>
> La gente que no piensa en la ecología le fastidia mucho a la persona concienzuda.
> *Subject + indirect object pronoun + verb + indirect object*
>
> A la persona concienzuda la gente que no piensa en la ecología le fastidia mucho.
> *Indirect object + subject + indirect object pronoun + verb*

In complex sentences such as these, the preposition **a** marks the person who is being affected and is therefore very important to a successful interpretation of the meaning of the sentence. Notice that no matter what the word order may be, the indirect object pronoun always immediately precedes the verb.

META DE COMUNICACIÓN
Expresar las opiniones de unos ecologistas con tus propias palabras

Actividad D Los hispanos hablan sobre lo que significa ser ecologista

Paso 1 Lee las siguientes declaraciones de cuatro ecologistas españoles sobre la situación del ecologista en su país.

En Estados Unidos hay 23.000 abogados que se dedican al medio ambiente. Aquí es difícil encontrar uno por comunidad autónoma,* y eso que somos sólo 17. Y desde luego, no da para vivir.[1] Qué duda cabe que sería mucho más rentable[2] representar a ENDESA,[3] por ejemplo, pero te queda la satisfacción de saber que defiendes causas justas.

—José Manuel Marraco Espinós, de 42 años, abogado dedicado a temas del medio ambiente

[1]no... así uno no puede ganar lo suficiente como para vivir [2]que produce ganancias o beneficios [3]Empresa Nacional de Electricidad, S.A. (Sociedad Anónima = *Inc.*)

Hemos sido constantes y serios. Salimos mucho a la calle, no abusamos de la acción directa y utilizamos mucho los sistemas divulgativos...[4] Hay que vencer y convencer. Hay que conseguir un grado de concienciación alto.

—Miguel Ángel March, de 33 años, portavoz del Grupo Balear de Ornitología y Defensa de la Naturaleza

[4]de propaganda, como los periódicos y revistas

Yo llegué al ecologismo por una preocupación por el urbanismo y las centrales nucleares. Queremos introducir una agricultura menos agresiva, nada de pesticidas ni herbicidas. Todo natural, aunque la producción sea menor y el precio más caro... La química que se emplea ahora lo contamina todo, el agua, la tierra, todo, y pronto no nos va a quedar nada. Antes, este río, el Zújar, estaba lleno de peces. Hoy sólo se ven cuatro carpas.[5] Todo está desapareciendo.

—Juan Serna, de 44 años, de la primera generación de ecologistas españoles, consejero de Obras Públicas, Urbanismo y Medio Ambiente de la Junta de Extremadura

[5]cuatro... pocos peces

Es cierto que lo verde está de moda, pero responde a un montaje de las grandes compañías. Esa imagen verde que venden los periódicos no tiene nada que ver con lo que es la ecología. En realidad, ser ecologista es muy deprimente.[6] Tienes victorias pequeñas, sí, pero tienes información de todas las barbaridades[7] y te das cuenta de que ésta es una tarea a muy largo plazo.[8]

—Belén Momeñe, de 36 años, miembro de la Junta Directiva de Greenpeace España

[6]que hace sufrir la depresión [7]atrocidades [8]a... que va a durar mucho tiempo

Paso 2 Trabajen en grupos pequeños. Escriban una oración para cada uno de los cuatro ecologistas españoles usando algunos de los verbos a continuación. **¡Ojo!** Todos los verbos funcionan como **gustar.**

Expresiones afirmativas: alegrar, convencer, fascinar, gustar, hacer gracia, importar, impresionar, interesar, sorprender
Expresiones negativas: dar rabia, doler, enfadar, fastidiar, frustrar, horrorizar, indignar, inquietar, irritar, molestar, preocupar

*España se divide políticamente en regiones o comunidades autónomas: Castilla la Nueva, Cataluña, Galicia...

Paso 3 Unos voluntarios deben leer una oración al resto de la clase. La clase tiene que adivinar a quién se refiere.

MODELO: (*lees*) A este ecologista le preocupa un poco que no gana mucho dinero.
(*la clase responde*) José Manuel Marraco Espinós.

Paso 4 ¿Con cuál de los cuatro ecologistas te identificas más? ¿Por qué?

Así se dice

You know that, in Spanish, the verb form must agree with the subject. What do you think the first-person plural verb indicates in each of the following sentences?

Los canadienses **somos** orgullosos.
Los profesores **trabajamos** más de lo que se piensa.
Los estudiantes universitarios **sufrimos** presiones.

It indicates that the speaker includes himself or herself in the group mentioned as the subject of the sentence. So, the first speaker is a Canadian, the second a professor, and the third a student. What does José Manuel Marraco Espinós mean when he says, "**...somos sólo 17**"?

Estrategia para la comunicación

To emphasize a point or express a degree of involvement, you can use one of the following.

muchísimo
a lot

un poco
a little

para nada
not at all

Ideas para explorar

¿Necesitamos todo lo que tenemos?

¿Cuántos productos que dañan el medio ambiente compras tú?

- ¿Usas algún perfume o fragancia? ¿Cuál de ellos es tu preferido para hombres? ¿y para mujeres?
- ¿Cuándo te pones perfume? ¿Te lo pones todos los días o solamente cuando sales?
- ¿Compras productos fabricados sin perfumes?
- ¿Es necesario que el suavizante de ropa tenga una fragancia como «rain fresh»?
- ¿Cómo justificas el uso de perfumes en jabones, champúes, desodorantes, cosméticos y detergentes? ¿Mejora los productos el perfume?
- ¿Compras ciertos productos por la fragancia que tienen? ¿Rechazas otros por la misma razón?
- ¿Qué productos químicos o fabricados son necesarios para la vida? ¿Cuáles se pueden eliminar sin afectara tu vida? ¿Cuáles hacen más cómoda la vida?
- ¿Cuántos de Uds. reciclan porque es conveniente hacerlo? Si no fuera conveniente, ¿todavía reciclarían?

Vocabulario del tema

Verbos

corroerse oxidarse, desgastarse

descomponerse respecto a sustancias orgánicas, pudrirse o corromperse; respecto a aparatos mecánicos, dejar de funcionar bien

emitir vapores tóxicos producir gases dañinos y nocivos

Sustantivos

las bolsas de plástico especie de sacos de plástico flexible

la cera para muebles sustancia para limpiar y pulir los muebles

el champú líquido para lavarse el pelo

la crema de afeitar sustancia cremosa y lubricante que se aplica al cuerpo antes de rasurarse

los cubiertos de plástico utensilios desechables de plástico que se usan para comer, como tenedores, cucharas, cuchillos

el desodorante sustancia contra los malos olores de la transpiración

los pañales desechables producto no reciclable que sirve para mantener limpios y secos a los bebés

el pegamento sustancia adhesiva que sirve para juntar (pegar) una cosa con otra

las pilas no recargables baterías de uso limitado que no se pueden reciclar

la pintura materia colorante que se aplica a las superficies

el suavizante de ropa producto que se usa para darle suavidad a la ropa durante el lavado o secado

EL MANUAL contiene ejercicios de vocabulario.

☐ ***META LINGÜÍSTICA***
Practicar el vocabulario

Actividad A ¿Para qué sirven?

Paso 1 Lee los usos de los productos que siguen. Identifica los productos descritos.

1. Sirven para mantener secos y limpios a los bebés.
2. Sirve para darle color a algo, como las paredes, los muebles, etcétera.
3. Sirve para limpiar y pulir los muebles.
4. Sirve para combatir los malos olores.
5. Sirve para rasurar la barba o el pelo que crece en las piernas.
6. Sirven para llevar las compras del supermercado a la casa.
7. Sirve para juntar una cosa con otra y evitar que se separen.
8. Sirven para comer cuando se hace un picnic.
9. Sirven para producir energía sin usar enchufes (*plugs*) eléctricos.

Paso 2 Verifica tus respuestas con el resto de la clase.

NOTA LINGÜÍSTICA Present Subjunctive in Adjectival Clauses

Forms

Add the present subjunctive endings to the stem of the **yo** form of the present indicative of a verb. In the present subjunctive, except for the **yo** forms, **-ar** verbs take endings associated with the present indicative **-er** verbs and **-er/-ir** verbs take endings associated with the present indicative **-ar** verbs.

reciclar	**poner**	**emitir**
recicle	pon**ga**	emit**a**
recicl**es**	pon**gas**	emit**as**
recicle	pon**ga**	emit**a**
recicl**emos**	pon**gamos**	emit**amos**
recicl**éis**	pon**gáis**	emit**áis**
recicl**en**	pon**gan**	emit**an**

Some subjunctive forms are irregular.

dar: dé, des, dé, demos, deis, den
ir: vaya, vayas, vaya, vayamos, vayáis, vayan
ser: sea, seas, sea, seamos, seáis, sean

Some forms undergo spelling changes.

empezar → empie**ce**
entregar → entre**gue**
buscar → bus**que**

Functions

To describe something with which the speaker has no experience or that may not exist. Compare these sentences.

Siempre compro jabón *que no tiene perfumes artificiales.*
Quiero comprar un detergente *que no **tenga** perfumes artificiales.*

In the first sentence, the speaker describes a soap with which he or she has experience and knows exists. In the second sentence, the speaker describes a detergent with which he or she has no experience; in fact, it may not even exist.

EL MANUAL *contiene ejercicios de gramática.*

Actividad B El ecologista frente al «desastre natural»

☐ **META LINGÜÍSTICA** *Practicar la gramática*

Paso 1 Lee cada oración y determina si la persona que habla es un verdadero ecologista o si es un «desastre natural». Luego, conjuga el verbo usando el indicativo o el subjuntivo según el contexto.

	ECOLOGISTA	«DESASTRE NATURAL»
1. Cuando voy de compras, busco una bolsa de plástico que _____ (llevar) el símbolo de reciclaje.	☐	☐
2. Quiero comprar comida que _____ (ser) lo más conveniente posible.	☐	☐
3. Los niños deben usar un pegamento que no _____ (emitir) vapores tóxicos.	☐	☐
4. Hay muchos productos para la limpieza que _____ (contaminar) el medio ambiente. No debemos usarlos.	☐	☐
5. Me gusta el champú Braso Plus. Es un champú muy fuerte que _____ (limpiar) el pelo y la tubería a la vez.	☐	☐
6. Quiero un detergente que _____ (tener) un perfume agradable.	☐	☐
7. Para mis hijos, quiero pañales que no _____ (costar) mucho y que _____ (ser) desechables.	☐	☐
8. Conduzco un coche pequeño que no _____ (consumir) mucha gasolina.	☐	☐
9. Busco un jabón que no _____ (contener) perfumes artificiales.	☐	☐

Paso 2 Verifica tus respuestas con el resto de la clase.

☐ ***META DE COMUNICACIÓN***

Asociar productos con efectos contaminantes

Actividad C ¿Qué tienes en casa?

Paso 1 Indica los productos que se encuentran en tu casa, habitación o apartamento.

PRODUCTOS DE USO PERSONAL

1. el aceite mineral
2. el champú
3. la crema de afeitar
4. el desodorante
5. el jabón perfumado
6. la loción para las manos
7. los pañales desechables
8. los pañuelos de papel

PRODUCTOS PARA LA CASA

9. los agentes de limpieza
10. la cera para muebles
11. los cubiertos de plástico
12. el detergente
13. los envases de espuma plástica
14. los pegamentos
15. las pilas no recargables
16. la pintura
17. el suavizante de ropa
18. las toallas de papel

Paso 2 Escucha la exposición que el profesor (la profesora) va a leer y anota los efectos de los productos que tienes en tu casa. Escribe el número del producto al lado del efecto correspondiente. Es posible que haya más de un producto por efecto. También es posible que un producto tenga más de un efecto.

_____ Emiten vapores nocivos al usarlos.
_____ Contienen sustancias químicas que contaminan el agua.
_____ No se descomponen por 500 años.
_____ Se corroen y dejan sustancias químicas tóxicas en el suelo y en el agua.
_____ Durante su fabricación, se emiten gases tóxicos que contaminan el ambiente.
_____ Durante su fabricación, se emiten gases nocivos que destruyen la capa de ozono.

Paso 3 Verifica tus respuestas con el resto de la clase. ¿Cómo se describe la cantidad de información que ya sabían Uds.?

☐ Ya sabíamos mucho de esa información.
☐ Sabíamos tal vez la mitad de esa información.
☐ Sabíamos muy poco.

Actividad D Otros productos

☐ **META DE COMUNICACIÓN**
Evaluar ideas sobre el uso menos dañino de algunos productos

Paso 1 Trabajando con un compañero (una compañera), escriban cuatro oraciones sugiriendo el uso menos dañino de cuatro de los productos que Uds. tienen en casa. **¡Ojo!** Será necesario usar el presente de subjuntivo en cláusulas adjetivales.

MODELOS: Debemos comprar sólo pilas que se puedan recargar y que duren mucho tiempo.
Es importante usar pinturas que no contengan plomo.

Paso 2 Presenten sus oraciones a la clase y escuchen lo que dicen los demás. Luego, completen el siguiente cuadro con las ideas presentadas.

ideas necesarias y posibles de realizar	
ideas buenas pero no muy prácticas	
ideas imposibles de realizar	

Paso 3 Comparen sus evaluaciones con las del resto de la clase. ¿Están todos de acuerdo?

Así se dice

When we describe something, we often give several characteristics, not just one. For example: **Carlos es *alto, moreno* y *guapo*.** Note in the first model sentence in **Paso 1** of **Actividad D** that the ideal batteries described have two characteristics: **que se puedan recargar** and **que duren mucho tiempo.** Both conjugated verbs are in the subjunctive. Here's another example that requires the two verbs to be in the subjunctive: **Busco un fertilizante que *sea* orgánico y que no *cueste* más que los fertilizantes químicos.**

Ideas para explorar

La mentalidad antiderrochadora

El título de esta obra de Éster Hernández, una artista estadounidense, es *Mis madres.* ¿Qué crees que significa el título?

¿Qué te parece?

- ¿Cuántos años tenías cuando oíste mencionar por primera vez las ideas de reducir, reutilizar, reciclar? ¿Era el tema de algún curso? ¿Era algo que tus padres te enseñaron a hacer?
- ¿Tiene la sociedad en que vivimos una mentalidad derrochadora?
- ¿Has oído la frase «piensa globalmente, actúa localmente»? ¿Qué significa? ¿Cómo piensas tú? ¿Cómo actúas tú?
- ¿Has visitado alguna vez una ciudad en que la contaminación era visible? ¿Qué ciudad era? ¿Puedes describir la contaminación que observaste?
- ¿Tienes que pensar conscientemente para reciclar o es algo que haces espontáneamente?

Vocabulario del tema

Verbos

ahorrar guardar, no gastar, economizar, conservar

consumir gastar, utilizar cierta cantidad de una cosa; el contrario de producir

derrochar malgastar, gastar algo con insensatez o en exceso

rechazar no aceptar, repeler; estar en contra de algo

reducir disminuir, hacer o hacerse una cosa más pequeña

Sustantivos

los aerosoles sustancias sólidas o líquidas en suspensión en un medio gaseoso

la energía fuerza, poder; en términos de la física, aptitud de una materia para producir fenómenos físicos o químicos

los envoltorios paquetes de papel u otro material para guardar una compra o algún objeto

los productos envasados productos que vienen en envases o recipientes especiales para ser guardados o transportados

los recipientes vasijas o utensilios en los que se puede contener algo; depósitos, envases

EL MANUAL *contiene ejercicios de vocabulario.*

Actividad A Asociaciones

☐ ***META LINGÜÍSTICA***
Practicar el vocabulario

Paso 1 Indica el verbo que lógicamente se asocia con las palabras y frases que aparecen a continuación.

1. malgastar, perder, destruir
2. guardar, economizar, conservar
3. evadir, pasar por alto, no querer hacer
4. acabar, extinguir, gastar
5. disminuir, rebajar, decrecer

Paso 2 Indica el sustantivo o la frase sustantival que lógicamente se asocia con las palabras y frases que aparecen a continuación.

1. paquete, encerrar, cubierto
2. enlatar, envasar, embotellar
3. fuerza, poder, electricidad
4. capa de ozono, clorofluorocarbonos, gases

Paso 3 Verifica tus respuestas con el resto de la clase.

NOTA LINGÜÍSTICA

Informal Commands

Forms

Affirmative commands:

- Use the third-person singular of the present indicative to form affirmative singular (**tú**) commands.
- Replace the **-r** of the infinitive with **-d** to form affirmative plural **(vosotros)** commands.

	-ar VERBS	**-er** VERBS	**-ir** VERBS
	reciclar:	proteger:	consumir:
	tú recicla	protege	consume
vosotros	reciclad	proteged	consumid

- Several common verbs have irregular **tú** commands.

decir → di	ir → ve	salir → sal	tener → ten
hacer → haz	poner → pon	ser → sé	venir → ven

- Object pronouns are attached to the end of the verb. **Tú** commands have a written accent mark on the stressed syllable when necessary or when two pronouns are added: **póntelo. Vosotros** commands drop the **-d** before adding the reflexive pronoun.

tu	lávate el pelo
vosotros	lavaos el pelo

Negative commands:

- Use the **tú** and **vosotros** forms of the present subjunctive.

  No contamines.
  No contaminéis.

- Pronouns always precede the verb in negative commands.

  No te laves.
  No os lavéis.

Functions

- To tell someone with whom you are on familiar terms what to do

Consume/Consumid menos.	*Consume less.*
Dime/Decidme la verdad.	*Tell me the truth.*

- To tell someone with whom you are on familiar terms what not to do

No compres/compréis vasos de plástico.	*Don't buy plastic cups.*
No tires/tiréis los periódicos.	*Don't throw newspapers away.*

EL MANUAL *contiene ejercicios de gramática.*

Actividad B Los mandatos informales

☐ ***META LINGÜÍSTICA***
Practicar la gramática

Paso 1 A continuación aparece un artículo que se titula «Los diez mandamientos verdes». Identifica el infinitivo de los once verbos en esos mandamientos.

Paso 2 Lee el párrafo que acompaña los mandamientos 4 y 9. ¿Cuáles son los verbos en forma de mandato afirmativo? ¿y los verbos en forma de mandato negativo?

Paso 3 Verifica tus respuestas con el resto de la clase.

Actividad C Los diez mandamientos verdes

☐ ***META DE COMUNICACIÓN***
Evaluar tus hábitos en cuanto a la ecología

Paso 1 Trabajen en grupos pequeños. A cada grupo el profesor (la profesora) le va a asignar cinco de los diez mandamientos verdes del artículo «Los diez mandamientos verdes». Al leer cada mandamiento evalúen la información e indiquen lo siguiente:

- Ya lo hacemos. Seguimos bien este mandamiento verde.
- Uno de nosotros lo hace.
- Ninguno de nosotros sigue este mandamiento verde porque ______.

Paso 2 Comparen sus evaluaciones con las del resto de la clase. ¿Cuáles son los mandamientos que la mayoría de la clase sigue? ¿Cuáles son los que la mayoría no sigue? Comenten con la clase por qué algunos mandamientos son más fáciles de seguir que otros.

Consejo práctico

You will want to read the following article more carefully when you study later on. For now, you will be doing very specific things. In **Actividad B** you are not reading for content (what the author has to say about the topic) but for form (the language used to convey the content). You'll be doing just the opposite in **Actividad C.**

LOS DIEZ MANDAMIENTOS VERDES

1 **AHORRA ENERGÍA EN TU PROPIA CASA.** Su derroche no aumenta tu calidad de vida. Apaga las luces que no necesites; optimiza el uso de electrodomésticos, especialmente los tres grandes: frigorífico, lavadora y lavaplatos; modera el nivel de la calefacción. Será bueno para el planeta y, de paso, para tu bolsillo.

2 **CIERRA EL AGUA; ES UN BIEN CADA VEZ MÁS ESCASO.** Su conservación ha llegado a ser vital. La ducha, mejor que el baño: puedes ahorrar hasta 230 litros cada vez. No tires innecesariamente de la cadena[1] y reduce el volumen de la cisterna introduciendo una botella llena de arena. No pongas en marcha el lavavajillas o la lavadora hasta que su capacidad esté al completo. Y al limpiarte los dientes no dejes correr el agua del grifo. Evita pérdidas y goteos.

[1]No... No dejes ir el agua del retrete a menos que sea absolutamente necesario

3 **NO PRODUZCAS BASURA.** Cada familia española genera como media anual el volumen de desperdicios equivalente a la vivienda en que habita. Disminuye tu producción de desechos. Compra productos mínimamente envueltos. No utilices artículos de usar y tirar. Rehúsa folletos gratuitos. Recuerda la ley de las tres erres: reducir, reutilizar y reciclar.

4 **NO ALMACENES UN ARSENAL QUÍMICO.** Abrillantadores, ambientadores, el anticongelante del coche, desatascadores, detergentes, aerosoles, pilas, pinturas, termómetros... Las potenciales consecuencias sobre el medio ambiente de todos los pequeños productos químicos que se utilizan habitualmente en nuestras viviendas son enormes. Usa la lejía con moderación. Las pilas eléctricas gastadas, devuélvelas donde adquieras las nuevas. Nunca tires productos químicos por el inodoro.

5 **LIMITA EL USO DE LOS PLÁSTICOS.** Los plásticos son costosos de producir, no se degradan en la naturaleza y resultan muy difícilmente reciclables. Lleva tus propias bolsas a la compra. Reutiliza las bolsas de plástico que te den en el supermercado para guardar la basura. No compres productos con exceso de envoltorios.

6 **AHORRA PAPEL.** Para hacer una tonelada de papel es necesario talar 5,3 hectáreas de bosque. El consumo anual de España obliga a cortar unos 20 millones de grandes árboles. Tres medidas individuales urgentes: consumir menos papel, adquirir papel reciclado y enviar a reciclar todo el papel que sea posible.

7 **UTILIZA ENVASES BUENOS PARA EL MEDIO AMBIENTE.** Opta por los productos que vengan envasados en recipientes ecológicos, como los cartones tipo tetrabrick o las botellas de vidrio retornables. Rechaza los antiecológicos: las latas de bebidas o las botellas de PVC. Evita los aerosoles, especialmente cuando cargan propulsores fluorocarbonados (CFC).

8 **USA EL COCHE RACIONALMENTE.** Procura utilizarlo sólo cuando realmente sea necesario. No recurras a él en trayectos cortos, especialmente en el corazón de las ciudades. Mejor andar, ir en bicicleta o utilizar los transportes públicos. Cuando adquieras un coche nuevo, prefiere uno que consuma poco carburante, utilice gasolina sin plomo y venga equipado con catalizador.

9 **CUIDA EL CAMPO.** Cuando vayas al campo, deja la naturaleza tal como la has encontrado. Lleva contigo las basuras. No hagas fuego. No laves tu automóvil en el primer río que encuentres. No invadas la naturaleza con el coche. La práctica del todoterreno y del motocross salvaje está destruyendo muchas zonas rurales.

10 **PIENSA GLOBALMENTE Y ACTÚA LOCALMENTE.** Es importante estar al tanto de los grandes problemas del medio ambiente del planeta, pero no por ello debes bajar la guardia al defender el entorno próximo. Practica activamente la búsqueda de soluciones a problemas ecológicos inmediatos desde tu propia casa. Presiona a tu ayuntamiento para que tome medidas. Evita, a la hora de hacer la compra, los productos nocivos para el medio ambiente.

Actividad D Reduce, reutiliza, recicla

META DE COMUNICACIÓN
Crear carteles ecológicos

Paso 1 La clase debe dividirse en grupos de tres. A cada grupo le toca diseñar carteles dirigidos a tres grupos distintos: a los estudiantes de esta universidad que viven en residencias, a los empleados de oficinas y a los miembros de la comunidad.

Paso 2 Repasen «Los diez mandamientos verdes» y las sugerencias asociadas con cada uno. Escojan las que son más pertinentes a cada grupo. Si es necesario, escriban otras. **¡Ojo!** Al escribir las sugerencias será necesario utilizar mandatos.

Paso 3 Comparen su trabajo con lo que hicieron los otros grupos. Averigüen si hay consenso en cuanto a lo que necesitan hacer los estudiantes, los empleados de oficinas y la gente de la comunidad.

Paso 4 **Optativo.** Cada miembro del grupo puede elaborar un cartel en casa. Luego, traigan los carteles a clase y hagan un concurso. Escojan los carteles que deben ser premiados.

Así se dice

You can strengthen a command by using the subject pronoun, something that is normally unnecessary in Spanish. When the subject of a command is stated, it follows the verb.

Recicla tú.
Reciclad vosotros.
No te atrevas tú.
No os atreváis vosotros.

LECCIÓN

10 El mundo en que vivimos

Ideas para explorar

La situación actual

La sobrepoblación y la contaminación del aire son problemas mundiales. ¿Sabes cómo te afectan?

¿Qué te parece?

- ¿Ha crecido la población en el lugar donde vives? ¿Qué cambios has notado? ¿Hay más tráfico? ¿Hay más casas y apartamentos en construcción?
- ¿Cómo es el tráfico en el lugar donde vives? ¿Cuántos de tus amigos tienen su propio carro? ¿Cuántos usan sólo el transporte público?
- ¿Cuál es la ciudad más poblada que has visitado? ¿Qué te pareció la experiencia?
- ¿Has notado cambios climáticos? ¿Hace más calor en los inviernos ahora que en años anteriores?
- ¿Te preocupan los rayos ultravioleta? ¿Te proteges de ellos? Por ejemplo, ¿te aplicas alguna loción protectora?

Vocabulario del tema

Verbos

atrapar coger algo que se escapa o que se puede escapar

crecer aumentar, hacerse más grande, más intenso, etcétera

extinguirse agotarse, desaparecer, acabarse

talar cortar los árboles de un bosque dejándolo despoblado

Sustantivos

el agujero en la capa de ozono orificio (hueco) que, como consecuencia de la contaminación, existe en la capa de ozono que hay en la atmósfera

los clorofluorocarbonos sustancias químicas que contienen cloro, flúor y carbono, comúnmente encontradas en los aerosoles

los combustibles fósiles varias clases de combustibles (sustancias capaces de arder) derivados del petróleo

la deforestación acción de deforestar, dejar un terreno sin árboles ni vegetación

el efecto invernadero calentamiento global que se produce como resultado de los gases que se acumulan en la atmósfera y que atrapan el calor

la lluvia ácida lluvia que contiene sustancias químicas nocivas para la vida humana, animal y vegetal

la sobrepoblación exceso de población de un país o región geográfica, respecto a los recursos naturales y económicos disponibles

***EL MANUAL** contiene ejercicios de vocabulario.*

Actividad A Asociaciones

☐ ***META LINGÜÍSTICA***
Practicar el vocabulario

Paso 1 Escoge la palabra que *no* se asocia lógicamente con la palabra o frase enumerada.

1. el agujero en la capa de ozono
   a. la atmósfera **b.** el sol **c.** la tierra
2. los combustibles fósiles
   a. el petróleo **b.** la gasolina **c.** la energía nuclear
3. el efecto invernadero
   a. las flores **b.** las capas de hielo polar **c.** los combustibles fósiles
4. la sobrepoblación
   a. los recursos económicos **b.** el exceso **c.** los desiertos

5. la deforestación
   a. los bosques tropicales
   b. talar
   c. la lluvia ácida
6. la lluvia ácida
   a. el agujero en la capa de ozono
   b. la industria
   c. las sustancias químicas nocivas

Paso 2 Verifica tus respuestas con el resto de la clase.

NOTA LINGÜÍSTICA

Passive with **ser**

Forms

Passives with **ser** follow this sentence pattern:

subject + **ser** + past participle (+ **por** + agent)

Muchos gases tóxicos **son emitidos por** las fábricas.
Enormes regiones de la selva tropical ya **han sido quemadas** (**por** los ganaderos).
La vacuna contra el SIDA **será descubierta** en el siglo XXI.

It is not always necessary to identify the agent in a passive construction. Also note that because the past participle is used as an adjective, it must agree in gender and number with the grammatical subject.

Functions

To express situations in which the receiver of the action (the grammatical subject) is more important than the agent

EL MANUAL *contiene ejercicios de gramática.*

Así se dice

If a verb has an irregular past participle, then all other verbs derived from it also have an irregular past participle. For example, the past participle of **cubrir** is **cubierto**. Thus, the past participle of **descubrir** is **descubierto**. The past participle of **poner** is **puesto**, so that of **componer** is **compuesto**. What are the past participles of **descomponer, disponer, exponer, imponer, predisponer, reponer,** and **suponer**?

Actividad B ¿Fue descubierto o será descubierto?

META LINGÜÍSTICA
Practicar la gramática

Paso 1 Completa cada oración con una pasiva con **ser** en el tiempo indicado. Luego, indica si cada oración es cierta o falsa o si no sabes la información.

	C	F	NO LO SÉ.
1. El agujero en la capa de ozono _____ (descubrir: pretérito) a principios del siglo XX.	☐	☐	☐
2. El efecto invernadero _____ (causar: futuro) tanto por los cambios climáticos naturales como por la acumulación de gases en la atmósfera.	☐	☐	☐
3. Los gases propulsores, que _____ (usar: presente) en la fabricación de aerosoles, se descomponen en átomos de cloro que luego contribuyen a la destrucción de los bosques tropicales.	☐	☐	☐
4. La lluvia ácida _____ (producir: presente) por el uso de clorofluorocarbonos en la elaboración de solventes y espuma plástica.	☐	☐	☐
5. Los problemas de la pobreza, la desnutrición y el desempleo en los países subdesarrollados _____ (agudizar [*to intensify*]: presente perfecto) por un rápido crecimiento de la población.	☐	☐	☐
6. Muchos bosques tropicales _____ (talar: presente perfecto) por narcotraficantes en Latinoamérica.	☐	☐	☐
7. La capa de ozono _____ (destruir: presente perfecto) por la lluvia ácida.	☐	☐	☐
8. El derretimiento (*melting*) de las capas de hielo polar _____ (provocar: futuro) por la deforestación.	☐	☐	☐

Paso 2 Puedes verificar las respuestas después de hacer la Actividad C.

Actividad C ¿Cómo es la situación global?

META DE COMUNICACIÓN
Relacionar algunos efectos con sus causas

Paso 1 La clase debe dividirse en cinco grupos. A cada grupo el profesor (la profesora) le va a asignar un fragmento del artículo «Los problemas», que se publicó en la revista costarricense *Rumbo* (página 154). Con los otros miembros del grupo, apunten las causas del problema tratado y los efectos que tiene el problema en el medio ambiente.

Paso 2 Usen el cuadro en la página 155 para presentar, con sus propias palabras, un resumen de su fragmento del artículo al resto de la clase. Apunten las causas y los efectos que mencionan los otros grupos. Así que, al terminar las presentaciones, tienen un resumen del artículo entero. **¡Ojo!** Traten de utilizar la voz pasiva con **ser.** Cuidado con la concordancia entre el participio pasado y el sujeto.

Los problemas

Sobrepoblación

En 1980, cuando la población del mundo era de 4.500 millones, se añadieron 75 millones de habitantes; en 1990, se adicionaron casi 85 millones, de manera que la población mundial será de unos 6.100 millones en el año 2000 y de 8.000 millones para el 2025. La principal preocupación que acarrea[1] el rápido crecimiento de la población para Asia, África y Latinoamérica es que agudiza los problemas de la pobreza, la desnutrición, el analfabetismo y el desempleo. África, por ejemplo, tiene la población más pobre del mundo y la de más rápido crecimiento.

Efecto invernadero

El dióxido de carbono y otros gases que se acumulan en la atmósfera permiten la entrada de los rayos del sol, pero atrapan el calor excedente como si se tratara de un gigantesco invernadero. Este calentamiento podría presentarse rápidamente y ocasionar un brusco cambio climático: algunos países se ahogarían[2] y otros serían un desierto. El dióxido de carbono, responsable de la mitad del actual aumento del efecto invernadero —el gas aumenta un 0.4 por ciento al año—, se debe a combustibles fósiles como petróleo, carbón o gas, metano, óxidos nítricos y a la deforestación.

Capa de ozono

Tras el descubrimiento en 1985 del agujero en la capa de ozono sobre la Antártida, se recordó la advertencia que en 1974 hicieron científicos sobre el uso indiscriminado de clorofluorocarbonos, utilizados por la industria como gases propulsores en aerosoles, elaboración de espuma plástica, congelantes en frigoríficos, disolventes y limpiadores en la industria electrónica. Estos gases se descomponen en átomos de cloro que destruyen el ozono, que es la única protección contra la dañina radiación ultravioleta del sol. Los efectos serían terribles: cáncer en la piel, lesiones en ojos, cambios en sistemas inmunológicos y trastornos en la vida animal y vegetal.

Si la catástrofe ecológica que se avecina no es el fin del mundo, es al menos el fin del hábitat humano tal y como lo hemos conocido hasta ahora

Deforestación

Un tercio de la superficie terrestre del planeta se encuentra cubierto por bosques y, según expertos, las florestas tropicales representan el 45 por ciento de ese total, es decir 2.000 millones de hectáreas. Pero éstas desaparecen anualmente en una superficie equivalente a la de Nicaragua, a una increíble tasa de 20 hectáreas por minuto. La mitad de esa devastación ocurre en Latinoamérica, cuyas selvas se extinguen paulatinamente[3] por la explotación de madera o la acción deliberada de incendiarios y taladores clandestinos. La deforestación en gran escala produciría un aumento en la temperatura del planeta y con un incremento de sólo cinco grados provocaría el derretimiento de las capas de hielo polar.

Lluvia ácida

Las emisiones industriales de bióxido de azufre regresan a la tierra convertidas en lluvia ácida. Esta polución corrosiva, que sólo en Estados Unidos se calcula en 20 millones de toneladas, ha destrozado bosques en Alemania, lagos y áreas silvestres en Norteamérica y monumentos históricos como el Taj Mahal en India y amenaza el Teatro Nacional en Costa Rica. La contaminación ácida también se convierte en viento, nieve y nubes tóxicas que reparten la acidez por toda la naturaleza. Canadá, por ejemplo, soporta una lluvia ácida permanente que el viento trae desde Estados Unidos.

[1]causa [2]se... morirían en el agua [3]progresivamente

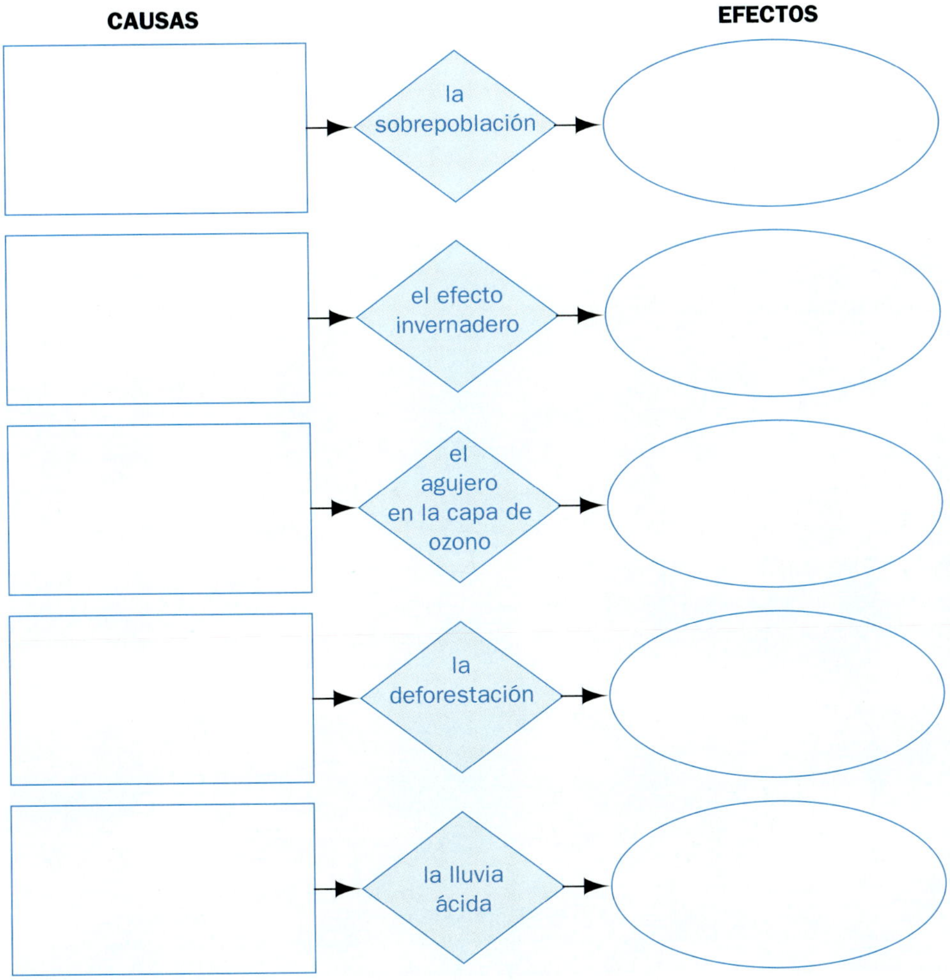

Consejo práctico

Read the entire article out of class so that you review the information your classmates have presented. This article deals with themes that you may wish to use later in a composition.

Estrategia para la comunicación

In a debate, two sides of an issue are presented. The goal of a debater is to convince others that his or her point of view is correct. A debater must be able to argue point by point. The following words and phrases are useful for introducing points (**Actividad D**).

- al igual que, de la misma manera
- al contrario, en cambio, no obstante
- por un lado, por otro lado
- primero, en primer lugar
- finalmente, en resumen

Actividad D ¿Fin del mundo?

META DE COMUNICACIÓN
Reaccionar ante los problemas medioambientales

Paso 1 Lee lo que dice en letra cursiva entre las dos columnas del artículo titulado «Los problemas». Luego, indica cuál de las siguientes declaraciones describe mejor tu reacción.

- Estoy de acuerdo. La situación me alarma.
- Hay algo de la verdad en lo que dice. La situación me preocupa, pero no es el fin del mundo.
- No estoy de acuerdo. El autor exagera la situación.

Paso 2 Forma un grupo pequeño con otros que reaccionaron como tú. Den las razones que justifican su reacción. Luego, preséntenlas al resto de la clase. Traten de convencer a los otros de que Uds. tienen la razón.

Ideas para explorar

La deforestación

¿Es necesario talar los bosques tropicales? ¿Hay alternativas?

¿Qué te parece?

- ¿Has visitado algún bosque nacional o estatal? ¿Cuál o cuáles?
- ¿Has visitado algún bosque tropical? ¿Cuál o cuáles?
- ¿Cuántos grupos, clubes o asociaciones que trabajan por la conservación de la naturaleza puedes nombrar? ¿Qué sabes de sus actividades?
- ¿Sabías que en el Bosque Nacional Saguaro, cerca de Tucson, Arizona, no hay árboles? (En vez de árboles, abundan cactos.)
- ¿Te interesa visitar las selvas tropicales de Centroamérica y Sudamérica? ¿Has oído hablar de las vacaciones ecológicas o el «ecoturismo»?
- ¿Qué opinas de la idea de que por cada árbol talado se debe plantar otro árbol?
- ¿Puedes nombrar productos que se producen de las materias primas de las selvas tropicales?

Vocabulario del tema

Verbos

desnudar quitarle todo a algo

industrializar organizar mecánicamente la fabricación de una cosa

plantar poner una semilla o planta en la tierra para que eche raíces y crezca

quemar destruir por medio del fuego

Sustantivos

la agricultura arte de cultivar la tierra

el bosque tropical sitio en el trópico abundante en árboles, vegetación y animales; selva tropical

la erosión desgaste de terreno causado por factores externos como el viento y el agua

la fábrica edificio con las instalaciones adecuadas para elaborar algún producto industrial

la ganadería cría de ganado (reses)

el pastoreo acción de llevar el ganado al campo para que coma la hierba

los recursos naturales productos que aparecen en la naturaleza, como minerales, metales, agua, bosques, etcétera, y que constituyen la riqueza de un área geográfica

la tasa de deforestación estimación de la cantidad de terrenos que son deforestados

EL MANUAL *contiene ejercicios de vocabulario.*

Actividad A Las interrelaciones medioambientales

☐ ***META LINGÜÍSTICA***
Practicar el vocabulario

Paso 1 Mira el siguiente dibujo que representa las varias presiones que cada país confronta. Luego, trata de expresar con tus propias palabras la relación entre los siguientes factores.

1. la tierra industrializada y la lluvia ácida
2. la quema de los bosques y la agricultura
3. la ganadería y la tala de los bosques
4. la lluvia ácida y la desaparición de bosques naturales
5. la agricultura y la industrialización
6. la agricultura y la tala de los bosques
7. la ganadería y la industrialización

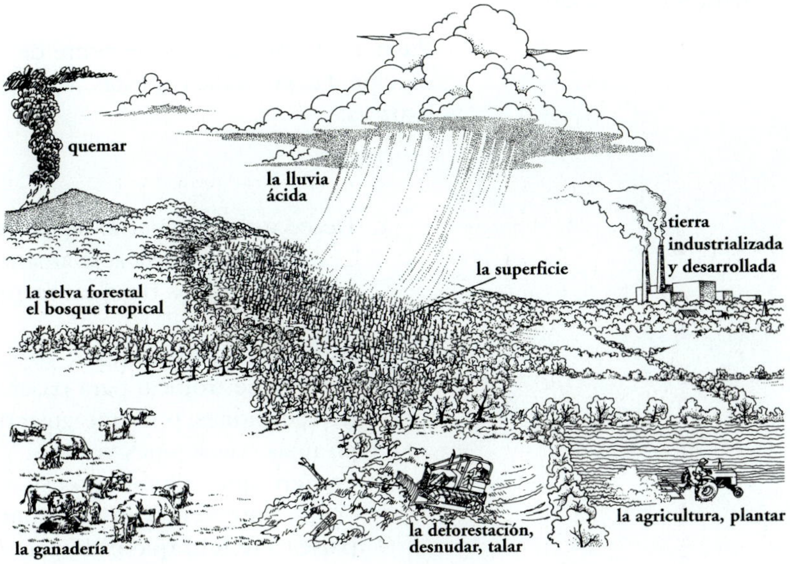

Paso 2 Comparte con el resto de la clase las relaciones que hiciste.

NOTA LINGÜÍSTICA

Subjunctive in Noun Clauses

Forms

You have already studied subjunctive forms in several lessons. Review them by looking over the corresponding sections of the *Manual.*

Functions

When an entire clause is the object of the verb, it functions as a noun and is called a noun clause. For example, in the sentence *I prefer that we go to the early show,* the direct object of *prefer* is the entire clause *that we go to the early show.* In Spanish, when the main verb expresses volition, the verb in the noun clause that is its object must be in the subjunctive.

Prefiero que **vayamos** a la primera función.

Here are some verbs that require the subjunctive in noun clauses that are their objects.

desear	prohibir
esperar	querer
insistir en	recomendar
pedir	sugerir
preferir	

EL MANUAL *contiene ejercicios de gramática.*

☐ ***META LINGÜÍSTICA***
Practicar la gramática

Actividad B Deseo que...

Paso 1 Conjuga en el presente de subjuntivo el verbo indicado en cada oración. Luego, indica si estás de acuerdo o no con la idea que la oración expresa.

	ESTOY DE ACUERDO.	NO ESTOY DE ACUERDO.
1. Deseo que el gobierno de los Estados Unidos _____ (actuar) más activamente en la conservación de los bosques tropicales de Latinoamérica.	☐	☐
2. Espero que mis amigos y yo _____ (visitar) un bosque tropical para pasar una semana de vacaciones, pues me gustaría participar en unas «vacaciones verdes».	☐	☐
3. Prefiero que el gobierno estadounidense no _____ (intervenir) en los asuntos de otros países. Prefiero que cada país _____ (decidir) su propio futuro.	☐	☐

4. Insisto en que mis amigos y familiares _____ (reciclar). ☐ ☐
5. Les prohíbo a mis amigos que _____ (tirar) los periódicos en la basura. Insisto en que los _____ (reciclar). ☐ ☐

Paso 2 Verifica tus respuestas con el resto de la clase.

Actividad C Los bosques de Centroamérica

☐ ***META DE COMUNICACIÓN***
Resumir los factores directos e indirectos que contribuyen a la deforestación

Paso 1 Mira la foto y el mapa de los bosques centroamericanos en las páginas 160 y 161. Luego, indica cuáles de las siguientes afirmaciones son verdaderas.

1. ☐ Los países centroamericanos han sufrido poca explotación forestal.
2. ☐ Por lo menos la mitad del área que antiguamente tenía bosques ha sido deforestada.
3. ☐ Actualmente hay más zonas donde han mantenido los bosques que zonas donde los han perdido.

Paso 2 Con dos compañeros, lean el artículo y apunten la tasa anual de deforestación de cada país (si se menciona).

Consejo práctico

You can divide the work among members of the group by having each read about two of the countries.

Paso 3 Ahora busquen cinco factores que han contribuido directa o indirectamente a la deforestación. Luego, compártanlos con el resto de la clase. ¿Encontraron los mismos factores?

Actividad D Insistir frente a sugerir

☐ ***META DE COMUNICACIÓN***
Considerar las prioridades desde varias perspectivas

Paso 1 El profesor (La profesora) va a dividir la clase en tres grupos. A cada grupo le va a asignar uno de los siguientes países imaginarios.

El país A es un país en vías de industrialización. Debido a que tiene ríos y lagos abundantes ha empezado a desarrollar su industria. Como el gobierno quiere estimular el desarrollo industrial, existen muy pocas leyes para controlar la contaminación del aire, del suelo o del agua. El país es rico en recursos naturales como carbón, hierro y cobre. Es posible que la mitad de los recursos se encuentren en los bosques, pero estos bosques pertenecen a cinco familias solamente. La tasa de desempleo es del 25%. La clase que tiene menos recursos económicos constituye el 20% de la población.

LA DISMINUCIÓN DEL BOSQUE TROPICAL

Conforme los conflictos causados por la desigualdad conmocionan a la región, la riqueza biológica de Centroamérica sufre las consecuencias.

GUATEMALA

En Guatemala la ganadería contribuye a una deforestación anual de 900 km^2. El bosque tropical del Petén ha perdido 5 millones de metros cúbicos de madera anualmente desde 1969.

BELICE

Belice, que tiene una agricultura limitada y una industria ganadera poco desarrollada, sufre una tasa de deforestación baja. Sin embargo, la compañía Coca-Cola compró recientemente 300.000 acres de bosque tropical primario para cultivar naranjas para sus jugos. Dos de las compañías socias de la Coca-Cola poseen otros 50.000 acres y en total las tres juntas son propietarias de 500.000 más. El esquema de desarrollo de Coca-Cola en relación a sus jugos podría destruir una gran área de bosque tropical inalterado, inundando la zona con fertilizantes y pesticidas. Esto podría no tener éxito debido a que los suelos tropicales poco profundos,[1] con un drenaje pobre y un pH neutro no son buenos para los árboles de naranja. Los campesinos que buscan refugiarse en esta zona provenientes de Guatemala, Honduras y El Salvador están tumbando bosque para establecer sus milpas.[2]

[1]los... la tierra donde no hay mucho suelo. Es decir, las raíces no pueden penetrar hasta donde lo necesitan [2]tierra donde se cultiva el maíz

HONDURAS

Aquí, el pastoreo y la explotación terminan con 800 km² de bosque tropical cada año lo que conducirá, de mantenerse este ritmo, a la desaparición completa de estos bosques dentro de los siguientes 22 años. La erosión es una plaga en este país: entre 1972 y 1977 la erosión se duplicó, devorando el 6,8% del territorio nacional.

COSTA RICA

Este país, que es el líder centroamericano exportador de carne hacia los Estados Unidos, pierde anualmente sus bosques tropicales a una tasa anual de 600 km². Alrededor del 17% del país está severamente erosionado y un 24% resiente una erosión moderada. La pérdida de suelos, producida en un 80% por el sobrepastoreo, alcanza los 680 millones de toneladas al año.

RED DE ACCION PARA LOS BOSQUES TROPICALES

PANAMÁ

La explotación forestal y el aclaramiento para pastoreo están destruyendo el sur de Panamá a una tasa anual de 500 km². Debido a que las tierras están, de acuerdo con la Agencia para el Desarrollo Internacional (USAID), «en manos de unos pocos propietarios poderosos», dos tercios de los agricultores de la nación ocupan ilegalmente el bosque tropical, particularmente en el bosque meridional conocido como el Darién.

NICARAGUA

En este país, la destrucción del bosque tropical es un problema muy importante. Antes de la revolución sandinista, el bosque desaparecía a una tasa de 1.000 km² anuales. Hoy, la reforma agraria y la guerra interna se han convertido en cómplices involuntarios, logrando que la deforestación del bosque más importante de Centroamérica se haya reducido a 500 km² anuales.

Así se dice

Use these phrases to compare ideas.

más/menos + adjective/adverb/noun + **que**

Preparar tierras para la agricultura es **más importante que** conservar los bosques.

To set a general idea or an action apart from the others as the best, the worst, the biggest, the smallest, and so on, add **lo** to the comparative form.

Lo más importante es explotar los recursos naturales.

El país B es un país subdesarrollado. No hay industrias y tiene pocas tierras para la agricultura, pues el suelo de los bosques tropicales es poco profundo y no es favorable para la agricultura. De todos modos, el país es rico en recursos naturales: cuenta con madera, oro, plata, carbón y petróleo. La tasa de desempleo es alta: el 33%. La clase que tiene menos recursos económicos constituye el 75% de la población. Es decir que el país consta principalmente de ricos y pobres—casi no existe una clase media. Además del desempleo, hay otros problemas nacionales: la sobrepoblación, el analfabetismo y la desnutrición.

El país C es industrializado y desarrollado. Existe un buen equilibrio entre la industria y la agricultura. Es decir, tiene de todo un poco. La tasa de desempleo es del 7%. La clase de más bajos recursos económicos constituye el 6% de la población. Uno de los resultados de la industrialización es la contaminación. Las especies de animales que habitan los ríos y lagos se van extinguiendo. Los bosques naturales van desapareciendo por la necesidad de construir casas y otros edificios.

Paso 2 A continuación hay una lista de algunas posibles medidas que el país asignado puede tomar. Todos los miembros del grupo deben escoger entre estas opciones:

- Opción 1: *insisten* en que el país siga cierta acción
- Opción 2: *sugieren* que el país siga cierta acción

	OPCIÓN 1: INSISTIR	OPCIÓN 2: SUGERIR
1. conservar los bosques naturales	☐	☐
2. construir vías de comunicación entre las ciudades y las regiones rurales	☐	☐
3. desarrollar más industrias para crear empleos	☐	
4. explotar los recursos naturales	☐	☐
5. preparar tierra para la agricultura	☐	☐
6. mantener limpios los ríos y los lagos	☐	☐
7. ¿otras acciones?	☐	☐

Paso 3 Presenten los resultados a la clase. Apunten lo que dice cada grupo acerca de su país. Al escuchar lo que presentan, piensen en las siguientes preguntas:

> ¿Fue el nivel de desarrollo económico de un país un factor importante en las recomendaciones que hicieron los grupos? ¿Qué grupos insistieron y cuáles sugirieron las medidas que debe tomar el país? ¿Cuál es la diferencia entre *insistir* y *sugerir* en estas situaciones?

Ideas para explorar

Los pesticidas

¿Sabías que a Latinoamérica se exportan pesticidas que son prohibidos en los Estados Unidos?

- ¿Cuántos pesticidas puedes nombrar?
- ¿Sabes la diferencia entre herbicidas e insecticidas?
- ¿Cuándo fue la última vez que utilizaste tú un pesticida? ¿Qué pesticida fue? ¿Qué efecto tuvo?
- ¿Crees que las lociones contra los mosquitos son también pesticidas?
- ¿Compras alimentos y comestibles libres de pesticidas (los llamados «alimentos orgánicos» o «alimentos biológicos»)? ¿Se encuentran los alimentos biológicos en todos los supermercados del lugar donde vives o sólo hay algunas tiendas dedicadas a vender estos productos?
- ¿Por qué cuestan más los alimentos biológicos que los alimentos tratados con pesticidas?
- ¿Sabes por qué se prohibió el pesticida DDT?
- ¿Es legal reciclar los recipientes que contienen pesticidas?

Vocabulario del tema

Verbos

envenenar matar o hacer enfermar a alguien al introducir una sustancia venenosa en su organismo

perjudicar causar daño o perjuicio

respirar inhalar y exhalar, aspirar y expulsar el aire

Sustantivos

los pesticidas sustancias químicas cuya función es la de matar insectos y cierta vegetación

los pulmones órganos que sirven para respirar

los rayos X radiación que penetra el cuerpo; se usan particularmente en la medicina para examinar el interior del cuerpo

Adjetivo

perjudicial que causa o puede causar perjuicio o daño

***EL MANUAL** contiene ejercicios de vocabulario.*

☐ ***META LINGÜÍSTICA***
Practicar el vocabulario

Actividad A Asociaciones

Paso 1 Empareja las palabras de la columna A con las de la columna B que lógicamente se asocian.

A	B
1. _____ envenenar	**a.** el laboratorio, los átomos, los ácidos
2. _____ perjudicar	**b.** la muerte, los insectos
3. _____ los pulmones	**c.** dañar, lesionar
4. _____ respirar	**d.** sustancias tóxicas, graves consecuencias
5. _____ los rayos X	**e.** la medicina, la radiación
6. _____ los pesticidas	**f.** inhalar, exhalar
7. _____ las sustancias químicas	**g.** órganos del cuerpo

Paso 2 Verifica tus respuestas con el resto de la clase.

NOTA LINGÜÍSTICA Formal Commands

Forms

- For both affirmative and negative formal (**Ud.** or **Uds.**) commands, use the third-person present subjunctive.
- Object pronouns are attached to the end of the verb in affirmative commands but precede the verb in negative commands.
- If a verb is irregular in the subjunctive it is also irregular in the command form.

dar: dé, den	saber: sepa, sepan
estar: esté, estén	ser: sea, sean
ir: vaya, vayan	

Functions

To tell someone you address as **Ud.** or **Uds.** what to do or not to do

¡**Prohíba** la venta de pesticidas!
¡**No malgasten** tanta agua!
¡**No usen** pesticidas!

EL MANUAL *contiene ejercicios de gramática.*

Actividad B ¿En qué contexto?

☐ ***META LINGÜÍSTICA***
Practicar la gramática

Paso 1 ¿En qué situación daría alguien los siguientes mandatos? Inventa el contexto diciendo dónde, cuándo y a quién se le dan los siguientes mandatos. Comparte tus respuestas con el resto de la clase.

MODELO: «Tráigame la cuenta, por favor.» →
Dónde: en un restaurante, probablemente elegante
Cuándo: al terminar el almuerzo o la cena
Quién: el/la cliente al mesero (a la mesera)

1. «Saque la tarjeta de la matrícula del vehículo y su licencia de conducir, por favor.»
2. «No fumen en los sitios públicos.»
3. «Abróchense el cinturón de seguridad y pongan el asiento en posición vertical.»
4. «Mantenga limpia la ciudad. No tire basura.»
5. «No lo use si el sello está roto o si el envase no está en buenas condiciones.»

Paso 2 Trabajando en parejas, estudien el dibujo en la página 166. Luego, inventen un mandato formal que el paciente daría. Den el mandato dentro de su contexto apropiado.

MODELO: «Ayúdenme a sobrevivir.» El contexto es un cartel publicitario en contra de la contaminación del aire.

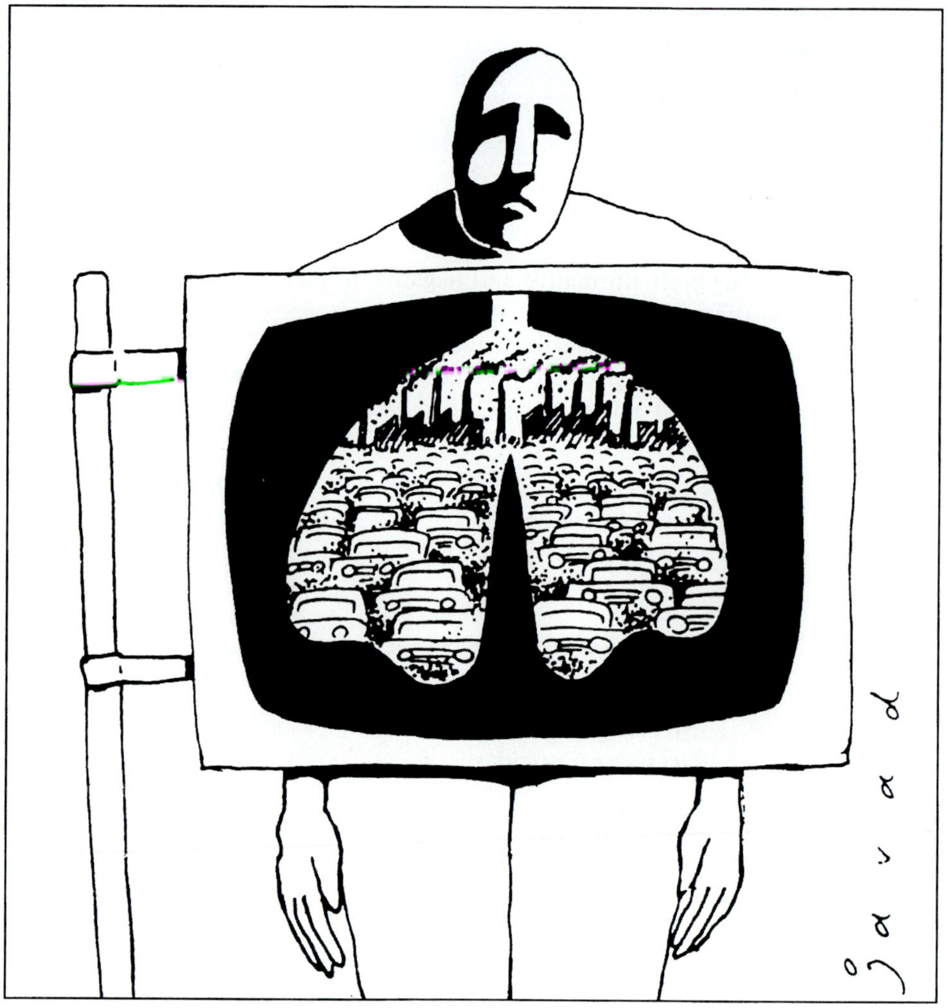

© 1992 JAVAD - TANZ CARICATURE (IRÁN)

META DE COMUNICACIÓN
Interpretar el significado de unos dibujos

Actividad C La perspectiva en forma visual

Paso 1 La clase debe dividirse en grupos. A cada grupo el profesor (la profesora) le va a asignar dos de los dibujos a continuación: A y B o C y D.

Paso 2 Observen los dibujos. Primero, expliquen las ideas que el caricaturista intenta expresar. Segundo, escriban una sola oración, en forma de un mandato formal, que exprese la idea principal del caricaturista. Finalmente, expresen su reacción a los dibujos.

Paso 3 Compartan los resultados con el resto de la clase.

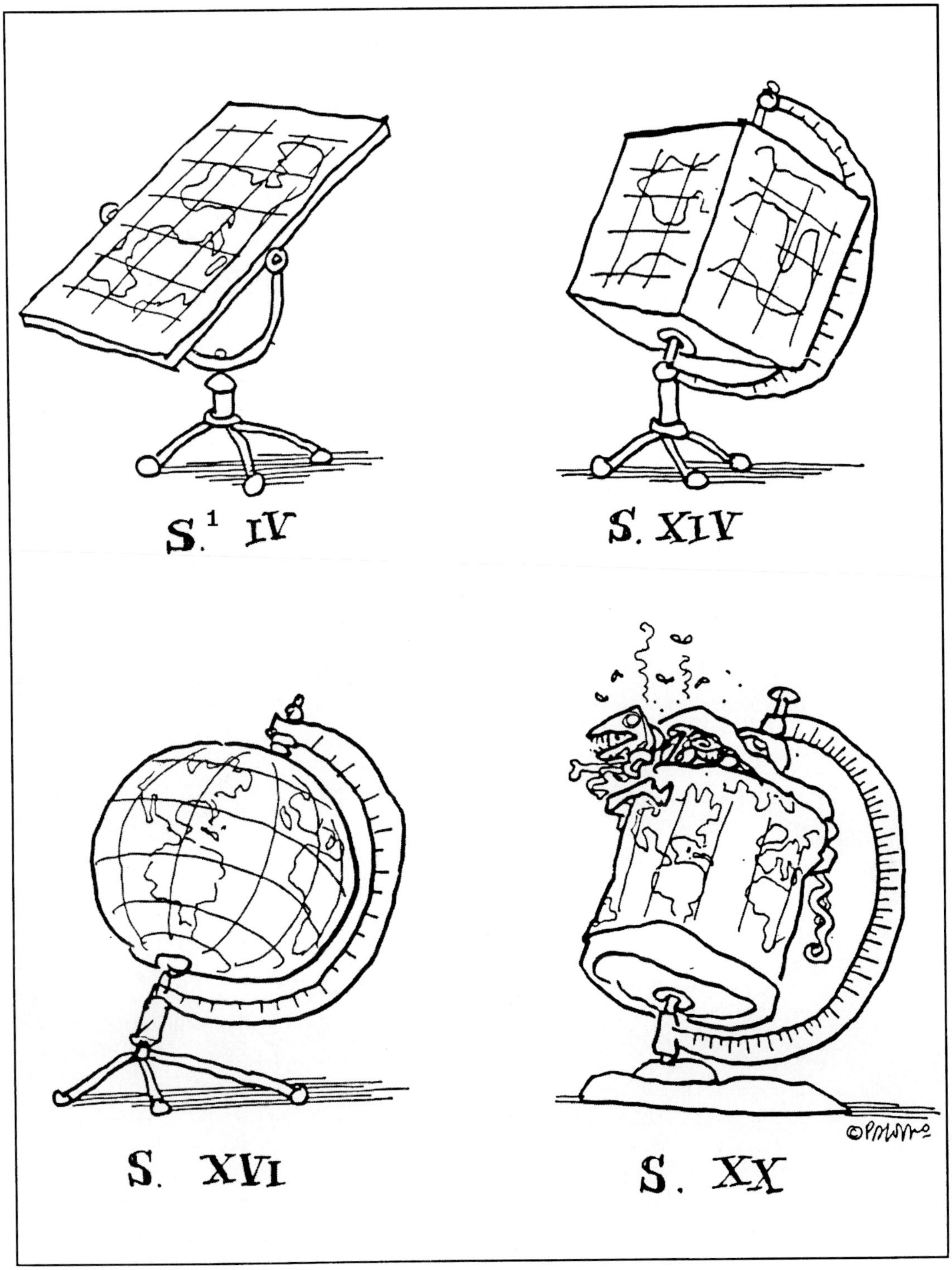

A

[1]siglo

© 1992 BADO - LE DROIT (CANADÁ)

B

C

D

Así se dice

Instead of repeating words, use relative pronouns to make more complex and interesting sentences.

> Compro detergentes. Los detergentes no tienen perfumes.
> Compro los detergentes **que** no tienen perfumes.

Use the relative pronoun **lo cual** to form a complex sentence when referring back to an idea rather than to a specific word.

> Las fábricas emiten muchos contaminantes y gases tóxicos, **lo cual** da como resultado la lluvia ácida.

☐ ***META DE COMUNICACIÓN***

Debatir la venta de pesticidas

Actividad D ¿Se debe permitir la venta de pesticidas?

Paso 1 Lee el siguiente artículo, «Pesticidas muy peligrosos», publicado en la revista española *Natura.* Luego, indica cuál de las siguientes oraciones expresa mejor tu opinión.

- ☐ Los países industrializados no deben vender pesticidas, prohibidos en sus propios países, a los países subdesarrollados.
- ☐ Los países subdesarrollados no deben comprar pesticidas peligrosos y deben prohibir su venta.

CENTROAMÉRICA

PESTICIDAS MUY PELIGROSOS

Se ha detectado recientemente la venta a países de Centroamérica de pesticidas altamente nocivos para la salud, por parte de las naciones más industrializadas y en donde está prohibido su uso.

Estos agentes químicos pertenecen a pesticidas con una potencia tres veces mayor a la considerada como segura para su empleo en Europa, y que han sido enviados a los países subdesarrollados como parte de ayudas especiales a la agricultura o incluso como ventas normales de productos fitosanitarios.

El profesor Alexander Bonilla, un científico que encabeza el partido ecologista de Costa Rica, ha dado la voz de alarma: «Estos pesticidas envenenan los suelos y originan la desaparición de plantas y animales».

Bonilla cree que estos pesticidas podrían llegar a prohibirse en Latinoamérica, pero por el momento la dependencia económica imposibilita el rechazo de cualquier tipo de ayuda internacional, aunque a la larga los resultados sean perjudiciales.

Estrategia para la comunicación

It is often said that there are two sides to every story. That is, you can't always determine who is right and who is wrong. For this reason issues are not always easily decided, and so you often take a middle position. To do so, you need to be able to state what the two sides are. These expressions will help you do that.

Por un lado... / Por otro lado...
En cierto sentido... / Sin embargo...
Un buen argumento es... / No obstante...

Paso 2 Formen grupos con otros que comparten la misma opinión. Escriban las razones que apoyan su opinión. Luego, compártanlas con el resto de la clase. Escuchen lo que dicen los que tienen la perspectiva opuesta. Al escuchar lo que dicen, piensen en la siguiente pregunta: ¿Son válidos los dos puntos de vista o no?

LECCIÓN

11 Literatura y arte

Literatura

The *¿Qué te parece?* CD-ROM offers additional activities related to the **Literatura** selection in this unit.

«Kentucky», por Ernesto Cardenal (1925–   )

Ernesto Cardenal, poeta y sacerdote nicaragüense, es uno de los grandes poetas latinoamericanos del siglo XX. En su obra combina la fe cristiana profética con una aguda conciencia de la injusticia social. Ha viajado por muchos países del hemisferio occidental y, de 1957 a 1958, vivió en el monasterio de Our Lady of Gethsemane en Kentucky, donde conoció al poeta y teólogo norteamericano Thomas Merton. El poema «Kentucky» viene de *Getsemaní*, una colección de poemas que escribió en esa época. En su poesía, Cardenal ha sabido introducir datos contemporáneos, históricos y recuerdos personales para crear una obra de denuncia social y misticismo.

Vocabulario útil

Verbos

aullar	to howl
desembocar (en)	to drain (into)
divisar	to see, take in
pacer	to graze

Sustantivos

la carabina	rifle
la cloaca	sewer
la fogata	campfire
el gamo	buck (*deer*)
la llanura	plain
el paraíso	paradise
el pasto	grass
la pradera	prairie
la rozadora	lawn mower
la trampa de castor	beaver trap

Anticipación

Actividad A Asociaciones

Paso 1 ¿Qué se te ocurre cuando oyes la palabra *Kentucky*? Entre todos, escriban en la pizarra todo lo que asocian con Kentucky. Escriban dos listas, una que contiene sólo adjetivos y otra para las demás palabras, frases e ideas.

Paso 2 Ahora en otra sección de la pizarra, escriban todo lo que asocian con Daniel Boone, haciendo otra vez una lista para adjetivos y otra para las demás palabras, frases e ideas.

Paso 3 El primer verso del poema es: «*Kentucky es un segundo paraíso* dijo Daniel Boone». ¿Hay algo en las listas que apoye esta afirmación? ¿Hay algo que sugiera que Daniel Boone dijo tal cosa?

Actividad B Una vista panorámica

Paso 1 Sin leer el poema todavía, escriban con un compañero (una compañera) un breve párrafo que describe lo que Daniel Boone podría haber visto al cruzar el Cumberland Gap y entrar en Kentucky por primera vez.

Paso 2 Comparen su párrafo con los de los otros grupos. ¿Hay elementos que aparezcan en varias descripciones? ¿Cuáles son?

Actividad C Los cambios

¿Cuáles son algunos de los cambios que han ocurrido en los últimos dos siglos en los Estados Unidos, en general, y en Kentucky, en particular? Con toda la clase, hagan una lista en la pizarra. Los siguientes mapas conceptuales sugieren una manera de organizar la información. Piensen en los inventos, los descubrimientos y otros avances tecnológicos que han surgido.

La vida hace 200 años **La vida contemporánea**

← **los medios de transporte** →

← **las ciudades** →

Primera exploración

Actividad A Los sentidos

Paso 1 En grupos de dos o tres, lean el poema «Kentucky» desde el principio hasta el fin.

Paso 2 Ernesto Cardenal recurre a algunos de los sentidos para crear descripciones gráficas y enérgicas. Con el mismo grupo de compañeros, emparejen el sentido afectado con la frase del texto correspondiente. **¡Ojo!** En algunos casos puede haber más de una posibilidad.

a. el olfato **b.** la vista **c.** el oído

1. _____ el silencioso Ohio que corría por las anchas llanuras
2. _____ huele a fenol
3. _____ los buses cruzan las praderas
4. _____ emigraba en una canoa hacia el río Missouri
5. _____ el rumor de las rozadoras de pasto
6. _____ el tintinear de los highballs
7. _____ las risas
8. _____ el ronco radio
9. _____ los gritos del juego
10. _____ el golpe sordo de la bola de baseball en el guante
11. _____ desde una ventana abierta se eleva un high fidelity
12. _____ el olor de carnes al carbón
13. _____ encendí una fogata
14. _____ asar el lomo
15. _____ los lobos aullaban
16. _____ en el Ohio desembocan todas las cloacas
17. _____ desperdicios industriales, sustancias químicas, los detergentes

Paso 3 Compartan lo que escribieron con el resto de la clase. ¿Hay algún sentido que predomine? ¿O es que la lectura del poema es una experiencia para todos los sentidos?

Hablando de la literatura

As you *read* words that refer to the different senses, try to recall an experience you've had with that sense. What does meat grilling over a flame *sound* like? *smell* like? A poem's imagery becomes more immediate and powerful if the reader can imagine and appreciate the impression the poet wants to make on the reader's senses.

Actividad B Contrastes

Paso 1 Con un compañero (una compañera), busquen en el poema los cinco verbos que están en el pretérito.

Paso 2 Luego, busquen los cinco verbos que están en el imperfecto.

Paso 3 El poeta establece un contraste entre las condiciones y los sucesos del pasado (verbos en el pretérito y el imperfecto) y el presente. ¿Qué contrastes hay respecto a los siguientes aspectos?

la clase media
la contaminación industrial
el desplazamiento de los indios
la destrucción de los bosques
la extinción de los animales
los problemas financieros de los agricultores
el ruido que acompaña la civilización
la sobrepoblación
la urbanización

Paso 4 Compartan los resultados de su conversación con la clase. ¿Están todos de acuerdo?

Actividad C Las palabras inglesas

Paso 1 ¿Cuántas palabras inglesas incluye Cardenal en «Kentucky»? Con un compañero (una compañera) hagan una lista de ellas. Algunas son nombres propios, como *Kentucky* y *Daniel Boone.*

Paso 2 Comparen su lista con las de los otros grupos. ¿Encontraron todos las mismas palabras?

Paso 3 La mayoría de estas palabras inglesas tiene un equivalente en español. Por lo tanto, ¿cuál sería el propósito de Cardenal en usarlas? ¿Qué efecto tienen estas palabras inglesas?

EN EL MANUAL *se hallan más actividades relacionadas con «Kentucky» que sirven de guía para la lectura en casa.*

Lectura

Kentucky

por Ernesto Cardenal

Kentucky es un segundo paraíso dijo Daniel Boone.
Fue en busca de Kentucky andando hacia el oeste,
y divisó desde un monte la planicie de Kentucky,
los búfalos paciendo como en haciendas de ganado
y el silencioso Ohio que corría por las anchas llanuras
bordeando Kentucky...
(y que ahora huele a fenol).

Forest Grove   Prairie Village   Park Forest   Deer Park
¡los nombres de la frontera!
ahora son nombres de fraccionamientos suburbanos.

Los buses cruzan las praderas donde pastaban los búfalos.

Donde acampó una vez el pionero de la frontera
que emigraba en una canoa hacia el río Missouri
con su carabina y tomahawk y sus trampas de castor,
siguiendo a los castores,

ahora resuena el rumor de las rozadoras de pasto,
el tintinear de los highballs, las risas, el ronco radio,
los gritos del juego de croquet y de volleyball
y el golpe sordo de la bola de baseball en el guante.
Desde una ventana abierta se eleva un high fidelity
y, con el olor de carnes al carbón, flota en la noche.

Todo estaba quieto...
—escribe Daniel Boone—
Encendí una fogata junto a una fuente
para asar el lomo de un gamo que había matado.
Los lobos aullaban toda la noche...

Y ahora en el Ohio desembocan todas las cloacas,
desperdicios industriales, sustancias químicas.
Los detergentes de las casas han matado a los peces,
y el Ohio huele a fenol...

Aplicación

Actividad A   Las necesidades

Paso 1 La clase debe dividirse en grupos de tres o cuatro. A la mitad de los grupos le tocará el Tema A. A la otra mitad le tocará el Tema B.

Tema A: Las necesidades más comunes del individuo hace 200 años
Tema B: Las necesidades más comunes del individuo hoy día

Paso 2 Cada grupo debe hacer una lista de todas las necesidades que se les ocurran. Luego, combinen su lista con las de los otros grupos con el mismo tema, escribiéndola en la pizarra bajo la categoría apropiada.

Lo que necesitaba Daniel Boone   Lo que necesitamos nosotros

Paso 3 Comenten las listas entre todos. ¿Nombraron cosas que realmente son necesidades o sólo son comodidades? ¿De verdad no pueden Uds. vivir sin lo que han escrito en la pizarra? ¿Incluyeron en la lista de hoy día aparatos, como el teléfono y la computadora, que son el resultado de avances tecnológicos?

Paso 4 **Optativo.** Entre todos, identifiquen en las dos listas todo lo que es nocivo para el medio ambiente.

Actividad B Encendí una fogata como Daniel Boone

Paso 1 Indica cuál de las siguientes afirmaciones te aplica a ti.

1. He acampado y me gustó.
2. He acampado y no me gustó.
3. Nunca he acampado pero tengo ganas de hacerlo.
4. Nunca he acampado y no me interesa hacerlo.

Paso 2 Reúnete con los compañeros de clase que indicaron la misma categoría que tú en el Paso 1.

Paso 3 Comenten sus experiencias o sus expectativas con respecto a acampar. Pueden incluir algunas de las siguientes consideraciones.

las actividades y diversiones
los animales
las comodidades
los compañeros
la contaminación
las inconveniencias

Paso 4 Compartan sus comentarios con la clase. ¿Qué aspectos de la experiencia de acampar pueden nombrar para convencer a los compañeros que nunca lo han hecho de que deban acampar alguna vez?

Actividad C Es un segundo paraíso

Paso 1 Si Kentucky fue un segundo paraíso para Daniel Boone, ¿qué lugar sería el segundo paraíso para Uds.? En grupos de dos o tres, describan en un párrafo cómo es este «paraíso» sin mencionar el nombre del lugar.

Consejo práctico

When describing something for someone else to guess, you need to be especially careful as you select the information to include. You also need to consider the order in which you present it. Don't provide an obvious clue at the beginning. Be more subtle and lead your listener from the least obvious clue to the most obvious one.

Paso 2 Un voluntario debe leer a la clase la descripción que escribió el grupo, y la clase debe adivinar cuál es el «paraíso» descrito.

Paso 3 ¿Cuál será el futuro de estos lugares? Con los mismos compañeros, consideren si su «segundo paraíso» seguirá siéndolo dentro de cien años. Incluyan los siguientes temas en la conversación.

la contaminación...
del agua
del aire
del suelo
el desarrollo industrial
la protección del medio ambiente
la urbanización

Paso 4 Compartan con la clase sus comentarios. ¿Cuántos creen que su «segundo paraíso» seguirá siéndolo? ¿Por qué sí o por qué no?

Arte

The *¿Qué te parece?* CD-ROM offers additional activities related to the **Galería del arte** in this unit.

Vocabulario útil

La jungla, por Wilfredo Lam

el animal	animal
el árbol	tree
el bambú	bamboo
la boca	mouth
el brazo	arm
la cabeza	head
la cara	face
el cuerpo	body
el dedo del pie	toe
la forma	shape
el gato	cat
la gente	people
la hoja	leaf
la jungla	jungle
el labio	lip
la línea	line
la luna	moon
la mano	hand
la máscara	mask
la nariz	nose
el ojo	eye
el pecho	breast
el pelo	hair
el pie	foot
la pierna	leg
las tijeras	scissors
el tronco	trunk
la uña del dedo del pie	toenail
alto/a	tall
amarillo/a	yellow
azul	blue
delgado/a	thin
gris	gray
largo/a	long
rojo/a	red
verde	green

Cubo atmósfera, por Grace Solís

la atmósfera	atmosphere
el cielo	sky
la nube	cloud
el océano	ocean

El violinista de Chernobyl, por Daniel Quintero

la cascada	waterfall
la contaminación	pollution
Chernobyl	*Russian city in which there was a nuclear accident*
las legumbres	vegetables

Delirio febril urbanístico, por José R. Oliver

avanzar	to advance
construir	to build
demoler	to demolish, tear down
el andamio	scaffold
el camión	truck
el edificio	building
la excavadora	bulldozer
la grúa	crane
la luz	light
los maderos	lumber
el mural	mural
blanco/a	white
moderno/a	modern
negro/a	black

Actividad A ¿En qué sala?

Paso 1 Mira los cuadros en las páginas 130–131. Si pudieras colgar cada uno de estos cuadros en una habitación de tu casa, ¿en qué habitación lo colocarías?

CUADRO	HABITACIÓN
_____ *Delirio febril urbanístico*, por José R. Oliver	**a.** la cocina
_____ *La jungla*, por Wilfredo Lam	**b.** el comedor
_____ *El violinista de Chernobyl*, por Daniel Quintero	**c.** la sala de estar
_____ *Cubo atmósfera*, por Grace Solís	**d.** el dormitorio
	e. el cuarto de baño
	f. la oficina

*Review the **Así se dice** section on making comparisons in **Lección 10** before doing **Paso 2** of **Actividad A.***

Paso 2 Comparte tus respuestas con unos compañeros y explícales el porqué de tus selecciones.

MODELOS: Me gusta el color azul y he decorado mi dormitorio en este color. Por eso allí *La jungla* es el mejor cuadro para mi dormitorio.

Me hace gracia el *Cuba atmósfera.* Como tiene que ver con el agua, para el cuarto de baño es el cuadro perfecto.

*Review the **Nota lingüística** on verbs like **gustar** in **Lección 9** before doing **Paso 2** of **Actividad A.***

Paso 3 Compartan sus ideas con la clase. ¿Cuál es el cuadro que la mayoría quiere poner en su sala? ¿en su dormitorio? ¿Por qué? ¿Cuál es la razón más interesante por colocar uno de los cuadros?

Actividad B Colócate dentro de la obra

Paso 1 El profesor (La profesora) va a nombrar uno de los cuadros. Imagínate que puedes entrar en esa obra. Di a la clase dónde y cómo te colocarías y por qué. Considera las siguientes preguntas antes de contestar.

- ¿Quieres ser una de las personas ya representadas en el cuadro o una persona u objeto que el pintor no puso allí?
- ¿Quieres ser la figura central del cuadro o aparecer en el fondo?
- ¿Qué estás haciendo en el cuadro? ¿Estás solo/a?
- Si eres una persona, ¿qué ropa llevas?

MODELO: EL PROFESOR (LA PROFESORA): *Cubo atmósfera*, por Grace Solís
TÚ: Soy una de las nubes porque las nubes son libres; van a donde quieren. Además, son hermosas y tranquilas.

Paso 2 **Optativo.** La clase nombra un cuadro y el profesor (la profesora) tiene que decir dónde se colocaría él/ella en él.

Actividad C Ideas para comentar

*Review the **Nota lingüística** on verbs like **gustar** in **Lección 9** before doing **Actividad C.***

Paso 1 La clase debe dividirse en tres grupos. A cada grupo le toca preparar un informe para presentar a la clase sobre uno de los siguientes temas.

Grupo 1. En el título del cuadro de José R. Oliver aparece la palabra **delirio.** ¿Qué hay en el cuadro que da la impresión de delirio?

Consideren aspectos como los colores y los objetos (no) representados.

Grupo 2. José R. Oliver y Wilfredo Lam representan la ciudad y la selva tropical de tal manera que las dos obras causan una impresión semejante. ¿Qué impresión da cada uno y en qué se basa la impresión? Pueden considerar aspectos como los colores, las cosas que (no) aparecen en el cuadro y los detalles.

Grupo 3. Identifiquen ideas que han sido presentadas en la Unidad 3 asociadas con cada cuadro. Es decir, expliquen por qué se incluyeron estas obras en esta unidad.

Paso 2 Un voluntario debe presentar el informe a la clase. Si la clase tiene preguntas o comentarios sobre detalles, los otros miembros del grupo deben contestar. Luego, escuchen los informes de los otros grupos y háganles preguntas sobre ellos.

Actividad D Enlazar el arte con la literatura

Paso 1 En grupos de tres, escojan el cuadro que creen que refleja mejor las opiniones sobre el medio ambiente expresadas por Ernesto Cardenal en «Kentucky». Apunten el porqué de su selección.

Consejo práctico

Ask a volunteer (or your instructor) to read the poem aloud to the entire class while you look through the paintings. Trust your instincts and select the first painting you think fits well with the poem.

Paso 2 Compartan el resultado de su trabajo con la clase. ¿Hay un cuadro escogido por la mayoría de los grupos? Si hay uno, ¿lo escogieron por la misma razón o por razones distintas?

LECCIÓN

12 Repaso y composición

Repaso

Consejo práctico

Remember that you explore a variety of ideas in each activity. In addition to reviewing the **Metas de comunicación,** you should also go over the **Pasos,** the readings, and the questions in the **¿Qué te parece?** sections.

Actividad A Repaso de los temas de la Lección 9

Paso 1 En grupos de tres personas, hagan una lista de los temas explorados en las Ideas para explorar de la Lección 9, Nuestras acciones. Cada miembro del grupo trabajará con una sección diferente de la lección.

TEMAS EXPLORADOS
IDEAS PARA EXPLORAR: Nuestras acciones
____
____
____
IDEAS PARA EXPLORAR: ¿Necesitamos todo lo que tenemos?
____
____
____
IDEAS PARA EXPLORAR: La mentalidad antiderrochadora
____
____
____

Paso 2 ¿Qué temas proponen los otros grupos? Compartan su lista con el resto de la clase.

Paso 3 ¿Cuáles son los temas principales de la Lección 9? ¿Qué información no fue nueva para Uds.? De todos los temas explorados, ¿cuáles les interesaron más? ¿Cuáles les interesaron menos? ¿Pueden resumir el contenido de la lección con sus propias palabras? ¿Cuál es el concepto general que abarca toda la Lección 9? De todo lo que han aprendido, ¿hay cierto concepto o dato que para Uds. fue muy importante? ¿Cuál es?

Actividad B Repaso de los temas de la Lección 10

Paso 1 En grupos de tres personas, hagan una lista de los temas explorados en las Ideas para explorar de la Lección 10, El mundo en que vivimos. Cada miembro del grupo trabajará con una sección diferente.

TEMAS EXPLORADOS
IDEAS PARA EXPLORAR: La situación actual
____
____
____
IDEAS PARA EXPLORAR: La deforestación
____
____
____
IDEAS PARA EXPLORAR: Los pesticidas
____
____

Paso 2 ¿Qué temas proponen los otros grupos? Compartan su lista de temas con el resto de la clase.

Paso 3 ¿Cuáles son los temas principales de la Lección 10? ¿Qué información no fue nueva para Uds.? De todos los temas explorados, ¿cuáles les interesaron más? ¿Cuáles les interesaron menos? ¿Pueden resumir el contenido de la lección? ¿Cuál es el concepto general que abarca toda la Lección 10? De todo lo que han aprendido, ¿hay cierto concepto o dato que para Uds. fue muy importante? ¿Cuál es?

Actividad C Repaso de las Notas lingüísticas

Consejo práctico

When reviewing grammar, review not only the forms but the functions of each grammar item. Also, when asked to write sentences that illustrate a grammar point, try to come up with original sentences instead of sentences you have read.

Paso 1 Entre todos, repasen las Notas lingüísticas de la Lección 9, Nuestras acciones, y escriban una lista en la pizarra de la gramática presentada.

Paso 2 Escribe dos oraciones para cada punto gramatical para demostrar lo que has aprendido. Después, intercambia tus oraciones con las de un compañero (una compañera) para que él (ella) las revise. Opción: Mientras los otros corrijan las oraciones, cuatro voluntarios pueden escribir sus oraciones en la pizarra. Luego, la clase entera las puede corregir.

Paso 3 Apliquen los Pasos 1 y 2 a la gramática presentada en la Lección 10, El mundo en que vivimos.

Paso 4 ¿Qué parte gramatical presentada en las lecciones les resulta fácil de comprender? ¿Cuál les parece más difícil? ¿Pueden incorporar las partes gramaticales en los resúmenes de las lecciones?

Composición

A prepararte

Actividad A ¿Qué tema vas a explorar?

Consejo práctico

Keep the lists of themes you explored in **Lecciones 9** and **10** handy as you go through this activity so that you can refer to the information. You will want to incorporate some of it into your composition.

Paso 1 Lee con atención los siguientes temas y escoge el que más te interese y tenga más posibilidades para una composición.

1. El papel del individuo en la conservación y la protección del medio ambiente
   - ¿Es más importante lo que hace el individuo que lo que hacen el gobierno y la industria?
   - ¿Qué impacto puede tener un individuo en una sociedad derrochadora?
   - ¿De qué aspectos del problema tienen la culpa el individuo, el gobierno, la industria y la sociedad?
   - ¿Cuál es el efecto del individuo en la deforestación y la contaminación del aire, suelo y agua?
2. La necesidad de leyes estrictas que prohíban la fabricación y el uso de ciertos productos contaminantes
   - ¿Son los productos de consumo realmente contaminantes?
   - ¿Hay muchos productos de consumo que realmente no son necesarios o indispensables?
   - ¿Qué criterios se puede usar para distinguir entre lo que es necesario y lo que es sólo conveniente?
3. El equilibrio entre cuestiones medioambientales y las necesidades económicas
   - ¿Cómo pueden los países no industrializados desarrollar sus economías sin dañar el medio ambiente?
   - Algunos de estos países critican a los países industrializados por no haber protegido el medio ambiente mientras éstos estaban en vías de desarrollo. ¿Es válida esta crítica?
   - ¿Cuestan demasiado las medidas necesarias para conservar y proteger el medio ambiente?
   - ¿Es suficiente «reducir, reutilizar y reciclar» para renovar el medio ambiente del mundo?

Paso 2 Después de escoger un tema, forma un grupo con otros compañeros de clase que han escogido el mismo tema para hacer la Actividad B.

Paso 3 ¿Repasaron las Actividades A y B en la sección Repaso mientras consideraban los temas? ¿Qué aspectos de los temas les parecen interesantes? ¿Han aprendido algo sobre estos temas en otros cursos?

Actividad B ¿Con qué propósito escribes y a quién te diriges?

Consejo práctico

You don't talk to your instructors and professors the same way you talk to your friends and family. Keep this in mind as you consider the list of possible audiences and purposes in this activity.

Paso 1 Lean estas listas de propósitos y posibles tipos de lectores entre todos. ¿Qué tipo de lector y qué propósito van bien con el tema? ¿Tienen sentido en combinación? Después de comentar las posibles combinaciones, cada miembro del grupo debe escoger un propósito y un tipo de lector para escribir su propia composición.

TIPOS DE LECTORES

- familias que se interesan en establecer un programa de reciclaje
- industriales acusados de contaminar el medio ambiente con sustancias tóxicas
- residentes de una ciudad muy contaminada
- residentes de una zona rural que piensan que los problemas medioambientales no los afectan
- ecologistas muy dedicados a la conservación y protección del medio ambiente
- estudiantes de la escuela secundaria
- líderes políticos que proponen leyes

PROPÓSITOS

- aclarar
- analizar
- comparar
- contrastar
- convencer
- describir
- explicar
- informar
- narrar
- persuadir
- reportar
- resumir

Paso 2 Ahora divídanse en grupos pequeños formados sólo por personas que escogieron los mismos temas y propósitos y que se dirigen al mismo tipo de lector. Estos grupos pequeños trabajarán juntos para completar la Actividad A en la siguiente sección, A organizarte.

Paso 3 ¿Consideraron más de un tipo de lector antes de escoger uno? ¿Hicieron lo mismo con varios propósitos antes de escoger uno? ¿Tiene sentido combinar este tipo de lector con el propósito escogido? Es decir, ¿es apropiado el uno para el otro?

A organizarte

Actividad A ¿Qué información piensas incluir?

Consejo práctico

The best compositions are not necessarily the longest ones but the ones that include the most compelling and pertinent information. As you know from reviewing the themes explored in this unit, you have a lot of information to choose from. Be careful to choose those details that most strongly support your thesis. Don't include details that are irrelevant.

Paso 1 La clase entera debe repasar y comentar las Actividades A y B en Repaso donde identificaron todos los temas explorados en las Lecciones 9 y 10. Apunten cualquier idea (del texto o sugerida por un compañero [una compañera]) pertinente al tema. Pueden repasar una vez más las actividades en las secciones Ideas para explorar para señalar específicamente los comentarios que hicieron y para escoger ejemplos textuales de las varias lecturas.

Paso 2 Hagan una lista completa de las ideas que se podrían incluir en la composición.

Paso 3 ¿Escribieron muchas ideas en las listas? ¿Incluyeron información además de los datos incluidos en este libro? ¿Será necesario pedirle ayuda al resto de la clase para añadir ideas a las listas?

Actividad B ¿Cómo vas a organizar la información?

Consejo práctico

Outlining a composition before you write it is a useful way of working with your ideas. When you actually sit down to write, let the outline guide you, not restrict you. In other words, you may very well want to revise your plan as you go. Feel free to do so!

Paso 1 Ahora cada uno/a de Uds. debe empezar a organizar sus propias ideas. Repasa la lista que preparaste para la Actividad A y escoge las ideas que te parecen más adecuadas al tema. Luego, ordena la información en forma de bosquejo.

Paso 2 Muéstrale el bosquejo que hiciste a un compañero (una compañera) que ha escogido otro tema para que lea y comente tu bosquejo. Haz lo mismo con el bosquejo de tu compañero/a.

Paso 3 **Optativo.** Algunos voluntarios pueden escribir sus bosquejos en la pizarra para que toda la clase los comente.

Paso 4 ¿Les fue difícil encontrar un orden adecuado para presentar la información? ¿Hacen bosquejos para escribir composiciones o trabajos en otras clases? ¿Encuentran beneficiosa la técnica de preparar un bosquejo?

¡A escribir!

Actividad A El borrador

Consejo práctico

Once you have drafted the composition, let it sit for a few days. With a little distance, you will be able to analyze your writing more objectively. There is a set of composition grading criteria in Appendix 3 of this book. Try applying those criteria to your work in order to gauge your progress. Of course, if your instructor uses a different set of criteria, you should apply it instead.

Paso 1 Teniendo en cuenta el propósito de la composición, el tipo de lector, el tema y el bosquejo, escribe en casa un borrador de unas 300 palabras.

Paso 2 Lee el borrador. ¿Hay argumentos que quieras añadir? ¿ideas que quieras aclarar? ¿ejemplos que quieras incluir?

Paso 3 Cuando el contenido te parezca lo suficientemente completo, lee el borrador de nuevo para revisar...

- ☐ el uso de los verbos parecidos a **gustar**
- ☐ el uso del subjuntivo en cláusulas adjetivales
- ☐ el uso de los mandatos informales
- ☐ el uso de la voz pasiva con **ser**
- ☐ el uso del subjuntivo en cláusulas nominales
- ☐ el uso de los mandatos formales

Actividad B Redacción

Paso 1 Intercambia tu composición con la de un compañero (una compañera). Lee su composición y haz un bosquejo de ella. Luego, dale el bosquejo a tu compañero/a y lee el bosquejo que hizo de tu composición. ¿Refleja lo que querías comunicar? ¿Ahora quieres añadir, cambiar o modificar algo en tu composición para mejorarla?

Paso 2 Haz todos los cambios necesarios y escriba la composición a máquina (computadora), a doble espacio. Luego, entrégale la composición al profesor (a la profesora).

Paso 3 ¿Seguiste los pasos indicados? ¿Te gusta tu composición? Es decir, ¿sientes satisfacción por el trabajo que has hecho? ¿Cómo crees que reaccionará el profesor (la profesora)? ¿Encontrará que tu composición es muy interesante? ¿excelente?

Portafolio cultural

Vídeo

Opción 1 En el vídeo que acompaña el libro de texto se encuentra un reportaje que se titula «La granja ecológica». El reportaje se enfoca en la Finca Río Padrillo. Mientras miras el vídeo, piensa en la siguiente pregunta: ¿Cuáles son las características que hacen que la Finca Río Padrillo sea ecológica? También apunta información sobre lo siguiente:

- la zona geográfica en que se encuentra la finca
- el significado de la palabra «granja»
- las vacas pardas

Opción 2 En el vídeo que acompaña el libro de texto se encuentra un reportaje que se titula «Oxígeno», un programa televisivo sobre la ecología. El reportaje se enfoca en la vida tradicional de los pastores españoles. Mientras miras el vídeo, piensa en la siguiente pregunta: ¿Cuáles son los obstáculos que impiden la conservación de la vida tradicional? También trata de adivinar el significado de las siguientes frases:

- las ovejas marinas
- la cultura milenaria
- las vías pecuarias

Lectura

Busca las «Odas elementales» del gran poeta chileno Pablo Neruda. Escoge uno de los poemas en que describe la naturaleza. Luego, utilizando el poema de Neruda como modelo, escribe tu propio poema sobre un lugar del mundo que conoces bien.

Cine

Opción 1 Busca la película española *Tierra*, que salió en 1996. Al mirarla piensa en la siguiente pregunta: ¿Por qué es *Tierra* el mejor título para la película? Apunta información y luego escribe uno o dos párrafos en que explicas tu opinión sobre el título y su relación con el contenido de la película.

Opción 2 Busca las siguientes películas documentales breves; *Burning Rivers* sobre Guatemala, *Environment Under Fire: Ecology and Politics in Central America* y *The Greening of Cuba*. Al mirar las películas documentales, piensa tanto en los problemas que se plantean como en sus posibles soluciones. Luego, escribe un resumen de los puntos de vista que se expresan.

Música

Opción 1 Busca la música del gran cantante folclórico argentino Atahualpa Yupanqui. La tierra y la naturaleza son temas centrales en su obra. Escucha varias de sus canciones y luego escribe dos párrafos en que comentas el estilo de la música y la letra de las canciones.

Opción 2 Busca el disco del español Joan Manuel Serrat titulado *Utopia* (RCA Ariola: 1994). Escucha en particular la canción «El hombre y el agua». En un párrafo, resume las relaciones que existen, según la canción, entre el hombre y el agua.

Navegando la red

Busca en la red información sobre uno de los siguientes temas:

- la contaminación del aire
- los proyectos de reciclaje
- el efecto invernadero
- la protección de animales salvajes
- la deforestación

Busca información sobre el tema que has escogido en dos diferentes países hispanos. Puedes comenzar tu búsqueda en el sitio Web que acompaña *¿Qué te parece?* en **www.mhhe.com/queteparece**.

La televisión

UNIDAD 4

Ideas para explorar

Notas lingüísticas

Así se dice

Estrategias para la comunicación

GALERÍA del ARTE

The *¿Qué te parece?* CD-ROM offers additional activites related to the **Galería del arte** in this unit.

Dimensión temática

¿Qué revelan las imágenes que produce un artista? ¿Qué ideas le sugieren al observador esas imágenes? Por ejemplo, ¿cómo sugiere el artista el tema de la delincuencia? ¿el tema del aburrimiento? ¿el tema de la importancia de la familia? Estas preguntas tienen que ver con la dimensión temática de una obra de arte. Los temas se revelan en las imágenes, en el uso del color y el espacio y en los símbolos que escoge el artista al crear la obra.

1 **Amado M. Peña, Jr.** (estadounidense, 1943–) *Los cuentos*

2 **Ángeles Santos** (español, 1929–) *La tertulia*

3 Daniel Quintero (español)
Sobre la mesa roja I

4 Félix Rodríguez Báez (puertorriqueño, 1929–)
Delincuencia juvenil

LECCIÓN

13 La televisión en nuestra sociedad

Ideas para explorar

¿Por qué ves la televisión?

En Sevilla, España, una familia descansa viendo la televisión. ¿Te relajas cuando ves la tele?

¿Es un vicio ver la televisión? ¿Es una buena manera de pasar tiempo con los amigos?

¿Qué te parece?

- ¿Sabes cuántas horas a la semana ves la televisión?
- ¿Ves la televisión todos los días?
- ¿Prefieres ver la televisión o leer un libro?
- ¿Prefieres ver la televisión o escuchar la radio?
- ¿En qué piensas cuando oyes la palabra «teleadicto»? ¿Conoces a algunos teleadictos? ¿Eres tú teleadicto/a?
- ¿Estudias mientras tienes el televisor puesto?
- ¿Crees que es posible vivir sin la televisión? ¿Conoces a alguien que no tenga televisor? ¿que no tenga televisión por cable?
- ¿Sueles ver la televisión solo/a o acompañado/a de amigos?
- ¿Tienes televisor? ¿De qué tamaño es tu televisor? ¿Cuántas pulgadas mide la pantalla? ¿trece? ¿veinticinco? ¿más?

Vocabulario del tema

Verbos

animar darle a alguien energía moral; impulsar

distraer desviar la atención; divertir

educar instruir; enseñar

emocionar causar emoción

entretener divertir a otra persona

escapar huir; evadir

estimular activar; incitar a hacer algo

informar poner en conocimiento; dar noticia de una cosa

inspirar inculcar; hacer nacer en la mente ideas, afectos, etcétera

Sustantivo

el/la televidente persona que ve la televisión

Adjetivo

televisivo/a se refiere a cualquier cosa asociada con la televisión

EL MANUAL *contiene ejercicios de vocabulario.*

Actividad A Definiciones

☐ ***META LINGÜÍSTICA***
Practicar el vocabulario

Paso 1 Escoge la palabra que corresponde a la definición que se da.

1. hacer pasar un rato agradable, con satisfacción y gusto
   a. llorar **b.** enseñar **c.** entretener
2. aumentar los conocimientos de una persona
   a. distraer **b.** animar **c.** educar
3. dirigir la atención de una persona hacia otra cosa, a veces para divertirla
   a. animar **b.** distraer **c.** escapar
4. hacer que alguien se entere de lo que pasa
   a. inspirar **b.** informar **c.** estimular
5. hacer que alguien se sienta contento o triste
   a. emocionar **b.** inspirar **c.** educar
6. irse de un lugar, huir
   a. escapar **b.** animar **c.** inspirar
7. darle a alguien la energía o el estímulo para hacer algo
   a. informar **b.** emocionar **c.** animar

Paso 2 Verifica tus respuestas con el resto de la clase.

NOTA LINGÜÍSTICA Object Pronouns

Forms

INDIRECT OBJECT PRONOUNS		DIRECT OBJECT PRONOUNS	
me	nos	me	nos
te	os	te	os
le (se)	les (se)	lo/la	los/las

When both direct and indirect object pronouns are used together with the same verb, the indirect precedes the direct. When both pronouns begin with the letter **l-**, the indirect object pronoun becomes **se.**

Functions

Direct objects answer the questions *what* or *whom* in relation to the subject and verb. Indirect objects usually answer the questions *to whom, for whom, to what,* or *for what.* Pronouns replace nouns when the noun is understood.

DIRECT OBJECT PRONOUNS

La televisión **nos** informa.
La televisión estimula la creatividad en los niños y **los** entretiene.

INDIRECT OBJECT PRONOUNS

La televisión **nos** ofrece las noticias más corrientes. A los niños **les** encanta ver la televisión.

EL MANUAL *contiene ejercicios de gramática.*

☐ ***META LINGÜÍSTICA***
Practicar la gramática

Actividad B ¿Por qué ves la televisión?

Paso 1 Lee las siguientes razones por las cuales muchas personas ven la televisión. Indica las que se te aplican a ti.

1. ☐ La televisión me entretiene.
2. ☐ Me informa.
3. ☐ Me asusta.
4. ☐ Me enseña.
5. ☐ Me hace llorar.
6. ☐ Me emociona.
7. ☐ Me sirve de inspiración.
8. ☐ Me hace pensar.
9. ☐ Me distrae de mis problemas.
10. ☐ Me avisa en caso de emergencia.
11. ☐ Me presenta programación cultural.
12. ☐ Me informa de productos.

Paso 2 Comparte tus razones con el resto de la clase. ¿Qué tienen en común Uds. con respecto a la televisión?

☐ ***META DE COMUNICACIÓN***
Averiguar cuáles son los programas televisivos que ven los miembros de la clase

Actividad C Tú y la tele

Paso 1 Trabaja con un compañero (una compañera) de clase. Averigüen cuál es el programa televisivo que más:

- los entretiene o los distrae
- los informa o los educa
- los inspira o los anima
- los emociona o los estimula

Paso 2 Compartan los resultados con el resto de la clase.

MODELO: El programa televisivo que nos entretiene más que cualquier otro es _____. Es el mismo programa que nos estimula. El programa televisivo que más nos educa es _____.

Paso 3 ¿A qué conclusión llegaron?

☐ Todos tenemos muchas preferencias en común.
☐ Todos tenemos muchas preferencias distintas.
☐ ¿otra conclusión?

Consejo práctico

Interviewing someone gives you the opportunity to carry on a conversation in Spanish. Talk with your partner and remember to ask follow-up questions as appropriate, to show that you're interested in what your partner has to say.

Así se dice

If you need to emphasize or clarify the indirect object pronoun in a sentence, you can do so by adding a prepositional phrase with **a** and the appropriate pronoun. This is usually accomplished in English by raising the tone of voice.

Me horrorizó. → **A mí** me horrorizó.
It horrified me. → *It horrified* ***me.*** (*I was the one who was horrified.*)

Me lo dio **a mí,** no **a Ud.**
She gave it to **me,** not to **you.**

Here are the pronouns that follow prepositions.

a **mí**	a **nosotros/as**
a **ti**	a **vosotros/as**
a **él**	a **ellos**
a **ella**	a **ellas**
a **Ud.**	a **Uds.**

Actividad D Las tiras cómicas

☐ ***META DE COMUNICACIÓN***
Interpretar el significado de unas tiras cómicas

Paso 1 Con un compañero (una compañera) de clase, miren las tres siguientes tiras cómicas de Mafalda (página 196). Luego, lean las descripciones que siguen e indiquen cuál es la tira cómica que se describe. Verifiquen sus interpretaciones con el resto de la clase.

1. _____ Esta tira cómica se burla de las varias interpretaciones que se pueden dar a lo que se presenta en la pantalla. Mientras que una persona sólo ve un teleteatro, la otra se concentra en la forma en que está escrita la trama.

2. _____ En esta tira cómica, se ve cómo una telenovela emociona a unas niñas: a una la hace llorar y a la otra la pone triste. La tira se burla de los sentimientos que puede provocar la tele y muestra cómo las telenovelas presentan una vida ficticia, lejos de la realidad de la vida normal.
3. _____ En esta tira cómica, un individuo expresa su descontento ante la presentación de imágenes que no tienen nada que ver con la vida de la mayoría de los televidentes. Se enfada ante la distancia que hay entre lo que se ve en la tele y la realidad.

A

B

C

[1]escritores [2]*clutches*

Paso 2 Ahora miren las dos siguientes tiras cómicas. Interpreten con sus propias palabras lo que expresa el caricaturista.

D

E

Paso 3 Compartan sus interpretaciones con el resto de la clase. ¿Están todos de acuerdo?

Estrategia para la comunicación

All successful cartoons entertain, and some cartoonists don't aim to do anything more than that. Others, however, criticize, satirize, and comment on the state of the world. The following words will help you express the cartoonist's intent.

El caricaturista...
- critica
- satiriza
- comenta
- ridiculiza

Ideas para explorar

La programación

En Madrid, España, se puede ver una corrida de toros en la tele.

¿Qué te parece?

- ¿Se ofrecen canales en español donde tú vives como SIN, Galavisión, Telemundo o Univisión? ¿Aprovechas la oportunidad de aprender español viendo estos canales?
- ¿Cuáles son los programas más populares entre los estudiantes universitarios? Es decir, ¿cuáles son los programas que ves y comentas con tus amigos?
- ¿Hay alguna noche en que la programación es muy popular entre los estudiantes universitarios?
- ¿Invitas a tus amigos a ver ciertos programas contigo?
- ¿Hay programas que grabas para verlos más tarde? ¿para guardarlos un rato?
- ¿Cómo te enteras de las noticias: ves la televisión, escuchas la radio, lees el periódico o lees revistas semanales?
- ¿Qué crees que es mejor, ver los deportes en la televisión o ver un partido en vivo?
- ¿Cuál es el programa más popular en todo el país? ¿Lo ves tú?

Vocabulario del tema

Sustantivos

los anuncios publicitarios avisos en que se hace propaganda a productos comerciales o servicios

las comedias programas cuya intención es hacer reír a los televidentes

los concursos programas en que los participantes compiten; ganan dinero, viajes, productos, etcétera

los dibujos animados programas en que los personajes son figuras de personas o animales

los dramas programas que presentan temas serios de una manera seria

los noticieros programas que anuncian los sucesos y acontecimientos actuales

los programas de entrevista programas en que un anfitrión (una anfitriona) habla con una persona invitada y le hace preguntas seguidas de comentarios

las series de acción programas cuyas tramas siempre incluyen peleas o situaciones de las cuales los protagonistas tienen que escaparse

las telenovelas programas que se caracterizan por una trama continua

los vídeos musicales imágenes grabadas que acompañan una canción

***EL MANUAL** contiene ejercicios de vocabulario.*

Actividad A Asociaciones

☐ ***META LINGÜÍSTICA***
Practicar el vocabulario

Paso 1 Nombra el tipo de programación que representa los ejemplos a continuación.

1. «20/20», «60 Minutes», «Dateline»
2. Jerry Springer, Rosie O'Donnell, Oprah
3. MTV, VH1
4. «Seinfeld», «Friends»
5. Bugs Bunny, «The Simpsons», Mickey Mouse
6. «Beverly Hills 90210», «Melrose Place», «E.R.»
7. «Jeopardy», «Wheel of Fortune»
8. «Days of Our Lives», «General Hospital», «As the World Turns»
9. las ranas de Budweiser, el conejito de Energizer

Paso 2 Verifica tus respuestas con el resto de la clase.

NOTA LINGÜÍSTICA

Present Subjunctive in Evaluative Statements

Forms

Add the subjunctive endings to the stem of the **yo** form of the present indicative tense. In the present subjunctive, except for the **yo** forms, **-ar** verbs take the endings of present indicative **-er** verbs, and **-er**/**-ir** verbs take the endings of present indicative **-ar** verbs.

informar → inform**e** entretener → entreten**ga** distraer → distr**aiga**

Functions

To indicate that a speaker is making an evaluative statement. Here are some common expressions that are followed by the subjunctive.

(No) Es bueno que...	Es malo que...
(No) Es necesario que...	(No) Es esencial que...
(No) Es importante que...	Es lamentable que...
Es absurdo que...	Es sorprendente que...

El Manual *contiene ejercicios de gramática.*

☐ ***META LINGÜÍSTICA***
Practicar la gramática

Actividad B Una telenovela excepcional

Paso 1 Lee las siguientes oraciones. Luego, lee el artículo «Telenovelas que divierten y educan». Indica si la autora del artículo, Christina Simon, estaría de acuerdo con lo expresado o no.

1. _____ Es necesario que la persona que ve *Destinos* ya **sepa** español.
2. _____ Es bueno que *Destinos* **reconozca** la importancia del español en los Estados Unidos.
3. _____ Es necesario que las cadenas **ofrezcan** más programación dirigida a la audiencia hispana.
4. _____ Es sorprendente que no **haya** más programación dirigida a la audiencia hispana.
5. _____ Es excepcional que *Destinos* **eduque** y **entretenga** a la vez.
6. _____ Es absurdo que *Destinos* se **dirija** a dos audiencias tan distintas.

Paso 2 Comparte tus respuestas con el resto de la clase.

Paso 3 **Optativo.** Da el infinitivo y la primera persona singular del presente de indicativo de cada uno de los verbos en negrita en el Paso 1.

TELENOVELAS QUE DIVIERTEN Y EDUCAN

Ahora, los televidentes que no hablan español pueden disfrutar una telenovela en nuestro idioma. *Destinos: An Introduction to Spanish* (*Destinos: una introducción al español*) es una serie de televisión producida por la cadena pública PBS en colaboración con la casa editorial McGraw-Hill, y financiada por The Annenberg/CPB Project.

Destinos enseña español y entretiene al mismo tiempo. Se dirige a dos audiencias: los que quieren aprender español y los hispanoparlantes aficionados a las telenovelas.

Destinos es una forma de reconocer la importancia de nuestro idioma en Estados Unidos y por eso desarrolla estos programas accesibles para el aprendizaje de la lengua española. Es también un reflejo de la necesidad de ofrecer más programación en la televisión anglosajona que sea realmente de interés para la audiencia hispana. Esta serie empezará a transmitirse a fines de agosto con dos segmentos cada semana. Puede obtener los horarios exactos llamando a su estación local de PBS.

Raquel Rodríguez es la protagonista de la telenovela de Destinos

—*Christina Simon*

Actividad C Es esencial que...

META DE COMUNICACIÓN
Evaluar los diferentes tipos de programación

Paso 1 Trabajen en grupos. El profesor (La profesora) le va a asignar a cada grupo uno de los siguientes tipos de programación. En su grupo, comenten y evalúen este tipo de programación según las tres categorías indicadas en la tabla.

- los anuncios publicitarios
- las comedias
- los dramas
- los noticieros
- los programas de entrevista
- las telenovelas
- los vídeos musicales

ES ESENCIAL QUE...	ES BUENO PERO NO ESENCIAL QUE...	REALMENTE NO ES IMPORTANTE QUE...

Paso 2 Compartan sus resultados con el resto de la clase. Escuchen lo que dicen los otros grupos sobre los otros tipos de programación. ¿Están de acuerdo con las evaluaciones que hicieron Uds.?

Paso 3 ¿A qué conclusión llegan?

- ☐ Lo esencial de los programas televisivos varía de un tipo de programación a otra.
- ☐ Lo esencial de los programas televisivos no varía tanto; lo esencial de toda programación es _____.
- ☐ ¿otra conclusión?

Así se dice

You may have noticed that the typical pattern for evaluative statements that are followed by the subjunctive is **ser** + adjective/noun + **que** + clause with subjunctive. These evaluative statements with **ser** are often called impersonal expressions. However, the subjunctive is not used with all impersonal expressions. Those expressions that convey certainty or a nonsubjective idea are followed by the indicative. Here are a few impersonal expressions that do not take the subjunctive.

Es cierto que...	*It's certain that . . .*
Es obvio que...	*It's obvious that . . .*
Es un hecho que...	*It's a fact that . . .*
Es verdad que...	*It's true that . . .*

☐ **META DE COMUNICACIÓN**
Emparejar los canales con los programas que emiten

Actividad D Los programas y los canales

Paso 1 Trabajen en grupos de tres o cuatro. Lean los nombres y las descripciones de varios canales que se transmiten en España. Luego, escribe la letra del canal en que se presentó cada programa de la lista que aparece a continuación.

a. Hispavisión, canal que se especializa en documentales sobre aspectos de la cultura española como arte, historia, ciencia

b. Canal Natura, canal que se especializa en documentales sobre la naturaleza y el mundo en que vivimos

c. Canal Nostalgia, canal que se especializa en documentales sobre la historia del mundo
d. Ella, canal que se especializa en programación dirigida a las mujeres
e. Minimax, canal que se especializa en programación infantil entretenida y didáctica

1. _____ «Conventos andaluces: convento de Nuestra Sra. de la Regla»
2. _____ «Perú: allá arriba donde viven los Incas»
3. _____ «La cocina de Pedro Subijana»
4. _____ «Asturias, paraíso natural: la gaita (*bagpipes*) asturiana (1^{era} parte)»
5. _____ «Los grandes días del siglo: Extremo oriente—los últimos emperadores»
6. _____ «La sal de los Andes»
7. _____ «La tienda en casa»
8. _____ «Los signos del olivo: el futuro del olivar (*olive grove*)»
9. _____ «Ella... salud»
10. _____ «Divertido siglo XX»
11. _____ «El legado Cousteau»
12. _____ «Música para la nostalgia: Rocío Dúrcal»
13. _____ «Los gatos Samurai»
14. _____ «Mar muerto»
15. _____ «El club de medianoche»

Paso 2 Comenten entre todos los canales españoles del Paso 1 que forman parte del conjunto básico de varios sistemas cable y de satélites.

- ¿Hay equivalentes en este país?
- ¿Son estos canales parte del conjunto básico del sistema cable o son opciones?

Estrategia para la comunicación

You can clearly indicate to a listener that you are making a comparison or a contrast by beginning your statement with one of the following phrases. The phrases will also help you indicate the degree of similarity or difference of your comparison or contrast.

Strong comparison	Igual que el canal español...
Moderate comparison	Así como el canal español...
Strong contrast	Al contrario del canal español...
Moderate contrast	A diferencia del canal español...

Paso 3 **Optativo.** En grupos, determinen cuáles son los canales que deben formar parte del conjunto básico del sistema cable y cuáles pueden ser opciones.

Ideas para explorar

La televisión y los niños

¿Qué aprenden los niños viendo la tele? ¿Es importante que los padres vigilen lo que ven?

¿Qué te parece?

- ¿Veías mucho la televisión cuando eras niño/a? ¿Con qué frecuencia?
- ¿Qué hacías con más frecuencia, salir a jugar o ver la televisión?
- ¿Tenías que hacer las tareas escolares antes de ver la televisión?
- ¿Vigilaban tus padres (abuelos, tíos) los programas que veías?
- ¿Cuando te castigaban tus padres (abuelos, tíos), ¿te prohibían que vieras la televisión?
- ¿Tenías tu propio televisor en tu habitación?
- ¿Cuál era tu programa favorito?
- ¿Tienes ahora los mismos gustos televisivos que tenías cuando eras niño/a?
- ¿Te afectó la violencia de los dibujos animados?
- ¿Había programas que veías con toda la familia?
- Mientras tu familia cenaba, ¿estaba la televisión puesta o apagada?

Vocabulario del tema

Verbos

dañar	herir; causar malos efectos
entregar	ofrecer; transmitir
favorecer	ayudar; beneficiar
impedir	dificultar; poner obstáculos
proporcionar	proveer; poner a disposición
vigilar	supervisar; cuidar

Sustantivos

el vicio	afición o deseo vehemente de una cosa que incita a usar de ella con exceso; mal hábito
la vista	sentido corporal con que se ven los colores y formas de las cosas; visión

EL MANUAL *contiene ejercicios de vocabulario.*

Actividad A ¡A emparejar!

META LINGÜÍSTICA
Practicar el vocabulario

Paso 1 Empareja la palabra de vocabulario con la palabra o frase con que se asocia.

1. _____ dañar	**a.** los malos hábitos
2. _____ entregar	**b.** lastimar, herir
3. _____ favorecer	**c.** los ojos
4. _____ impedir	**d.** darle a otro
5. _____ proporcionar	**e.** ayudar
6. _____ vigilar	**f.** supervisar
7. _____ el vicio	**g.** no permitir
8. _____ la vista	**h.** proveer, suministrar

Paso 2 Verifica tus respuestas con el resto de la clase.

NOTA LINGÜÍSTICA
Subjunctive of Interdependence (Adverbial Conjunctions)

Forms

You have already studied both regular and irregular forms of the present subjunctive. Here are some adverbial conjunctions that always require the subjunctive in the clause that follows them.

a condición de que	*provided that*	con tal (de) que	*provided that*
a fin de que	*so that*	para que	*in order that*
a menos que	*unless*	siempre que	*provided that*
antes (de) que	*before*	sin que	*without*

Functions

To indicate interdependence among sentence elements; to express the conditions under which an event will take place

No es malo que los niños vean la televisión, **con tal de que los padres vean** los programas con ellos y les **hablen** de los temas.

Los padres deben limitar el tiempo que los niños ven la televisión **para que no se les forme** el hábito de ver la televisión demasiado.

***EL MANUAL** contiene ejercicios de gramática.*

Actividad B Antes de que...

META LINGÜÍSTICA
Practicar la gramática

Paso 1 Indica la forma correcta del verbo entre paréntesis. Luego, indica si estás de acuerdo o no con lo expresado.

LECCIÓN

14 La programación

Ideas para explorar

Las imágenes presentadas en la televisión

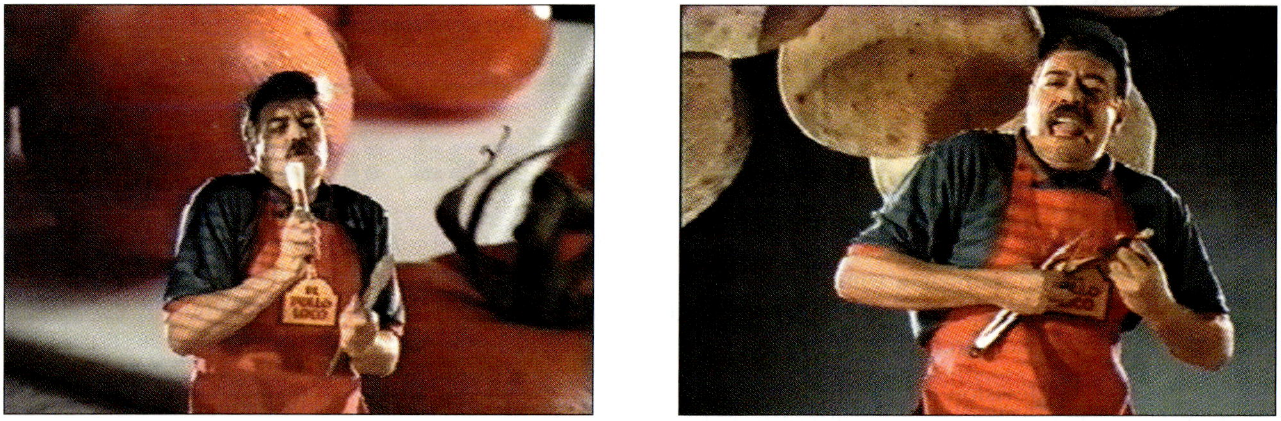

El humor que se encuentra en muchos anuncios publicitarios se basa en los estereotipos. ¿Es perjudicial este tipo del humor?

¿Qué te parece?

- ¿Cuáles son algunos de los anuncios publicitarios que te han llamado la atención? ¿Cuáles te hacen reír? ¿Cuáles te hacen pensar?
- ¿Cuáles son algunos de los anuncios publicitarios que no te gustan? ¿Cuáles te ofenden?
- ¿Qué opinas del contenido sexual de muchos anuncios publicitarios?
- ¿Qué imágenes se presentan en los anuncios publicitarios? ¿Son imágenes realistas? ¿estereotipadas? ¿sexistas?
- ¿Es común o raro ver a personas de diferentes grupos étnicos en los anuncios publicitarios? ¿Puedes dar un ejemplo de un anuncio publicitario en que aparece una persona hispana?

Vocabulario del tema

Verbos

criticar dar opiniones acerca de una obra o sobre cualquier asunto; censurar
premiar galardonar; honrar; compensar

Sustantivos

la actitud disposición; manera de portarse

la apariencia física aspecto físico de una persona

la capacidad intelectual inteligencia en general

el grupo étnico nación o raza a que una persona pertenece

el nivel económico grado de capacidad material alcanzado por una persona o grupo

el nivel social categoría o situación más alta o más baja de una persona en la escala social

los productos cosas producidas con valor económico

los servicios lo que se hace para satisfacer las necesidades del público

Adjetivos

ofensivo/a insultante; humillante; irrespetuoso/a

realista que se ajusta a la realidad

sensacionalista que provoca emoción y pasión con noticias, sucesos, etcétera

sexista que discrimina a personas de un sexo por considerarlo inferior al otro

***EL MANUAL** contiene ejercicios de vocabulario.*

Actividad A Asociaciones

☐ ***META LINGÜÍSTICA***
Practicar el vocabulario

Paso 1 Lee cada grupo de palabras a continuación y luego escribe la palabra de la lista del Vocabulario del tema que representa cada grupo.

1. _____ alto, bajo, moreno
2. _____ increíble, satírico, serio
3. _____ hispano, africanoamericano, judío
4. _____ genio, idiota, listo
5. _____ objetivo, práctico, de hecho
6. _____ la clase baja, la clase media, la clase alta
7. _____ los ricos, los pobres, los mercaderes

Paso 2 Verifica tus respuestas con el resto de la clase.

NOTA LINGÜÍSTICA The Pronoun **se**

In Spanish, the word **se** has three uses: as the third-person singular and plural reflexive pronoun, as a pronoun in impersonal expressions, and as a pronoun in passive constructions. **Se** never functions as the subject of a sentence.

Functions

- The reflexive **se** is like the English *himself, herself, itself,* or *themselves.* The verb is either the third-person singular or plural, to agree with the subject.

Muchos niños **se entretienen** viendo la televisión.	*Many children entertain themselves by watching television.*

Note: **se** is also the reflexive pronoun for **Ud.** and **Uds.**

- The impersonal **se** is used like English subjects such as *one, you, people* (in general), or *they.* It indicates that people are involved in the action of the verb, but no specific individual is identified as performing the action. The verb is always in the third-person singular.

Se ve mucho la televisión en los Estados Unidos.	*People watch a lot of television in the United States.*
No **se encuentra** mucha programación cultural en la televisión.	*You don't find a lot of cultural programming on television.*

- The passive **se** is similar to the impersonal **se** in that the agent of the action is either unknown or unimportant to the message of the sentence. The speaker simply wishes to communicate that an action is being done to something. The verb is in the third-person singular or plural, depending on whether the thing acted upon is singular or plural.

No **se refleja la realidad.**	*Reality isn't reflected.*
No **se producen programas culturales.**	*Cultural programs aren't produced.*

However, if a person or more than one person is acted upon and is preceded by **a,** then the verb remains in the singular.

Se perjudica a los niños.	*Children are harmed.*
Se estereotipa a las mujeres.	*Women are stereotyped.*

EL MANUAL *contiene ejercicios de gramática.*

META LINGÜÍSTICA
Practicar la gramática

Actividad B ¿A qué se refiere?

Paso 1 Indica si las siguientes oraciones se refieren al contenido del artículo «Un Real Sitio con premio» o al de «Zoo-televisión» o a los dos.

1. Se incluyen música y elementos visuales.
2. Se presentan humor y sátira.
3. Se comenta el programa en todo el país.
4. Se admira el programa.
5. Se critica el programa.
6. Se premió el programa.
7. Se considera un programa innovador.
8. Se puede considerar como programa cultural.

Paso 2 Verifica tus respuestas con el resto de la clase.

Un Real Sitio con premio

Cuando Televisión Española se presentó el pasado mes de junio al Festival Internacional Praga de Oro, se encontró con la agradable sorpresa de que sus dos producciones propias habían sido premiadas. «La plaza del Diamante», el espacio dramático, fue galardonado con el premio de los espectadores checos y «Música desde el Real Sitio de Aranjuez» obtuvo el premio a la mejor adaptación de una obra de concierto.

Hay dos formas de retransmitir un concierto por Televisión —declaró a CAMBIO 16 el director del programa, Ángel Luis Ramírez—, la simple filmación del músico o la orquesta y la «visualización» de esta música. José Antonio Páramo ha elegido esta segunda vía, que consiste en grabar primero el concierto y filmar después imágenes del lugar en donde se está celebrando, en este caso Aranjuez.

En función de la música se van intercalando imágenes del «Real Sitio», que no hacen sino enriquecer la grabación.

Zoo-televisión

Un nuevo programa de humor deja boquiabiertos a los colombianos… sin que se sepa muy bien porqué.

Nadie lo esperaba. Su lanzamiento no fue precedido por ninguna campaña de expectativa, ni se ofreció coctel alguno para dar a conocer a sus protagonistas. Pero Zoo-ciedad, el nuevo programa de humor de la programadora Cinevisión, se convirtió, de la noche a la mañana, en el show que todas las personas que lo han visto comentan, para bien o para mal.

Para algunos, el asunto es incomprensible. Un par de presentadores, que reflejan en su físico y en sus actitudes al promedio del personaje colombiano de televisión, aparecen ante las cámaras en actitud de revista de actualidad. Él (Emerson de Francisco) tiene un aire de eterno universitario, y ella (Pili) parece recién egresada[1] de alguna facultad de comunicación social.

La idea de un programa de contenido satírico no es nueva, y los colombianos recuerdan famosos noticieros bufos en la radio. En televisión, en cambio, el humor crítico del tipo de Zoo-ciedad no tenía antecedentes. La aproximación de Zoo-ciedad es eminentemente intelectual, y allí es donde nacen las mayores alabanzas,[2] pero también las críticas al programa. Para muchos, sus chistes resultan incomprensibles, porque para entenderlos hay que tener un cierto grado de cultura.

[1]graduada [2]elogios

META DE COMUNICACIÓN
Evaluar los efectos de la publicidad a través de un texto literario

Actividad C Los anuncios publicitarios

Paso 1 Trabajen en grupos. Lean la siguiente narración escrita por el novelista uruguayo Eduardo Galeano sobre la familia Escárate. Busquen dos ejemplos del contraste entre la vida cotidiana de los Escárate y las imágenes presentadas en la televisión.

Así se dice

Another way of saying **la familia Escárate** is **los Escárate,** using the masculine plural form of the definite article plus the singular form of the family name.

Consejo práctico

Galeano's narrative is short but rich. Your in-class assignment is to find in the reading two examples of contrasts between TV and reality. There are many more than two. You should read and reread the text outside of class in order to pick out more of the contrasts as well as to appreciate the social commentary. Here is a question to think about as you read: What type of person is Armando Escárate?

La televisión

1983 • En una quebrada entre Cabildo y Petorca

Los Escárate no tenían nada, hasta que Armando trajo esa caja a lomos de mula.[1] Armando Escárate había estado todo un año fuera de casa. Había trabajado en la mar, cocinando para los pescadores, y también había trabajado en el pueblo de La Ligua, haciendo lo que se ofreciera y comiendo sobras,[2] noche y día trabajando hasta que juntó la alta pila de billetes y pagó. Cuando Armando bajó de la mula y abrió la caja, la familia se quedó muda del susto. Nadie había visto nunca nada parecido en estas comarcas[3] de la cordillera chilena. Desde muy lejos venía gente, como en peregrinación,[4] a contemplar el televisor Sony, de doce pulgadas, a todo color, funcionando a fuerza de batería de camión.

Los Escárate no tenían nada. Ahora siguen durmiendo amontonados[5] y malviviendo del queso que hacen, la lana que hilan y los rebaños de cabras que pastorean para el patrón de la hacienda. Pero el televisor se alza como un tótem[6] en medio de su casa, una choza de barro[7] con techo de quincha,[8] y desde la pantalla la Coca-Cola les ofrece chispas de vida y la Sprite, burbujas de juventud. Los cigarrillos Marlboro les dan virilidad. Los bombones Cadbury, comunicación humana. La tarjeta Visa, riqueza. Los perfumes Dior y las camisas Cardin, distinción. El vermut Cinzano, status social; el Martini, amor ardiente. La leche artificial Nestlé les otorga vigor eterno y el automóvil Renault, una nueva manera de vivir.

[1]a... sobre la parte superior de un burro (animal de carga) [2]los restos de una comida [3]regiones [4]viaje hecho por personas fieles (peregrinos) hacia algún lugar de importancia spiritual [5]uno sobre el otro [6]se... está colocado en un lugar alto como si fuera un monumento [7]choza... cabaña miserable hecha con una masa de tierra y agua [8]techo... parte superior que cubre la casa por dentro, hecha con los tallos rectos, y flexibles de planta llamada junco

CONTRASTES	
La vida de los Escárate	*Las imágenes que ellos ven en la televisión*

Paso 2 Compartan con el resto de la clase lo que encontraron. También apunten los ejemplos que los otros grupos encontraron.

Paso 3 Todos deben comentar si el contraste que establece Galeano es una crítica a la televisión o a la familia Escárate.

Estrategia para la comunicación

The following phrases and expressions will help you express differences and similarities clearly and precisely.

- pero
- en contraste
- aunque
- sino
- por otra parte
- sin embargo
- en cambio

Así se dice

The true passive voice is used much more often in English than in Spanish. For example, *The window was broken* is passive while *John broke the window* is active. In Spanish, the passive is more frequently expressed with the passive **se** rather than the true passive voice when the agent is not expressed. For example, to express that *the wall is being painted,* it is possible to say in Spanish **la pared está siendo pintada** which is the true passive. However, it is much more common to express this with the passive **se: se pinta la pared.**

Actividad D La imagen femenina

META DE COMUNICACIÓN
Comentar la imagen de la mujer en la televisión

Paso 1 Con toda la clase, escriban en la pizarra una lista de todos los programas de televisión cuya protagonista es del sexo femenino; es decir, que una actriz desempeña el papel principal.

Paso 2 En grupos de tres o cuatro compañeros, comenten la imagen de la mujer que presentan estos programas. Consideren, por ejemplo, algunos de los siguientes temas.

- la apariencia física
- la capacidad intelectual
- la edad
- el grupo étnico
- el papel que desempeña
- la profesión que tiene

Paso 3 Compartan sus comentarios con el resto de la clase.

Paso 4 **Optativo.** Repitan los Pasos 1 a 3, pero esta vez analicen la imagen de la mujer en los anuncios publicitarios.

Estrategia para la comunicación

When you give examples to support your opinions, you might also want to signal to your listeners how important you feel the example is. These expressions and phrases will help you do that.

- El ejemplo más representativo es/son...
- El mejor ejemplo de esto es/son...
- Más que nada,...

Ideas para explorar

Los avances tecnológicos televisivos

Vía Digital presenta diferentes servicios interactivos. ¿Abonas tú a algún servicio interactivo o digital?

¿Qué te parece?

- ¿Cómo recibes las transmisiones televisivas, a través de cable terrestre o a través de satélite digital?
- ¿Qué tipos de programas se ven en los canales de pago por visión? ¿Has optado alguna vez por ver un programa de pago por visión?
- ¿Tienes televisión por cable? ¿Tienes el conjunto básico de cable? ¿Escogiste canales optativos?
- ¿Hay canales que no sean parte del conjunto básico, pero que tú crees que sí deberían serlo?
- ¿Qué sabes de WebTV y otros productos y servicios semejantes?

Vocabulario del tema

Verbos

abonar	inscribirse una persona, por medio de pago, para que pueda concurrir a alguna diversión
acceder a	tener acceso o entrada
emitir	producir ondas para hacer oír noticias, música, etcétera; transmitir
lanzar	introducir por primera vez

Sustantivos

el abonado (la abonada)	cliente
los canales	en el televisor, estaciones donde se reciben las transmisiones
la empresa	negocio, compañía
la guía de programación	informe sobre los días y horas en que se presentarán los programas
el mando a distancia	aparato automático con que se dirige, a distancia, la conexión, interrupción, volumen, etcétera, de un televisor
la oferta	ofrecer en venta un producto cualquiera

***EL MANUAL** contiene ejercicios de vocabulario.*

Actividad A Oraciones incompletas

META LINGÜÍSTICA
Practicar el vocabulario

Paso 1 Completa cada oración a continuación con la palabra o frase apropiada.

1. Muchos _____ televisivos se conocen por lo que ofrecen. Por ejemplo, unos suelen programar películas exclusivamente, otros sólo emiten vídeos musicales, mientras que otros como CNN sólo presentan noticias y programas informativos.
2. El _____ del televisor permite que una persona pueda quedarse en sofá para cambiar de canal o ajustar el volumen. Sólo hay que apretar un botón.
3. Las empresas de cable suelen otorgar _____ promocionales para estudiantes universitarios al principio de cada semestre/trimestre escolar. Reducen los precios, o a veces instalan los servicios gratuitamente.
4. La _____ se publica en los periódicos y también en revistas dedicadas al tema. Contiene todos los programas que se presentarán dentro de una temporada estipulada. También indica la hora en que se dan los programas y a menudo hay comentarios sobre las películas que se estrenarán.
5. Hay algunos televisores que se hicieron para _____ la red. Una empresa que se especializa en esto se llama WebTV.
6. Sólo los _____ al canal de pago o al pago por visión podrán ver la mayoría de los partidos de fútbol.
7. _____ una nueva empresa es muy común en las industrias tecnológicas porque cada día hay nuevos avances tecnológicos.

Paso 2 Verifica tus respuestas con el resto de la clase.

NOTA LINGÜÍSTICA Conditional Tense

Forms

To form the conditional, add the conditional endings to the infinitive, whether **-ar, -er,** or **-ir** verbs. These are the same endings as in the imperfect of **-er/-ir** verbs.

lanzar	**acceder**	**emitir**
lanzar**ía**	acceder**ía**	emitir**ía**
lanzar**ías**	acceder**ías**	emitir**ías**
lanzar**ía**	acceder**ía**	emitir**ía**
lanzar**íamos**	acceder**íamos**	emitir**íamos**
lanzar**íais**	acceder**íais**	emitir**íais**
lanzar**ían**	acceder**ían**	emitir**ían**

Functions
To express states, actions, or events that have not yet come to pass. They may or may not eventually happen, depending on the circumstances.

> **Pagaría** más para recibir canales en español.
> *I would pay more to receive Spanish-language channels.*

The case described here is that you may or may not have to pay more for this service, and that Spanish-language channels may or may not become available.

EL MANUAL *contiene ejercicios de gramática.*

☐ ***META LINGÜÍSTICA***
Practicar la gramática

Actividad B ¿Qué harías?

Paso 1 Indica la forma apropiada de cada verbo en el condicional. Luego, indica si estás de acuerdo o no con las afirmaciones.

	ESTOY DE ACUERDO.	NO ESTOY DE ACUERDO.
1. Yo _____ (comprar) un televisor cuya pantalla fuera de cuarenta pulgadas.	☐	☐
2. El gran cocinero Paul Prudhomme _____ (dejar) de transmitir programas de cocina.	☐	☐
3. Rupert Murdoch _____(eliminar) por completo los anuncios publicitarios en su cadena televisiva, Fox.	☐	☐
4. Nosotros los estudiantes _____(reemplazar) los programas de deportes por programas educativos.	☐	☐
5. Mi compañero/a de cuarto (esposo/a, novio/a) _____(alquilar) más películas en vídeo.	☐	☐
6. Los niños _____(mirar) la televisión todas las noches.	☐	☐
7. Los atletas _____(pagar) extra para ver programas de deportes.	☐	☐
8. Mi mejor amiga _____(establecer) más canales cuya programación fuera dirigida a mujeres.	☐	☐
9. El canal público en esta área _____(emitir) más programas relativos a la naturaleza.	☐	☐

Paso 2 Verifica las formas verbales con el resto de la clase.

☐ ***META DE COMUNICACIÓN***
Identificar productos y servicios que se ofrecen

Actividad C ¿Qué nos espera en el futuro?

Paso 1 Trabajen en grupos. El profesor (La profesora) le va a asignar a cada grupo una de las cuatro siguientes lecturas (páginas 219–220). Al leer, identifiquen el producto, servicio o avance tecnológico que se anuncia.

LO QUE SE ANUNCIA	
«Galaxis: desembarco en España»	
«Mónteselo usted mismo»	
«Servicio de información durante las 24 horas»	
«Guía de programación avanzada»	

Paso 2 Compartan la información con el resto de la clase. También deben apuntar la información que los otros grupos comparten.

Paso 3 Todos deben comentar la información. ¿A qué servicios, productos o avances ya tienen acceso Uds.? ¿A cuáles les gustaría acceder? ¿En cuáles invertirían fondos (*would you invest*)?

Así se dice

Many verbs in Spanish are used with specific prepositions. When these verbs are used in questions, the preposition will precede the question word. Note the contrast with common spoken English.

¿**Con** quién vas? *Who are you going with?*

Here are a few more examples related to the readings.

¿**En** qué se especializa la empresa Galaxis?

¿**A** qué servicios permite acceder Vía Digital?

¿**A** qué ayuda al abonado la nueva guía de programación?

Mónteselo usted mismo

Nikko ha lanzado al mercado un kit individual para recepción digital compuesto por una antena parabólica de 60/80 centímetros de extraordinaria facilidad de montaje. Incluye un LNB SHARP de muy bajo ruido premontado en el brazo de la antena. Asimismo la sujeción trasera está premontada también al disco. Por tanto, el montaje se reduce a una simple operación de ensamblaje que se realiza prácticamente en un instante. Completa el kit un práctico soporte polivalente para pared, mástil o barandilla, dos conectores, cable coaxial, manual de instalación, certificado de garantía y etiquetas para el contrato.

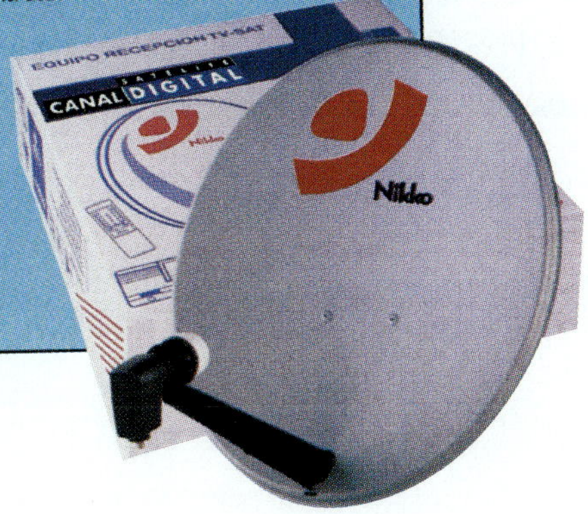

SES lanza ASTRA-Visión

SERVICIO DE INFORMACION DURANTE LAS 24 HORAS

SES ha lanzado ASTRA-Visión, un servicio audiovisual para promocionar la oferta digital de TV, radio y servicios multimedia emitidos a través del Sistema de Satélites Astra. ASTRA-Visión incluye canales de información complementaria que se ofrecen en abierto para toda Europa y acceso directo a diversos servicios: ASTRA-Visión ofrece información concreta sobre la TV digital en castellano, holandés, inglés, francés, alemán, italiano y polaco. Astra-Info destaca los servicios digitales en abierto de Astra, mientras Astra-Info2 informa sobre la oferta de Canal Satélite Digital en España. Canal Satellite Numérique en Francia, DF1 en Alemania y Canal+ en los Países Bajos.
ASTRA-Visión se emite a través del transpondedor 108 (12.556 Ghz, polarización V).

Francisco Boluda, Juan de la Cierva y Paul F. Veth de Galaxis

Galaxis: desembarco en España

El interés por el mercado digital español y el desarrollo de las nuevas tecnologías ha llevado a la empresa alemana **Galaxis** a abrir una delegación en Madrid, que será dirigida por el Sr. **Juan de la Cierva**. Esta empresa está especializada en los sistemas digitales de comunicaciones vía satélite y ocupa un importante papel en el desarrollo de receptores digitales, siendo líder en el diseño y fabricación del denominado *Interfaz Común*.

GUÍA DE PROGRAMACIÓN AVANZADA

La Guía de Programación de ***Vía Digital***, gracias a las prestaciones que ofrece el entorno ***Open TV***, cobran funcionalidades más avanzadas y un diseño mucho más atractivo y amigable, lo que resulta esencial para ayudar al abonado a seleccionar sus canales favoritos.

La nueva Guía de Programación de ***Vía Digital***, permitirá acceder a la lista de las películas o de los eventos deportivos que se emitirán, por ejemplo, durante el fin de semana. Se podrá sintonizar un canal de radio a partir del dial presentado en la pantalla de TV o acceder a los Servicios Interactivos tan sólo apretando un botón del mando a distancia.

Vía Digital anunció que los nuevos Servicios Interactivos comenzarán a ser ofrecidos a sus abonados antes de que finalice el presente año.

Actividad D ¿Qué opciones escogerías?

META DE COMUNICACIÓN
Escoger programación a tu propio gusto

Paso 1 Trabajen en grupos. En la página 222 aparece la programación para dos compañías satélites en España. Lean las dos listas. Busca los canales cuya programación es única. Es decir, busca los canales que se pueden conseguir por medio de una de las compañías solamente. ¿Es muy diferente o parecido lo que ofrecen las dos compañías?

Estrategia para la comunicación

You often listen to what other people have to say, then indicate whether you agree with them or not. Use the following expressions to indicate agreement and disagreement. After making a statement with one of these expressions, you will probably want to indicate with which aspects of the other person's opinion you are (dis)agreeing.

AGREEMENT	DISAGREEMENT
¡Por supuesto!	¡De ninguna manera!
¡Claro que sí!	¡Imposible!
¡Definitivamente!	¡Qué tontería!
¡Tiene(s) toda la razón!	¡No es cierto!

Paso 2 Compartan los resultados con el resto de la clase. ¿Cuál de los dos servicios ofrece la programación que prefiere la mayoría de la clase? ¿Son muy diferentes los gustos de los miembros de la clase o son muy parecidos?

Paso 3 Ahora comenten entre todos las diferencias entre los canales disponibles en este país y los canales que se pueden conseguir en España.

CANAL SATÉLITE DIGITAL

Sportmanía, deportes nacionales e internacionales
TNT, grandes clásicos del cine norteamericano
Álbum TV, el canal para los amantes de la televisión, programas clásicos de la televisión
C:, canal multimedia de la informática
RTPI, edición internacional de la televisión portuguesa
TVC Internacional, lo mejor de Televisión 3, en catalán
Eurosport, canal deportivo en español
Documanía, grandes documentales de todos los géneros
Minimax, programación infantil educativa y entretenida
+Música, música española e internacional
Viajar, canal para conocer el mundo
CNN Internacional, noticias internacionales
MTV, música internacional para jóvenes
Andalucía TV, canal autonómico de Andalucía
Fashion TV, canal de la moda, las pasarelas (*catwalks*) y los diseñadores
NBC Europa, canal de entretenimiento e información norteamericano
Audiomanía, música española en todos los géneros
Multimúsica, quince canales especializados en música española e internacional
Radio, diez emisoras musicales y de información general
MCM Africa, música étnica, soul, jazz, africana
Vivir, el hogar y los estilos de vida
TV5, documentales culturales e información general, en francés
RAI Uno, cadena pública italiana
Deutsche W., cadena alemana con programación en español
Fútbol mundial, fútbol europeo y sudamericano
Meteo, información meteorológica
Euronews, cadena de información sobre toda Europa
Cartoon Network, dibujos animados
Estilo, información sobre los diferentes estilos de vida
Discovery Channel, el canal que le descubre el mundo

VÍA DIGITAL

Andalucía TV, canal autonómico de Andalucía
TVG, canal de Galicia
ETB, canal vasco
Com. Valenc., canal de Valencia
TVC Sat, canal de Cataluña
Todo humor, comedias, programas y cine
Canal palomitas (*popcorn*), películas para toda la familia
Cine paraíso, películas para ver en familia
Alucine, cine fantástico y de terror
Teledeporte, 24 horas diarias de deporte
Eurosport, canal deportivo en español
Hispavisión, arte, historia, ciencia de España
Canal Hallmark, series y películas
Canal 24 horas, todo noticias
Eco, 24 horas diarias de noticias
Telenoticias, noticias
Conexión financiera, mercados financieros
S. T. Hilo, 30 canales de audio
Ella, revista femenina
Travel Channel, guía mundial del viajero
MTV, música internacional para jóvenes
Canal clásico, todos los estilos de música
Ritmo son, sonidos y bailes latinos
Telehit, pop y rock en español
Club Super 3, dibujos animados
Teledeporte, 24 horas diarias de deporte
Locomotion, dibujos animados
Cultura, conocimientos audiovisuales
Landscape, música instrumental y clásica
Telenovelas, 24 horas al día
Canal nostalgia, todo para los nostálgicos
Galavisión, programación familiar
Tele Tiempo, información meteorológica

Ideas para explorar

La identidad nacional

Parece que la televisión es tan popular en Lima, Perú, como lo es en este país. ¿Cuáles son los resultados de exportar programas televisivos norteamericanos al extranjero?

- ¿Cómo influye en tu vida la televisión?
- ¿Crees que la televisión es una ventana al mundo o una caja que idiotiza?
- ¿Cómo influyó en ti la televisión cuando eras niño/a? ¿Influyó en la imagen que tienes ahora de las mujeres? ¿en la imagen que tienes de algunos grupos étnicos?
- ¿Cuáles prefieres, los programas realistas o los fantásticos?
- En tu opinión, ¿hay algún programa que muestre bien la cultura de este país?
- ¿Hay algún programa que te ofenda?

Vocabulario del tema

Verbos

acelerar hacer que algo vaya más rápido
alcanzar conseguir; lograr
calificar evaluar; apreciar
difundir transmitir
influir en producir una cosa cambios sobre otra; afectar

Sustantivo

la exposición exhibición pública

Adjetivos

acentuado/a muy marcado
escaso/a poco abundante; insuficiente; limitado/a

EL MANUAL *contiene ejercicios de vocabulario.*

META LINGÜÍSTICA
Practicar el vocabulario

Actividad A Asociaciones

Paso 1 Indica la palabra de la lista del Vocabulario del tema que se asocia con cada una de las siguientes palabras y frases.

1. afectar
2. conseguir
3. transmitir
4. evaluar
5. exhibición
6. hacer más rápido
7. poco abundante
8. muy marcado

Paso 2 Verifica tus respuestas con el resto de la clase.

NOTA LINGÜÍSTICA Contrary-to-Fact Statements

To express conditions contrary to fact, use the conditional tense in the main clause and the past subjunctive in the clause introduced by **si** (*if*).

Forms

To form the conditional, add the conditional endings to the infinitive. These are the same endings as in the imperfect of **-er/-ir** verbs.

Conditional endings: **-ía, -ías, -ía, -íamos, -íais, -ían**

To form the past subjunctive, add the past subjunctive endings to the verb stem based on the third-person plural form of the preterite tense. Note that, if a verb is irregular in the preterite, it is also irregular in the past subjunctive.

Past subjunctive endings: **-a, -as, -a, -amos, -ais, -an**

INFINITIVE	PRETERITE	PAST SUBJUNCTIVE STEM
mejorar	mejoraron	mejorar-
incluir	incluyeron	incluyer-
prohibir	prohibieron	prohibier-
hacer	hicieron	hicier-

Notes:

- The past subjunctive of **hay** (*there is/are,* from **haber**) is **hubiera.**
- The **nosotros** form requires a written accent mark: **mejoráramos.**

Functions

To express what needs to take place for the consequence to happen. The reason these statements are called contrary to fact can be seen in the following example.

Estela viajaría si tuviera dinero. *Estela would travel if she had the money.*

The fact is that Estela is not going to travel. She does not have the money to do so. If she *did,* she *would* travel (consequence).

EL MANUAL *contiene ejercicios de gramática.*

Actividad B Si...

☐ ***META LINGÜÍSTICA***
Practicar la gramática

Paso 1 Completa las siguientes frases con ideas originales.

1. Si las mujeres se encargaran de la programación,...
2. Si se prohibiera presentar escenas violentas,...
3. Si se prohibiera transmitir programas con cualquier tipo de contenido sexual,...
4. Si todavía hubiera sólo las tres cadenas grandes, ABC, CBS y NBC,...
5. Si los estudiantes universitarios tuviéramos que escoger los canales más importantes,...
6. Si mis padres (hijos, abuelos) tuvieran que escoger los canales más importantes,...

Paso 2 Comparte tus oraciones con el resto de la clase, verificando las formas verbales.

Actividad C Lo positivo y lo negativo

☐ ***META DE COMUNICACIÓN***
Comentar las transformaciones sociales que ha provocado la televisión

Paso 1 Trabajen en grupos de tres. Cada uno/a de Uds. va a leer un artículo diferente. Resuman las influencias positivas y negativas de la televisión que se mencionan en el artículo. (*Nota*: Uno de los artículos apareció anteriormente, en la Lección 13).

	INFLUENCIAS POSITIVAS	INFLUENCIAS NEGATIVAS
«Televisión e identidad nacional: El más penetrante medio de comunicación masiva»		
«Televisión e identidad nacional»		
«La televisión mexicana y la pérdida del proyecto cultural infantil»		

Estrategia para la comunicación

When stating both the positive and negative consequences of an action, you are, in essence, examining both sides of an issue. The following expressions will help you indicate that.

Por un lado... / Por otro lado...
En cierto sentido... / Sin embargo...
Un buen argumento es... / No obstante...

Paso 2 Compartan la información con los otros miembros del grupo. Luego, verifiquen la información con el resto de la clase.

Paso 3 Toda la clase debe comentar las siguientes ideas sobre la televisión, invento que ha provocado grandes transformaciones sociales.

- Si los países latinoamericanos crearan más programas locales, no tendrían que importar «enlatados» de los Estados Unidos y otros países. También evitarían la influencia de las culturas de estos países.
- Si las familias (tanto mexicanas como de cualquier otro país) quisieran mejorar las relaciones familiares, deberían pasar más tiempo juntos viendo la televisión. Por otro lado, podrían leer libros juntos y así los niños aprenderían más sobre la cultura de su país.

Televisión e identidad nacional

El más penetrante medio de comunicación masiva

Debido a la gran cantidad de escenas violentas y sexuales que se incluyen en su programación diaria, algunos de sus críticos han calificado a la televisión como el "ojo del diablo" o el "invitado enajenante"[1] que se hace presente cotidianamente[2] en el círculo familiar.

En la América Latina, el escaso desarrollo que la televisión local ha alcanzado en gran número de países, hace que su programación esté compuesta, en un gran porcentaje, por los llamados "enlatados", es decir, los teleteatros, series policíacas (sin ningún valor artístico o moral, según los críticos, que fanatizan, sin embargo, a una gran cantidad del teleauditorio), miniseries (algunas que se hacen interminables como Dinastía, Dallas, etc.), dibujos animados y largometrajes,[3] todos ellos importados, principalmente, de los Estados Unidos, Japón, México y Brasil. Una preocupante característica de estos "enlatados" son las altas dosis de violencia y sexo que contienen gran cantidad de ellos.

[1]que hace perder el juicio [2]cada día [3]películas

Televisión e identidad nacional

Hay una amplia tendencia a reconocer que la televisión es uno de los instrumentos que más han influido en la formación de los valores, las opiniones y las creencias de la sociedad de la postguerra. Se afirma que ha tenido mayores efectos en la vida y los pensamientos del hombre moderno, que cualquier otro invento desde la imprenta.

De ella se dice, entre otras cosas, que ha acelerado el progreso; ha provocado grandes transformaciones sociales; puso al mundo prácticamente al alcance de todos, por lo menos visualmente, debido a la rapidez con que se difunden las imágenes sobre acontecimientos que tienen lugar en alejadas partes de la tierra; es un medio adecuado para la difusión masiva de programas culturales; es un medio de entretenimiento que absorbe más tiempo que cualquier otra actividad recreativa, y que, como medio de comunicación, permite acceder inmediatamente a la población de apartados rincones nacionales que dispongan de un aparato receptor.

La televisión mexicana y la pérdida del proyecto cultural infantil

—por Javier Esteinou M.

El modelo mental que los medios imponen ha acelerado el rompimiento de la relación entre hijos-padres-abuelos, principal sostén de este país en los últimos 400 años. Así, en menos de una generación, en nuestras conciencias se ha sembrado masivamente lo trasnacional estadounidense, al grado de que hoy podemos decir —como lo hace Carlos Monsiváis— que en el territorio mexicano ya nació la primera generación de estadounidenses. Hemos perdido la memoria de nuestro proceso histórico y, en menos de cuatro decenios, hemos adquirido la memoria de lo multinacional.

Todo lo anterior se confirma cuando observamos que los niños mayores de seis años conocen más la información televisiva que la transmitida en la escuela primaria.

En el campo de la historia, el 67% de los niños identifica los días y horarios en que se transmiten sus programas favoritos de televisión, mientras que sólo el 19% enuncia las fechas en que ocurrieron los acontecimientos más significativos de la historia nacional. Los superhéroes de la televisión, como «La mujer maravilla», son más conocidos por los pequeños (98%) que los héroes de la Revolución mexicana (33%). «El Chapulín Colorado», es más evocado por los infantes (96%) que los Niños Héroes de Chapultepec (82%). «Supermán» está más presente en la mente de los pequeños (97%) que don Benito Juárez. En materia religiosa, no obstante que nuestra sociedad es acentuadamente católica, más de la mitad de los niños (56%) conoce el día en que se transmitía «Hogar dulce hogar», mientras que sólo el 36% recuerda el día en que se celebra la Navidad. Mientras el 55% de los niños puede decir qué día se difundía el programa «Mis huéspedes», sólo el 32% sabe la fecha en que se celebra a la Virgen de Guadalupe.

Así se dice

In the last sentence of the first piece, "Televisión e identidad nacional: El más penetrante medio de comunicación masiva," you find the phrase "las altas dosis de violencia". Spanish nouns that end in **-sis** are invariable. That is, they have only one form in both the singular and plural. Some common nouns that end in **-sis** are:

la crisis económica	**las crisis** económica y política
el análisis estadístico	**los análisis** de sangre
abrir un **paréntesis**	entre **paréntesis**

META DE COMUNICACIÓN
Preparar una exposición de programas de este país

Actividad D ¡Un festival de televisión!

Paso 1 Trabajen en grupos. Imagínense que Uds. tienen la oportunidad de presentar en varios países latinoamericanos un festival de la televisión de este país. El título de la exposición será «Panorama de la cultura e identidad nacionales». El profesor (La profesora) le va a asignar a cada grupo uno de los siguientes tipos de programación: (1) comedias, (2) dramas o (3) otra programación. En su grupo, propongan cinco programas televisivos y den razones para apoyar el porqué de sus selecciones.

Consejo práctico

To describe your exhibition to the class, you should have a plan. After your group has made its decisions, the note taker should rewrite his or her notes into an organized outline so that the presentation will proceed smoothly. Also, try to delegate tasks to everyone in the group. For example, the note taker shouldn't be the person who makes the presentation to the class. Everyone should have a role.

Paso 2 Compartan sus selecciones con el resto de la clase. También deben apuntar los programas que mencionen los otros grupos. Toda la clase debe escoger, entre todos los programas propuestos, los que incluirían en la exposición. ¿Cuántos programas necesitan incluir para presentar un panorama de la cultura e identidad nacionales de este país?

Así se dice

To compare two or more things, use these phrases.

COMPARISONS OF INEQUALITY

más/menos + adjective/adverb/noun + **que**
verb + **más/menos** + **que**

El programa «60 Minutes» es **más informativo que** «Hard Copy».
El programa «60 Minutes» **informa menos que** «Meet the Press».

To set one thing apart from the others as the best, the worst, the biggest, the smallest, and so on, add the definite article to the comparative form.

Entre las comedias, «Friends» es **la más divertida** de todas.
De todos los canales, CNN es **el más informativo.**

COMPARISONS OF EQUALITY

tan + adjective + **como**
tantos/as + noun + **como**

«Friends» **es tan divertido** como «Frasier».
¿Ha ganado Kelsey Grammer **tantos Emmys como** Mary Tyler Moore?

LECCIÓN

15 Literatura y arte

Literatura

The *¿Qué te parece?* CD-ROM offers additional activities related to the **Literatura** selection in this unit.

«Telenovela» por Rosario Castellanos (1925–1974)

Rosario Castellanos es una de las figuras más importantes de la literatura mexicana contemporánea. Su obra ha tenido una influencia importante también en la literatura chicana. Escribió ensayos, poemas y novelas. Nació en la Ciudad de México pero pasó su niñez y adolescencia en el estado de Chiapas, escenario de sus novelas más importantes. Allí colaboró activamente en el Instituto de Ciencias y Artes de Chiapas. Además de haber sido una de las escritoras trascendentales de México del siglo XX, sirvió como embajadora de México en Israel, hasta su muerte en 1974.

Vocabulario útil

Verbos

acertar (a)	to be able (to)
ahuyentar	to chase away
brindar	to toast (with a drink)
costear	to pay for
mascullar	to mumble
urdir	to scheme, dream up

Sustantivos

el aliento	breath
el aula (but *f.*)	classroom
la beatitud	saintliness
la carencia	need, wanting
la cátedra	lecture
el/la cómplice	accomplice
el loor	praise
el merodeo	wandering
la potestad	authority
la rencilla	disagreement
el siervo (la sierva)	servant
la vitrina	glass showcase

Adjetivos

idóneo/a	original
menesteroso/a	needy

Anticipación

Actividad A ¿Qué es una telenovela?

Paso 1 La clase debe dividirse en cuatro grupos. Cada grupo va a escoger uno de los temas a continuación. Luego, hagan una lista de todo lo que se les ocurra sobre su tema.

- los temas—¿Cuáles son algunos temas que recurren en las telenovelas? ¿Qué temas son los más populares?
- los personajes—¿Qué tipo de personajes aparece comúnmente en las telenovelas? ¿Qué profesiones se ven representadas? ¿Aparecen personajes pobres?
- el público de las telenovelas—¿Quiénes ven las telenovelas? ¿Cómo es este/a televidente? ¿A qué clase(s) social(es) pertenece?
- los anuncios publicitarios—¿Qué tipo de productos suelen patrocinar las telenovelas? ¿Quiénes, por lo general, compran este tipo de productos?

Paso 2 Compartan con la clase la lista de su grupo y anoten la información que presentan los otros grupos. Si pueden, contribuyan a las listas de los otros grupos.

Paso 3 Ahora con los grupos otra vez, traten de describir la telenovela con una sola definición.

Paso 4 Escriban su definición en la pizarra y compárenla con las que sugirieron los otros grupos. ¿En qué se parecen las definiciones? ¿En qué se diferencian?

Actividad B En esta clase...

Paso 1 Formen grupos de cuatro o cinco compañeros. La mitad de los grupos debe hacer una lista de razones por las cuales a algunas personas les gustan tanto las telenovelas. La otra mitad va a preparar una lista de las razones por las cuales otras personas las detestan. Cada grupo debe escribir su lista en la pizarra.

Paso 2 Con toda la clase, comenten las listas. ¿Son parecidas o diferentes las razones sugeridas en las dos listas? ¿Cuáles son las razones a favor de ver las telenovelas sugeridas más frecuentemente? ¿Y las razones en contra?

Paso 3 Ahora averigüen la siguiente información sobre las opiniones y preferencias de la clase.

- ¿Cuántos miembros de la clase no ven nunca las telenovelas?
- ¿Cuántos las ven de vez en cuando?
- ¿Cuántos son aficionados a cierta telenovela?
- ¿Cuál es la telenovela que ve el mayor número de los estudiantes de esta clase?

Paso 4 Ahora vuelvan a la descripción del público de las telenovelas que uno de los grupos hizo en la Actividad A. ¿Son éstas las características de los miembros de esta clase?

Actividad C Las telenovelas hispanas

Paso 1 El profesor (La profesora) va a leer una descripción de las diferencias que existen entre las telenovelas hispanas y las de este país. Haz una lista de las tres diferencias principales.

Paso 2 Compara tu lista con la de un compañero (una compañera) de clase. Si hay algo que Uds. no entendieron bien, pidan una aclaración.

Primera exploración

Actividad A Los personajes

Paso 1 Con un compañero (una compañera), lean la primera estrofa del poema y determinen qué papel, según Rosario Castellanos, desempeña la televisión en la sociedad de hoy día.

Paso 2 Ahora lean las estrofas dos y tres. Quiénes son las seis personas que van a ver la telenovela y cuáles son las actividades que dejan de hacer para poder verla?

Paso 3 Comparen sus respuestas con las de los otros grupos. ¿Qué imagen se forman Uds. de esta familia? ¿Creen que la familia que describe Castellanos es la «típica» familia mexicana de hoy día? ¿Por qué sí o por qué no? ¿De qué clase social creen que es la familia?

Paso 4 Lean las estrofas cuatro, cinco y seis. Hagan una lista de los siete personajes mencionados y escriban dos o tres adjetivos que describan a cada uno de ellos. ¿Cómo son? ¿Y cómo son las situaciones en que se encuentran?

Paso 5 Compartan sus descripciones con el resto de la clase. ¿También se puede encontrar personajes de este tipo en las telenovelas norteamericanas?

Actividad B «Y hay que comprar... »

Paso 1 Individualmente, lee las estrofas siete y ocho. ¿En qué se enfocan estas estrofas? ¿Cómo lo sabes? ¿Cuáles de los verbos a continuación captan mejor la actitud de la autora respecto al nuevo enfoque?

acepta	aprueba	desprecia	prohíbe
acomoda	consiente	examina	reprueba
admite	critica	juzga	valora

Paso 2 Compara los verbos que escogiste con los que escogieron dos o tres compañeros de clase. Expliquen a la clase qué elementos del poema motivaron sus selecciones.

Paso 3 Con el mismo grupo, lean ahora las estrofas nueve, diez y once. Describan cómo son los siguientes dos personajes. Hagan una lista de las características de cada uno.

- el hombre (es decir, el ser humano)
- el publicista

Paso 4 Compartan sus descripciones con el resto de la clase.

EN EL MANUAL *se hallan más actividades relacionadas con «Telenovela» que sirven de guía para la lectura en casa.*

Actividad C Por fin

Paso 1 Individualmente, lee las últimas dos estrofas. Luego, entre todos, comenten el final del poema. ¿Cómo termina Castellanos el poema? ¿Qué sucede? ¿Cómo ha sido la «reunión» de la familia? ¿Es típico eso?

Paso 2 El poema termina con las palabras «sueños prefabricados». ¿A qué se refiere esta frase?

Lectura

Telenovela

por Rosario Castellanos

El sitio que dejó vacante Homero,
el centro que ocupaba Scherezada
(o antes de la invención del lenguaje, el lugar
en que se congregaba la gente de la tribu
para escuchar al fuego) ahora está ocupado por
la Gran Caja Idiota.

Los hermanos olvidan sus rencillas
y fraternizan en el mismo sofá; señora y sierva
declaran abolidas diferencias de clase
y ahora son algo más que iguales: cómplices.

La muchacha abandona
el balcón que le sirve de vitrina
para exhibir disponibilidades
y hasta el padre renuncia a la partida
de dominó y pospone
los otros vergonzantes merodeos nocturnos.

Porque aquí, en la pantalla, una enfermera
se enfrenta con la esposa frívola del doctor
y le dicta una cátedra
en que habla de moral profesional
y las interferencias de la vida privada.

Porque una viuda cose hasta perder la vista
para costear el baile de su hija quinceañera
que se avergüenza de ella y de su sacrificio
y la hace figurar como a una criada.

Porque una novia espera al que se fue;
porque una intrigante urde mentiras;
porque se falsifica un testamento;
porque una soltera da un mal paso
y no acierta a ocultar las consecuencias.

Pero también porque la debutante
ahuyenta a todos con su mal aliento.
Porque la lavandera entona una aleluya
en loor del poderoso detergente.
Porque el amor está garantizado
por un desodorante
y una marca especial de cigarrillos
y hay que brindar por él con alguna bebida
que nos hace felices y distintos.

Y hay que comprar, comprar, comprar.
Porque comprar es sinónimo de orgasmo,
porque comprar es igual que beatitud,
porque el que compra se hace semejante a los
dioses.

No hay en ello herejía.
Porque en la concepción y en la creación del
hombre se usó como elemento la carencia.
Se hizo de él un ser menesteroso,
una criatura a la que le hace falta
lo grande y lo pequeño.

Y el secreto teológico, el murmullo
murmurado al oído del poeta,
la discusión del aula del filósofo
es ahora potestad del publicista.

Como dijimos antes no hay nada malo en ello.
Se está siguiendo un orden natural
y recurriendo a su canal idóneo.

Cuando el programa acaba
la reunión se disuelve.
Cada uno va a su cuarto mascullando un—
apenas— "buenas noches".

Y duerme. Y tiene hermosos sueños prefabricados.

Aplicación

Actividad A Los papeles que desempeñan las telenovelas

Paso 1 ¿Cuáles son los papeles que desempeñan las telenovelas? En grupos de tres o cuatro compañeros, hagan una lista de los papeles. Pueden usar el mapa conceptual en la página 234 como guía, pero no es necesario limitarse a él.

Paso 2 ¿Qué papeles indicaron? Compártanlos con la clase. ¿Hay diferentes opiniones? ¿Hay quienes que crean que las telenovelas son lo peor de la televisión? ¿lo mejor? ¿que son «una ventana» a la cultura popular?

Paso 3 La clase debe comentar qué opinaría Rosario Castellanos de los papeles que desempeñan las telenovelas.

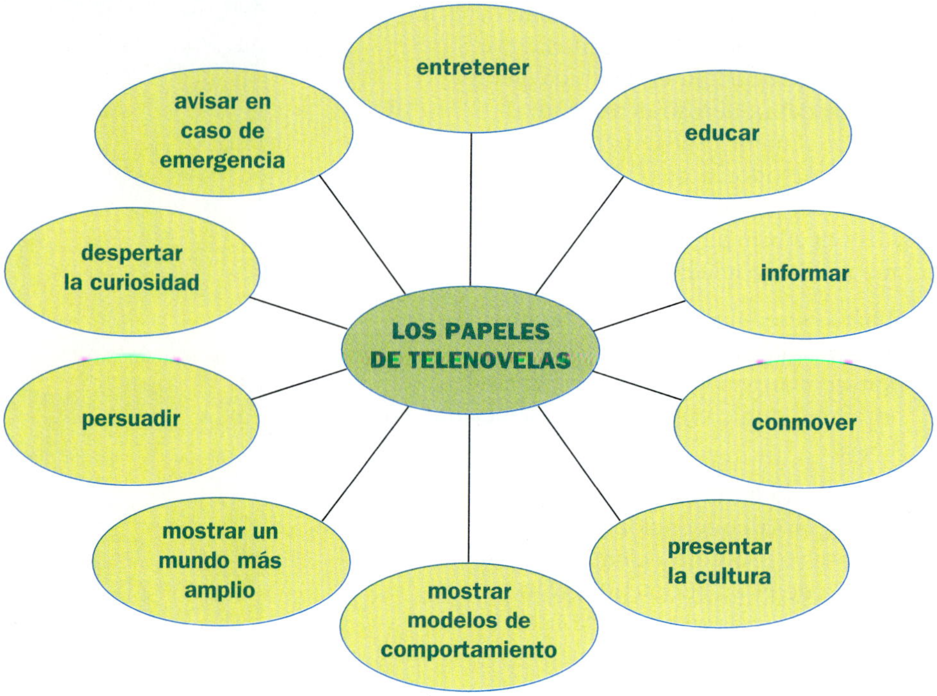

Actividad B Para que tenga éxito…

Paso 1 Según muchos, el éxito de una telenovela depende de los temas tratados en ella. Con tres compañeros, lean la siguiente lista de temas y escojan los que les parezcan ideales para lograr que una telenovela tenga éxito. Luego, escojan los tres peores para el éxito de una telenovela.

- ☐ el aborto
- ☐ el amor romántico
- ☐ los amores prohibidos
- ☐ las carreras
- ☐ las crisis emocionales
- ☐ el divorcio
- ☐ los embarazos indeseados
- ☐ la frigidez
- ☐ la homosexualidad
- ☐ la infidelidad en el matrimonio
- ☐ el maltrato físico
- ☐ el matrimonio
- ☐ la política
- ☐ los problemas de salud
- ☐ los problemas económicos
- ☐ el racismo
- ☐ la religión
- ☐ el SIDA
- ☐ la vida de los muy ricos
- ☐ la vida de los negociantes

Paso 2 Comparen los temas que escogió su grupo con los de los otros grupos. ¿Hay muchas opiniones diferentes? Determinen cuáles son los tres temas que «garanticen» que una telenovela tenga éxito.

Paso 3 Muchos opinan que el éxito de una telenovela también depende de los personajes que aparecen en ella. Trabajen en los mismos grupos de antes. El profesor (La profesora) va a asignar a cada grupo uno de los tres temas exitosos. Hagan una lista de los personajes apropiados y las cualidades que deben tener para que una telenovela que trate este tema tenga éxito.

Paso 4 Comparen su lista con las de los otros grupos que examinaron el mismo tema. Luego, toda la clase debe comparar los personajes y sus cualidades. Basándose en esta comparación, ¿creen que hay una fórmula para escribir telenovelas exitosas?

Actividad C Los «teleadictos»

Paso 1 Con tres compañeros, escriban un cuestionario de cinco preguntas que se puede usar para determinar si una persona es teleadicta o no.

Paso 2 Escriban las preguntas en la pizarra. Luego, la clase debe comentarlas y escoger por lo menos diez preguntas buenas para un cuestionario.

Paso 3 A base de este cuestionario, cada estudiante debe entrevistar a un compañero (una compañera) de clase para determinar si es teleadicto/a. ¿Cuántos teleadictos hay en la clase?

Arte

The *¿Qué te parece?* CD-ROM offers additional activities related to the **Galería del arte** in this unit.

Vocabulario útil

La tertulia, por Ángeles Santos

agarrar	to hold onto tightly
apoyarse	to lean
charlar	to chat
chismear	to gossip
cruzar	to cross
fumar	to smoke
hablar	to talk
reclinarse	to recline
la amiga	friend
el brazo	arm
el cigarrillo	cigarette
el escabel	ottoman, foot stool
la falda	skirt
el hombro	shoulder
el libro	book
la mujer	woman
la nota	note
la pierna	leg
el posabrazos	armrest
el sofá	couch, sofa
el suéter	sweater
el vestido	dress
alto/a	tall
delgado/a	slender, thin
largo/a	long
sentado/a	seated

Sobre la mesa roja I, por Daniel Quintero

inclinarse	to lean forward
los codos	elbows
el prieto	dark-skinned man

Los cuentos, por Amado M. Peña, Jr.

leer	to read
sentarse	to sit
la arruga	wrinkle
el estampado	printed fabric
la familia	family
el hijo / la hija	son, daughter
el libro	book
la manta	blanket
el sombrero	hat

Delincuencia juvenil, por Félix Rodríguez Báez

luchar	to fight
el balcón	balcony
la baranda	railing of balcony
el barrio	neighborhood
el barrio bajo	slum
la basura	trash
el bloque	apartment building
el cable telefónico	telephone wire
la caja	box
el chico	boy
la cuchilla	pocket knife; blade
el departamento	apartment
la escalera	stairs
el ladrón	thief
la lucha	fight
la mujer	woman
el piso	floor of a building
embarazada	pregnant

Actividad A ¿Con qué obra te identificas?

Paso 1 En grupos de tres, miren los cuadros que aparecen en las páginas 190 y 191. ¿Con cuáles pueden identificarse personalmente y por qué?

MODELO: Me identifico con *Los cuentos*, por Amado M. Peña, Jr. Recuerdo que mis padres me leían cuentos con frecuencia.

Paso 2 Compartan sus selecciones con el resto de la clase. Entre todos los cuadros, ¿hay alguno con el cual se identifiquen muchas personas? ¿Se identifican con él por las mismas razones?

Paso 3 Repitan los Pasos 1 y 2 pero esta vez identifiquen cuál es la obra con la cual no se pueden identificar personalmente.

MODELO: No me identifico mucho con *Delincuencia juvenil.* Soy de un área rural y aislado.

Actividad B Colócate dentro de la obra

El profesor (La profesora) va a nombrar uno de los cuadros. Imagínate que puedes entrar en esa obra. Di a la clase dónde y cómo te colocarías, y por qué. Considera las siguientes preguntas antes de contestar.

- ¿Quieres ser una de las personas ya representadas en el cuadro o una persona u objeto que el pintor no puso allí?
- ¿Quieres ser la figura central del cuadro o aparecer en el fondo?
- ¿Qué estás haciendo en el cuadro? ¿Estás solo/a?
- Si eres una persona, ¿qué ropa llevas?

MODELO: EL PROFESOR (LA PROFESORA): *Delincuencia juvenil*, por Félix Rodríguez Báez

TÚ: Soy una de las personas que mira la escena desde su apartamento. No quiero encontrarme en medio de una situación violenta.

Actividad C Conversaciones sobre las obras

Paso 1 El profesor (La profesora) va a dividir la clase en cuatro grupos. Cada grupo debe escoger uno de los siguientes temas y comentarlo. Luego, cada grupo debe presentar los resultados de su trabajo a la clase. Con cada tema se dan algunas ideas para guiar la conversación.

1. ¿Qué ideas quiere comunicar Amado Peña en *Los cuentos*?
    - la importancia de la familia
    - el tradicionalismo y los principios morales asociados con él
    - el contraste entre la sociedad representada en estas obras y la sociedad contemporánea

2. ¿Qué quiere comunicar Daniel Quintero en *Sobre la mesa roja I*?
   - la raza del joven
   - el lenguaje corporal
   - los ojos del joven
   - la falta de objetos en el escenario
3. ¿Sería diferente la escena si hubiera un televisor en los cuadros *La tertulia* y *Los cuentos*?
   - ver la tele (el aislamiento) frente a conversar (actividad compartida)
   - los efectos de cambios sociales y la tecnología
   - el televisor como amigo
4. ¿Qué se puede inferir acerca de la personalidad de los dos niños que se ven al lado izquierdo en *Delincuencia juvenil*, el niño en *Sobre la mesa roja I* y las mujeres en *La tertulia*?
   - el lenguaje corporal
   - las expresiones faciales
   - el ambiente que sirve de fondo

Paso 2 Presten atención mientras los otros grupos presentan sus informes. Después de cada presentación, indiquen si hay algo que no se haya considerado al analizar las obras. ¿Qué han omitido? Explíquense.

Actividad D Expresión creativa

Paso 1 Con un compañero (una compañera), escriban sobre el tema que el profesor (la profesora) les asigna. Traten de usar en los diálogos y la descripción la gramática que fue presentada en la Unidad 4.

*Review the **Nota lingüística** in **Lección 13** on object pronouns before doing item 1 of **Actividad D.***

1. Inventen un diálogo entre los dos jóvenes que están peleando en *Delincuencia juvenil.* ¿Cómo se llaman? ¿Son hermanos? ¿amigos?

MODELO:
TÚ: ¡Te detesto!
TU COMPAÑERO/A: Eso no me importa.

*Review the **Nota lingüística** in **Lección 13** on present subjunctive in evaluative statements before doing items 2 and 3 of **Actividad D.***

2. Inventen un diálogo entre las personas que miran la escena desde los balcones en *Delincuencia juvenil.* ¿Comentan con calma la pelea? ¿Se divierten? ¿Están nerviosos? ¿Están preocupados por lo que les pueda pasar a los jóvenes?

MODELO:
TÚ: Mira, Esteban. Los jóvenes están peleando de nuevo.
TU COMPAÑERO/A: Es mejor que vayamos adentro. No debemos meternos en los asuntos de los demás.

3. Inventen un diálogo entre las mujeres en *La tertulia.* ¿De qué o de quiénes hablan? ¿Hablan de sí mismas? ¿Critican a otras personas o hablan bien de ellas?

MODELO:
TÚ: No hay mucho que hacer por aquí. Pero se puede hablar con las amigas, y eso me entretiene bastante.
TU COMPAÑERO/A: Estoy de acuerdo y, además, es bueno que hablemos con frecuencia para saber lo que pasa en el pueblo.

4. Describan lo que pasaría si la niña en *Los cuentos* cambiara de lugar con una de las mujeres de *La tertulia.* ¿Cómo reaccionaría ante la charla de las mujeres? ¿De qué hablarían con la niña?
5. Escojan personas representadas en diferentes cuadros y describan la personalidad de cada una. ¿Son amables? ¿Prefieren estas personas estar solas o estar en compañía de otras personas?

*Review the **Notas lingüísticas** in **Lección 14** on the conditional tense and contrary-to-fact statements before doing item 4 of **Actividad D.***

Paso 2 Compartan con la clase lo que han escrito. ¿Cuál es la historia más original entre todas? ¿Cuál es la más probable?

Paso 3 **Optativo.** Si hay tiempo, cada pareja puede trabajar con los otros temas.

LECCIÓN

16 Repaso y composición

Repaso

Consejo práctico

To make a complete list of themes and ideas explored in **Unidad 4,** you should not only review the **Metas de comunicación.** You should also go over the **Pasos,** skim the articles, and review the questions in the **¿Qué te parece?** sections.

Actividad A Repaso de los temas de la Lección 13

Paso 1 En grupos de tres personas, hagan una lista de los temas explorados en las Ideas para explorar de la Lección 13, La televisión en nuestra sociedad. Cada miembro del grupo trabajará con una sección diferente de la lección.

TEMAS EXPLORADOS
IDEAS PARA EXPLORAR: ¿Por qué ves la televisión?
____
____
____
IDEAS PARA EXPLORAR: La programación
____
____
____

IDEAS PARA EXPLORAR: La televisión y los niños

____

____

____

Paso 2 ¿Qué temas proponen los otros grupos? Compartan su lista con el resto de la clase.

Paso 3 ¿Cuáles son los temas principales de la Lección 13? ¿Qué información no fue nueva para Uds.? De todos los temas explorados, ¿cuáles les interesaron más? ¿Cuáles les interesaron menos? ¿Pueden resumir el contenido de la lección con sus propias palabras? ¿Cuál es el concepto general que abarca toda la Lección 13? De todo lo que han aprendido, ¿hay cierto concepto o dato que para Uds. fue muy importante? ¿Cuál es?

Actividad B Repaso de los temas de la Lección 14

Paso 1 En grupos de tres personas, hagan una lista de los temas explorados en las Ideas para explorar de la Lección 14, La programación. Cada miembro del grupo trabajará con una sección diferente.

TEMAS EXPLORADOS
IDEAS PARA EXPLORAR: Las imágenes presentadas en la televisión ______________________________ ______________________________ ______________________________
IDEAS PARA EXPLORAR: Los avances tecnológicos televisivos ______________________________ ______________________________ ______________________________
IDEAS PARA EXPLORAR: La identidad nacional ______________________________ ______________________________ ______________________________

Paso 2 ¿Qué temas proponen los otros grupos? Compartan su lista de temas con el resto de la clase.

Paso 3 ¿Cuáles son los temas principales de la Lección 14? ¿Qué información no fue nueva para Uds.? De todos los temas explorados, ¿cuáles les interesaron más? ¿Cuáles les interesaron menos? ¿Pueden resumir el contenido de la lección? ¿Cuál es el concepto general que abarca toda la Lección 14? De todo lo que han aprendido, ¿hay cierto concepto o dato que para Uds. fue muy importante? ¿Cuál es?

Actividad C Repaso de las Notas lingüísticas

Consejo práctico

When reviewing grammar, review not only the forms but the functions of each grammar item. Also, when asked to write sentences that illustrate a grammar point, try to come up with original sentences instead of sentences you have read.

Paso 1 Entre todos, repasen las Notas lingüísticas de la Lección 13, La televisión en nuestra sociedad, y escriban en la pizarra una lista de la gramática presentada.

Paso 2 Escribe dos oraciones para cada punto gramatical para demostrar lo que has aprendido. Después, intercambia tus oraciones con un compañero (una compañera) para que él (ella) las revise. Opción: Mientras corrijan las oraciones, cuatro voluntarios pueden escribir sus oraciones en la pizarra. Luego, la clase entera las puede corregir.

Paso 3 Apliquen los Pasos 1 y 2 a la gramática presentada en la Lección 14, La programación.

Paso 4 ¿Qué parte gramatical presentada en las lecciones les resulta fácil de comprender? ¿Cuál les parece más difícil? ¿Pueden incorporar las partes gramaticales en los resúmenes de las lecciones?

Composición

A prepararte

Actividad A ¿Qué tema vas a explorar?

Consejo práctico

Keep the lists of themes you explored in **Lecciones 13** and **14** handy as you go through this activity so that you can refer to the information. You will want to incorporate some of it into your composition.

Paso 1 Lee con atención los siguientes temas y escoge el que más te interese y que tenga más posibilidades para una composición.

1. Si no fuera antiintelectual y anticultural, la televisión sería el medio de comunicación más importante de hoy día.
   - ¿Cuáles son los papeles positivos que desempeña la televisión?
   - ¿Cuáles son algunas críticas que se han hecho sobre la televisión? ¿Qué piensas de esas críticas?
   - ¿Cómo sería el mundo si no existiera la televisión?
2. Es esencial que la televisión presente nuestra sociedad tal como es y que instruya a los televidentes.
   - ¿Qué imágenes de la vida diaria nos presenta la televisión?
   - ¿Qué imágenes del hombre y de la mujer nos presenta?
   - ¿Qué imágenes de los varios grupos étnicos nos presenta?
   - ¿Qué harías para cambiar lo anterior si pudieras?
3. Para una programación más responsable en la televisión, se debe establecer comités para que se censure toda clase de programas.
   - ¿Qué problemas existen hoy día con respecto a la televisión?
   - ¿Qué papeles debe desempeñar la televisión?
   - ¿Qué tipos de programas se deben transmitir en la televisión? ¿Qué se debe evitar en la programación?
   - ¿Hay consideraciones especiales que se debe tener en cuenta respecto a la televisión infantil?

Paso 2 Después de escoger un tema, forma un grupo con otros compañeros de clase que han escogido el mismo tema para hacer la Actividad B.

Paso 3 ¿Repasaron las Actividades A y B en la sección Repaso mientras consideraban los temas? ¿Qué aspectos de los temas les parecen interesantes? ¿Han aprendido algo sobre estos temas en otros cursos?

Actividad B ¿Con qué propósito escribes y a quién te diriges?

Consejo práctico

You don't talk to your instructors and professors the same way you talk to your friends and family. Keep this in mind as you consider the list of possible audiences and purposes in this activity.

Paso 1 Entre todos, lean estas listas de propósitos y posibles tipos de lectores. ¿Qué tipo de lector y qué propósito van bien con el tema? ¿Tienen sentido en combinación? Después de comentar las posibles combinaciones, cada miembro del grupo debe escoger un propósito y un tipo de lector para escribir su propia composición.

TIPOS DE LECTORES

- padres de niños en las escuelas primarias que asisten a un congreso sobre el tema «Cómo mejorar la televisión de los niños»
- estudiantes que se especializan en los medios de comunicación
- escritores y directores que crean programas para niños
- feministas que asisten a un congreso sobre el tema «¿Cómo retrata la televisión a la mujer?»
- padres y maestros que se preocupan por la violencia y el contenido de los anuncios comerciales en los programas infantiles
- ¿otro?

PROPÓSITOS

- aclarar
- analizar
- comparar
- contrastar
- convencer
- describir
- explicar
- informar
- narrar
- persuadir
- reportar
- resumir

Paso 2 Ahora divídanse en grupos pequeños formados sólo por personas que escogieron los mismos temas y propósitos y que se dirigen al mismo tipo de lector. Estos grupos pequeños trabajarán juntos para completar la Actividad A en la siguiente sección, A organizarte.

Paso 3 ¿Consideraron más de un tipo de lector antes de escoger uno? ¿Hicieron lo mismo con varios propósitos antes de escoger uno? ¿Tiene sentido combinar este tipo de lector con el propósito escogido? Es decir, ¿es apropiado el uno para el otro?

A organizarte

Actividad A ¿Qué información piensas incluir?

Consejo práctico

The best compositions are not necessarily the longest ones but the ones that include the most compelling and pertinent information. As you know from reviewing the themes explored in this unit, you have a lot of information to choose from. As an initial step, you may wish to place each theme into one of these categories: definitely include, maybe include, and forget it!

Paso 1 La clase entera debe repasar y comentar las Actividades A y B en Repaso donde identificaron todos los temas explorados en las Lecciones 13 y 14. Apunten cualquier idea (del texto o sugerida por un compañero [una compañera] pertinente al tema. Pueden repasar una vez más las actividades en las secciones Ideas para explorar para señalar específicamente los comentarios que hicieron y para escoger ejemplos textuales de las varias lecturas.

Paso 2 Hagan una lista completa de las ideas que se podrían incluir en la composición.

Paso 3 ¿Escribieron muchas ideas en las listas? ¿Incluyeron información además de los datos incluidos en este libro? ¿Será necesario pedirle ayuda al resto de la clase para añadir ideas a las listas?

Actividad B ¿Cómo vas a organizar la información?

Consejo práctico

One of the advantages of composing directly on a computer is that revising is much easier. You can "cut and paste" whenever and wherever you see fit. You may not wish to delete anything until you are very near the end of composing. To do this, just put anything you might want to evaluate later into a footnote or a separate file.

Paso 1 Ahora cada uno/a de Uds. debe empezar a organizar tus propias ideas. Repasa la lista que preparaste para la Actividad A y escoge las ideas que te parecen más adecuadas al tema. Luego, ordena la información en forma de un bosquejo.

Paso 2 Muéstrale el bosquejo que hiciste a un compañero (una compañera) que ha escogido otro tema para que lea y comente tu bosquejo. Haz lo mismo con el bosquejo de tu compañero/a.

Paso 3 **Optativo.** Algunos voluntarios pueden escribir sus bosquejos en la pizarra para que toda la clase los comente.

Paso 4 ¿Les fue difícil encontrar un orden adecuado para presentar la información? ¿Hacen bosquejos para escribir composiciones o trabajos en otras clases? ¿Encuentran beneficiosa la técnica de preparar un bosquejo?

¡A escribir!

Consejo práctico

Form a study group with classmates whose opinions you trust and value. Exchange compositions and give each other constructive criticism. That is, read each other's composition with the idea of helping your classmate write better.

EL MANUAL *contiene un resumen de la gramática presentada en la Unidad 4.*

Actividad A El borrador

Paso 1 Teniendo en cuenta el propósito de la composición, el tipo de lector, el tema y el bosquejo, escribe en casa un borrador de unas 300 palabras.

Paso 2 Lee el borrador. ¿Hay argumentos que quieras añadir? ¿ideas que quieras aclarar? ¿ejemplos que quieras incluir?

Paso 3 Cuando el contenido te parezca lo suficientemente completo, lee el borrador de nuevo para revisar...

- ☐ el uso de los pronombres de complemento directo e indirecto
- ☐ el uso del subjuntivo con expresiones impersonales para hacer comentarios subjetivos
- ☐ el uso del subjuntivo con conjunciones adverbiales que implican interdependencia
- ☐ el uso de la **se** pasiva
- ☐ el uso del condicional
- ☐ el uso del imperfecto de subjuntivo en oraciones con **si**

Actividad B Redacción

Paso 1 Intercambien composiciones con un compañero (una compañera). Lee su composición y haz un bosquejo de ella. Luego, dale el bosquejo a tu compañero/a y lee el bosquejo que hizo de tu composición. ¿Refleja lo que querías comunicar? ¿Ahora quieres añadir, cambiar o modificar algo en tu composición para mejorarla?

Paso 2 Haz todos los cambios necesarios y escribe la composición a máquina (computadora), a doble espacio. Luego, entrégale la composición y el borrador al profesor (a la profesora).

Paso 3 ¿Seguiste los pasos indicados? ¿Te gusta tu composición? Es decir, ¿sientes satisfacción por el trabajo que has hecho? ¿Cómo crees que reaccionará el profesor (la profesora)? ¿Encontrará que tu composición es muy interesante? ¿excelente?

Portafolio cultural

Vídeo

Opción 1 En el vídeo que acompaña el libro de texto se encuentra un reportaje que se titula «Un, dos, tres». El reportaje se enfoca en la despedida en 1992 del programa televisivo español «Un, dos tres», que duró muchos años y gozó de una inmensa popularidad. Mientras miras el vídeo, piensa en las siguientes preguntas: ¿Es el humor que se presenta en el programa algo anticuado? ¿Es posible que un programa de este tipo tenga éxito hoy día? También apunta las siguientes ideas:

- cuántos años duró el programa
- las razones que se dan para explicar la popularidad del programa
- programas semejantes en los Estados Unidos

Luego, describe en dos o tres párrafos lo que opinas tú del programa.

Opción 2 En el vídeo que acompaña el libro de texto se encuentra un reportaje que se titula «Lenguaje de la publicidad», una serie de anuncios publicitarios. Los productos y servicios que se presentan aparecen a continuación en el orden en que aparecen.

- Chupa Chups, un dulce
- Phoskitos, un pastel
- Vit, una bebida instantánea
- Fairy Ultra, un jabón para lavar platos
- Cola Cao, una bebida instantánea
- Zanussi, una máquina lavadora
- Lancaster, un producto de belleza
- Wipp, un detergente
- Pantene, productos de belleza
- Seguros Santa Lucía, una compañía de seguros
- Ariel, un detergente
- Casademont, una comida
- Margaret Astor, un producto de belleza

Al mirar los anuncios publicitarios, escoge dos que podrían presentarse en este país y dos que no podrían presentarse aquí. Explica en dos o tres párrafos el porqué de tus selecciones.

Cine

Mira la película española «Kika» (1994) de Pedro Almodóvar. Entre muchos otros temas se encuentra el de la televisión sensacional. Al mirarla, presta atención al personaje de la actriz Victoria Abril y a su programa televisivo. Luego, escribe dos o tres párrafos en los que comparas y contrastas el personaje y su programa con programas semejantes en los Estados Unidos.

Lectura

Busca el libro *Life on the Hyphen: The Cuban American Way* de Gustavo Pérez Firmat. Lee la introducción y el primer capítulo, que trata del personaje de Ricky Ricardo en el programa televisivo «I Love Lucy». Pérez Firmat afirma que este personaje ha sido la presencia hispana más visible en los Estados Unidos por más de cuarenta años. Al leer el primer capítulo, determina si Pérez Firmat opina que el personaje de Ricky Ricardo es un buen modelo de comportamiento o no. ¿Es el personaje de Ricky Ricardo un estereotipo o no? Da por lo menos tres ejemplos para apoyar tu opinión. Luego, indica si estás de acuerdo con la opinión de Pérez Firmat sobre el poder de la televisión para influir en la manera de pensar de la gente. Da ejemplos para apoyar tu opinión.

Televisión

Opción 1 Compara «Destinos», la telenovela que educa, con unos episodios de una telenovela norteamericana. ¿En qué se parecen? ¿En qué se diferencian?

(*Nota*: Los episodios de «Destinos» duran aproximadamente 25 minutos. Mira los dos primeros episodios para enterarte de la trama. Luego, te recomendamos que mires algunos de los episodios que tienen lugar en Puerto Rico [19–26].)

Opción 2 Mira una o dos horas de un canal televisivo hispano. Compara la imagen de la mujer presentada en los anuncios publicitarios hispanos con la de la mujer en los anuncios publicitarios norteamericanos. Debes enfocar en anuncios de uno o dos de los siguientes productos.

- los productos de limpieza
- las bebidas alcohólicas
- las bebidas no alcohólicas
- los medicamentos como, por ejemplo, la aspirina
- los productos para la mujer

Música

Opción 1 Escucha el disco del cantante guatemalteco Ricardo Arjona «Si el norte fuera el sur» (SONY México, 1996). Escucha en particular las canciones «Noticiero» y «Frente el televisor», dos canciones cuyos temas tratan de la influencia de la televisión norteamericana en la cultura mexicana. Al escuchar las canciones, determina si Arjona cree que la influencia es buena o mala. Describe en dos párrafos la opinión de Arjona, y da ejemplos específicos de las canciones.

Opción 2 Compara y contrasta las opiniones de Arjona expresadas en las canciones «Noticiero» y «Frente al televisor» con las opiniones de Rosario Castellanos expresadas en su poema «Telenovela».

Navegando la red

Opción 1 Compara y contrasta la programación en España con la de la Argentina o la de México. Escoge un día y una hora en particular como, por ejemplo, el sábado por la noche, para comparar o contrastar la programación.

Opción 2 Navega el sitio Web de Disney en España. Luego, compara y contrasta lo siguiente:

- el sitio Web en España con el sitio Web en los Estados Unidos
- la programación que se ofrece en España con la que se ofrece en los Estados Unidos

¿Cuál es tu opinión? ¿Exporta Disney la cultura estadounidense a España? ¿O refleja Disney en España la cultura española?

Puedes comenzar tu búsqueda en el sitio Web que acompaña *¿Qué te parece?* en **www.mhhe.com/queteparece**.

UNIDAD 5

La libertad y la falta de libertad

Ideas para explorar

Notas lingüísticas

Así se dice

Estrategias para la comunicación

Galería del arte

The *¿Qué te parece?* CD-ROM offers additional activities related to the **Galería del arte** in this unit.

Dimensión social

¿Qué aspectos de la sociedad se reflejan en una obra de arte? ¿Qué aspectos de la sociedad puede criticar un artista? ¿Cómo se representan ideas abstractas como la libertad, la represión o las clases sociales? ¿Cómo se expresa la corrupción política? La dimensión social tiene que ver con el contexto en que se produjo una obra de arte y con el conjunto de imágenes que el artista utiliza.

1 Santa Contreras Barraza
(estadounidense, 1951–)
Sin título

2 Fernando Botero
(colombiano, 1932–)
La familia del presidente

3 Anónimo (siglo XVIII)
Lienzo de castas

4 Débora Arango (colombiana, 1910–)
La república

Ideas para explorar

La censura

Hace varios años, la biblioteca pública de Woodstock, Nueva York, presentó una exposición de libros que habían sido censurados en los Estados Unidos.

Como dictador de España por más de 35 años, el Generalísimo Francisco Franco restringió las libertades del pueblo. Durante su régimen, la censura fue severa.

- ¿Puedes nombrar algunos casos actuales de censura?
- ¿Qué sabes de lo que pasó en los Estados Unidos en los años 50 que tenía que ver con el senador McCarthy y la «lista negra» de Hollywood?
- ¿Hay libros que crees que deberían ser censurados?
- ¿Hay obras de arte que crees que deberían ser censuradas?
- ¿Se puede justificar la censura del arte o de la música a base de las creencias religiosas?
- ¿Conoces los refranes «*Banned in Boston*» y «*But will it play in Peoria?*»? ¿Qué significan?
- ¿Es realmente «privada» la vida privada del presidente del país? ¿Es realmente «privada» la vida privada de las estrellas del cine? ¿Tiene el público el derecho de saber lo que hacen en cada momento?
- ¿Recuerdas cómo murió la Princesa Diana de Inglaterra? ¿Tuvo que ver la prensa con su muerte? ¿O son culpables las personas que compraban los periódicos que continuamente publicaban fotos y artículos sobre ella?

Vocabulario del tema

Verbos

autorizar aprobar; dar autoridad para hacer alguna cosa

denunciar acusar ante las autoridades

difundir opiniones divulgar o propagar ciertas ideas

negarse a decir que no se quiere hacer algo, rehusar

regir gobernar, mandar

reprobar censurar o desaprobar una cosa por razones morales

Sustantivos

la desnudez condición de estar completamente desvestido, sin ropa

la libertad de expresión artística facultad de un artista de expresarse de cualquier manera, sin prohibiciones, siempre que no se oponga a las leyes

la libertad de palabra prerrogativa, privilegio o derecho de expresar ideas y opiniones propias sin ser condenado por ello

la libertad de prensa derecho de escribir y publicar cualquier opinión sin censura

los principios morales normas de conducta basadas en la clasificación de los actos humanos en buenos y malos

los principios religiosos preceptos relativos a las creencias o los dogmas de una religión

los principios sociales normas sobre la conducta que debe observar el individuo en sus relaciones con los demás

***EL MANUAL** contiene ejercicios de vocabulario.*

Actividad A Asociaciones lógicas

☐ ***META LINGÜÍSTICA***
Practicar el vocabulario

Paso 1 Escoge la palabra o frase que se asocia lógicamente con la palabra o frase indicada.

1. autorizar
   a. aprobar **b.** negar **c.** rechazar
2. difundir opiniones
   a. esconder **b.** divulgar **c.** presionar
3. la desnudez
   a. reprobar **b.** vestirse **c.** desvestirse
4. la libertad de palabra
   a. opinar **b.** gobernar **c.** mandar
5. los principios morales
   a. el comportamiento **b.** las creencias **c.** la sociedad
6. negarse
   a. regir **b.** dirigir **c.** no querer

Paso 2 Verifica tus respuestas con el resto de la clase.

NOTA LINGÜÍSTICA Review of the Subjunctive in Adjectival Clauses

Functions

You are already familiar with the forms of the subjunctive. You must use the subjunctive to express a characteristic of a nonexistent or indefinite antecedent. The subjunctive appears in a clause that functions adjectivally, modifying the nonexistent or indefinite antecedent. The antecedent is indicated in bold in these examples.

No hay ningún **argumento** que me convenza.	*There is no* ***argument*** *that will convince me.*

The verb **convencer** is in the subjunctive because it describes a nonexistent argument.

No hay **nadie** que me pueda ayudar.	*There is* ***no one*** *who can help me.*

The verb **poder** is in the subjunctive because it describes a person who does not exist.

Cualquier cosa que necesiten...	***Whatever*** *you (may) need ....*

The verb **necesitar** is in the subjunctive because it refers to an indefinite antecedent, **cualquier cosa.**

EL MANUAL *contiene ejercicios de gramática.*

☐ ***META LINGÜÍSTICA***
Practicar la gramática

Actividad B No hay...

Paso 1 Completa las oraciones con la forma correcta del verbo indicado. Luego, indica si estás de acuerdo o no con lo que se expresa en la oración.

	ESTOY DE ACUERDO.	NO ESTOY DE ACUERDO.
1. No hay ninguna razón que _____ (justificar) la censura del arte.	☐	☐
2. No hay nadie que _____ (tener) derecho de censurar la obra de otra persona.	☐	☐
3. No hay ningún tema que _____ (deberse) censurar.	☐	☐
4. No hay ninguna obra de arte que _____ (ser) digna de censura.	☐	☐
5. No hay ningún(a) artista que _____ (merecer) ser criticado/a.	☐	☐

Paso 2 Verifica las formas verbales con el resto de la clase.

Actividad C ¿Se debe censurar... ?

META DE COMUNICACIÓN
Opinar sobre circunstancias que pueden justificar la censura

Paso 1 En tu opinión, ¿debe publicarse o no el nombre de las personas en las siguientes situaciones?

	SÍ	NO
1. una persona que ha sido violada	☐	☐
2. un médico, dentista, enfermero u otro profesional que tiene contacto con el público y que tiene el SIDA	☐	☐
3. una persona famosa que tiene el SIDA (como los casos de Rock Hudson y Arthur Ashe)	☐	☐
4. un homosexual o una lesbiana que quiere mantener en secreto su homosexualidad	☐	☐
5. una figura política que tiene aventuras extramatrimoniales (como los casos de John Kennedy y Bill Clinton)	☐	☐
6. la víctima de la violencia doméstica	☐	☐

Paso 2 Comenten entre todos sus opiniones. Luego, para los casos en que hay concordancia de opiniones, hagan una lista de las razones que la justifican.

Actividad D La censura del arte

META DE COMUNICACIÓN
Proponer razones por las cuales dos obras de arte fueron censuradas

Paso 1 Mira *Guernica*, por Pablo Picasso, y *La maja desnuda*, por Francisco de Goya (página 262). Ambos cuadros fueron censurados cuando salieron a luz pública. Con un compañero (una compañera), traten de determinar por qué fueron censurados.

Paso 2 Comparen sus razones con las del resto de la clase. Luego, verifíquenlas con la explicación que les da el profesor (la profesora).

Guernica **(1937), por Pablo Picasso**

La maja desnuda **(1797–1798), por Francisco de Goya y Lucientes**

Ideas para explorar

La iglesia y la política

En la República de Filipinas, la Iglesia católica apoyó la elección de Corazón Aquino, no la de Fernando Marcos.

El Arzobispo Romero fue asesinado por luchar por los derechos humanos de los salvadoreños.

¿Qué te parece?

- ¿Qué sabes de la Inquisición española? ¿Cuándo fue instituida? ¿Cuándo fue abolida?
- ¿Hay algún paralelo entre la Inquisición y algo que sucede hoy día en el mundo?
- ¿Es posible que se repita hoy día lo que ocurrió durante la Inquisición?
- ¿Es verdad que en los Estados Unidos la Iglesia y el Estado están separados?
- ¿Has leído *Los versos satánicos* de Salman Rushdie? ¿Qué hizo el ayatollah Khomeini de Irán cuando el libro fue publicado?
- ¿Has leído el libro o has visto la película *La última tentación de Cristo*? ¿Cómo reaccionaron los clérigos?
- ¿Puedes dar el nombre de personajes famosos asociados con la religión que también se involucran en la política?
- ¿Hay alguien como Martin Luther King, Jr., hoy día?

Vocabulario del tema

Verbos

acusar denunciar; atribuir a alguien un delito o falta

suprimir hacer cesar; hacer desaparecer

Sustantivos

la brujería práctica supersticiosa que se realiza, según algunos, con la ayuda del diablo

el concubinato estado de una pareja que cohabita sin contraer matrimonio

los delitos crímenes; acciones contrarias a la ley

el Estado nación organizada políticamente; conjunto de órganos de gobierno de una nación

el fanatismo apasionamiento excesivo e intolerante con que una persona defiende creencias u opiniones, sobre todo religiosas o políticas

la herejía doctrina contraria a la fe católica

la Iglesia conjunto de las creencias y de los afiliados a la religión católica considerados en su totalidad

el inquisidor juez de la Inquisición

***EL MANUAL** contiene ejercicios de vocabulario.*

☐ ***META LINGÜÍSTICA***
Practicar el vocabulario

Actividad A ¡A emparejar!

Paso 1 Empareja la palabra de la columna A con las palabras o frases con que se asocia en la columna B.

A	B
1. ___ suprimir	**a.** las supersticiones; el diablo
2. ___ la Iglesia	**b.** las doctrinas, los dogmas
3. ___ el concubinato	**c.** la creencia apasionada
4. ___ el fanatismo	**d.** el gobierno; la política
5. ___ la herejía	**e.** terminar, eliminar
6. ___ los delitos	**f.** la cohabitación
7. ___ acusar	**g.** en contra de la fe
8. ___ el Estado	**h.** denunciar
9. ___ la brujería	**i.** los crímenes

Paso 2 Verifica tus respuestas con el resto de la clase.

NOTA LINGÜÍSTICA Review of the Preterite and Imperfect

- **Preterite**

Forms
The preterite is a simple past tense formed by adding the following endings to the verb stem.

-ar VERBS		-er/-ir VERBS	
-é	-amos	-í	-imos
-aste	-asteis	-iste	-isteis
-ó	-aron	-ió	-ieron

There are many common verbs that are irregular in the preterite. You will practice these in the *Manual.*

Functions
To narrate or indicate that an event or action took place at a specific moment in the past.

- **Imperfect**

Forms
The imperfect is a simple past tense formed by adding the following endings to the verb stem.

-ar VERBS		-er/-ir VERBS	
-aba	-ábamos	-ía	-íamos
-abas	-abais	-ías	-íais
-aba	-aban	-ía	-ían

There are only three irregular verbs in the imperfect: **ir, ser,** and **ver.** You will practice these in the *Manual.*

Functions
- To express repeated or habitual actions or situations in the past

  Las culturas primitivas **practicaban** la brujería.

- To indicate that one action was ongoing when another interrupted it (signaled by the preterite)

  Lavaba los platos cuando mi madre me llamó.

EL MANUAL contiene ejercicios de gramática.

Actividad B ¿Qué pasó?

META LINGÜÍSTICA
Practicar la gramática

Paso 1 Completa las siguientes oraciones con la forma correcta del verbo. Conjuga el verbo indicado o en el pretérito o imperfecto, según el contexto. Luego, en cada oración, escoge la opción de acuerdo con la verdad.

1. (El ayatollah Khomeini/El rey Hussein) _____ (condenar) a muerte a Salman Rushdie, autor del libro *Los versos satánicos.*
2. Como resultado de su condena a muerte, Rushdie _____ (esconderse). (Todavía/Ya no) se esconde.
3. Desmond Tutu, arzobispo de la Ciudad del Cabo, _____ (luchar) contra el apartheid en (Sudáfrica/Ruanda), pero desde que el nuevo gobierno abolió el apartheid, ya no tiene que luchar.
4. El Arzobispo Tutu y el Reverendo Martin Luther King, Jr., _____ (ganar) el Premio Nobel de (Literatura/la Paz).

5. Los ciudadanos de la República de Filipinas _____ (elegir) como presidenta a Corazón Aquino en vez de a Fernando Marcos. (Todavía/Ya no) es presidenta del país.
6. En los años (60/70) la Corte Suprema de los Estados Unidos _____ (legalizar) el aborto.
7. El Arzobispo Romero fue asesinado mientras _____ (celebrar) (misa/su fiesta de cumpleaños).

Paso 2 Verifica tus respuestas con el resto de la clase.

☐ ***META DE COMUNICACIÓN***
Ordenar las secciones de un artículo

Actividad C La Inquisición española

Así se dice

To indicate the order in which items should appear in relation to others, you will need to use ordinal numbers. Ordinal numbers are adjectives and, in Spanish, agree in gender and number with the nouns they modify: **la *primera* sección, los dos *primeros* párrafos,** and so forth. Here are the ordinal numbers from one to ten.

primer, primero/a	sexto/a
segundo/a	séptimo/a
tercer, tercero/a	octavo/a
cuarto/a	noveno/a
quinto/a	décimo/a

Note that **primero** and **tercero** have the short forms **primer** and **tercer,** respectively. These forms are used when they precede a masculine singular noun: **el *primer* día de la semana, el *tercer* grado.**

Paso 1 Trabajen en grupos de dos o tres. Lean las seis secciones de un artículo sobre la Inquisición española. Como las secciones no están en el orden en que aparecen en el artículo original, cada grupo debe indicar en qué orden deben aparecer. Pueden enumerar las secciones de 1 (la primera) a 6 (la última).

_____ Abolición	_____ Tomás de Torquemada
_____ Acusaciones	_____ Los Reyes Católicos
_____ La fusión de poderes	_____ Las colonias americanas

✸ **Paso 2** Comparen el orden que Uds. aplicaron con los de los otros grupos. Toda la clase debe participar en resolver las diferencias, si las hay. ¿Cuál es el mejor orden?

Abolición. El período de más actividad inquisitorial fue el siglo XVI. Para el siglo XVII, el rigor de la Inquisición ya iba disminuyendo, aunque esta institución duró casi dos siglos más. Fue suprimida sólo en 1813 por las Cortes de Cádiz[1] y, aunque se reimplantó en 1814, quedó definitivamente abolida en 1834, en pleno[2] siglo XIX. A fin de cuentas,[3] la Inquisición española duró casi 400 años.

[1]Cortes... parlamento que en 1812 proclamó la primera constitución que tuvo España [2]en... a mediados de [3]A... A fin y al cabo, Después de todo

Acusaciones. Las acusaciones en las colonias americanas tenían que ver, más que todo, con la herejía y demás delitos contra la fe, como practicar la brujería, tener relaciones sexuales con Satanás y otros demonios y creer en supersticiones. También se denunciaban la homosexualidad, la bigamia y hasta el concubinato de los clérigos. La Inquisición también se encargó de la censura, estableciendo el *Índice de libros prohibidos.* En las colonias españolas se prohibieron los escritos luteranos y de otros herejes, pero también se prohibieron todas las novelas. Así que la posesión de un ejemplar del *Quijote* de Cervantes, una de las mejores novelas de todos los tiempos, podía resultar en una denuncia ante la Inquisición.

La fusión de poderes. ¿Sabías que había una Inquisición medieval además de la famosa Inquisición española? Lee lo siguiente y te enterarás. La Inquisición, establecida por el Papa[1] Gregorio IX en 1231, era una institución muy compleja. Al principio era solamente un tribunal que tenía como fin la investigación de casos de herejía. Los herejes eran personas que tenían creencias diferentes del dogma de la Iglesia católica. Además de los católicos mismos, se contaban entre los herejes todos los protestantes cristianos, los musulmanes y los judíos. La herejía era una ofensa muy grave durante la Edad Media porque, en aquella época, no se admitía ninguna división entre la Iglesia, el Estado y la sociedad. La Iglesia y las normas establecidas por ella se introducían en todos los aspectos de la vida de cada persona. Dada la fusión de poderes, cualquier acción de protesta en contra de condiciones que hoy día se considerarían exclusivamente sociales, inevitablemente implicaban al autor de la protesta en la herejía. De la misma manera, creencias religiosas diferentes de las sancionadas por la Iglesia católica tenían graves consecuencias sociales. Por eso, el hereje era considerado un subversivo muy peligroso por las autoridades. Su existencia amenazaba no sólo a la Iglesia sino al Estado y la sociedad, y por ese motivo, era castigado severamente.

[1]Sumo Pontífice romano, líder de la Iglesia católica

Tomás de Torquemada. El propósito inicial de la Inquisición española fue el de reprimir el judaísmo y castigar a los judíos que se habían convertido al cristianismo falsamente (los llamados «marranos»). Con el tiempo su poder se extendió a toda la población. La Inquisición española llevaba a cabo su misión con una eficiencia y fanatismo sin igual. En 1483, el fraile[1] dominicano Tomás de Torquemada fue nombrado Inquisidor General por los Reyes Católicos. Digno de mención es que Torquemada mismo era judío converso al cristianismo. Su nombre se ha convertido en símbolo de fanatismo y crueldad. Se calcula que unas dos mil personas fueron condenadas a muerte durante los quince años en que Torquemada ejerció su cargo. Es probable que su influencia sobre los Reyes Católicos resultara en la expulsión de los judíos de España en 1492.

[1]nombre que se da a los religiosos de ciertas órdenes

Consejo práctico

A student once expressed to an instructor that the discussion of the Spanish Inquisition felt like "Catholic-bashing" to her and that, as a Catholic, she was defensive about the topic. The instructor accurately responded that, in order to talk about the Spanish Inquisition, they had to talk about the Catholic Church. However, in order to talk about the Catholic Church, they did *not* have to talk about the Spanish Inquisition. Though it may be difficult for some to accept, the Spanish Inquisition is a fact of history, both the history of Spain and the history of the Catholic Church.

Los Reyes Católicos. La Inquisición española (oficialmente el Tribunal del Santo Oficio de la Inquisición) no era una simple continuación de la Inquisición medieval establecida por el Papa Gregorio IX, sino una institución independiente, con características propias. La Inquisición medieval estaba bajo el dominio exclusivo del Papa; sólo él nombraba a los inquisidores. En 1478, el Papa Sixto IV dio a los Reyes Católicos, Isabel de Castilla y Fernando de Aragón, el derecho de nombrar ellos mismos a los inquisidores. Como los reyes también tenían el derecho de nombrar a los obispos en sus territorios, en España la Iglesia llegó a estar subordinada al Estado y servía no sólo fines religiosos sino también los fines políticos del Estado. Así fue cómo durante la Edad Media había una fusión de los dos poderes.

Las colonias americanas. Además de controlar la vida política, religiosa y social en la Península Ibérica, la Inquisición se estableció también en las colonias americanas de España. Había tribunales en Lima, México y Cartagena (Colombia). Allí los inquisidores trataron de extirpar[1] a los judaizantes[2] y herejes de entre los colonizadores, pero también sirvieron los fines políticos de las autoridades. Los indígenas, sin embargo, por ser nuevas en la fe cristiana, no caían bajo la jurisdicción de la Inquisición. Es decir, no sufrían acusaciones y denuncias.

[1]exterminar [2]los que practican el judaísmo

Consejo práctico

Some students say that they can second-guess what an instructor will include on an exam. Other students have difficulty doing the same. Now that *you* are writing the exam questions, what strategy will you use? Will you focus on the general information for your questions? Will you require knowledge of the smaller details? Have you ever asked your Spanish instructor what philosophy of testing guides his or her test creation?

Consejo práctico

For the in-class portion of **Actividad D** you only have to focus on one small part of a longer article. You should, of course, read the entire article outside of class. Also, you will be able to use the results of **Actividad D** to help you review the material for an exam.

☐ ***META DE COMUNICACIÓN***
Sacar información para preparar un examen

Actividad D Preguntas para un examen

Paso 1 Trabajen en grupos. A cada grupo el profesor (la profesora) le va a asignar una o dos de las seis secciones del artículo sobre la Inquisición española. Escriban tres preguntas para un examen sobre la sección asignada. Las preguntas tienen que presentarse en diferentes formas:

1. «llenar el espacio en blanco»
2. «selección múltiple»
3. ensayo

¡Ojo! Cuidado con las formas verbales. Usen correctamente el pretérito y el imperfecto.

Paso 2 Presenten las preguntas a la clase y escuchen las que los otros grupos presentan. Escojan entre todos las mejores preguntas.

LECCIÓN

18 El sexismo, el racismo y los derechos humanos

Ideas para explorar

El sexismo

Sor Juana Inés de la Cruz, nacida en 1651, es una de los grandes escritores e intelectuales de Latinoamérica. Se hizo monja porque, en su época, era la única manera que le permitía dedicarse a escribir.

¿Qué te parece?

- ¿Has tenido alguna experiencia personal que tenga que ver con el sexismo?
- ¿Ha cambiado la sociedad en los últimos años en cuanto al sexismo? ¿Es la sociedad menos sexista que antes?
- ¿Sabes a qué se refiere el «*glass ceiling*» en el mundo de los negocios?
- ¿Son sexistas los cuentos de hadas, como La Cenicienta y Blancanieves?
- ¿Hay algunos comportamientos que sean más sexistas que otros? Es decir, ¿hay grados de sexismo?
- ¿Pueden las mujeres ser sexistas en cuanto a otras mujeres?
- ¿Prevalece el sexismo en los deportes?
- ¿Tratan los padres a las hijas de manera diferente de la que tratan a los hijos?

Vocabulario del tema

Verbos

discriminar dar trato de inferioridad a una persona o colectividad por motivos raciales, sexuales, políticos, religiosos, etcétera

ofender dañar; herir los sentimientos de una persona

Sustantivos

la actitud discriminatoria disposición mental que separa a las personas por varios motivos, como por ejemplo origen, raza, religión, sexo, etcétera

el acto discriminatorio acción contra las personas por razón de origen, raza, religión, sexo, etcétera

la desigualdad relación que se basa en la superioridad de una cosa y la inferioridad de otra; falta de igualdad

el heterosexualismo actitud discriminatoria en contra de las personas que no son heterosexuales

la inclinación sexual propensión, tanto física como emotiva, de una persona hacia personas de un sexo determinado; las tres inclinaciones sexuales reconocidas son la heterosexualidad, la homosexualidad y la bisexualidad

***EL MANUAL** contiene ejercicios de vocabulario.*

☐ ***META LINGÜÍSTICA***
Practicar el vocabulario

Actividad A ¡A emparejar!

Paso 1 Empareja la palabra o frase de la columna A con su definición en la columna B.

A

1. _____ discriminar
2. _____ ofender
3. _____ la actitud discriminatoria
4. _____ la desigualdad
5. _____ el heterosexualismo
6. _____ la inclinación sexual
7. _____ el sexismo

B

a. discriminar a una persona de un sexo por considerarlo inferior al otro
b. trato discriminatorio que se da a una persona por no ser heterosexual
c. disposición que separa a las personas por razones de origen, raza, religión, etcétera
d. dar trato de inferioridad a una persona
e. inclinación de una persona hacia personas del mismo sexo o del sexo opuesto
f. la falta de igualdad; relaciones de superioridad e inferioridad
g. herir los sentimientos

Paso 2 Verifica tus respuestas con el resto de la clase.

NOTA LINGÜÍSTICA Subjunctive in Noun Clauses

Forms

You have already studied subjunctive forms in several lessons. Review them by looking over the corresponding sections of the *Manual.*

Functions

When an entire clause is the object of the verb, it functions as a noun and is called a noun clause. For example, in the sentence *I prefer that we go to the early show,* the direct object of *prefer* is the entire clause *that we go to the early show.* In Spanish, when the main verb expresses volition, the verb in the noun clause that is its object must be in the subjunctive.

Prefiero que **vayamos** a la primera función.

Here are some verbs that require the subjunctive in noun clauses that are their objects.

desear
esperar
insistir en
pedir
preferir
prohibir
querer
recomendar
sugerir

EL MANUAL *contiene ejercicios de gramática.*

Actividad B Prohibiciones

META LINGÜÍSTICA
Practicar la gramática

Estrategia para la comunicación

You can use the following expressions to emphasize your opinions when you are speaking or writing. Be sure you know what the phrases mean.

claro que
especialmente
sin duda
sí que
sobre todo

Paso 1 Conjuga el verbo indicado en la forma correcta del subjuntivo. Luego, indica si crees que las ideas expresadas son discriminatorias o no.

Consejo práctico

The increasing visibility of gays and lesbians has given rise to a number of controversial topics, ranging from the call for guarantees of gay civil rights on the one hand to the claim that there is a subversive gay agenda on the other. The controversy parallels those that have surrounded issues of race, women's equality, and abortion. One difference, however, is that sexual orientation is not identifiable at a glance, and someone who defends or supports homosexuals and gay/lesbian rights is often called a homosexual and derided by opponents. Don't assume that classmates who speak positively about these topics are themselves gay or lesbian.

	SÍ	NO
1. prohibir que una pareja homosexual o lesbiana _____ (obtener) un préstamo para comprar una casa	☐	☐
2. prohibir que una pareja homosexual o lesbiana _____ (adoptar) a un hijo	☐	☐
3. prohibir que un homosexual o una lesbiana _____ (adoptar) a un hijo	☐	☐
4. prohibir que los homosexuales o lesbianas _____ (prestar) servicio militar	☐	☐
5. prohibir que los homosexuales y las lesbianas _____ (casarse)	☐	☐
6. prohibir que los homosexuales o lesbianas _____ (enseñar) en las escuelas primarias	☐	☐
7. prohibir que los homosexuales o lesbianas _____ (enseñar) en las escuelas secundarias	☐	☐

Paso 2 Verifica las formas verbales con el resto de la clase.

☐ ***META DE COMUNICACIÓN***
Comparar y contrastar las opiniones de las compañeras con las de los compañeros

Actividad C Refranes españoles

Estrategia para la comunicación

Most of the proverbs you're about to read in this activity have English equivalents. If you aren't sure of the meaning of a proverb, you could ask your instructor for help. Here is one way of asking.

> ¿Es este refrán el equivalente del refrán inglés: «*The apple doesn't fall far from the tree*»?

This isn't the best strategy for developing your ability to express yourself in Spanish, however. Instead, try to say in Spanish what you think the proverb means and ask your instructor if you are correct.

> ¿Quiere decir este refrán que los padres y los hijos se comportan de manera parecida?

Paso 1 En grupos de tres, del mismo sexo, lean los siguientes refranes hispanos que tienen que ver con la mujer. Cada uno evidencia un grado de sexismo. Evalúen los refranes según la siguiente escala.

no muy ofensivo		un tanto ofensivo		muy ofensivo
1	2	3	4	5

_____ A la mujer, ni todo el amor, ni todo el dinero.
_____ La cobija[1] y la mujer, suavecitas han de ser.
_____ La mujer casada, preñada[2] y en casa.
_____ La mujer y la sardina, entre más chicas, más finas.
_____ La mujer y las tortillas calientes han de ser.
_____ La que se casa, en su casa; la soltera, dondequiera.

Paso 2 Entre todos, completen el siguiente cuadro y comparen las opiniones de las mujeres con las de los hombres.

LOS REFRANES MÁS OFENSIVOS	
según las mujeres	según los hombres
LOS REFRANES MENOS OFENSIVOS	
según las mujeres	según los hombres

Hablando de la literatura

Refrán is the Spanish word for *proverb,* a saying that expresses a bit of folk wisdom in compact and picturesque language. Proverbs, normally transmitted orally, have often been collected in books. These proverbs come from *Refranes: Southwestern Spanish Proverbs* by Rubén Cobos, who collected them to preserve an important part of his cultural heritage.

Paso 3 Siguiendo en los mismos grupos de tres, hagan un experimento. Cada miembro del grupo debe escoger un refrán y reemplazar la palabra **mujer** por la palabra **hombre,** haciendo los otros cambios necesarios. Escriban los nuevos refranes en la pizarra. ¿Hay alguien que cambiara de opinión sobre el grado de ofensividad de un refrán al verlo referirse al hombre?

Actividad D ¿Son comportamientos sexistas?

☐ ***META DE COMUNICACIÓN***
Evaluar ciertos comportamientos para determinar si son sexistas o no

Paso 1 Formen grupos de cuatro o cinco personas. A la mitad de los grupos le toca reaccionar a los conceptos de la sección «Respecto a la mujer». A los otros grupos les toca la sección «Respecto al hombre» (ambas en la página 274). Los grupos deben indicar si cada concepto es sexista o no y explicar su razón.

MODELO: Esperar que el hombre le abra la puerta a una mujer es sexista porque, por lo general, no se espera que la mujer le abra la puerta a un hombre.

[1]manta, frazada [2]embarazada

Respecto a la mujer, se debe...	¿SEXISTA?	¿NO SEXISTA?
1. requerir que un esposo dé su consentimiento para que su esposa tenga un aborto.	☐	☐
2. requerir que una mujer soltera obtenga la firma del padre de su hijo para dar en adopción a su hijo.	☐	☐
3. prohibir que una mujer soltera adopte a un hijo.	☐	☐
4. permitir que clubes masculinos prohíban la entrada a las mujeres.	☐	☐
5. prohibir que las mujeres practiquen cualquier deporte que requiera el contacto físico directo con los hombres.	☐	☐
6. sentirse halagada[1] cuando *un compañero* de trabajo le diga que se ve atractiva con la ropa que lleva.	☐	☐
7. sentirse halagada cuando *una compañera* de trabajo le diga que se ve atractiva con la ropa que lleva.	☐	☐

Respecto al hombre, se debe...	¿SEXISTA?	¿NO SEXISTA?
1. esperar que pague la cuenta al comer con una mujer en un restaurante.	☐	☐
2. esperar que él le abra la puerta a una mujer.	☐	☐
3. prohibir que un hombre soltero adopte a un hijo.	☐	☐
4. darle a una mujer un trabajo y no a un hombre cuando los dos son igualmente competentes.	☐	☐
5. darle custodia de los niños a la madre en casos de divorcio.	☐	☐
6. sentirse halagado cuando *una compañera* de trabajo le diga que se ve atractivo con la ropa que lleva.	☐	☐
7. esperar que dé su asiento a una mujer.	☐	☐

Paso 2 Compartan sus resultados con el resto de la clase y comenten los resultados de los otros grupos. Presten atención especial a los casos paralelos.

Paso 3 Basándose en las conversaciones, ¿cuál es la opinión de la clase?

1. El sexismo tiene que ver solamente con la manera en que los hombres tratan a las mujeres.

2. El sexismo tiene que ver no solamente con la manera en que los hombres tratan a las mujeres sino también con la manera en que las mujeres tratan a los hombres.

3. ¿ ?

Paso 4 **Optativo.** Escriban una definición del sexismo que incluya todos los comportamientos que Uds. han indicado que son sexistas.

[1]flattered

Ideas para explorar

El racismo

En principio todos somos iguales y la raza no importa. ¿Es así en la práctica?

¿Qué te parece?

- ¿Qué películas y libros puedes recomendar en que se trate bien el tema o el problema del racismo?
- ¿Has donado sangre alguna vez? ¿Acepta La Cruz Roja la sangre de personas de cualquier raza?
- ¿Qué significa el dicho popular «la justicia es ciega»? ¿Es cierto esto?
- ¿Enfrentan los mexicanos, chicanos y africoamericanos hoy día el mismo tipo de prejuicio que enfrentaron en épocas anteriores en este país?
- ¿En qué piensas cuando oyes la palabra *apartheid*?
- ¿Crees que el hecho de establecer «reservaciones» para los indígenas de los Estados Unidos es un ejemplo de apartheid?
- ¿Es la limpieza étnica un ejemplo contemporáneo de racismo?
- ¿Qué sabes del Ku Klux Klan? ¿de la historia de esa organización? ¿de sus actividades actuales?

Vocabulario del tema

Verbos

cesar dejar de hacer algo
controlar ejercer control o dominio
despreciar tener en poca estimación a una persona
dominar sujetar, reprimir; tener una persona su voluntad sujeta a la de otra
oponerse a ponerse en contra de una persona, idea o cosa
segregar separar o apartar una cosa de otra; dar trato de inferioridad a una parte de la población

Sustantivos

el linaje ascendencia de cualquier familia
los mulatos los que nacen de una persona negra y otra blanca
el racismo teoría que sostiene la superioridad de ciertas razas y la inferioridad de otras
la raza en la especie humana, cada uno de los grandes grupos caracterizados principalmente por el color de la piel (negra, blanca, amarilla, cobriza, etcétera)

EL MANUAL contiene ejercicios de vocabulario.

META LINGÜÍSTICA
Practicar el vocabulario

Actividad A ¿Sinónimos o antónimos?

Paso 1 Indica si cada par de palabras son sinónimas o antónimas. Luego, da otro sinónimo o antónimo (según el caso) de la primera palabra de cada par de palabras.

1. cesar/acabar
2. oponerse a / resistir
3. despreciar/maltratar
4. segregar/incluir
5. controlar/liberar
6. dominar/subyugar

Paso 2 Verifica tus respuestas con el resto de la clase.

NOTA LINGÜÍSTICA Verbs That Take Specific Prepositions

Forms

Sometimes Spanish verbs are followed by prepositions that are either not expressed in English or are expressed with a preposition other than the expected equivalent. The prepositions **a, de, en,** and **con** are the most common. If the word that follows one of these forms is a verb, it must be an infinitive.

Me olvidé de llamar.	*I forgot to call.*
Me opongo al racismo.	*I oppose racism.*
Contamos con tu ayuda.	*We are counting on your help.*
Entramos en otra época.	*We're entering another era.*

EL MANUAL contiene ejercicios de gramática.

Actividad B Se niegan a obedecer

META LINGÜÍSTICA
Practicar la gramática

Paso 1 Lee la siguiente narración de algo que sucedió en Caracas en 1796. La selección viene de *Las caras y las máscaras,* por Eduardo Galeano. Toma en cuenta que lo que aparece en letra cursiva es una transcripción literal de documentos históricos.

1796
Caracas

Se compra piel blanca

La corona española ya no considera vil[1] el linaje indio; la sangre negra, en cambio, *oscurece los nacimientos* por muchas generaciones. Los mulatos ricos pueden comprar certificados de blancura pagando quinientas monedas de plata.

Por quitarle el borrón[2] *que le aflige en extremo,* el rey declara *blanco* a Diego Mejías Bejarano, mulato de Caracas, *para que su calidad triste e inferior no le sea óbice*[3] *al uso, trato, alternativa y vestido con los demás sujetos.*

En Caracas, sólo los blancos pueden escuchar misa en la catedral y arrodillarse[4] sobre alfombras en cualquier iglesia. *Mantuanos* se llaman los que mandan, porque la mantilla es privilegio de las blancas damas. Ningún mulato puede ser sacerdote ni doctor.

Mejías Bejarano ha pagado las quinientas monedas, pero las autoridades locales se niegan a obedecer. Un tío de Simón Bolívar y los demás *mantuanos* del Cabildo declaran que la cédula real[5] *es espantosa a los vecinos y naturales de América.* El Cabildo pregunta al rey: *¿Cómo es posible que los vecinos y naturales blancos de esta provincia admitan a su lado a un mulato descendiente de sus propios esclavos, o de los esclavos de sus padres?*

[1]despreciable, indigno [2](figurado) defecto [3]obstáculo [4]ponerse de rodillas [5]cédula... documento preparado por la corona española

Así se dice

When forming questions in Spanish with verbs that take specific prepositions, the preposition usually comes before the question word. In contrast, spoken English tends to "strand" the preposition at the end of the question. Note this contrast in the following examples.

¿**Con** qué sueñas?
*What do you dream **about**?*

¿**Con** quién cuentas?
*Whom do you count **on**?*

¿**A** qué se opuso el tío de Bolívar?
*What was Bolivar's uncle opposed **to**?*

¿**De** qué se aprovechó Bejarano?
*What did Bejarano take advantage **of**?*

Paso 2 Completa las siguientes oraciones, basadas en lo que dice en el texto, con la preposición apropiada.

1. En 1796, la corona española comenzó _____ vender un certificado de sangre blanca.
2. Diego Mejías Bejarano se aprovechó _____ la nueva ley.
3. Con la cédula real dejó _____ ser mulato y empezó _____ ser blanco.
4. Un tío de Simón Bolívar se opuso _____ la cédula real.
5. En aquella época, los mulatos sólo podían soñar _____ ser sacerdotes y doctores.
6. Los mulatos podían contar _____ la oposición de los blancos a su nueva posición social.

Paso 3 Verifica tus respuestas con el resto de la clase.

☐ **META DE COMUNICACIÓN**
Compartir información obtenida de varias fuentes

Estrategia para la comunicación

To report about something you've read, you need to state the main idea and supply several details that support your interpretation. Here are some helpful expressions. Be sure you know what they mean.

TO ADD TO AN IDEA	TO EMPHASIZE A POINT
y además	sobre todo
es más	claro que
otra vez	sin duda

Actividad C Historias del racismo en América

Paso 1 En grupos de seis, lean las siguientes narraciones tomadas del libro *Siglo del viento,* por Eduardo Galeano. Cada miembro del grupo debe leer una selección diferente y buscar ejemplos de racismo y lo que motivó los actos discriminatorios descritos.

	EJEMPLO(S) DE RACISMO	MOTIVO(S)
San Andrés de Sotavento (1908)		
Dajabón (1937)		
Washington (1937)		
Washington (1942)		
Nueva York (1942)		
San José de California (1968)		

Paso 2 Comparte con tus compañeros lo que has aprendido y apunta la información que los otros presentan.

Paso 3 Comenten entre todos algunos de los temas que encontraron en las narraciones.

- el valor de una vida
- el racismo institucional frente al racismo individual
- la negación de la existencia de los indígenas

1908 • *San Andrés de Sotavento*

Decide el gobierno que los indios no existen

El gobernador, general Miguel Marino Torralvo, expide[1] el certificado exigido por las empresas petroleras que operan en la costa de Colombia. *Los indios no existen,* certifica el gobernador, ante escribano y con testigos. Hace ya tres años que la ley número 1905/55, aprobada en Bogotá por el Congreso Nacional, estableció que los indios no existían en San Andrés de Sotavento y otras comunidades indias donde habían brotado[2] súbitos chorros[3] de petróleo. Ahora el gobernador no hace más que confirmar la ley. Si los indios existieran, serían ilegales. Por eso han sido enviados al cementerio o al destierro.[4]

[1]envía [2]manado, salido (agua u otro líquido) [3]cantidades grandes [4]exilio (pena que consiste en echar a una persona de su lugar de nacimiento o residencia)

1 9 3 7 • *Dajabón*

Procedimiento contra la amenaza negra

Los condenados son negros de Haití, que trabajan en la República Dominicana. Un día y medio dura esta operación militar de exorcismo, planificada por el general Trujillo hasta el último detalle. En la región dominicana del azúcar, los soldados encierran a los jornaleros[1] haitianos en los corrales,[2] rebaños de hombres, mujeres y niños, y los liquidan allí mismo a machetazos;[3] o los atan[4] de pies y manos y a punta de bayoneta los arrojan[5] a la mar.

Trujillo, que se empolva la cara[6] varias veces al día, quiere que la República Dominicana sea blanca.

[1]trabajadores del campo [2]sitio donde se guarda el ganado [3]golpes de machete [4]sujetan [5]lanzan [6]se... se echan polvos blancos en la cara

1 9 3 7 • *Washington*

Noticiero

Dos semanas después, el gobierno de Haití expresa ante el gobierno de la República Dominicana *su preocupación por los recientes incidentes fronterizos.* El gobierno de la República Dominicana promete realizar *una prolija investigación.*

En nombre del imperativo de la seguridad continental, el gobierno de los Estados Unidos propone al presidente Trujillo que pague una indemnización para evitar posibles fricciones en la zona. Al cabo de una prolongada negociación, Trujillo reconoce la muerte de dieciocho mil haitianos en territorio dominicano. Según el mandatario, la cifra de veinticinco mil víctimas, manejada por algunas fuentes, refleja el propósito de manipular deshonestamente los acontecimientos. Trujillo se aviene a[1] pagar al gobierno de Haití, por concepto de indemnización, veintinueve dólares por cada muerto oficialmente reconocido, lo que arroja un total de 522.000 dólares.

[1]se... acepta

1942 • *Washington*

La Cruz Roja no acepta sangre de negros

Salen los soldados de los Estados Unidos hacia los frentes de guerra. Muchos son negros, al mando de oficiales blancos.

Los que sobrevivan, volverán a casa. Los negros entrarán por la puerta de atrás, y en los estados del sur tendrán un lugar aparte para vivir y trabajar y morir, y hasta yacerán[1] después de muertos en cementerio aparte. Los encapuchados[2] del Ku Klux Klan evitarán que los negros se metan en el mundo de los blancos, y sobre todo en los dormitorios de las blancas.

La guerra acepta negros. Miles y miles de negros norteamericanos. La Cruz Roja, no. La Cruz Roja de los Estados Unidos prohíbe la sangre de negros en los bancos de plasma. Así evita que la mezcla de sangres se haga por inyección.

[1]estarán enterrados en una tumba [2]Los... Los que llevan puesta una capucha sobre la cabeza

1942 • *Nueva York*

Drew

Charles Drew es un inventor de vida. Sus investigaciones han hecho posible la conservación de la sangre. Gracias a él existen los bancos de plasma, que están resucitando a miles de moribundos en los campos de batalla de Europa.

Drew dirige el servicio de plasma de la Cruz Roja en los Estados Unidos. Cuando la Cruz Roja resuelve rechazar la sangre de negros, renuncia a su cargo. Drew es negro.

1968 • *San José de California*

Los chicanos

El juez Gerald Chargin dicta sentencia contra un muchacho acusado de incesto, y de paso le aconseja que se suicide y le dice que *ustedes los chicanos son peores que los animales, pueblo podrido,*[1] *miserable, piojoso*[2]...

Desde México vienen los chicanos, a través del río de la frontera, para cosechar a bajo precio el algodón, las naranjas, los tomates y las papas. Casi todos se quedan a vivir en el sur de los Estados Unidos, que hace poco más de un siglo era el norte de México. En estas tierras, ya no suyas, los usan y los desprecian.

De cada diez norteamericanos muertos en Vietnam, seis son negros o chicanos. A los chicanos, les dicen:

—*Ustedes, tan machos y fuertes, se van al frente los primeritos.*

[1](figurado) corrompido, viciado [2](figurado) sucio, que tiene muchos piojos (género de insectos parásitos en el hombre y en los animales)

Actividad D Sobre el racismo

Meta de comunicación
Expresar tus propias opiniones sobre el racismo

Paso 1 En grupos de tres o cuatro, escriban cuatro oraciones sobre el racismo en las cuales usen algunos de los siguientes verbos. **¡Ojo!** Cada uno de los verbos lleva una preposición específica.

MODELO: Soñamos con erradicar el racismo y los prejuicios de todo tipo.

aprender a	acabar de	consentir en	casarse con
apresurarse a	alegrarse de	consistir en	contar con
ayudar a	aprovecharse de	insistir en	divertirse con
comenzar a	cesar de	pensar en	entretenerse con
detenerse a	dejar de	quedar en	soñar con
empezar a	olvidarse de	tardar en	
negarse a	quejarse de		
oponerse a	tratar de		
volver a			

Paso 2 Intercambien sus oraciones con otro grupo. Busquen las oraciones que expresan ideas similares y escríbanlas en la pizarra. Comenten las oraciones.

Paso 3 **Optativo.** En grupos, diseñen un cartel sobre el racismo (o escriban el texto para uno). Usen en el lema algunos de los verbos que aparecen en el Paso 1. Presenten los carteles (o el texto) a la clase.

Ideas para explorar

Los derechos humanos

Rigoberta Menchú, indígena guatemalteca, recibió el Premio Nobel de la Paz en 1992.

¿Qué te parece?

- ¿Qué sabes de Rigoberta Menchú? ¿Cuál es su país de origen? ¿Qué premio ha ganado?
- ¿Qué sabes de las actividades de Amnistía Internacional?
- ¿Cuáles son los derechos elementales de que todo ser humano debe gozar?
- ¿Se respetan esos derechos en este país?
- ¿Qué sabes de los crímenes por odio? ¿Puedes nombrar algunos? ¿Puedes contar algunas historias que ilustren este tipo de crimen?
- ¿Hay alguna ley en tu universidad que prohíba la discriminación motivada por la inclinación sexual? ¿Hay alguna en la ciudad donde vives?

Vocabulario del tema

Verbos

desprestigiar quitar la buena reputación; desacreditar

fusilar ejecutar a una persona con un arma de fuego

indignar sentir enfado por una cosa injusta

repugnar causar repugnancia o aversión

soportar sufrir; tolerar

Sustantivos

la aversión animosidad, antipatía que se siente por alguna persona o cosa

los crímenes por odio actos ilegales motivados por el odio

el genocidio exterminio o eliminación sistemática de un grupo social

la homofobia odio, hostilidad o desprecio hacia los homosexuales

la intolerancia falta de respeto o consideración hacia las opiniones o prácticas de otros, por ser diferentes de los demás

la marginación acción y efecto de aislar o apartar de la sociedad a una persona o un grupo

la repugnancia aversión, repulsión

***EL MANUAL** contiene ejercicios de vocabulario.*

Actividad A Asociaciones

☐ ***META LINGÜÍSTICA***
Practicar el vocabulario

Paso 1 Da la palabra de vocabulario que se asocia con las siguientes palabras y frases.

1. acciones que muestran antipatía fuerte
2. hostilidad hacia los homosexuales
3. exterminio de un grupo
4. repulsión, aversión
5. enfado por una injusticia
6. matar, ejecutar
7. aguantar
8. arruinar la reputación

Paso 2 Verifica tus respuestas con el resto de la clase.

Así se dice

You may have noticed that **crímenes** has a written accent mark over the **i** but **crimen** does not. The same is true of **imágenes** and **imagen, márgenes** and **margen, exámenes** and **examen.** In each case, both singular and plural forms are stressed on the same syllable. It is necessary to include the written accent mark in the plural forms of these words to indicate that the same stress pattern remains. Without the accent mark, the plurals would be stressed on the second to the last syllable, because words that end in **-n** or **-s** are typically stressed on this syllable. A notable exception to this rule are **régimen** and **regímenes.**

NOTA LINGÜÍSTICA

Review of the Impersonal and Passive **se**

- The Impersonal **se**

Form

se + third-person singular verb

Functions

The impersonal **se** expresses subjects that English would express with *one, you, people* (in general), or *they.* It indicates that people are involved in the action of the verb, but no specific individual is identified as performing the action. The verb is always in the third-person singular.

¿Cómo **se permite** que los criminales escapen de la justicia?	*How do they (you) allow criminals to escape justice?*
Se ve que todavía hay muchos casos de homofobia por todo el mundo.	*You can see that there are still many cases of homophobia around the world.*

- The Passive **se**

Forms

The passive **se** is used with a third-person singular or plural verb, depending on whether the object being acted upon is singular or plural.

se + third person { singular / plural } verb + noun

Functions

As with the impersonal **se,** the passive **se** indicates that no specific individual is being referred to. The action is being done to something but the agent (the doer) is either unknown or unimportant. Take note that the grammatical subject normally follows the verb in this construction.

Aquí no **se soporta** ninguna forma de discriminación.	*No form of discrimination is tolerated here.*
Se venden las armas por el mercado negro.	*Weapons are sold through the black market.*

¡OJO! Remember that **se** is also a reflexive pronoun. The reflexive **se** is used to talk about things that people do to or for themselves.

Los candidatos **se limitan** a contribuciones de 1.000 dólares por persona.	*The candidates limit themselves to contributions of 1,000 dollars per person.*

EL MANUAL *contiene ejercicios de gramática.*

Actividad B ¿Quiénes lo hacen?

META LINGÜÍSTICA
Practicar la gramática

Paso 1 Selecciona la mejor interpretación de **se** en cada una de las siguientes oraciones.

1. No se controla bien Joaquín.
   - **a.** reflexiva: Joaquín no controla a Joaquín.
   - **b.** impersonal: Otros personas no controlan a Joaquín.
   - **c.** pasiva: Joaquín no es controlado por otros.
2. Se desprecia la presidencia cuando el presidente falla.
   - **a.** reflexiva: El presidente desprecia a sí mismo cuando falla.
   - **b.** impersonal/pasiva: Muchas personas desprecian la presidencia cuando el presidente falla.
3. Se segregaron a los negros en los Estados Unidos y en Sudáfrica por muchos años.
   - **a.** reflexiva: Los negros segregaron a sí mismos.
   - **b.** impersonal/pasiva: Otras personas segregaron a los negros.
4. En Irak, se rechazó la oferta de las Naciones Unidas de inspeccionar las fábricas.
   - **a.** reflexiva: La gente de Irak rechazó a la gente de Irak.
   - **b.** impersonal: Alguien, no importa quién era, rechazó la oferta.
   - **c.** pasiva: La oferta fue rechazada.
5. Se denunció el gobierno por sus abusos de los derechos humanos.
   - **a.** reflexiva: El gobierno denunció a sí mismo por los abusos.
   - **b.** impersonal: Varias personas, no importa quiénes eran, denunciaron el gobierno.
   - **c.** pasiva: El gobierno fue denunciada.

Paso 2 Verifica tus respuestas con el resto de la clase.

Actividad C Dos casos

META DE COMUNICACIÓN
Dar ejemplos de actos que violan los derechos humanos

Paso 1 Trabajen en parejas. Uno/a de los dos va a leer lo que le pasó a Rigoberta Menchú (página 286). La narración viene del libro *Siglo del viento* por Eduardo Galeano. El otro (La otra) va a leer un fragmento del artículo «Crímenes contra homosexuales de Chiapas y el DF» (página 287).

Paso 2 Cada uno/a de Uds. debe escribir tres oraciones sobre el contenido de la lectura asignada. **¡Ojo!** Trata de utilizar **se** y la forma correcta del verbo en las oraciones. Luego, comparte las oraciones con tu compañero/a.

Paso 3 Con tus propias palabras, explícale a tu compañero/a el caso que se narra en la lectura. Al escuchar lo que dice tu compañero/a, piensa en cómo él (ella) contestaría la siguiente pregunta: ¿En qué se parece el caso de los indígenas de Guatemala al de los homosexuales de México?

Paso 4 **Optativo.** Con toda la clase indiquen sus reacciones a lo que leyeron y luego a lo que escucharon.

La información...

- ☐ (no) me aplastó.
- ☐ (no) me divirtió.
- ☐ (no) me entusiasmó.
- ☐ (no) me escandalizó.
- ☐ (no) me ha vuelto intolerante.
- ☐ (no) me ha informado.
- ☐ (no) me hizo sentirme agradecido/a.
- ☐ (no) me hizo sentirme satisfecho/a
- ☐ (no) me impresionó.
- ☐ (no) me indignó.
- ☐ (no) me inquietó.
- ☐ (no) me inspiró desconfianza.
- ☐ (no) me irritó.
- ☐ (no) me molestó.
- ☐ (no) me repugnó.
- ☐ (no) me sorprendió.

Estrategia para la comunicación

Remember that if you need to emphasize or clarify the indirect object pronoun in a sentence, you can do so by adding a prepositional phrase with **a** and the appropriate pronoun. This is usually accomplished in English by raising the tone of voice.

Me horrorizó. → **A mí** me horrorizó.
It horrified me. → *It horrified* ***me.*** *(I was the one who was horrified.)*

Me lo dio **a mí,** no **a Ud.**
She gave it to ***me,*** *not to* ***you.***

1980 ● *Uspantán*

Rigoberta

Ella es una india maya-quiché, nacida en la aldea de Chimel, que recoge café y corta algodón en las plantaciones de la costa desde que aprendió a caminar. En los algodonales vio caer a dos de sus hermanos, Nicolás y Felipe, los más chiquitos, y a su mejor amiga, todavía a medio crecer, todos sucesivamente fulminados[1] por los pesticidas.

El año pasado, en la aldea de Chajul, Rigoberta Menchú vio cómo el ejército quemaba vivo a su hermano Patrocinio. Poco después, en la embajada de España, también su padre fue quemado vivo junto con otros representantes de las comunidades indias. Ahora, en Uspantán, los soldados han liquidado a su madre muy de a poco, cortándola en pedacitos, después de haberla vestido con ropas de guerrillero.

De la comunidad de Chimel, donde Rigoberta nació, no queda nadie vivo.

A Rigoberta, que es cristiana, le habían enseñado que el verdadero cristiano perdona a sus perseguidores y reza[2] por el alma de sus verdugos. Cuando le golpean una mejilla, le habían enseñado, el verdadero cristiano ofrece la otra.

—*Yo ya no tengo mejilla que ofrecer* —comprueba Rigoberta.

[1]muertos instantáneamente [2]ora

Crímenes contra homosexuales de Chiapas y el DF

ADRIÁN CAPULA/BERTHA RODRÍGUEZ

En los albores[1] del siglo XXI el desprecio y la marginación social, producto de los tabúes culturales y una educación sexual plagada de prejuicios y fobias contra quienes se atreven a manifestar formas diferentes de concebir[2] el sexo y que en Chiapas ha cobrado ya más de 20 víctimas, es clara muestra del genocidio que enfrenta la comunidad homosexual.

En el último año la prensa chiapaneca ha dado cuenta de un alto número de asesinatos de homosexuales, todos realizados en forma similar: los cadáveres de las víctimas mostraban que fueron acribillados[3] con armas de grueso calibre, siempre en las piernas y en el pecho.

Recientemente, en la ciudad de México el asesinato del doctor Francisco Estrada Valle, fundador del Grupo Ave de México, dedicado a la prevención del Síndrome de Inmunodeficiencia Adquirida (SIDA), no solamente conmovió a la comunidad *gay* del Distrito Federal, sino también puso en evidencia el recrudecimiento[4] de la violencia contra este sector de la población y el menosprecio por sus derechos humanos.

Ante esto el Círculo Cultural Gay (CCG) coordinado por José María Covarrubias y Jorge Fichtl, recopilaron información sobre los acontecimientos y presentaron una denuncia ante la Comisión Nacional de Derechos Humanos (CNDH).

El documento de denuncia también fue entregado a Amnistía Internacional México (en donde fue recibido por Morris Tidbal del Departamento de Investigación de las Américas); a la Asociación Internacional de Lesbianas y Gays (ILGA); a la Comisión Internacional de Derechos Humanos y Homosexuales y Lesbianas de San Francisco, California, Estados Unidos; a la Academia Mexicana de Derechos Humanos; a la Comisión Mexicana de Defensa y Promoción de Derechos Humanos, A. C.; y al Centro de Defensa de los Derechos Humanos Fray Bartolomé de las Casas, Chiapas, A. C.

Hay que recordar que Amnistía Internacional (AI) decidió en septiembre de 1991 trabajar en favor de prisioneros de conciencia encarcelados por su homosexualidad. Desde 1979 adoptó una resolución que afirma que la homosexualidad es un derecho humano fundamental y por tanto debía abogar por[5] la liberación de cualquier persona encarcelada por exigir igualdad de trato.

[1](figurado) En... Al principio [2]tener idea de (una cosa), pensar en (algo) [3]fueron... se les llenaron el cuerpo de agujeros [4]incremento, aumento [5]abogar... defender

Actividad D ¿Qué les quieres decir?

META DE COMUNICACIÓN
Opinar sobre los derechos humanos

Paso 1 En grupos de tres, lean las siguientes listas de personas, asociaciones, instituciones, etcétera, presentadas en las lecturas de la Actividad C. Luego, escriban seis oraciones sobre los derechos humanos, tres oraciones relacionadas con un miembro de la lista A y tres con un miembro de la lista B. En las oraciones deben usar uno de los verbos del cuadro y expresar su opinión personal. **¡Ojo!** Será necesario usar el subjuntivo en la cláusula subordinada.

MODELO: José Covarrubias debe pedir que el gobierno federal intervenga en la investigación de los asesinatos.

desear	pedir	querer
esperar	preferir	recomendar
insistir en	prohibir	sugerir

LISTA A

Rigoberta Menchú	el ejército guatemalteco
el gobierno guatemalteco	los indígenas guatemaltecos

LISTA B

la Comisión Nacional de Derechos Humanos en México	José Covarrubias
la policía de Chiapas y el DF	el Círculo Cultural Gay
la familia de Dr. Francisco Estrada Valle	Amnistía Internacional
	el gobierno mexicano

Paso 2 Compartan las oraciones con la clase oralmente o escríbanlas en la pizarra.

LECCIÓN

19 Literatura y arte

Literatura

The *¿Qué te parece?* CD-ROM offers additional activities related to the **Literatura** selection in this unit.

«Una carta de familia», por Álvaro Menéndez Leal (1931–)

Álvaro Menéndez Leal nació en El Salvador. Su obra literaria comprende todos los géneros: poesía, ensayo, cuento, novela y teatro. Sus intereses literarios son diversos y esta diversidad se nota no sólo en los géneros en que escribe sino también en los temas que trata: el abuso del poder por parte de las autoridades políticas, la autodefensa de los débiles, la ciencia ficción y asuntos fantásticos. Suele firmar su obra bajo el pseudónimo de Álvaro Menén Desleal.

Vocabulario útil

Verbos

ametrallar	to gun down
suplicar	to beseech, beg
toser	to cough

Sustantivos

el aprendiz	apprentice
la célula	underground group of guerrilla fighters
la guerrilla	guerrilla activity against the government
la huelga	strike, work stoppage to protest government action
el juzgado	court
el pulmón	lung
el reposo	rest, recuperation
la sastrería	tailor shop
el tachón	cross-out marks
el taller	workshop

Adjetivo

atento/a	attentive, polite

Expresiones

a propósito	by the way
hacérsele una piedra en la garganta	to get a lump in one's throat

Anticipación

Actividad A La censura

Paso 1 Formen grupos de tres o cuatro. A la mitad de los grupos le toca el tema A, a los demás grupos el tema B. Escriban una lista de por lo menos cuatro razones o efectos, según el tema.

> TEMA A: Razones por las cuales los gobiernos censuran
> TEMA B: Efectos que tiene la censura en la sociedad

Paso 2 Comparen su lista con la de los otros grupos. Pueden hacerlo oralmente o escribiéndola en la pizarra.

Paso 3 Comenten entre todos las varias maneras en que un gobierno puede hacer censura.

Actividad B Temas entre familiares

Paso 1 Preparen entre todos una lista de los temas que Uds. tratan cuando hablan con o les escriben a sus familiares. Piensen en la última carta que les escribieron a sus padres (hijos, abuelos) o en la última conversación que tuvieron con ellos.

Paso 2 Ahora repasen la lista, pero desde el punto de vista de un censor. ¿Qué temas podrían ser censurados?

Actividad C Predicciones

Paso 1 Con un compañero (una compañera) lean las seis primeras líneas del cuento. Basándose solamente en esta información y lo que pueden leer entre líneas, indiquen lo que saben

- de Víctor
- de la mujer
- del país en que vive la mujer

Paso 2 Compartan la información con el resto de la clase. ¿Están todos de acuerdo?

Paso 3 Sigan trabajando en parejas. Ahora piensen en lo que posiblemente va a ocurrir en el cuento. Hagan tres predicciones: una sobre Víctor, otra sobre la mujer y otra sobre el país.

Paso 4 Compartan sus predicciones con el resto de la clase. De todas las predicciones, ¿cuáles son las más razonables?

Primera exploración

Consejo práctico

Writers use italic print for a variety of purposes. In the story «Una carta de familia», Menéndez Leal uses italic print every time the woman stops writing the letter. When you encounter these pauses in the letter, you should also pause and try to read between the lines. First, consider the content of what the woman just wrote. Second, consider what is going on in her mind.

Actividad A El país y el coronel

Paso 1 En la línea 4, la mujer escribe que «la situación es normal». Trabajen en grupos de tres. Cada uno debe leer una parte diferente del cuento y resumir lo que dice del país.

- desde la línea 8 hasta la línea 11
- desde la línea 13 hasta la línea 18
- desde la línea 20 hasta la línea 25

Paso 2 Compartan la información con los otros miembros del grupo. ¿Qué impresión tienen Uds. del país? ¿Y de la personalidad del coronel?

Paso 3 Preparen entre todos una lista de lo que saben de Víctor.

Paso 4 **Optativo.** ¿Están Uds. de acuerdo con lo que dice la mujer, de que «la situación es normal»?

Así se dice

In some Latin American countries the pronoun **vos** is used when the relationship between two people is a close one (called **voseo**). **Vos** is used in place of **tú** and sometimes, as in this story, in addition to **tú.** The stress in the present indicative and present subjunctive is shifted to the last syllable of the verb. Here are some examples of **voseo** that you will find in this story:

sabes→sabés
puedes→podés
escribes→escribís
vuelvas→volvás

Note that stem-changing verbs like **poder** and **volver** do not undergo the stem change in the **vos** form because the stem does not receive the stress.

Actividad B La familia

Paso 1 Trabajen en grupos de dos. Lean desde la línea 27 hasta la línea 31. Describan con sus propias palabras la situación en que se encuentra la familia de Víctor.

Paso 2 Comenten entre todos la siguiente pregunta: ¿Quién dejaría a su familia en tales condiciones? ¿Qué motivaría la salida de esa persona?

Actividad C El cierre

Paso 1 Lee desde la línea 32 hasta el final del cuento. Fíjate en el último verbo del cuento. ¿Cuál es el sujeto de este verbo? Comparte tu respuesta con el resto de la clase.

Paso 2 Trabajando con un compañero (una compañera) terminen las siguientes oraciones con tres ideas diferentes. **¡Ojo!** Cuidado con las formas verbales. Será necesario utilizar el subjuntivo.

1. Dudamos que...
   a. **b.** **c.**
2. Es probable que...
   a. **b.** **c.**

Paso 3 Compartan las oraciones con el resto de la clase. ¿Coinciden Uds. en su interpretación del cuento?

EN EL MANUAL *se hallan más actividades relacionadas con «Una carta de familia» que sirven de guía para la lectura en casa.*

Lectura

Una carta de familia

por Álvaro Menéndez Leal

«Querido Víctor:»

La mujer esperó. Las dos palabras se le hicieron piedra en la garganta. Una sola piedra.

«Te escribo otra vez para suplicarte que vuelvas al país. La situación es normal, todo el mundo está tranquilo en su trabajo, y el gobierno tiene el apoyo del pueblo».

Esperó. Volvió a escribir.

«Ya no hay huelgas, ni guerrilla. A propósito, se ha sabido que no es cierto que la policía hubiera matado a Raúl y a los otros de tu célula. Parece que Raúl, borracho, los ametralló y luego se suicidó. Tenía problemas con su mujer, vos sabés. Todo eso se supo en el juzgado».

Esperó. Volvió a escribir.

«El coronel sigue de director en la policía. Hace poco lo vi y fue muy atento conmigo. Me dijo que cuando yo quisiera él iba a hablar con el dueño del taller para que te den otra vez el trabajo. Y que me iba a conseguir un

apartamento en los multifamiliares de Candelaria. Les conté a los niños y están felices. Imagínate. Allí tienen una escuela y un parque, y hasta un televisor en el parque».

Esperó. Volvió a escribir.

«El coronel dice que vos sabés que él es buena gente. Que ya no hay nada contra vos y que cuando te capturó la última vez te trató bien, y que la otra vez los agentes te hicieron lo que te hicieron sin que él XXXXX perdoná el tachón, supiera nada, pero que arrestó a los agentes al saberlo. Dice que esas cosas no pasan en una democracia. Yo creo que es cierto, y por eso no está bien lo que declaraste en los periódicos de allí».

Esperó. Volvió a escribir.

«Matildita lleva el segundo lugar en la escuela. Pero tengo problemas con Arturo, que dice que quiere entrar de aprendiz y no terminar la escuela. Yo no quiero porque está muy pequeño, y además el doctor dice que lo del pulmón necesita reposo. Por eso es necesario que volvás pronto. Ya casi no echa sangre, sólo cuando tose fuerte».

Esperó. Volvió a escribir.

«A mi padre le quitaron el trabajo en la sastrería. Sigue peor de la vista. Yo creo que ya no me va a poder seguir ayudando, ya está muy viejito. Por eso mejor te vienes, pues yo sola no puedo ganar lo suficiente. Además yo no creo que te pase nada, el gobierno da garantías. Fíjate que ya ni censura hay, por eso te escribo todo esto, así que vos podés contestarme, ya ni cartas me escribís».

Esperó. Volvió a escribir.

«Cuídate mucho, y que vengas pronto es el deseo de tus hijos y de tu
Carlota»

Le quitaron la hoja de papel.

Aplicación

Actividad A Por tu propia voluntad

Paso 1 En «Una carta de familia» Carlota no escribe la carta por su propia voluntad. Tiene que escribirla y tiene que incluir cierta información. Piensa en tu propia vida. ¿Qué cosa has hecho que no fue por tu propia voluntad?

Paso 2 Compartan los resultados del Paso 1 con dos o tres compañeros de clase. También en su grupo, comenten las consecuencias de haber hecho lo que no querían hacer. ¿Quién en el grupo sufrió las consecuencias más graves? ¿Para quién fueron muy cómicas las consecuencias?

Paso 3 Compartan las historias con el resto de la clase.

Actividad B En realidad

Paso 1 En «Una carta de familia» Carlota le dice a Víctor que «ya ni censura hay». Se sabe que esto no es verdad. Trabajen en grupos de dos o tres. Escríbanle a Víctor la carta que Carlota no le puede escribir.

Paso 2 Compartan su carta con el resto de la clase y escuchen las cartas que los otros han escrito. ¿Incluyeron todos la misma información? ¿Compartieron la misma perspectiva? ¿Qué le recomiendan Uds. a Víctor que haga?

Actividad C Una carta de Víctor

Paso 1 En «Una carta de familia» Carlota le dice a Víctor que como ya no hay censura, él puede contestarle. Trabajen en grupos de dos o tres. Escríbanle una carta a Carlota desde la perspectiva de Víctor. Tengan cuidado con lo que escriben para no poner en peligro las vidas de Carlota, Matildita y Arturo.

Paso 2 Compartan su carta con el resto de la clase y escuchen las cartas que los otros han escrito. Determinen entre todos cuál de las cartas pasaría por la censura sin problemas.

Arte

The *¿Qué te parece?* CD-ROM offers additional activities related to the **Galería del arte** in this unit.

Vocabulario útil

Lienzo de castas (Anónimo)

discriminar	to discriminate (against)
el/la albarazado/a	person of Chinese and Indian descent
el/la calpamulato/a	half-breed
la casta	caste
el castizo	quadroon (person of mestizo and Spanish heritage)
el/la chino/a	person of mixed ancestry
la discriminación	discrimination
el/la español(a)	Spaniard
la gente	people
el/la hijo/a	son/daughter
el/la indio/a	Indian
el/la jíbaro/a	Indian of Caribbean origin
el lobo	wolf
la madre	mother
el/la mestizo/a	person of mixed heritage
el/la moro/a	Moor
el/la mulato/a	person of mixed skin color
el/la negro/a	Black (*person*)
el padre	father
la persona	person
el saltatrás	throw-back
el sanbalgo	*term, no longer in use, for "mixed races"*
el sombrero	hat
el tentenelaire	half-breed
el vestido	dress
antiguo/a	ancient
colonial	colonial
español(a)	Spanish
viejo/a	old

La familia del presidente, por Fernando Botero

fumar	to smoke
saludar	to salute
la abuela	grandmother
el animal	animal
el avión	airplane
el bastón	staff
el bigote	mustache
el bolso	purse
el cigarrillo	cigarette
el cura/sacerdote	priest
la estola	stole
la familia	family
el gato	cat
el general	general
el globo	balloon
la hija	daughter
el humo	smoke
los lentes	eyeglasses
la madre	mother
la montaña	mountain
el padre	father
el pintor	painter
la serpiente	snake
el soldado/militar	soldier
el traje	suit
el uniforme	uniform
el vestido	dress
el volcán	volcano
gordo/a	fat

La república, por Débora Arango

matar	to kill
morir	to die
picar	to peck
tener miedo	to be afraid
el esqueleto	skeleton
la gente	people
la hiena	hyena
el murciélago	bat
los ojos	eyes
el pájaro	bird
la persona	person
el sacrificio	sacrifice

Sin título, por Santa Contreras Barraza

los aretes	earrings
el fondo	background
las imágenes azteca y maya	Aztec and Mayan images
el linaje	lineage
la mujer contemporánea	today's woman
la Virgen de Guadalupe	Virgin of Guadalupe

Actividad A ¿De qué temas se trata?

Paso 1 Con un compañero (una compañera), miren los cuadros que aparecen en las páginas 250–251. Indiquen el tema que presenta cada cuadro. ¿Trata de la religión? ¿de la política? ¿de un aspecto de la sociedad? ¿de algo más?

- *La familia del presidente,* Fernando Botero
- *Sin título,* Santa Contreras Barraza
- *La república,* Débora Arango
- *Lienzo de castas,* Anónimo

Paso 2 ¿Encontraron todos los compañeros los mismos temas? Si no, ¿cuáles son los temas diferentes?

Paso 3 Entre todos, busquen las imágenes o los objetos que representan los temas y coméntenlos.

MODELO: *Lienzo de castas* muestra que en las colonias españolas se reconocía una gama de mestizaje de razas mucho más compleja de la que se admitía en las colonias británicas de la América del Norte.

Actividad B La crítica

Paso 1 Cada artista tiene su propia manera de presentar la crítica social en sus obras. A veces la crítica está a la vista de todos, y a veces es menos obvia. En grupos de tres, evalúen los cuadros en cuanto a la sutileza de su crítica. Apunten las razones de cada evaluación.

muy sutil		sutil pero obvia		demasiado obvia
1	2	3	4	5

_____ *La familia del presidente,* Botero
_____ *La república,* Arango
_____ *Sin título,* Contreras Barraza
_____ *Lienzo de castas,* Anónimo

Paso 2 Comparen sus evaluaciones con las del resto de la clase. ¿Está la mayoría de acuerdo? ¿Cuáles son las razones de cada evaluación? ¿Se dan razones semejantes para cierta evaluación o puede haber razones diferentes para la misma evaluación?

Paso 3 Ahora entre todos, determinen en cuál de los cuadros la crítica es más obvia y en cuál la crítica es más sutil. ¿Cuál de los dos cuadros les gusta más?

Actividad C ¿Con qué obra te identificas?

*Review the **Nota lingüística** in **Lección 17** on review of the preterite and imperfect before doing **Actividad C.***

Paso 1 Con un grupo de tres compañeros, vuelvan a mirar los cuadros. ¿Con cuáles pueden identificarse personalmente? ¿Por qué?

MODELO: Me puedo identificar personalmente con *La familia del presidente* porque, cuando era niño, mi padre era soldado. Recuerdo bien el uniforme que llevaba. Uniformados, todos los soldados me parecen iguales.

Paso 2 Compartan sus selecciones con el resto de la clase. Entre todos los cuadros, ¿hay alguno con el cual se identifiquen muchas personas? ¿Se identifican con él por las mismas razones?

Paso 3 Repitan los Pasos 1 y 2 pero esta vez indiquen cuál es el cuadro con el cual no te puedes identificar personalmente.

MODELO: No me identifico para nada con *La familia del presidente* porque no tiene nada que ver con mis experiencias. En este país, la Iglesia y el Estado son entidades distintas.

Actividad D Ideas para comentar

Paso 1 Formen cuatro grupos. A cada grupo le toca uno de los cuadros. Comenten la relevancia del cuadro respecto a la situación mundial actual. ¿Es válida la crítica que presenta el cuadro si se aplica al presente?

MODELO: Para mí, la crítica es todavía válida en el presente. Es válida en el presente porque la situación que critica existe todavía.

Paso 2 Compartan sus comentarios con el resto de la clase y apunten lo que dicen los otros grupos.

Paso 3 Ahora, siempre en el mismo grupo, comenten las opiniones de los otros grupos acerca de la relevancia de los cuadros. ¿Están Uds. de acuerdo? ¿Qué otra evidencia pueden añadir a sus comentarios? Compartan los resultados de su conversación con los otros grupos.

Paso 4 Cada uno/a de Uds. debe escribir la conclusión a que se puede llegar como resultado de la interacción en esta actividad. Luego, comparte tu conclusión con la clase.

Actividad E Los censores y el arte

*Review the **Nota lingüística** in **Lección 17** on review of the conditional before doing **Actividad E.***

Paso 1 Trabajen en grupos de tres. Escojan entre las cuatro obras las que creen que les gustarían a Carlota, a Víctor y al coronel, personajes de «Una carta de familia».

Paso 2 Compartan los resultados con la clase, indicando sus razones. ¿Escogieron las mismas obras?

LECCIÓN

20 Repaso y composición

Repaso

Consejo práctico

Remember that you explored a variety of ideas in each activity. In addition to reviewing the **Metas de comunicación,** you should also go over the questions in the **¿Qué te parece?** sections, as well as the **Pasos** and the readings.

Actividad A Repaso de los temas de la Lección 17

Paso 1 En grupos de tres, hagan una lista de los temas explorados en las ideas para explorar de la Lección 17, La libertad, la censura y la iglesia y la política. Cada miembro del grupo trabajará con una sección diferente de la lección.

TEMAS EXPLORADOS
IDEAS PARA EXPLORAR: La libertad
____
____
____
IDEAS PARA EXPLORAR: La censura
____
____
____

IDEAS PARA EXPLORAR: La iglesia y la política

____

____

____

Paso 2 ¿Qué temas proponen los otros grupos? Compartan su lista con el resto de la clase para verificar los temas.

Paso 3 ¿Cuáles son los temas principales de la Lección 17? ¿Qué información no fue nueva para Uds.? De todos los temas explorados, ¿cuáles les interesaron más? ¿Cuáles les interesaron menos? ¿Pueden resumir el contenido de la lección en sus propias palabras? ¿Cuál es el concepto general que abarca toda la Lección 17? De todo lo que han aprendido, ¿hay cierto concepto o dato que para Uds. fue muy importante? ¿Cuál es?

Actividad B Repaso de los temas de la Lección 18

Paso 1 En grupos de tres, hagan una lista de los varios temas explorados en las Ideas para explorar de la Lección 18, El sexismo, el racismo y los derechos humanos. Cada miembro del grupo trabajará con una sección diferente.

TEMAS EXPLORADOS

IDEAS PARA EXPLORAR: El sexismo

____

____

____

IDEAS PARA EXPLORAR: El racismo

____

____

____

IDEAS PARA EXPLORAR: Los derechos humanos

____

____

____

Paso 2 ¿Qué temas proponen los otros grupos? Compartan su lista de temas con el resto de la clase.

Música

Opción 1 Escucha la canción «They Dance Alone (Cueca solo)» del cantante británico Sting (*Best of Sting*, A & M, 1994). La canción trata el tema de los desaparecidos durante la dictadura de Agusto Pinochet en Chile. Prepara un informe que incluye información sobre:

- los abusos de Pinochet
- la cueca, una danza chilena
- lo que significa la palabra **solo** en el título de la canción

Opción 2 Mercedes Sosa es una cantante indígena de la Argentina que ha tenido mucho éxito durante su muy larga carrera. Busca una colección de sus grandes éxitos y escucha los temas que trata. Prepara una lista de las canciones que protestan por la situación política y otra de las que hablan de los indígenas.

Navegando la red

Hay varias organizaciones que trabajan por los derechos humanos y las necesidades básicas del ser humano. Consulta el sitio Web de una organización como Amnistía Internacional o las Naciones Unidas para ver los proyectos actuales que lleva a cabo en un país hispano. Escribe un resumen de lo que encuentres.

Puedes comenzar tu búsqueda en el sitio Web que acompana *¿Qué te parece?* en **www.mhhe.com/queteparece**.

UNIDAD 6

Perspectivas e imágenes culturales

Ideas para explorar

Notas lingüísticas

Así se dice

Estrategias para la comunicación

Galería del arte

The *¿Qué te parece?* CD-ROM offers additional activities related to the **Galería del arte** in this unit.

Dimensión simbólica

¿Qué representan las imágenes que se ven en una obra de arte? ¿Qué simbolizan? Estas preguntas tienen que ver con la dimensión simbólica que se les aplica a algunas, no a todas, de las obras de arte. El impacto de una obra de arte en el observador, a veces depende de que éste entienda el simbolismo. ¿Qué representa la estatua de la libertad en la sociedad estadounidense? ¿Qué simboliza el corazón sangriento de Jesucristo entre los católicos? ¿Qué representa la bandera de un país, estado o territorio?

1 Amado M. Peña, Jr. (estadounidense, 1943–)
Austin Celebrates the Sesquicentennial

2 Juan Sánchez (puertorriqueño, 1954–)
Bleeding Reality: Así estamos

3 Éster Hernández
(estadounidense, 1941–)
Libertad

4 Santa Contreras Barraza
(estadounidense, 1951–)
Códice III

LECCIÓN

21 Imágenes culturales

Ideas para explorar

Ascendencia e identidad

Esta joven mexicoamericana celebra su cumpleaños en San Antonio, Texas. ¿Crees que la piñata es una imagen cultural?

¿Qué te parece?

- ¿De qué países son tus ascendientes?
- ¿Todavía tienes familiares que viven en esos países? ¿Tienes contacto con ellos?
- ¿Has visitado los países de tus ascendientes?
- ¿Cuántas generaciones de tu familia han vivido en este país?
- ¿Qué te parece la idea de emigrar a otro país?
- ¿Te interesa trabajar en otro país? ¿Te interesa estudiar en otro país?
- ¿En qué otro país vivirías?
- ¿Con qué comunidad(es) te identificas?

Vocabulario del tema

Sustantivos

el antagonismo contrariedad, oposición; rivalidad

la ascendencia conjunto de antepasados (padres y abuelos) de quienes desciende una persona

los ascendientes antepasados; padre o cualquiera de los abuelos de quien desciende una persona; las personas de una familia que preceden a una persona

las barreras obstáculos que separan una cosa o persona de otra

la comunidad congregación de personas que viven unidas y bajo ciertas reglas; conjunto de vecinos

la etnicidad la raza, pueblo o nación a que pertenece una persona

la identidad conjunto de características que diferencian a las personas y naciones entre sí

el liderazgo encontrarse un partido político, nación o comunidad en posición de dirigir; la situación de las personas que influyen en las acciones y decisiones de una comunidad

las rencillas disputas, desacuerdos

la solidaridad adhesión a la causa de otros; adhesión a las obligaciones en común

***EL MANUAL** contiene ejercicios de vocabulario.*

Actividad A ¿Cuál es la palabra apropiada?

META LINGÜÍSTICA
Practicar el vocabulario

Paso 1 Contesta las siguientes preguntas con la palabra de vocabulario apropiada.

1. ¿Cuáles son las dos palabras sinónimas de **desacuerdo?**
2. ¿Cuál es la palabra que se asocia con la raza y la nacionalidad de una persona?
3. ¿Cuál es la palabra que se refiere a quién eres, tu personalidad y las cualidades que te distinguen de los demás?
4. ¿Cuáles son las dos palabras que se refieren al parentesco y que tienen que ver con la historia de la familia de una persona?
5. ¿Cuál es la palabra que es sinónimo de **impedimentos?**
6. ¿Cuál es la palabra que se refiere a los dirigentes políticos?
7. ¿Cuál es la palabra que se refiere a la congregación de personas que viven unidas?
8. ¿Cuál es la palabra que se refiere al hecho de adherirse a la causa de otros?

Paso 2 Verifica tus respuestas con el resto de la clase.

NOTA LINGÜÍSTICA Pronominalized Definite Articles

Forms

Definite articles agree in gender and number with their referent.

el los
la las

They occur in three sentence patterns.

- article + **de**
- article + relative pronouns **que, quien(es),** and **cual(es)**
- preposition + article + relative pronoun

Functions

To refer to a noun already established in the context

En el Caribe hay una mezcla de culturas: **la de** los indígenas, **la de** los colonizadores, **la de** los esclavos y, ahora, **la de** los turistas.
Los que terminan primero, ganan el premio.
¿Puedes dar las razones **por las cuales** Hernán Cortés pudo conquistar a los aztecas?

***EL MANUAL** contiene ejercicios de gramática.*

META LINGÜÍSTICA
Practicar la gramática

Actividad B ¿A qué se refiere?

Paso 1 Lee las siguientes oraciones y determina a qué se refiere cada artículo indicado.

1. Las personas bilingües hablan dos idiomas. En muchos casos estos idiomas son **el** de la casa y **el** del trabajo.
2. Las personas biculturales pertenecen a dos culturas: **la** de sus ascendientes y **la** de la sociedad en que viven.
3. Una de las responsabilidades del sistema educativo es **la** de educar a los niños para que sean ciudadanos útiles y participen en la política del país.
4. Los problemas de las relaciones entre las razas son muchos, pero **los** que más me preocupan son el prejuicio y la violencia.
5. Me gustan mucho las clases que tomo este semestre. **Las** que me motivan más son el español, las matemáticas y el tenis. **La** que me da más trabajo que las otras es un curso sobre la relación entre la etnicidad y el desarrollo de la identidad.

Paso 2 Verifica tus respuestas con el resto de la clase.

Actividad C Dos comunidades

☐ ***META DE COMUNICACIÓN***
Establecer los diferencias entre los miembros de una comunidad

Paso 1 Después de los disturbios en Los Ángeles en el verano de 1992, causados por el primer veredicto contra los policías que golpearon al automovilista Rodney King, Enrique Fernández escribió un artículo para la revista *Más.* Con un compañero (una compañera), lean el artículo (página 314). Luego, completen el siguiente cuadro.

CARACTERÍSTICAS DE LAS DOS COMUNIDADES HISPANAS	
la de los establecidos	la de los recién llegados

Paso 2 Verifiquen las respuestas con el resto de la clase. Luego, entre todos, comenten la diferencia que menciona Fernández entre lo que significa ser «latinoamericano» y «americano latino». ¿Es éste solamente un juego de palabras? ¿Existen de verdad dos grupos culturales diferentes?

Paso 3 **Optativo.** Busca en el artículo respuestas a las siguientas preguntas.

- En el segundo párrafo, ¿a qué se refiere **la** en las frases «la de los establecidos» y «la de los recién llegados»?
- En el tercer párrafo, ¿a qué se refiere **los** en las frases «los de aquí» y «los de allá»?

Actividad D Tu propia ascendencia

☐ ***META DE COMUNICACIÓN***
Aplicarte a ti mismo/a las ideas de Fernández

Paso 1 Muchas personas tienen ascendientes de varios países del mundo. Según las ideas de Fernández, ¿qué eres tú?

MODELOS: (1) Soy americano-irlandés. Mis bisabuelos llegaron a este país hace más de cien años. La familia ya no tiene mucho contacto con la cultura irlandesa y nunca he visitado Irlanda. Me gustaría ir pero no sé cuándo lo voy a hacer.

(2) Tengo ascendientes de México, Inglaterra, Francia e India. En orden de influencia en mi vida y en mi personalidad, creo que soy indio-mexicano-francés-inglés.

Paso 2 ¿Cuántos en la clase comparten la misma ascendencia? ¿Cuántos son de ascendencias únicas?

ENTRE NUESTRAS DOS COMUNIDADES

Al analizar nuestra comunidad hispana, casi siempre hablamos de los antagonismos[1] entre grupos nacionales. Que si los cubanos contra los mexicanos, que si los mexicanos contra los puertorriqueños, que si los puertorriqueños contra los cubanos. Estas rencillas son reales; pero existe otro elemento divisorio que tiene que ver con el tiempo que hace que vinimos a este país.

En Estados Unidos hay muchas comunidades hispanas, pero para este análisis, hay dos: la de los establecidos y la de los recién llegados. O, la de los americanos latinos y la de los latinoamericanos. Unos hablan más inglés que español, los otros, al revés. Unos son ciudadanos norteamericanos y participan en su política, los otros a veces no son ni residentes legales y les interesa la política latinoamericana. Unos son de aquí, los otros son de allá.

Nuestro liderazgo político es, en términos generales, de los de aquí. El elemento más necesitado de nuestra comunidad es de los de allá. Estos nuevos inmigrantes vienen de toda Latinoamérica y su presencia se siente en todo el país. Sin ellos no existiría hoy el fenómeno demográfico que algunos han llamado "la hispanización de los Estados Unidos".

Sin embargo, entre los inmigrantes latinos y el liderazgo latino existen barreras, de idioma a veces, de adaptación al medio norteamericano en general. A estas nuevas comunidades les urge integrarse a la sociedad y participar en el proceso político para recibir sus beneficios. A los funcionarios latinos les urge integrarse a estas comunidades, entender sus complejidades, y sentir solidaridad con sus afanes.[2]

—*Enrique Fernández*

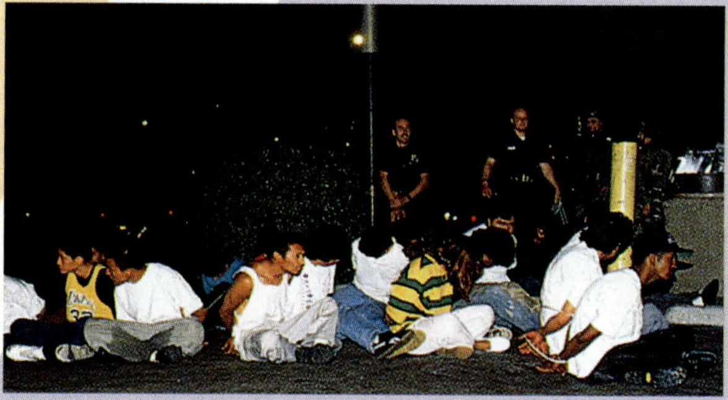

Según el Departamento de la Policía de Los Ángeles, fueron arrestados más latinos (4,307) que afroamericanos (3,083).

[1]rencores, resentimientos [2]metas, esfuerzos

Ideas para explorar

Los estereotipos

¿Cuáles son algunos estereotipos que conoces de los hispanos? ¿Son todas las españolas bailadoras del flamenco? ¿Se visten como Pancho Villa todos los mexicanos?

¿Qué te parece?

- ¿Qué es un estereotipo?
- ¿Crees que hay algo de verdad en los estereotipos? Es decir, ¿se basan en algo real o crees que son ficticios?
- ¿Qué haces cuando oyes un comentario estereotipado?
- ¿Son los estereotipos todos ofensivos o también hay algunos que son humorísticos?
- ¿Existen estereotipos positivos? ¿Hay estereotipos que atribuyen alguna característica positiva al grupo estereotipado?
- ¿Puedes contar un chiste o una broma (en español) que se basa en algún estereotipo? ¿Dónde lo aprendiste? ¿Quién te lo contó?
- ¿Hay estereotipos que te afectan personalmente? ¿Te identificas con un grupo que la gente estereotipa con frecuencia?

Vocabulario del tema

Verbos

confrontar mirar con fortaleza alguna dificultad o peligro que se presenta delante

estereotipar desarrollar una idea fija e invariable de un grupo de personas con el resultado de que el individuo no tiene características propias sino sólo las del grupo

perpetuar perdurar, continuar; dar a las cosas una larga duración

reír hacer burla; manifestar alegría

Sustantivo

el estereotipo imagen exagerada, fija e invariable basada en ciertas características; idea preconcebida u opinión típicamente simplificada acerca de algún grupo de personas o cosas

Adjetivos

dañino/a que causa daño, perjuicio, lástima

humorístico/a gracioso/a; que causa alegría

odioso/a repugnante, antipático/a

perspicaz que tiene entendimiento agudo y penetrante

***EL MANUAL** contiene ejercicios de vocabulario.*

□ ***META LINGÜÍSTICA***
Practicar el vocabulario

Actividad A Asociaciones

Paso 1 Escoge la palabra cuyo significado no se asocia con el de las otras.

1. odioso/a
   a. abominable **b.** detestable **c.** simpático/a
2. dañino/a
   a. gracioso/a **b.** maligno/a **c.** contrario/a
3. perspicaz
   a. penetrante **b.** obvio/a **c.** agudo/a
4. humorístico/a
   a. crítico/a **b.** divertido/a **c.** alegre
5. confrontar
   a. aceptar **b.** resistir **c.** no perpetuar
6. perpetuar
   a. terminar **b.** prolongar **c.** perdurar
7. reír
   a. las bromas **b.** la tristeza **c.** las burlas

Paso 2 Verifica tus respuestas con el resto de la clase.

NOTA LINGÜÍSTICA

Review of Object Pronouns

Forms

INDIRECT OBJECT PRONOUNS		DIRECT OBJECT PRONOUNS	
me	nos	me	nos
te	os	te	os
le (se)	les (se)	lo/la	las

When both direct and indirect object pronouns are used together with the same verb, the indirect object pronoun precedes the direct object pronoun. When both pronouns begin with the letter **l,** the indirect object pronoun becomes **se.**

Functions

Direct object pronouns answer the questions *what* or *whom* in relation to the subject and verb. Indirect object pronouns usually answer the questions *to whom, for whom, to what,* or *for what.*

DIRECT OBJECT PRONOUNS

Los estereotipos en general **me** ofenden.
La película **me** divirtió mucho.

INDIRECT OBJECT PRONOUNS

Algunos estereotipos **nos** dan perspectivas falsas.
El presidente **les** entregó el premio.

DOUBLE OBJECT PRONOUNS

Ah, ¿el suéter? Mis hijos **me lo** regalaron para mi cumpleaños.
¿Las composiciones? A la profesora Díaz **se las** entregaron sus estudiantes.

EL MANUAL *contiene ejercicios de gramática.*

Actividad B ¿A qué se refiere?

☐ ***META LINGÜÍSTICA***
Practicar la gramática

Paso 1 Lee los anuncios publicitarios de Bonafont y Visa. Luego, determina a qué se refiere el pronombre **la** en cada uno de los dos anuncios.

«¡Yo la conseguí!»

AHORA PUEDE OBTENER SU TARJETA CITIBANK VISA SI TIENE UN HISTORIAL DE CRÉDITO O NO.

Paso 2 Ahora lee la siguiente carta que apareció en *Cristina,* revista que dirige la famosa locutora televisiva Cristina Saralegui. Indica a qué se refieren los pronombres indicados.

Posibles referentes: Cristina, la cuñada de Texas, el cuñado, la hermana, el hijo de la hermana

1. me _____	**3.** les _____	**5.** le _____
2. me _____	**4.** le _____	**6.** le _____

Querida Cristina Querida Cristina

Me enamoré de mi cuñado

Vivo con mi hermana y mi cuñado en la misma casa. Hace unos días, él me[1] confesó que me amaba e hicimos el amor. Mi hermana me[2] cae muy mal, pero a veces me siento culpable de lo que estoy haciendo. El problema mayor es que ella está esperando un hijo de él...
La cuñada de Texas

No debería sentirse culpable a veces, sino siempre. Ud. no está actuando bien. Ni su cuñado tampoco. Obviamente, él está disfrutando de dos mujeres en la misma casa y se nota que no quiere a ninguna de las dos. Váyase de esa casa y no cometa más errores. Su presencia allí no sólo amenaza con destruir un matrimonio, sino además con sembrar el rencor entre Ud. y su hermana. Su partida no garantiza que la relación matrimonial de su hermana mejore, pero al menos no será Ud. la responsable. Si Ud. mira las cosas con cabeza fría, se dará cuenta de que ese hombre sólo la está utilizando para divertirse. De contra, les[3] falta el respeto a su hermana y al hijo que ella espera. Un consejo: no le[4] crea nada de lo que le[5] dice. Hay motivos suficientes para pensar que su cuñado simplemente está utilizándolas a las dos. Y si por algún motivo Ud. le[6] cuenta la verdad a su hermana, seguramente él lo negará y Ud. será la más perjudicada de toda esta historia de infidelidad y deslealtad.

META DE COMUNICACIÓN
Confrontar los estereotipos

Actividad C Los estereotipos

Consejo práctico

Stereotypes can be very harmful when they are based on ignorance and used prejudicially against individuals or groups of people. It is generally agreed that one way of addressing stereotypes is to confront them. In **Actividad C** you will be asked to do just that. You shouldn't assume that because your classmates are aware of a stereotype of a particular group of people that they necessarily believe in that stereotype.

Paso 1 Trabajen en grupos de tres o cuatro. A cada grupo el profesor (la profesora) le va a asignar una de las siguientes clases de estereotipos. Piensen en una palabra que capta mejor algún estereotipo asociado con cada grupo mencionado en la lista.

MODELO: los norteamericanos → materialistas

A. Estereotipos culturales: los mexicanos, los italianos, los franceses, los norteamericanos, los indígenas, los puertorriqueños, los judíos, los africanoamericanos, los ingleses

B. Estereotipos regionales: los neoyorquinos, los tejanos, los habitantes del sur de California, de Alabama, de Boston, de Maine, de Iowa, de West Virginia

C. Estereotipos de grupos: los miembros de *fraternities,* los miembros de *sororities,* los homosexuales, las lesbianas, los profesores universitarios, los demócratas, los republicanos, los campesinos, los políticos

Paso 2 Presenten las palabras que escogieron a la clase sin decir a qué grupo se refieren. Los otros grupos tienen que adivinar a qué grupo se refiere cada palabra.

Paso 3 ¿Adivinaron Uds. sin dificultad a qué grupo se referían las palabras? ¿Significa esto que los estereotipos son muy generalizados en nuestra sociedad?

Actividad D ¿Qué te ofende?

META DE COMUNICACIÓN
Comentar los estereotipos

Paso 1 Comenten entre todos los estereotipos que se mencionaron en la Actividad C. Indiquen los estereotipos que

- (no) les ofenden
- (no) les molestan
- (no) les parecen cómicos
- (no) les afectan personalmente

MODELOS: Me molesta un poco el estereotipo de que las lesbianas son muy masculinas e interesadas solamente en los deportes. Claro que hay lesbianas deportivas como Martina Navratilova, pero también hay lesbianas como la actriz Anne Heche, quien representa una feminidad más tradicional.

El estereotipo que me parece cómico es el de los habitantes del sur de California, en particular, el estereotipo de las famosas *Valley Girls.* Me hace reír cómo hablan ellas.

Paso 2 En grupos de tres, escriban un párrafo que describe las actitudes de los miembros de esta clase hacia los estereotipos. Incluyan en el párrafo una comparación o un contraste entre la actitud de la clase y la de la sociedad en que Uds. viven.

Paso 3 Compartan el párrafo con el resto de la clase. ¿Hicieron todos la misma comparación o contraste, o hay diferencias?

LECCIÓN

22 Perspectivas culturales

Ideas para explorar

Tres grandes civilizaciones indígenas

Estos petroglíficos de Puerto Rico conmemoran a los taínos, una de las muchas tribus que habitaban el Caribe cuando llegaron los europeos.

- ¿En qué piensas cuando oyes la palabra **civilización**?
- ¿Qué asocias con los aztecas?
- ¿Cómo se llamaba el emperador azteca que gobernaba cuando llegó Cortés? ¿A qué se refiere la expresión «la venganza de Moctezuma»?
- ¿Qué asocias con los incas?
- ¿Cómo se llama el conquistador español más asociado con los incas?
- ¿Qué asocias con los mayas?
- ¿Has oído algunas de las teorías sobre la desaparición de los mayas, incluso la de las naves espaciales?
- ¿Sabes las formas de gobierno que tenían estas tres grandes civilizaciones?
- ¿Sabes en qué territorios habitaban?
- ¿Sabes de qué tamaño era la población de cada una de estas tres civilizaciones?

Vocabulario del tema

Sustantivos

los agricultores personas que se dedican al cultivo de la tierra

los artesanos personas que se dedican a un oficio manual como carpintero, fontanero o zapatero

los campesinos trabajadores del campo; labradores

la ciudad-estado se refiere a una ciudad que tiene un gobierno autónomo

los corredores en el imperio incaico, personas que servían de mensajeros; corrían largas distancias transmitiendo mensajes del gobierno

la democracia sistema de gobierno en que los ciudadanos eligen a sus gobernantes por medio del voto

el emperador el soberano de un imperio

los esclavos personas sobre las que otras ejercen derecho de propiedad

la federación asociación o conjunto de países o ciudades que tienen en común una autoridad superior

los guerreros hombres especializados en las artes militares; los que luchan en las guerras

los mercaderes comerciantes

la monarquía régimen político en que el jefe supremo del estado es un rey

los sacerdotes clérigos; ministros de un culto religioso que realizan los sacrificios y servicios religiosos

los soldados hombres de armas; miembros de la milicia

la teocracia gobierno ejercido por la clase sacerdotal de un país

***EL MANUAL** contiene ejercicios de vocabulario.*

Actividad A Busca el intruso

☐ ***META LINGÜÍSTICA***
Practicar el vocabulario

Paso 1 Para cada grupo de palabras indica la palabra cuyo significado no se asocia con los de las otras.

1. **a.** los agricultores **b.** los campesinos **c.** los guerreros
2. **a.** los nobles **b.** los esclavos **c.** la monarquía
3. **a.** el conflicto armado **b.** los soldados **c.** los sacerdotes
4. **a.** el arte **b.** el comercio **c.** los mercaderes
5. **a.** la democracia **b.** el derecho divino **c.** la teocracia
6. **a.** los corredores **b.** los artesanos **c.** la comunicación

Paso 2 Verifica tus respuestas con el resto de la clase.

NOTA LINGÜÍSTICA Pluperfect (**Pluscuamperfecto**)

Forms
Use the imperfect form of **haber** with the past participle of the verb to form its pluperfect.

había	habíamos	estudiado
habías	habíais	florecido
había	habían	vivido

Functions
To express an action that was completed prior to another point in the past.

Muchas civilizaciones ya **habían florecido** en América antes de 1492. — *Many civilizations had flourished in America before 1492.*

EL MANUAL *contiene ejercicios de gramática.*

☐ ***META LINGÜÍSTICA***
Practicar la gramática

Actividad B ¿Qué había pasado?

Paso 1 Conjuga el verbo indicado en la primera persona singular (yo) del pluscuamperfecto. Luego, escoge **ya** o **no** para crear una oración que se aplique a ti. Verifica las formas verbales con la clase.

1. (Ya/No) _____ (terminar) la tarea para hoy antes de llegar a la clase de español.
2. (Ya/No) _____ (leer) el correo electrónico antes de llegar a la universidad.
3. Antes de leer esta lección de español, (ya/no) _____ (aprender) (algo/nada) sobre las civilizaciones indígenas.
4. Antes de tomar este curso, (ya/no) _____ (estudiar) el español en la escuela secundaria.

Paso 2 Ahora conjuga el verbo indicado en el pluscuamperfecto. Luego, indica si la oración se te aplica o no. Verifica las formas verbales con la clase.

	SE ME APLICA.	NO SE ME APLICA.
1. _____ (Desear) visitar Latinoamérica antes de inscribirme en este curso.	☐	☐
2. Escribí la primera composición para este curso aunque no _____ (preparar) el borrador.	☐	☐
3. Salí bien en el primer examen de este curso aunque no _____ (estudiar) lo suficiente.	☐	☐

Actividad C Ya habían desarrollado antes...

☐ ***META DE COMUNICACIÓN***
Hacer comentarios sobre el desarrollo de las civilizaciones indígenas

Paso 1 Formen tres grupos. A cada grupo le toca la lectura de uno de los siguientes textos. Cada grupo debe escribir cinco oraciones que describan la civilización indígena antes de la llegada de los europeos. **¡Ojo!** Será necesario usar el pluscuamperfecto.

MODELO: Antes de la llegada de los europeos, el imperio de los incas ya había extendido sus límites desde lo que hoy es Ecuador hasta lo que hoy es Chile.

Paso 2 Escriban las oraciones en la pizarra. La clase entera debe comentar la creencia popular de que los indígenas no habían desarrollado civilizaciones avanzadas o que la civilización europea era más avanzada.

Así se dice

The words **azteca, inca,** and **maya** are used as both adjectives and nouns. They have the same form in both the masculine and the feminine. The singular ends in **-a** and the plural in **-as.**

una ciudad inca
el calendario azteca
los jeroglíficos mayas

The word **indígena** follows the same pattern.

los pueblos indígenas

Los mayas

1. Extensión territorial. La cultura maya se estableció en un extenso territorio, desde el extremo sur de México, incluyendo la península de Yucatán, Belice, Guatemala y partes de lo que hoy son los países de Honduras y El Salvador. Si existía un punto céntrico de la cultura maya, era la región de El Petén, en Guatemala.

2. Historia. La historia de los mayas se divide en tres períodos: el formativo (aproximadamente de 1500 a.C. hasta 300 d.C.), el clásico (300–900) y el posclásico (900–1500). En el período posclásico se nota un colapso rápido en la población maya en toda la región. El período también se caracteriza por una serie de conflictos bélicos que contribuyeron al largo período de anarquía y desintegración política que comenzó a mediados del siglo XV.

3. Centros ceremoniales. Fue durante el período clásico que los mayas construyeron sus grandes centros ceremoniales. Eran complejos de templos, pirámides, plazas y residencias para los sacerdotes. Es probable que los centros ceremoniales nunca fueran ciudades como las conocemos hoy día. La población vivía en pequeños pueblos que rodeaban los centros.

4. **Organización política.** Cada centro ceremonial y los pueblos circundantes formaban una ciudad-estado independiente de las otras. Algunas de las ciudades-estados, no todas, formaron una especie de federación durante los siglos III a IX, pero nunca existió ninguna unidad política que comprendiera toda la región de la civilización maya.

5. **Organización social.** Los políticos, los sacerdotes, los guerreros y los mercaderes eran miembros de la nobleza. Los artesanos y los campesinos formaban una clase inferior. Por último estaban los esclavos. La clase sacerdotal constituía la clase más culta y formada. Sólo ellos conocían la astronomía y las matemáticas. Computaban el tiempo lineal y el desarrollo de las estaciones.

6. **Conocimiento.** La civilización maya fue muy elevada, particularmente en el dominio de las matemáticas y la astronomía. Los mayas descubrieron el concepto del número cero antes de que los hindúes lo hicieran en el siglo V. Los europeos aprendieron este concepto de los árabes sólo en el año 1202. El calendario de los mayas es el más exacto que se ha inventado. La civilización maya también es la única en América que desarrolló un sistema de escritura, lo cual consistía en jeroglíficos. Dada la complejidad de los jeroglíficos, muchos de ellos todavía quedan por descifrar.

La civilización maya es la única en América que desarrolló un sistema de escritura, lo cual consistía en jeroglíficos. Dada la complejidad de los jeroglíficos, muchos de ellos todavía quedan por descifrar.

Los aztecas

1. **Extensión territorial.** Los aztecas llegaron al valle donde construyeron su capital, Tenochtitlán, a mediados del siglo XIII. Más tarde la ciudad tomó el nombre de México. Procedentes del noroeste, los aztecas emigraron por varias generaciones hacia el sur. Tenochtitlán llegó a tener una población que se calcula entre 250.000 y 500.000 habitantes, y así era una de las ciudades más grandes del mundo. En esa época, las únicas ciudades europeas que tenían una población de más de 100.000 eran París, Nápoles, Milán y Venecia. El territorio azteca alcanzó un área aproximada a la de Italia. Sus límites eran los Océanos Atlántico y Pacífico

Los aztecas inventaron un sistema de cómputo del tiempo muy preciso, basado en varios calendarios: el ritual, el solar y un calendario basado en el ciclo del planeta Venus.

y su influencia llegó hasta Guatemala, en el sur. Se estima que la población del imperio azteca era de aproximadamente 30 millones de habitantes. En comparación, España, en la época de la Conquista, tenía 8 millones de habitantes.

2. **Organización política.** La forma de gobierno de los aztecas había sido más o menos democrática hasta el año 1376 cuando decidieron establecer una monarquía. Se estableció la clase más alta, comprendida de la familia real, y de la cual se eligió al futuro emperador.

3. **Organización social.** La sociedad azteca se dividía en varias clases. La clase más baja estaba formada por los agricultores, soldados y artesanos. Luego, creció una clase de mercaderes. Sobre estas dos clases había una clase muy restringida de sacerdotes y jefes guerreros. La clase más alta era la de la familia real.

4. **Enseñanza.** Los aztecas tenían un sistema de enseñanza obligatoria. Los hijos de los nobles asistían a escuelas donde estudiaban religión, filosofía, astronomía, historia y poesía. Los hijos de las clases inferiores asistían a escuelas donde los varones aprendían un oficio y recibían el adiestramiento militar. Las hembras aprendían los deberes de la maternidad y el manejo de la casa. En Europa y las repúblicas americanas, en cambio, sólo se aceptó la necesidad de la enseñanza obligatoria a fines del siglo XIX y comienzos del siglo XX.

5. **Ciencias.** Los aztecas inventaron un sistema de cómputo del tiempo muy preciso, basado en varios calendarios: el ritual, el solar y un calendario basado en el ciclo del planeta Venus. También desarrollaron las matemáticas y la astronomía.

6. **Religión.** El pueblo azteca tuvo un marcado carácter religioso. Los aztecas recibieron muchas de sus creencias de los toltecas, civilización anterior a la azteca y que procedía del centro de México.

Los incas

Los incas desconocían la escritura pero mantuvieron una importante tradición oral. También transmitían y guardaban información en forma de «quipos», que consistían en grupos de cuerdas anudadas de varios colores y extensiones.

1. **Extensión territorial.** El imperio inca, que se originó en el siglo XII, inició su época de esplendor en el siglo XV. En poco menos de cien años, el imperio comprendió un extenso territorio que incluía lo que hoy son el Perú, el Ecuador, partes de Bolivia y la Argentina y la mitad de Chile. El imperio se extendió por más de un millón de kilómetros cuadrados, territorio dos veces más grande que Francia. Se estima que cuando llegaron los españoles la población del imperio inca era de 12 a 15 millones de habitantes.

2. **Organización política.** El nombre Inca es el que se da tanto al pueblo como al emperador. El imperio era una teocracia, ya que el Inca (emperador) era considerado y tratado como el hijo del dios Sol. La máxima autoridad era el Inca, quien tenía poder absoluto por derecho divino.

3. **Organización social.** Casi todos los bienes del imperio pertenecían al estado, que los

Ideas para explorar

Perspectivas desde el Sur

En 1987, el artista chileno Alfredo Jaar instaló estas imágenes en Times Square, Nueva York. ¿Puedes interpretar su obra?

- ¿En qué región geográfica piensas cuando oyes la palabra **América**?
- ¿En qué fecha comienza el invierno al norte del ecuador? ¿y al sur del ecuador? ¿Cómo es el clima durante la época navideña en las dos zonas?
- ¿Qué sabes de la política norteamericana del siglo XIX llamada «*Manifest Destiny*»?
- ¿En qué piensas cuando oyes la palabra **intercambio**?
- ¿Qué papel desempeña el caballo en la imagen que tienen los estadounidenses de su historia y su cultura? ¿Qué sabes de la historia del caballo en América?
- ¿Asocias el arte con la política? ¿Puedes nombrar a algunos artistas que tratan temas políticos en sus obras?

Vocabulario del tema

Sustantivos

el azúcar sustancia dulce, blanca y cristalizada en pequeños granos

el chocolate mezcla hecha con cacao, azúcar y otros ingredientes como canela o vainilla para aromatizarla

la conquista acción y efecto de ganar y tomar control de, mediante una guerra, un territorio y/o un pueblo

el intercambio cambio recíproco de cosas entre dos o más personas o grupos de personas

el maíz planta que produce mazorcas de granos gruesos, típicamente amarillos

la papa patata; planta cuyos tubérculos feculentos son un alimento muy apreciado

la perspectiva punto de vista; circunstancia de poder observar las cosas a cierta distancia para poder apreciarlas en su propio valor

la rueda disco redondo que gira alrededor de un eje, importante para el movimiento de un vehículo

el tomate fruto comestible de color rojo, muy jugoso y con muchas semillas

la viruela enfermedad contagiosa y epidémica, caracterizada por erupciones de pústulas

EL MANUAL *contiene ejercicios de vocabulario.*

Actividad A ¿Cuál es?

☐ **META LINGÜÍSTICA**
Practicar el vocabulario

Paso 1 Contesta las siguientes preguntas con la palabra apropiada del Vocabulario del tema.

1. ¿Cuál es la palabra que se asocia con la guerra y los conflictos bélicos?
2. ¿Qué palabra se asocia con el transporte?
3. ¿Cuál es el alimento que muchas personas creen que es un vegetal pero que realmente es una fruta rica en vitamina C?
4. ¿Cuál de los alimentos se asocia con los irlandeses?
5. ¿Cuál es la sustancia que se obtiene de una planta que se cultiva en el Caribe y que es importante en la producción del ron y otros licores?
6. ¿Qué palabra implica dar y recibir mutuamente?
7. ¿Qué palabra es el nombre de una enfermedad?

Paso 2 Verifica tus respuestas con el resto de la clase.

NOTA LINGÜÍSTICA Review of Conditional + Past Subjunctive in *if* Clauses

Forms

- To form the conditional, add these endings to the infinitive.

-ía	-íamos
-ías	-íais
-ía	-ían

Verbs that have irregular stems in the future have the same stem in the conditional.

decir: dir-	poder: podr-	querer: querr-
hacer: har-	poner: pondr-	tener: tendr-

- To form the past subjunctive, add these endings to the stem of the third-person plural preterite.

extendieron: extendier-

-a -amos
-as -ais
-a -an

Functions

Use the conditional with the past subjunctive to express ideas or situations that are contrary to fact.

Si pudiera, curaría el SIDA	*If I could, I would cure AIDS.*
Si pudiera, eliminaría los prejuicios.	*If I could, I would eliminate prejudices.*

EL MANUAL *contiene ejercicios de gramática.*

META LINGÜÍSTICA
Practicar la gramática

Actividad B Los hispanos hablan

Paso 1 Lee las siguientes declaraciones de Rigoberta Menchú y Juan Marichal acerca de lo que pasó en 1492.

«[El contacto entre los europeos y los indígenas fue] una destrucción de la cultura americana, no un encuentro de dos mundos... en vez de festejar, alguien debería pagarnos por el daño que hicieron. Muchos ganaron, nosotros perdimos.»

—Rigoberta Menchú, indígena guatemalteca, ganadora del Premio Nobel de la Paz en 1992

«Esos grupos que presentan la colonización [de Latinoamérica] como una destrucción de una gran cultura indígena... no quieren ver nada positivo... España tiene que mirar a los latinoamericanos con mucha humildad. Pero no hay que confundir humildad con vergüenza. La humildad debe ir, por el contrario, acompañada de un gran orgullo. Porque lo que España hizo fue una obra de la que podemos estar orgullosos... Nuestro orgullo será consecuente el día que ellos, los conquistados, se muestren orgullosos de nuestra historia en común.»

—Juan Marichal, profesor de lengua y literatura

Paso 2 Ahora llena los espacios en blanco con las formas apropiadas de los verbos indicados. Luego, indica cuál de los dos personajes haría las siguientes oraciones.

	MENCHÚ	MARICHAL
1. Si alguien me _____ (invitar), asistiría a cualquier celebración del descubrimiento de América.	☐	☐
2. Si _____ (ser) posible, le pondría un pleito a España en un tribunal internacional de justicia.	☐	☐
3. La colonización de Latinoamérica _____ (representar) la destrucción de una cultura si no fuera por lo positivo que resultó de la conquista.	☐	☐
4. _____ (Estar) orgulloso/a de la historia que España y Latinoamérica tienen en común si no fuera por la pérdida de tantas vidas que acompañó la conquista.	☐	☐

Paso 3 Verifica las respuestas con el resto de la clase.

Actividad C ¿Qué es América?

☐ **META DE COMUNICACIÓN**
Interpretar una obra artística

Paso 1 Mira las dos fotos en la página 332. El artista chileno Alfredo Jaar instaló estas imágenes en un cartel iluminado en Times Square, Nueva York, en abril de 1987. El cartel mostraba primero el mapa de los Estados Unidos. Luego, la **R** de la palabra **AMÉRICA** se convertía en un mapa del hemisferio occidental.

Paso 2 Trabajando con un compañero (una compañera), interpreten el mensaje de Jaar. Luego, verifiquen su interpretación con el resto de la clase.

Paso 3 **Optativo.** ¿Cuánto sabes? Indica si las siguientes oraciones son ciertas o falsas.

	C	F
1. El nombre **América** se aplicó primero a la región que hoy día son los Estados Unidos y sólo más tarde se aplicó al resto del hemisferio occidental.	☐	☐
2. El área de los Estados Unidos y el Canadá juntos es más grande que el área de México, Centroamérica y Sudamérica juntos.	☐	☐
3. Las Montañas Rocosas de Norteamérica abarcan un territorio más extenso que el de la cordillera de los Andes en Sudamérica.	☐	☐
4. Norteamérica es producto de la constante inmigración de individuos de diferentes razas y nacionalidades, mientras que Latinoamérica es producto, en su mayor parte, de la mezcla de españoles e indígenas. La inmigración de otros países y razas es mínima.	☐	☐
5. El área que comprenden los Estados Unidos, sin contar Alaska y Hawai, es más grande que la de cualquier país latinoamericano.	☐	☐
6. El béisbol es más popular en los Estados Unidos que en Latinoamérica.	☐	☐

☐ ***META DE COMUNICACIÓN***
Determinar el origen de varios productos

Actividad D Si no hubiera intercambio...

Paso 1 El contacto entre Europa y América, iniciado en 1492, motivó el intercambio de muchas cosas. Con un compañero (una compañera), indiquen el origen de los siguientes productos y animales. Usen también la escala para indicar si están seguros de su opinión.

ORIGEN EN OTRA PARTE DEL MUNDO	ORIGEN EN AMÉRICA		LO SABEMOS.	LO SUPONEMOS.
☐	☐	**1.** el chocolate	☐	☐
☐	☐	**2.** la vainilla	☐	☐
☐	☐	**3.** las uvas	☐	☐
☐	☐	**4.** el caballo	☐	☐
☐	☐	**5.** el perro	☐	☐
☐	☐	**6.** el tabaco	☐	☐
☐	☐	**7.** el maíz	☐	☐
☐	☐	**8.** la papa	☐	☐
☐	☐	**9.** la viruela	☐	☐
☐	☐	**10.** el azúcar	☐	☐
☐	☐	**11.** el tomate	☐	☐
☐	☐	**12.** el gato	☐	☐
☐	☐	**13.** la rueda	☐	☐
☐	☐	**14.** el frijol	☐	☐

Paso 2 ¿Cómo sería la vida si no hubiera intercambio entre Europa y América? En grupos, escriban cuatro oraciones que expresen los efectos de este intercambio. Cada oración debe referirse a diferentes productos o animales. **¡Ojo!** Será necesario usar el condicional y el pasado de subjuntivo.

MODELOS: Si no hubiera intercambio, no tendría mi gato Murphy.
Si no hubiera intercambio, no existiría el problema de la sobrepoblación de gatos en este país.

Paso 3 Compartan las oraciones con la clase.

Paso 4 **Optativo.** Consideren un producto solamente: el tomate, producto de origen mexicano. Piensen en todos los productos y platos en que se usa. ¿Como sería la vida si el tomate nunca se hubiera introducido en Europa?

Ideas para explorar

El contacto entre culturas

Aquí hay un mapa del hemisferio occidental, hecho en 1596. Los cuatro hombres son Cristóbal Colón, Amérigo Vespucci, Francisco Pizarro y Fernando Magallanes. ¿Cuánto sabes de cada uno de ellos?

¿Qué te parece?

- En tu opinión, ¿cuáles son las características de un héroe (una heroína)?
- ¿Puedes nombrar a algunas personas que para ti son héroes?
- ¿Crees que los deportistas profesionales son héroes?
- ¿Cuáles son las características de un santo (una santa)? ¿Conoces a alguien que tenga estas características?
- ¿Puedes describir a una persona a quien se le considere como diablo?
- ¿En qué piensas cuando oyes el nombre de Cristóbal Colón?
- ¿En qué piensas cuando oyes el nombre de Hitler?

Vocabulario del tema

Verbos

explotar aprovecharse abusivamente de alguien o algo

oprimir dominar; gobernar con tiranía a alguien

vitorear aclamar; dar gritos de entusiasmo en honor de alguien

Sustantivos

el descubrimiento acción de hallar lo que estaba ignorado o era desconocido

el encuentro acto de coincidir dos o más cosas en un punto o lugar

el explorador (la exploradora) alguien que recorre un país o territorio desconocido para observarlo detenidamente

el pionero (la pionera) persona que inicia la exploración y población de nuevas tierras

el/la profeta persona que anuncia un acontecimiento futuro

el/la vidente persona que puede adivinar acontecimientos futuros o cosas ocultas

***EL MANUAL** contiene ejercicios de vocabulario.*

☐ ***META LINGÜÍSTICA***
Practicar el vocabulario

Actividad A Asociaciones

Paso 1 Empareja la palabra de la columna A con la palabra o frase de la columna B que lógicamente se asocia con ella.

A

1. _____ el descubrimiento
2. _____ el encuentro
3. _____ el explorador
4. _____ el pionero
5. _____ el vidente
6. _____ explotar
7. _____ oprimir
8. _____ vitorear

B

a. persona que va a tierras desconocidas para ver lo que hay en ellas
b. aprovecharse de algo o de alguien abusivamente
c. gobernar tiránicamente
d. acción de encontrar lo anteriormente desconocido
e. dar gritos de entusiasmo
f. acto de encontrarse
g. persona que adivina cosas ocultas
h. iniciador de la exploración y población de nuevas tierras

Paso 2 Verifica tus respuestas con el resto de la clase.

NOTA LINGÜÍSTICA Future of Probability

Forms

To form the future tense, add these endings to the infinitive.

-é	-emos
-ás	-éis
-á	-án

As with the conditional, several verbs add these endings not to the infinitive but to the following irregular stems.

decir: dir-	poner: pondr-
hacer: har-	querer: querr-
poder: podr-	tener: tendr-

Functions

To express conjecture or uncertainty about the present or future

—¿Sabes cuándo llega?	*Do you know when she will arrive?*
—**Llegará** para las doce.	*She'll probably arrive around noon.*
¿Cuántas horas **trabajará** al día?	*How many hours a day do you suppose she works?*

EL MANUAL *contiene ejercicios de gramática.*

Actividad B En el futuro

☐ ***META LINGÜÍSTICA***
Practicar la gramática

Paso 1 Conjuga los verbos indicados en el futuro para expresar la probabilidad. Luego, indica si crees que lo que se dice va a pasar o no.

	SÍ	NO
1. Mi familia y yo _____ (visitar) Latinoamérica.	☐	☐
2. Un compañero de clase y yo _____ (estudiar) juntos para el examen final.	☐	☐
3. Un hombre judío _____ (ser) presidente de los Estados Unidos antes de que lo sea cualquier mujer.	☐	☐
4. _____ (Sacar: yo) mi mejor nota del semestre en el examen final.	☐	☐
5. _____ (Seguir: yo) estudiando español.	☐	☐
6. Mis amigos _____ (casarse) antes de mí.	☐	☐
7. Los astronautas _____ (caminar) sobre el planeta Marte en los próximos cincuenta años.	☐	☐
8. El profesor (La profesora) no le _____ (enseñar) nunca a otro grupo de estudiantes como el nuestro.	☐	☐

Paso 2 Verifica las formas verbales con el resto de la clase.

META DE COMUNICACIÓN
Interpretar algunas caricaturas

Actividad C Otras perspectivas

Paso 1 En 1992, dibujantes de todo el mundo crearon miles de caricaturas en conmemoración del quinto centenario del primer viaje de Cristóbal Colón a América. Con dos o tres compañeros, miren bien las caricaturas a continuación y contesten las siguientes preguntas.

- ¿Cuáles de los dibujos tienen que ver con Colón y cuáles con la cultura estadounidense?
- Según estas caricaturas, ¿qué motivó a Colón a planear su viaje?
- ¿Qué aspectos de la cultura estadounidense se destacan?
- ¿Presentan los dibujos una visión distorsionada de los Estados Unidos o no?

Paso 2 Compartan sus respuestas con el resto de la clase.

Cherepanov (Rusia)

Constantin (Rumania)

Haramija (Croacia)

Actividad D Colón... ¿peor que Hitler?

META DE COMUNICACIÓN

Analizar un artículo periodístico

Consejo práctico

A headline says a lot about the content of an article. The headline over the article you are about to read is an example, but to interpret it correctly, you must pay attention to the punctuation: a colon, two pairs of ellipses, and question marks. The two prepositions, **de** and **a,** are also important. What do you think this article might be about?

Paso 1 Formen dos grupos. A cada grupo le toca leer diferentes partes del artículo en la siguiente página. Apunten las varias caracterizaciones de Colón en los cuadros.

GRUPO A

- el titular
- el primer párrafo
- del segundo al quinto párrafo

GRUPO B

- el titular
- el primer párrafo
- del sexto al octavo párrafo

GRUPO A: DESPUÉS DE LA GUERRA CIVIL ESTADOUNIDENSE		
Caracterización de Colón	Por quién(es)	Explicación

Estrategia para la comunicación

The following phrases and expressions will help you express differences and similarities clearly and precisely.

pero
en contraste
aunque
sino
por otra parte
sin embargo
en cambio

GRUPO B: DESPUÉS DE LA SEGUNDA GUERRA MUNDIAL		
Caracterización de Colón	Por quién(es)	Explicación

COLÓN: DE HÉROE, PROFETA, VIDENTE Y CASI SANTO... A DELINCUENTE... ¿PEOR QUE HITLER?

Por JOHN NOBLE WILFORD
Especial a *The New York Times*

Pocos acontecimientos en la historia nos son tan familiares como el de Cristóbal Colón navegando en busca de las Indias Occidentales. En los Estados Unidos, como en otras latitudes, la figura de Colón ha sido motivo de numerosos estudios y elogios de los historiadores, pero últimamente, sumándose a una corriente crítica, han surgido focos y personas que cuestionan su hazaña[1] y enlodan[2] su figura.

Con el flujo de millones de inmigrantes después de la Guerra Civil, Colón asumió un rol de héroe étnico en los Estados Unidos. En 1882, inmigrantes católicos irlandeses organizaron en New Haven los «Caballeros de Colón», fraternidad que consideraba a Colón como un «profeta y vidente, un instrumento de la Divina Providencia». Al mismo tiempo los católicos querían elevar a Colón al rango de santo, ya que éste «llevó la fe cristiana a medio mundo».

En 1892, el 400 aniversario del primer viaje de Colón estuvo marcado por una celebración de todo un año a través de todo el territorio estadounidense. Al ritmo de bandas y coros, los ciudadanos vitorearon al hombre que cruzó mares inexplorados, y el presidente Benjamín Harrison dijo en un discurso: «Colón se destacó en su época como pionero del progreso y de la luz».

En la ciudad de Nueva York, los inmigrantes italianos e irlandeses reunieron dinero para erigirle una estatua en el Central Park.

Pero la más grande de las celebraciones tuvo lugar en la Exposición Mundial de Chicago, nombrada «el jubileo de la humanidad». En general —con algunas excepciones— Colón era una figura con la que los estadounidenses estaban completamente satisfechos. ¡Era el símbolo del éxito!

Pero el mundo y los Estados Unidos están cambiando, y con ellos la imagen de Colón. Luego de la Segunda Guerra Mundial, el mundo empezó a percibir la historia desde un punto de vista anticolonial. Desde entonces la «Era del Descubrimiento» ya no fue el amanecer brillante de una gloriosa época, sino una invasión, y Colón una encarnación de la opresión y la explotación.

Hoy, los descendientes de los nativos norteamericanos organizados en la «American Indian», ven a Colón como un pirata o algo peor. Al respecto, Russell Means del «Movimiento Indio Americano» dice de Colón «él hace aparecer a Hitler como un delincuente juvenil».

Por otra parte, el «Consejo Nacional de Iglesias», organización protestante, resolvió que en consideración al «genocidio, esclavitud y explotación que siguió a Colón, el quinto centenario debe ser tiempo de penitencia más que de júbilo».

De acuerdo a la ola de críticas, parece ser que algunos quieren ver en Colón al culpable de todos los males pasados y... presentes. Pero como la interpretación de la historia varía según los ojos con que se mire, sería muy interesante saber cómo será caracterizado Colón en el 2092. ✾

[1]hecho heroico [2]degradan, desprestigian

Paso 2 Comparen su información con la de los otros miembros de su grupo. Luego, compartan con el resto de la clase lo que leyeron. Apunten los datos que da el otro grupo.

Paso 3 El artículo termina con la siguiente pregunta: ¿Cómo será caracterizado Colón en 2092 (año del sexto centenario)? Hagan suposiciones entre todos y luego contesten la pregunta. **¡Ojo!** Será necesario usar el futuro.

LECCIÓN

23 Literatura y arte

Literatura

The *¿Qué te parece?* CD-ROM offers additional activities related to the **Literatura** selection in this unit.

«Balada de los dos abuelos», por Nicolás Guillén (1902–1989)

El gran poeta cubano, Nicolás Guillén, como muchos intelectuales cubanos del siglo XX, se vio obligado a vivir en el exilio por mucho tiempo. Residió en México, España y varios países de Sudamérica, estableciéndose finalmente en París. Después de la Revolución cubana, Guillén pudo volver a su país. Sus poemas dan expresión a las dos raíces de la cultura cubana —la española y la africana— de manera que Guillén le dio a su poesía el nombre de «mulata» por su doble parentesco. Su poesía tiene una fuerte matiz musical, sugiriendo los ritmos y la vitalidad de la música africanocubana. También muestra el profundo compromiso social del Guillén. El poema «Balada de los dos abuelos» no es ninguna excepción. En él, Guillén se refiere a sus dos abuelos, el negro y el blanco, con afecto y respeto.

Vocabulario útil

Verbos

alzar	to rise
arder	to burn
despedazar	to cut in pieces
escoltar	to accompany

Sustantivos

los abalorios	glass beads
el aguaprieta	dark water
el ansia	anxiety
el caimán	small crocodile
el fulgor	shine
el gongo	gong
la gorguera	ruffle
el látigo	whip
la vela	sail

Adjetivo

repujado/a	embossed

Anticipación

Actividad A La influencia de los abuelos

Paso 1 En grupos de tres o cuatro, hagan una lista de los varios papeles que desempeñan los abuelos en la familia contemporánea.

Paso 2 Ahora hagan una lista de los papeles que desempeñaban los abuelos en la familia antes de 1940.

Paso 3 Escriban las dos listas en la pizarra. Apunten los papeles que sugirieron los otros grupos, y que Uds. no pusieron en su lista.

Paso 4 Comenten entre todos los cambios que notan en los papeles que desempeñaban antes los abuelos en la familia y los que desempeñan ahora.

Paso 5 **Optativo.** Vuelvan a mirar el cuadro *Los cuentos* de Amado Peña al comienzo de la Unidad 4. ¿Se les ocurrió este papel?

Actividad B La mezcla de razas

Paso 1 Nicolás Guillén nació en Cuba en 1902. Uno de sus abuelos era de ascendencia africana y el otro de ascendencia española. Hagan entre todos una lista en la pizarra de los posibles temas en «Balada de los dos abuelos».

Paso 2 Guarden la lista para verificar más adelante cuáles de esos temas realmente aparecen en el poema.

Primera exploración

Actividad A Sombras

Paso 1 Lee los dos primeros versos del poema. Luego, con dos o tres compañeros, contesten estas preguntas.

- ¿Por qué les llama «sombras» a los dos abuelos el poeta?
- ¿Por qué sólo las ve él?

Paso 2 Comparen sus respuestas con las de los otros grupos.

Paso 3 El poeta dice que los abuelos lo «escoltan». Repasen entre todos las listas que escribieron sobre los papeles que desempeñaban los abuelos en la familia de antes e indiquen cuáles esperan encontrar en el poema.

Actividad B La descripción de los abuelos

Paso 1 Con un compañero (una compañera), lean los versos del 3 al 8, en los que el poeta describe a los dos abuelos. Basándose solamente en estos versos, escriban una lista de adjetivos que describan a los dos abuelos.

el abuelo africanocubano	el abuelo europeocubano

Paso 2 Ahora lean del verso 9 al 24, en que se contrastan las experiencias de los dos abuelos. Contesten las siguientes preguntas.

- ¿Por qué dice el abuelo negro que se muere?
- ¿Por qué dice el abuelo blanco que se cansa?

Paso 3 Comparen sus respuestas a los Pasos 1 y 2 con las de los otros grupos.

Paso 4 Lean entre todos los versos del 25 al 28. ¿Qué simbolizan el sol y la luna?

Hablando de la literatura

"Balada de los dos abuelos" is a poem of great musicality, both in rhyme and rhythm. The rhymes are assonant, that is, only vowel sounds are repeated in the rhyming words and the consonant sounds are ignored. **Veo** and **abuelos,** which end the first two lines, have an assonant rhyme. The rhymes in the second stanza are **hueso/negro, madera/guerrera, ancho/blanco.** Unlike the conventional rhyme schemes that occur in much Spanish poetry, Guillén's rhymes follow no fixed pattern. They are more like the rich, interweaving sounds of Afrocuban music. Similarly, the rhythm of the poem, which features a mixture of three-beat and two-beat lines, captures the complex syncopations of Afrocuban music. "Balada de los dos abuelos" is a poem that needs to be not only read, but heard.

Actividad C La intensidad

Paso 1 Entre los versos 29 y 40 del poema, el poeta habla de la esclavitud. Los esclavos fueron traídos de África y forzados a trabajar en los ingenios de azúcar, el cultivo de la caña y la fabricación del azúcar. Cada uno/a de Uds. debe leer estos versos. Luego, escribe tres adjetivos o frases que describan tu reacción.

Paso 2 Comparte tu reacción con la clase.

Actividad D «Yo los junto»

Paso 1 Lee desde el verso 41 hasta el final del poema. Opción: Un voluntario puede leer del verso 56 al 60 en voz alta.

Paso 2 Hay por lo menos dos interpretaciones posibles del verso 47, «Yo los junto». ¿Cuáles son?

Paso 3 El verso «Los dos del mismo tamaño» se repite tres veces. Comenten entre todos si se refiere a un tamaño físico o metafórico. Expliquen su opinión.

Paso 4 ¿Cómo se puede interpretar el final del poema (del verso 56 al 60)? ¿Termina con una nota positiva o triste?

Lectura

Balada de los dos abuelos

por Nicolás Guillén

Sombras que sólo yo veo,
me escoltan mis dos abuelos.

Lanza con punta de hueso,
tambor de cuero y madera:
mi abuelo negro.
Gorguera en el cuello ancho,
gris armadura guerrera:
mi abuelo blanco.
África de selvas húmedas
y de gordos gongos sordos...
—¡Me muero!
(Dice mi abuelo negro.)
Aguaprieta de caimanes,
verdes mañanas de cocos...
—¡Me canso!
(Dice mi abuelo blanco.)
Oh velas de amargo viento,
galeón ardiendo en oro...
—¡Me muero!
(Dice mi abuelo negro.)
¡Oh costas de cuello virgen
engañadas de abalorios...
—¡Me canso!
(Dice mi abuelo blanco.)
¡Oh puro sol repujado,
preso en el aro del trópico;
oh luna redonda y limpia
sobre el sueño de los monos!

¡Qué de barcos, qué de barcos!
¡Qué de negros, qué de negros!

¡Qué largo fulgor de cañas!
¡Qué látigo el del negrero!
Piedra de llanto y de sangre,
venas y ojos entreabiertos,
y madrugadas vacías,
y atardeceres de ingenio,
y una gran voz, fuerte voz
despedazando el silencio.

¡Qué de barcos, qué de barcos!
¡Qué de negros, qué de negros!

Sombras que sólo yo veo,
me escoltan mis dos abuelos.
Don Federico me grita,
y Taita Facundo calla;
los dos en la noche sueñan,
y andan, andan.
Yo los junto.
—¡Federico!
¡Facundo! Los dos se abrazan.
Los dos suspiran. Los dos
las fuertes cabezas alzan;
los dos del mismo tamaño,
bajo las estrellas altas;
los dos del mismo tamaño,
ansia negra y ansia blanca;
los dos del mismo tamaño,
gritan, sueñan, lloran, cantan.
Sueñan, lloran, cantan.
Lloran, cantan.
¡Cantan!

Aplicación

EN EL MANUAL se hallan más actividades relacionadas con «Balada de los dos abuelos» que sirven de guía para la lectura en casa.

Actividad A «Yo los junto»

Paso 1 Dibuja rápidamente el árbol geneológico de tu familia. Incluye por lo menos a tus abuelos.

Paso 2 ¿Cuáles de tus antepasados «juntas» tú? Con un compañero (una compañera) entrevístense mutuamente para determinar de quiénes han heredado las siguientes características. (Si no conocen a tus antepasados, traten de imaginar cómo eran.)

- las creencias
- la estatura
- la inteligencia
- las pasiones
- la personalidad
- los rasgos de la cara
- el sentido del humor
- ¿ ?

Paso 3 Escribe una breve composición en que comparas y contrastas a tu compañero/a contigo. Luego, unos voluntarios deben leer su composición a la clase. ¿Han «juntado» Uds. a sus abuelos así como lo hace Guillén?

Actividad B Escribir un poema

Paso 1 En los dos primeros versos de «Balada de los dos abuelos», el poeta establece la relación entre él y sus abuelos. Vuelve a leer estos versos. Luego, escoge a dos miembros de tu familia de quienes has heredado ciertas características y escribe una oración que capte las relaciones entre tú y ellos. Usa los versos de Guillén como guía.

Paso 2 Vuelve a leer los versos del 3 al 8 del poema. Luego, escribe una descripción de los dos miembros de tu familia, siempre usando los versos de Guillén como guía. (Unos voluntarios pueden escribir sus oraciones en la pizarra y explicárselas a la clase.)

Paso 3 Vuelve a leer los versos del 43 al 60 del poema. Luego, escribe cinco o más oraciones que describan cómo estos dos parientes tuyos influyen en tu persona. (Unos voluntarios deben escribir sus descripciones en la pizarra y explicarlas.)

Paso 4 Intercambia tu poema con un compañero (una compañera). Explíquense mutuamente lo que quieren expresar y ayúdense a encontrar las palabras apropiadas. Al terminar, vuelvan a escribir los poemas, incorporando los cambios sugeridos, y entréguenselos al profesor (a la profesora).

Paso 5 **Optativo.** Pueden hacer un concurso de poesía en la clase para escoger a los mejores poetas entre Uds.

Actividad C Los contrastes

Paso 1 Completa las siguientes oraciones.

MODELO: Soy inteligente pero al mismo tiempo un poco olvidadizo/a.

Soy...

1. _____ pero al mismo tiempo _____
2. _____ pero al mismo tiempo _____
3. _____ pero al mismo tiempo _____

Paso 2 Explícales tus oraciones a dos compañeros de clase y escucha las explicaciones de ellos. ¿Tienen Uds. algo en común?

MODELO: Soy inteligente pero al mismo tiempo un poco olvidadizo/a. Por ejemplo, estudio cálculo y me interesa mucho, pero tengo problemas con el concepto de la cuenta corriente.

Paso 3 Cada grupo debe presentar a la clase los resultados del Paso 2. ¿Creen que todos no somos nada más que un conjunto de contrastes?

Arte

The *¿Qué te parece?* CD-ROM offers additional activities related to the **Galería del arte** in this unit.

Vocabulario útil

Austin Celebrates the Sesquicentennial, por Amado M. Peña, Jr.

la bandera	flag
el capitolio	capital building
la estrella	star (*Texas is the Lone Star state*)
el/la indio/a	Indian

Bleeding Reality: Así estamos, por Juan Sánchez

sangrar	to bleed
la bandera	flag
el calendario	calendar
la chica	girl
el color	color
el corazón	heart
Cristo	Christ
la crucifixión	crucifixion
la cruz	cross
la escritura	writing
la estrella	star
la foto(grafía)	photo(graph)
el grafiti	graffiti
la mano	hand
el/la negro/a	black person
la raya	stripe
el recorte del periódico	newspaper clipping
la religión	religion
la sangre	blood
amarillo/a	yellow
anaranjado/a	orange
rojo/a	red
rosado/a	pink

Libertad, por Éster Hernández

cincelar	to chip, chisel
esculpir	to sculpt
la antorcha	torch
el/la artista	artist
Aztlán	*mythical homeland of the Aztecs*
la escala	ladder
el escultor	sculptor
la estatua de la libertad	Statue of Liberty
la lasca	chip of stone
el martillo	hammer
Nueva York	New York
el perfil	skyline
la reina	queen
antiguo/a	ancient

Códice III, por Santa Contreras Barraza

el códice	codex (*pictorial record*)
la estatua azteca	Aztec statue
las flores	flowers
las imágenes azteca y maya	Aztec and Mayan images
el loro	parrot
el maguey	maguey cactus (*from which tequila is distilled*)
el nopal	prickly pear cactus
la serpiente	snake, serpent
el soldado revolucionario	soldier from the revolutionary period
la virgen de Guadalupe	Virgin of Guadalupe (*patron saint of Mexico*)

Actividad B ¿Con qué propósito escribes y a quién te diriges?

Consejo práctico

You don't talk to your instructors and professors the same way you talk to your friends and family. Keep this in mind as you consider the list of possible audiences and purposes in this activity.

Paso 1 Entre todos, lean estas listas de propósitos y posibles tipos de lectores. ¿Qué tipo de lector y qué propósito van bien con el tema? ¿Tienen sentido en combinación? Después de comentar las posibles combinaciones, cada miembro del grupo debe escoger un propósito y un tipo de lector para escribir su propia composición.

TIPOS DE LECTORES

- Enrique Fernández, periodista
- hispanos (o cualquier otro grupo étnico) en los Estados Unidos
- indígenas en los países latinoamericanos
- Rigoberta Menchú y/o Juan Marichal
- descendientes de Cristóbal Colón, Hernán Cortés y Francisco Pizarro
- descendientes de Moctezuma
- norteamericanos o latinos cuyos antepasados llegaron a América como esclavos
- ¿otros?

PROPÓSITOS

- aclarar
- analizar
- comparar
- contrastar
- convencer
- describir
- explicar
- informar
- narrar
- persuadir
- reportar
- resumir

Paso 2 Ahora divídanse en grupos pequeños formados sólo por personas que escogieron los mismos temas y propósitos y que se dirigen al mismo tipo de lector. Estos grupos pequeños trabajarán juntos para completar la Actividad A en la siguiente sección, A organizarte.

Paso 3 ¿Consideraron más de un tipo de lector antes de escoger uno? ¿Hicieron lo mismo con varios propósitos antes de escoger uno? ¿Tiene sentido combinar este tipo de lector con el propósito escogido? Es decir, ¿es apropiado el uno para el otro?

A organizarte

Actividad A ¿Qué información piensas incluir?

Paso 1 La clase entera debe repasar y comentar las Actividades A y B en Repaso donde identificaron todos los temas explorados en las Lecciones 21 y 22. Apunten cualquier idea (del texto o sugerida por un compañero [una compañera]) pertinente al tema. Pueden repasar una vez más las actividades en las secciones Ideas para explorar para señalar específicamente los comentarios que hicieron y para escoger ejemplos textuales de las varias lecturas.

Paso 2 Hagan una lista completa de las ideas que podrían incluirse en la composición.

Paso 3 ¿Escribieron muchas ideas en las listas? ¿Incluyeron información además de los datos incluidos en este libro? ¿Será necesario pedirle ayuda al resto de la clase para añadir ideas a las listas?

Actividad B ¿Cómo vas a organizar la información?

Consejo práctico

Although you're at the point of working on your own now, continue to talk to people about the theme and ideas you are writing about. This unit is very much about perspectives, so try to get a variety of perspectives on the topic you have chosen.

Paso 1 Ahora cada uno/a de Uds. debe empezar a organizar sus propias ideas. Repasa la lista que preparaste para la Actividad A y escoge las ideas que te parecen más adecuadas al tema. Luego, ordena la información en forma de bosquejo.

Paso 2 Enséñale el bosquejo que hiciste a un compañero (una compañera) que ha escogido otro tema para que lea y comente tu bosquejo. Haz lo mismo con el bosquejo de tu compañero/a.

Paso 3 **Optativo.** Algunos voluntarios pueden escribir sus bosquejos en la pizarra para que toda la clase los comente.

Paso 4 ¿Les fue difícil encontrar un orden adecuado para presentar la información? ¿Hacen bosquejos para escribir composiciones o trabajos en otras clases? ¿Encuentran beneficiosa la técnica de preparar un bosquejo?

¡A escribir!

Actividad A El borrador

Consejo práctico

Form a study group with classmates whose opinions you trust and value. Exchange compositions and give each other constructive criticism. That is, read each other's composition with the idea of helping your classmate write better.

Paso 1 Teniendo en cuenta el propósito de la composición, el tipo de lector, el tema y el bosquejo, escribe en casa un borrador de 300 palabras.

Paso 2 Lee el borrador. ¿Hay argumentos que quieras añadir? ¿ideas que quieras aclarar? ¿ejemplos que quieras incluir?

EL MANUAL contiene un resumen de la gramática presentada en la Unidad 6.

Paso 3 Cuando el contenido te parezca lo suficientemente completo, lee el borrador de nuevo para revisar...

- ☐ el uso de los artículos definidos pronominalizados
- ☐ el uso de los pronombres de complemento directo e indirecto
- ☐ el uso del pretérito
- ☐ el uso del pluscuamperfecto
- ☐ el uso del condicional + **si** + el pasado de subjuntivo
- ☐ el futuro para expresar probabilidad

Actividad B Redacción

Paso 1 Intercambia composiciones con un compañero (una compañera). Lee su composición y haz un bosquejo de ella. Luego, dale el bosquejo a tu compañero/a y lee el bosquejo que hizo de tu composición. ¿Refleja lo que querías comunicar? Ahora, ¿quieres añadir, cambiar o modificar algo en tu composición para mejorarla?

Paso 2 Haz todos los cambios necesarios y escriba la composición a máquina (computadora), a doble espacio. Luego, entrégale la composición y el borrador al profesor (a la profesora).

Paso 3 ¿Seguiste los pasos indicados? ¿Te gusta tu composición? Es decir, ¿sientes satisfacción por el trabajo que has hecho? ¿Cómo crees que reaccionará el profesor (la profesora)? ¿Encontrará tu composición muy interesante? ¿excelente?

Portafolio cultural

Vídeo

Opción 1 En el vídeo que acompaña el libro de texto se encuentra un reportaje que se titula «Rumbo al mundo maya» que describe la experiencia cultural de un grupo de quinientos niños hispanoamericanos. El viaje tuvo lugar en 1991 y se relaciona con el quinto centenario del viaje de Colón a América. Prepara un reportaje sobre el viaje, incluyendo la siguiente información:

- la ruta que siguen para llegar a América
- el criterio para escoger a los participantes
- los rusos
- el diario de Colón
- cualquier otro detalle que te haya impresionado

Opción 2 En el vídeo que acompaña el libro de texto se encuentra un reportaje sobre la inmigración que se titula «Los pollos de Tijuana». Al mirar el reportaje, apunta la siguiente información:

- lo que es un «pollo»
- lo que es un «pollero» o «coyote»
- lo que es un «mojado»
- lo que motiva a los «pollos»
- cualquier otro detalle que te haya impresionado

Prepara un resumen de dos o tres párrafos.

Cine

Opción 1 Mira el documental «Cien niños esperando un tren», dirigido por Ignacio Agüero. Se enfoca en un taller cuyo propósito es el de enseñarles a niños sobre el cine. Al mirarlo, piensa en los siguientes temas:

- el efecto que tiene en los niños la falta de recursos económicos
- el papel de la Iglesia en la vida cotidiana
- el significado del título del documental
- la primera película cinematográfica que tú viste

Después de mirar el documental, escribe un párrafo sobre uno de los temas mencionados.

Opción 2 Mira dos de las siguientes películas que tratan el tema del encuentro de culturas:

- «La nave de los locos» (Argentina 1995)
- «Alma gitana» (España 1996)
- «Mi familia/My family» (Estados Unidos 1994)
- «Nueba Yol» (República Dominicana 1996)
- «Cabeza de Vaca» (México/España 1991)
- «Lone Star» (Estados Unidos 1996)

Prepara un resumen de los aspectos culturales que se presentan en las películas. También escribe un párrafo en el que indicas lo que aprendiste a través de las películas.

Música

Opción 1 Escucha el disco «Si el norte fuera el sur» del cantante guatemalteco Ricardo Arjona (SONY México, 1996). (Véase también el Portafolio cultural de la Unidad 3.) Escucha en particular la canción «Ella y él» en que los miembros de una pareja de jóvenes pertenecen a distintas culturas. Prepara una lista de las diferencias culturales que se mencionan y otra lista de las diferencias entre las mujeres y los hombres en general.

Opción 2 Escucha el disco «Rubén Blades y son del solar... Live!» (1990, Elektra), del famoso cantante, actor y activista panameño Rubén Blades. Escucha en particular la canción «Buscando América», prestando atención especial a la introducción de la canción. Luego, en un párrafo, describe lo que es «América» según Blades.

Lectura

Opción 1 Busca la colección *Páginas selectas* del famoso escritor cubano José Martí. Lee el ensayo «Mi raza» y apunta las ideas y la perspectiva de Martí. Luego, prepara un ensayo en el que comparas y contrastas tu raza con las ideas y la perspectiva de Martí.

Opción 2 Busca el libro *Life on the Hyphen: The Cuban-American Way* por Gustavo Pérez Firmat. (Véase también el Portafolio cultural de la Unidad 3.) Prepara un resumen sobre varios aspectos del libro.

- En la introducción, el autor describe a ciertas personas como «1.5». ¿A qué se refiere el término?
- En el Capítulo 4, habla del biculturalismo de la ciudad de Miami. ¿Cuál es la definición de biculturalismo que guía la obra de Pérez Firmat?
- En el Capítulo 6 habla de un poeta que no nació en Cuba. De todos modos, Pérez Firmat plantea la idea de que el poeta es cubanoamericano. ¿Por qué?

Navegando la red

Opción 1 Busca en la red los símbolos de cuatro países hispanos. Por ejemplo, el escudo de los Reyes Católicos es uno de los símbolos de España. ¿Cuál es el símbolo de la República Dominicana? ¿de Venezuela? ¿de Chile?

Opción 2 Busca información sobre las banderas de cuatro países hispanos. Por ejemplo, las cincuenta estrellas de la bandera de los Estados Unidos representan los cincuenta estados de la Unión. Los trece rayos blancos y rojos representan las trece colonias originales.

Puedes comenzar tu búsqueda en el sitio Web que acompaña *¿Qué te parece?* en **www.mhhe.com/queteparece**.

APPENDIX 1

VERBS

A. Regular Verbs: Simple Tenses

INFINITIVE PRESENT PARTICIPLE PAST PARTICIPLE	INDICATIVE					SUBJUNCTIVE		IMPERATIVE
	PRESENT	IMPERFECT	PRETERITE	FUTURE	CONDITIONAL	PRESENT	IMPERFECT	
hablar hablando hablado	hablo hablas habla hablamos habláis hablan	hablaba hablabas hablaba hablábamos hablabais hablaban	hablé hablaste habló hablamos hablasteis hablaron	hablaré hablarás hablará hablaremos hablaréis hablarán	hablaría hablarías hablaría hablaríamos hablaríais hablarían	hable hables hable hablemos habléis hablen	hablara hablaras hablara habláramos hablarais hablaran	habla tú, no hables hable Ud. hablemos hablen
comer comiendo comido	como comes come comemos coméis comen	comía comías comía comíamos comíais comían	comí comiste comió comimos comisteis comieron	comeré comerás comerá comeremos comeréis comerán	comería comerías comería comeríamos comeríais comerían	coma comas coma comamos comáis coman	comiera comieras comiera comiéramos comierais comieran	come tú, no comas coma Ud. comamos coman
vivir viviendo vivido	vivo vives vive vivimos vivís viven	vivía vivías vivía vivíamos vivíais vivían	viví viviste vivió vivimos vivisteis vivieron	viviré vivirás vivirá viviremos viviréis vivirán	viviría vivirías viviría viviríamos viviríais vivirían	viva vivas viva vivamos viváis vivan	viviera vivieras viviera viviéramos vivierais vivieran	vive tú, no vivas viva Ud. vivamos vivan

B. Regular Verbs: Perfect Tenses

INDICATIVE										SUBJUNCTIVE			
PRESENT PERFECT		PAST PERFECT		PRETERITE PERFECT		FUTURE PERFECT		CONDITIONAL PERFECT		PRESENT PERFECT		PAST PERFECT	
he		había		hube		habré		habría		haya		hubiera	
has		habías		hubiste		habrás		habrías		hayas		hubieras	
ha	hablado	había	hablado	hubo	hablado	habrá	hablado	habría	hablado	haya	hablado	hubiera	hablado
hemos	comido	habíamos	comido	hubimos	comido	habremos	comido	habríamos	comido	hayamos	comido	hubiéramos	comido
habéis	vivido	habíais	vivido	hubisteis	vivido	habréis	vivido	habríais	vivido	hayáis	vivido	hubierais	vivido
han		habían		hubieron		habrán		habrían		hayan		hubieran	

C. Irregular Verbs

INFINITIVE PRESENT PARTICIPLE PAST PARTICIPLE	INDICATIVE					SUBJUNCTIVE		IMPERATIVE
	PRESENT	IMPERFECT	PRETERITE	FUTURE	CONDITIONAL	PRESENT	IMPERFECT	
andar andando andado	ando andas anda andamos andáis andan	andaba andabas andaba andábamos andabais andaban	anduve anduviste anduvo anduvimos anduvisteis anduvieron	andaré andarás andará andaremos andaréis andarán	andaría andarías andaría andaríamos andaríais andarían	ande andes ande andemos andéis anden	anduviera anduvieras anduviera anduviéramos anduvierais anduvieran	anda tú, no andes ande Ud. andemos anden
caer cayendo caído	caigo caes cae caemos caéis caen	caía caías caía caíamos caíais caían	caí caíste cayó caímos caísteis cayeron	caeré caerás caerá caeremos caeréis caerán	caería caerías caería caeríamos caeríais caerían	caiga caigas caiga caigamos caigáis caigan	cayera cayeras cayera cayéramos cayerais cayeran	cae tú, no caigas caiga Ud. caigamos caigan
dar dando dado	doy das da damos dais dan	daba dabas daba dábamos dabais daban	di diste dio dimos disteis dieron	daré darás dará daremos daréis darán	daría darías daría daríamos daríais darían	dé des dé demos deis den	diera dieras diera diéramos dierais dieran	da tú, no des dé Ud. demos den
decir diciendo dicho	digo dices dice decimos decís dicen	decía decías decía decíamos decíais decían	dije dijiste dijo dijimos dijisteis dijeron	diré dirás dirá diremos diréis dirán	diría dirías diría diríamos diríais dirían	diga digas diga digamos digáis digan	dijera dijeras dijera dijéramos dijerais dijeran	di tú, no digas diga Ud. digamos digan
estar estando estado	estoy estás está estamos estáis están	estaba estabas estaba estábamos estabais estaban	estuve estuviste estuvo estuvimos estuvisteis estuvieron	estaré estarás estará estaremos estaréis estarán	estaría estarías estaría estaríamos estaríais estarían	esté estés esté estemos estéis estén	estuviera estuvieras estuviera estuviéramos estuvierais estuvieran	está tú, no estés esté Ud. estemos estén
haber habiendo habido	he has ha hemos habéis han	había habías había habíamos habíais habían	hube hubiste hubo hubimos hubisteis hubieron	habré habrás habrá habremos habréis habrán	habría habrías habría habríamos habríais habrían	haya hayas haya hayamos hayáis hayan	hubiera hubieras hubiera hubiéramos hubierais hubieran	
hacer haciendo hecho	hago haces hace hacemos hacéis hacen	hacía hacías hacía hacíamos hacíais hacían	hice hiciste hizo hicimos hicisteis hicieron	haré harás hará haremos haréis harán	haría harías haría haríamos haríais harían	haga hagas haga hagamos hagáis hagan	hiciera hicieras hiciera hiciéramos hicierais hicieran	haz tú, no hagas haga Ud. hagamos hagan
ir yendo ido	voy vas va vamos vais van	iba ibas iba íbamos ibais iban	fui fuiste fue fuimos fuisteis fueron	iré irás irá iremos iréis irán	iría irías iría iríamos iríais irían	vaya vayas vaya vayamos vayáis vayan	fuera fueras fuera fuéramos fuerais fueran	ve tú, no vayas vaya Ud. vayamos vayan

C. Irregular Verbs (continued)

INFINITIVE PRESENT PARTICIPLE PAST PARTICIPLE	INDICATIVE					SUBJUNCTIVE		IMPERATIVE
	PRESENT	IMPERFECT	PRETERITE	FUTURE	CONDITIONAL	PRESENT	IMPERFECT	
oír oyendo oído	oigo oyes oye oímos oís oyen	oía oías oía oíamos oíais oían	oí oíste oyó oímos oísteis oyeron	oiré oirás oirá oiremos oiréis oirán	oiría oirías oiría oiríamos oiríais oirían	oiga oigas oiga oigamos oigáis oigan	oyera oyeras oyera oyéramos oyerais oyeran	oye tú, no oigas oiga Ud. oigamos oigan
poder pudiendo podido	puedo puedes puede podemos podéis pueden	podía podías podía podíamos podíais podían	pude pudiste pudo pudimos pudisteis pudieron	podré podrás podrá podremos podréis podrán	podría podrías podría podríamos podríais podrían	pueda puedas pueda podamos podáis puedan	pudiera pudieras pudiera pudiéramos pudierais pudieran	
poner poniendo puesto	pongo pones pone ponemos ponéis ponen	ponía ponías ponía poníamos poníais ponían	puse pusiste puso pusimos pusisteis pusieron	pondré pondrás pondrá pondremos pondréis pondrán	pondría pondrías pondría pondríamos pondríais pondrían	ponga pongas ponga pongamos pongáis pongan	pusiera pusieras pusiera pusiéramos pusierais pusieran	pon tú, no pongas ponga Ud. pongamos pongan
querer queriendo querido	quiero quieres quiere queremos queréis quieren	quería querías quería queríamos queríais querían	quise quisiste quiso quisimos quisisteis quisieron	querré querrás querrá querremos querréis querrán	querría querrías querría querríamos querríais querrían	quiera quieras quiera queramos queráis quieran	quisiera quisieras quisiera quisiéramos quisierais quisieran	quiere tú, no quieras quiera Ud. queramos quieran
saber sabiendo sabido	sé sabes sabe sabemos sabéis saben	sabía sabías sabía sabíamos sabíais sabían	supe supiste supo supimos supisteis supieron	sabré sabrás sabrá sabremos sabréis sabrán	sabría sabrías sabría sabríamos sabríais sabrían	sepa sepas sepa sepamos sepáis sepan	supiera supieras supiera supiéramos supierais supieran	sabe tú, no sepas sepa Ud. sepamos sepan
salir saliendo salido	salgo sales sale salimos salís salen	salía salías salía salíamos salíais salían	salí saliste salió salimos salisteis salieron	saldré saldrás saldrá saldremos saldréis saldrán	saldría saldrías saldría saldríamos saldríais saldrían	salga salgas salga salgamos salgáis salgan	saliera salieras saliera saliéramos salierais salieran	sal tú, no salgas salga Ud. salgamos salgan
ser siendo sido	soy eres es somos sois son	era eras era éramos erais eran	fui fuiste fue fuimos fuisteis fueron	seré serás será seremos seréis serán	sería serías sería seríamos seríais serían	sea seas sea seamos seáis sean	fuera fueras fuera fuéramos fuerais fueran	sé tú, no seas sea Ud. seamos sean
tener teniendo tenido	tengo tienes tiene tenemos tenéis tienen	tenía tenías tenía teníamos teníais tenían	tuve tuviste tuvo tuvimos tuvisteis tuvieron	tendré tendrás tendrá tendremos tendréis tendrán	tendría tendrías tendría tendríamos tendríais tendrían	tenga tengas tenga tengamos tengáis tengan	tuviera tuvieras tuviera tuviéramos tuvierais tuvieran	ten tú, no tengas tenga Ud. tengamos tengan

C. Irregular Verbs (continued)

INFINITIVE PRESENT PARTICIPLE PAST PARTICIPLE	INDICATIVE PRESENT	 IMPERFECT	 PRETERITE	 FUTURE	 CONDITIONAL	SUBJUNCTIVE PRESENT	 IMPERFECT	IMPERATIVE
traer trayendo traído	traigo traes trae traemos traéis traen	traía traías traía traíamos traíais traían	traje trajiste trajo trajimos trajisteis trajeron	traeré traerás traerá traeremos traeréis traerán	traería traerías traería traeríamos traeríais traerían	traiga traigas traiga traigamos traigáis traigan	trajera trajeras trajera trajéramos trajerais trajeran	trae tú, no traigas traiga Ud. traigamos traigan
venir viniendo venido	vengo vienes viene venimos venís vienen	venía venías venía veníamos veníais venían	vine viniste vino vinimos vinisteis vinieron	vendré vendrás vendrá vendremos vendréis vendrán	vendría vendrías vendría vendríamos vendríais vendrían	venga vengas venga vengamos vengáis vengan	viniera vinieras viniera viniéramos vinierais vinieran	ven tú, no vengas venga Ud. vengamos vengan
ver viendo visto	veo ves ve vemos veis ven	veía veías veía veíamos veíais veían	vi viste vio vimos visteis vieron	veré verás verá veremos veréis verán	vería verías vería veríamos veríais verían	vea veas vea veamos veáis vean	viera vieras viera viéramos vierais vieran	ve tú, no veas vea Ud. veamos vean

D. Stem-changing and Spelling Change Verbs

INFINITIVE PRESENT PARTICIPLE PAST PARTICIPLE	INDICATIVE PRESENT	 IMPERFECT	 PRETERITE	 FUTURE	 CONDITIONAL	SUBJUNCTIVE PRESENT	 IMPERFECT	IMPERATIVE
pensar (ie) pensando pensado	pienso piensas piensa pensamos pensáis piensan	pensaba pensabas pensaba pensábamos pensabais pensaban	pensé pensaste pensó pensamos pensasteis pensaron	pensaré pensarás pensará pensaremos pensaréis pensarán	pensaría pensarías pensaría pensaríamos pensaríais pensarían	piense pienses piense pensemos penséis piensen	pensara pensaras pensara pensáramos pensarais pensaran	piensa tú, no pienses piense Ud. pensemos piensen
volver (ue) volviendo vuelto	vuelvo vuelves vuelve volvemos volvéis vuelven	volvía volvías volvía volvíamos volvíais volvían	volví volviste volvió volvimos volvisteis volvieron	volveré volverás volverá volveremos volveréis volverán	volvería volverías volvería volveríamos volveríais volverían	vuelva vuelvas vuelva volvamos volváis vuelvan	volviera volvieras volviera volviéramos volvierais volvieran	vuelve tú, no vuelvas vuelva Ud. volvamos vuelvan
dormir (ue, u) durmiendo dormido	duermo duermes duerme dormimos dormís duermen	dormía dormías dormía dormíamos dormíais dormían	dormí dormiste durmió dormimos dormisteis durmieron	dormiré dormirás dormirá dormiremos dormiréis dormirán	dormiría dormirías dormiría dormiríamos dormiríais dormirían	duerma duermas duerma durmamos durmáis duerman	durmiera durmieras durmiera durmiéramos durmierais durmieran	duerme tú, no duermas duerma Ud. durmamos duerman

D. Stem-changing and Spelling Change Verbs (continued)

INFINITIVE PRESENT PARTICIPLE PAST PARTICIPLE	INDICATIVE PRESENT	INDICATIVE IMPERFECT	INDICATIVE PRETERITE	INDICATIVE FUTURE	INDICATIVE CONDITIONAL	SUBJUNCTIVE PRESENT	SUBJUNCTIVE IMPERFECT	IMPERATIVE
construir (y) construyendo construido	construyo construyes construye construimos construís construyen	construía construías construía construíamos construíais construían	construí construiste construyó construimos construisteis construyeron	construiré construirás construirá construiremos construiréis construirán	construiría construirías construiría construiríamos construiríais construirían	construya construyas construya construyamos construyáis construyan	construyera construyeras construyera construyéramos construyerais construyeran	construye tú, no construyas construya Ud. construyamos construyan
reír (i, i) riendo reído	río ríes ríe reímos reís ríen	reía reías reía reíamos reíais reían	reí reíste rio reímos reísteis rieron	reiré reirás reirá reiremos reiréis reirán	reiría reirías reiría reiríamos reiríais reirían	ría rías ría riamos riáis rían	riera rieras riera riéramos rierais rieran	ríe tú, no rías ría Ud. riamos rían
seguir (i, i) (ga) siguiendo seguido	sigo sigues sigue seguimos seguís siguen	seguía seguías seguía seguíamos seguíais seguían	seguí seguiste siguió seguimos seguisteis siguieron	seguiré seguirás seguirá seguiremos seguiréis seguirán	seguiría seguirías seguiría seguiríamos seguiríais seguirían	siga sigas siga sigamos sigáis sigan	siguiera siguieras siguiera siguiéramos siguierais siguieran	sigue tú, no sigas siga Ud. sigamos sigan
sentir (ie, i) sintiendo sentido	siento sientes siente sentimos sentís sienten	sentía sentías sentía sentíamos sentíais sentían	sentí sentiste sintió sentimos sentisteis sintieron	sentiré sentirás sentirá sentiremos sentiréis sentirán	sentiría sentirías sentiría sentiríamos sentiríais sentirían	sienta sientas sienta sintamos sintáis sientan	sintiera sintieras sintiera sintiéramos sintierais sintieran	siente tú, no sientas sienta Ud. sintamos sientan
pedir (i, i) pidiendo pedido	pido pides pide pedimos pedís piden	pedía pedías pedía pedíamos pedíais pedían	pedí pediste pidió pedimos pedisteis pidieron	pediré pedirás pedirá pediremos pediréis pedirán	pediría pedirías pediría pediríamos pediríais pedirían	pida pidas pida pidamos pidáis pidan	pidiera pidieras pidiera pidiéramos pidierais pidieran	pide tú, no pidas pida Ud. pidamos pidan
producir (zc) produciendo producido	produzco produces produce producimos producís producen	producía producías producía producíamos producíais producían	produje produjiste produjo produjimos produjisteis produjeron	produciré producirás producirá produciremos produciréis producirán	produciría producirías produciría produciríamos produciríais producirían	produzca produzcas produzca produzcamos produzcáis produzcan	produjera produjeras produjera produjéramos produjerais produjeran	produce tú, no produzcas produzca Ud. produzcamos produzcan

APPENDIX 2

GRAMMAR SUMMARY TABLES

I. Personal Pronouns

SUBJECT	OBJECT OF PREPOSITION	REFLEXIVE	INDIRECT OBJECT	DIRECT OBJECT
yo	mí	me	me	me
tú	ti	te	te	te
usted	usted	se	le	lo/la
él	él	se	le	lo
ella	ella	se	le	la
nosotros/as	nosotros/as	nos	nos	nos
vosotros/as	vosotros/as	os	os	os
ustedes	ustedes	se	les	los/las
ellos	ellos	se	les	los
ellas	ellas	se	les	las

II. Possessive Adjectives and Pronouns

ADJECTIVES		PRONOUNS	
my	mi, mis	*mine*	mío/a, míos/as
your (*inf. sing.*)	tu, tus	*yours*	tuyo/a, tuyos/as
your (*pol. sing.*)	su, sus	*yours*	suyo/a, suyos/as
his	su, sus	*his*	suyo/a, suyos/as
her	su, sus	*hers*	suyo/a, suyos/as
our	nuestro/a, nuestros/as	*ours*	nuestro/a, nuestros/as
your (*inf. pl.*)	vuestro/a, vuestros/as	*yours*	vuestro/a, vuestros/as
your (*pol. pl.*)	su, sus	*yours*	suyo/a, suyos/as
their	su, sus	*theirs*	suyo/a, suyos/as

III. Demonstrative Adjectives and Pronouns

MASCULINE AND FEMININE	ADJECTIVES AND PRONOUNS*	NEUTER PRONOUNS
this, these	este/esta, estos/estas	esto
that, those (*not close to speaker*)	ese/esa, esos/esas	eso
that, those (*farther from speaker*)	aquel/aquella, aquellos/aquellas	aquello

*Pronouns have a written accent mark.

IV. Preterite and Imperfect

PAST		IMPERFECT	
completed event	hablé	*event in progress*	hablaba
completed state	estuve	*ongoing state*	estaba
completed series	fue, vio	*"used to"*	iba, veía

V. Indicative and Subjunctive

NOUN CLAUSES			
Indicative		*Subjunctive*	
assertion	es verdad que	*possibility*	es posible que
belief	creo que	*doubt*	dudo que
knowledge	sé que	*subjective reaction*	es increíble que
		volition	quiero que

ADJECTIVE CLAUSES	
Indicative	*Subjunctive*
known antecedent	*unknown antecedent*
Tengo un amigo que es...	Busco un amigo que sea...
existent antecedent	*nonexistent antecedent*
Hay una persona que es...	No hay nadie que sea...

ADVERBIAL CLAUSES: TIME	
Indicative	*Subjunctive*
cuando hasta que tan pronto como en cuanto después (de) que } + *habitual action*	cuando hasta que tan pronto como en cuanto después (de) que } + *future action*
	antes (de) que + *all actions*

ADVERBIAL CLAUSES: PURPOSE
Subjunctive
a menos que con tal (de) que en caso de que para que sin que } + *all actions*

APPENDIX 3

EVALUATION CRITERIA FOR COMPOSITIONS

Content (Information Conveyed)	POINTS
• minimal information; information lacks substance (is superficial); inappropriate or irrelevant information; or not enough information to evaluate	19
• limited information; ideas present but not developed; lack of supporting detail or evidence	22
• adequate information; some development of ideas; some ideas lack supporting detail or evidence	25
• very complete information; no more can be said; thorough; relevant; on target	30
Organization	
• series of separate sentences with no transitions; disconnected ideas; no apparent order to the content; or not enough to evaluate	16
• limited order to the content; lacks logical sequencing of ideas; ineffective ordering; very choppy; disjointed	18
• an apparent order to the content is intended; somewhat choppy; loosely organized but main points do stand out although sequencing of ideas is not complete	22
• logically and effectively ordered; main points and details are connected; fluent; not choppy whatsoever	25
Vocabulary	
• inadequate; repetitive; incorrect use or non-use of words studied; literal translations; abundance of invented words; or not enough to evaluate	16
• erroneous word use or choice leads to confused or obscured meaning; some literal translations and invented words; limited use of words studied	18
• adequate but not impressive; some erroneous word usage or choice, but meaning is not confused or obscured; some use of words studied	22
• broad; impressive; precise and effective word use and choice; extensive use of words studied	25
Language	
• one or more errors in use and form of the grammar presented in lesson; frequent errors in subject/verb agreement; non-Spanish sentence structure; erroneous use of language makes the work mostly incomprehensible; no evidence of having edited the work for language; or not enough to evaluate	13
• no errors in the grammar presented in lesson; some errors in subject/verb agreement; some errors in adjective/noun agreement; erroneous use of language often impedes comprehensibility; work was poorly edited for language	15
• no errors in the grammar presented in lesson; occasional errors in subject/verb or adjective/noun agreement; erroneous use of language does not impede comprehensibility; some editing for language evident but not complete	17
• no errors in the grammar presented in lesson; very few errors in subject/verb or adjective/noun agreement; work was well edited for language	20
Total points _____	/100

APPENDIX 4

MÉXICO, AMÉRICA CENTRAL Y EL CARIBE
0
800 kilómetros
0
400 millas
N
OCÉANO ATLÁNTICO
OCÉANO PACÍFICO
Trópico de Cáncer
Golfo de México
Golfo de California
Golfo de Tehuantepec
Bahía de Campeche
MAR CARIBE
Golfo de los Mosquitos
Canal de Panamá
ANTILLAS MENORES
Península de Yucatán
SIERRA MADRE OCCIDENTAL
SIERRA MADRE ORIENTAL
SIERRA MADRE DEL SUR
Río Bravo
Río Conchos
Río Misisipí
ESTADOS UNIDOS
MÉXICO
BELICE
GUATEMALA
HONDURAS
EL SALVADOR
NICARAGUA
COSTA RICA
PANAMÁ
COLOMBIA
VENEZUELA
BRASIL
CUBA
JAMAICA
HAITÍ
REPÚBLICA DOMINICANA
PUERTO RICO
ISLAS BAHAMAS
San Diego
Tijuana
Mexicali
Phoenix
Tucson
Santa Fe
Albuquerque
El Paso
Nogales
Ciudad Juárez
Chihuahua
Baja California
La Paz
Mazatlán
Durango
Monterrey
Nuevo Laredo
San Antonio
Austin
Houston
Dallas
Nueva Orleáns
Memphis
Atlanta
San Agustín
Tampa
Miami
Nassau
Puerto Vallarta
Guadalajara
Aguascalientes
Guanajuato
León
México, D.F.
Tampico
Veracruz
Puebla
Taxco
Manzanillo
Acapulco
Oaxaca
Campeche
Mérida
Cozumel
La Habana
Santiago de Cuba
Guantánamo
Kingston
Puerto Príncipe
Santo Domingo
San Juan
Belmopan
Guatemala
San Salvador
Tegucigalpa
Managua
San José
Panamá
Cali
Cartagena
Barranquilla
Medellín
Bogotá
Maracaibo
Mérida
Caracas

AMÉRICA DEL SUR
MAR CARIBE
OCÉANO ATLÁNTICO
OCÉANO PACÍFICO
OCÉANO ATLÁNTICO
Ecuador
Trópico de Capricornio
PANAMÁ
Panamá
VENEZUELA
Maracaibo
Caracas
GUAYANA
Georgetown
SURINAME
Paramaribo
GUAYANA FRANCESA
Cayena
COLOMBIA
Barranquilla
Medellín
Bogotá
Cali
ECUADOR
Quito
Guayaquil
PERÚ
Lima
Cuzco
Arequipa
BOLIVIA
La Paz
Sucre
BRASIL
Manaus
Belém
Recife
Brasília
Rio de Janeiro
São Paulo
PARAGUAY
Asunción
CHILE
Antofagasta
La Serena
Valparaíso
Santiago
Concepción
Puerto Montt
Chiloé
Punta Arenas
ARGENTINA
San Miguel de Tucumán
Córdoba
Rosario
Buenos Aires
Bahía Blanca
Bariloche
URUGUAY
Montevideo
Río Orinoco
Río Amazonas
Río de la Plata
CORDILLERA DE LOS ANDES
Islas Malvinas
Estrecho de Magallanes
Tierra del Fuego
Cabo de Hornos
N
0 1500 kilómetros
0 1000 millas

ESPAÑA
0 200 kilómetros
0 100 millas
FRANCIA
ANDORRA
Golfo de León
Costa Brava
LOS PIRINEOS
MAR CANTÁBRICO
Bahía de Vizcaya
San Sebastián
Santander
Bilbao
CANTABRIA
PAÍS VASCO
NAVARRA
Pamplona
LA RIOJA
Logroño
CATALUÑA
Lérida
Barcelona
Tarragona
Zaragoza
Río Ebro
ARAGÓN
ESPAÑA
SIERRA DE GUADARRAMA
Guadalajara
Madrid
MADRID
Burgos
CASTILLA-LEÓN
Valladolid
Segovia
Ávila
El Escorial
Salamanca
Zamora
León
Río Duero
ASTURIAS
Oviedo
GALICIA
Santiago de Compostela
La Coruña
Vigo
Oporto
PORTUGAL
Río Tajo
Lisboa
Río Guadiana
Toledo
Cáceres
EXTREMADURA
Mérida
Badajoz
Ciudad Real
Almadén
CASTILLA-LA MANCHA
Albacete
Castellón
Valencia
COMUNIDAD VALENCIANA
Alicante
Costa Blanca
Murcia
MURCIA
Lorca
Cartagena
Linares
Jaén
SIERRA MORENA
Río Guadalquivir
Córdoba
ANDALUCÍA
SIERRA NEVADA
Granada
Almería
Málaga
Costa del Sol
Gibraltar (R.U.)
Ceuta (Esp.)
Sevilla
Jerez de la Frontera
Cádiz
Huelva
Golfo de Cádiz
Tánger
Orán
OCÉANO ATLÁNTICO
Menorca
Mallorca
Palma
ISLAS BALEARES
Ibiza
Formentera
MAR MEDITERRÁNEO
ISLAS CANARIAS
Lanzarote
Fuerte-ventura
Las Palmas
Las Palmas de Gran Canaria
Santa Cruz de Tenerife
Tenerife
La Palma
Gomera
Hierro
0 200 kilómetros
0 100 millas
N

VOCABULARIO ESPAÑOL–INGLÉS

The Spanish–English Vocabulary contains all the words that appear in the text, with the following exceptions: (1) most close or identical cognates that do not appear in the thematic vocabulary lists; (2) most conjugated verb forms; (3) diminutives in **-ito/a;** (4) absolute superlatives in **-ísimo/a;** (5) most adverbs in **-mente;** (6) most numbers; (7) subject and object pronouns, possessive adjectives, and demonstrative adjectives and pronouns; (8) some vocabulary from realia and authentic readings. Only meanings that are used in the text are given.

The gender of nouns is indicated, except for masculine nouns ending in **-o** and feminine nouns ending in **-a.** Stem changes and spelling changes are indicated for verbs: **dormir (ue, u)**; **llegar (gu).** The letter **ñ** follows the letter **n: añadir** follows **anuncio.** The following abbreviations are used:

adj.	adjective	*irreg.*	irregular
adv.	adverb	*L.A.*	Latin America
Arg.	Argentina	*m.*	masculine
C.Am.	Central America	*Mex.*	Mexico
coll.	colloquial	*n.*	noun
conj.	conjunction	*p.p.*	past participle
f.	feminine	*pl.*	plural
fam.	familiar	*poss. pron.*	possessive pronoun
form.	formal	*prep.*	preposition
gram.	grammatical term	*pron.*	pronoun
inf.	infinitive	*rel. pron.*	relative pronoun
interj.	interjection	*s.*	singular
inv.	invariable in form	*v.*	verb

A

a at; to
abajo down; below
abalorios *pl.* glass beads
abandonar to leave; to abandon; to renounce
abandono abandonment
abarcar (qu) to encompass; to comprise
abierto/a (*p.p. of* **abrir**) open
abogado/a lawyer
abogar (gu) por to advocate for
abolición *f.* abolition
abolir *irreg.* to abolish
abonado/a *n.* subscriber (14)
abonar to subscribe (*to a service*)
aborto abortion
abrazar (c) to embrace, hug
abril *m.* April
abrillantador *m.* polish
abrir (*p.p.* **abierto/a**) to open
absoluto/a absolute
absorber to absorb
absorción *f.*: **absorción cultural** cultural absorption (2)
absurdo/a absurd
abuelo/a grandfather/grandmother
abundante abundant
abundar to abound
aburrido/a boring; bored
aburrimiento boredom
abusar de to abuse, misuse
abuso abuse, misuse
acabar to finish, complete; **acabar de** (+ *inf.*) to have just (*done something*); **acabar con** to put an end to; to kill
academia academy
acampar to camp
acarrear to cause
acceder a to agree (to) (14)
acceso access
accidente *m.* accident
acción *f.* action; **acciones concienzudas** conscientious actions (9); **acciones nocivas** harmful actions (9); **serie** (*f.*) **de acción** action series (13)
aceite *m.* oil
acelerar to speed up; to accelerate (14)
acento accent
acentuadamente markedly
acentuado/a stressed (14)
acentuar (acentúo) to emphasize, stress
aceptar to accept
acerca de *prep.* about, concerning
acercar (*qu*) to bring or place near
acertar (ie) to guess correctly; to manage to
achacar (qu) to attribute
acidez *f.* acidity
ácido/a acid; **lluvia ácida** acid rain (10)

aclamar to acclaim
aclaración *f.* clarification, explanation
aclaramiento *n.* clearing
aclarar to clarify, explain
acomodar to accommodate
acompañar to accompany
aconsejar to advise
acontecimiento event, happening, incident
acordarse (ue) de (+ *inf.*) to remember to (*do something*)
acostarse (ue) to go (*put oneself*) to bed
acostumbrado/a: estar (*irreg.*) **acostumbrado/a a** to be used to
acre *m.* acre
acribillar to riddle with holes
actitud *f.* attitude (14); **actitud discriminatoria** discriminatory attitude (18)
activar to activate
actividad *f.* activity
activo/a active
acto act; action; **acto discriminatorio** discriminatory act (18)
actor *m.*, **actriz** *f.* (*pl.* **actrices**) actor, actress
actual *adj.* present, current
actualidad *f.* present time
actualmente at present
actuar (actúo) to act
acuerdo agreement; **de acuerdo** in agreement; **estar** (*irreg.*) **de acuerdo** to agree
acumular to accumulate
acusación *f.* accusation
acusar to accuse (17)
adaptación *f.* adaptation
adecuado/a correct, appropriate; adequate
adelantarse to get ahead
adelante *adv.* ahead, farther on
ademán *m.* gesture
además *adv.* moreover, furthermore; **además de** *prep.* besides, in addition to
adentro *adv.* inside
adherir (ie, i) to support, join, stand by
adhesión *f.* support
adhesivo/a *adj.* adhesive
adicional additional
adicionar to add
adiestramiento training
adivinación *f.* prediction; guessing
adivinador(a) prophesier; soothsayer (6)
adivinar to guess; to foretell
adivinatorio/a divinatory, prophetic; **ciencias adivinatorias** fortune telling
adjetival *gram.* adjectival; **cláusula adjetival** adjective clause
adjetivo *gram.* adjective; **adjetivo de cantidad** quantifying adjective; **adjetivo de posesión** possessive adjective
administración (*f.*) **de empresas** business administration
administrar to manage; to run (*a business*)
admiración *f.* admiration
admirador(a) admirer
admirar to admire
admitir to admit; to allow
adolescencia adolescence
¿adónde? where (to)?
adonde *adv., conj.* where
adopción *f.* adoption
adoptar to adopt
adorno decoration
adquirir (ie) to acquire; **síndrome** (*m.*) **de inmunodeficiencia adquirida (SIDA)** Acquired Immune Deficiency Syndrome (AIDS)
adulto/a *n., adj.* adult
adversidad *f.* adversity
advertencia warning
aerosol *m.* aerosol (9)
afán *m.* desire
afectado/a affected; concerned
afectar to affect
afeitar(se) to shave (*oneself*); **crema de afeitar** shaving cream (9)
afición *f.* fondness; liking
aficionado/a fan (*of sports, music, etc.*)
afiliado/a *n.* member; *adj.* affiliated
afirmación *f.* statement, assertion
afirmar to affirm, assert
afirmativo/a affirmative
afligir (j) to afflict, distress
afortunado/a lucky, fortunate
africano/a *n., adj.* African
africanoamericano/a *n., adj.* African-American
africanocubano/a *n., adj.* African-Cuban
afroamericano/a *n., adj.* Afro-American
afrocubano/a *n., adj.* Afro-Cuban
afrontar to face; to bring face to face
agarrar to hold on tightly
agencia agency
agente *m., f.* agent
ágil agile
agitar (el pie) to tap (one's foot) (1)
agobiado/a weighed down (*with problems*) (1)
agosto August
agotado/a exhausted (1)
agotar to run out of; to use up
agradable pleasant
agradecer (zc) to be grateful
agradecido/a grateful, thankful
agrario/a agrarian
agresivo/a aggressive
agricultor(a) farmer (22)
agricultura agriculture, farming (10)
agua *f.* (*but:* **el agua**) water
aguantar to bear, support, stand
aguaprieta black water (*swamp*)
agudizar (c) to sharpen
agudo/a acute, keen
águila *f.* (*but:* **el águila**) eagle
agujero (del ozono) hole (in the ozone layer) (10)
ahí there
ahogar (gu) to drown
ahora now
ahorrar to save (9)
ahuyentar to drive, chase away
aire *m.* air; wind; **aire libre** outdoors
aislamiento isolation
aislar to isolate
ajeno/a belonging to another; foreign
ajo garlic; **diente** (*m.*) **de ajo** garlic clove
ajuar *m.*: **ajuar de novia** bride's trousseau
ajustar to adjust, adapt; **ajustarse** to conform, adapt oneself
ala *f.* (*but:* **el ala**) wing
alabanza *n.* praise
alabar to praise
alabarazado/a person of Chinese and Indian descent
alarma alarm
albor *m.* beginning
álbum *m.* album
alcance *m.*: **al alcance de** within reach of
alcanzar (c) to reach (14)
alcohólico/a *n., adj.* alcoholic
aldea village

alegrar to make happy, gladden; **alegrarse (de)** to be happy (about)
alegre happy
alegría happiness
alejado/a distant, remote
alejar to remove (*to a distance*)
aleluya *f.* hallelujah
alemán *m.* German (*language*)
alemán, alemana *n., adj.* German
Alemania Germany
alféizar *m.* windowsill
alfombra carpet, rug
algo something; a little
algodón *m.* cotton
algodonal *m.* cotton field
alguien somebody, someone
algún, alguno/a some, any
algunos/as some
aliento breath
alimentario/a nourishing, alimentary
alimento food; *pl.* food, foodstuffs
allá *adv.* there
allí *adv.* there; **allí mismo** right over there
alma *f.* (*but:* **el alma**) soul
almacén *m.* warehouse
almohada pillow
almorzar (ue) (c) to have, eat lunch
alojamiento lodging
alquilar to rent
alrededor (de) around
alterar to alter, change
alternativa alternative
alto/a high; tall; elevated; **en voz alta** out loud
altura height
alucinar to hallucinate
aluminio aluminum (9)
alumno/a student
alzar (c) to raise
amable kind, nice
amanecer *m.* dawn, daybreak
amante *m., f.* lover
amar to love
amargo/a bitter
amarillo/a yellow
ambición *f.* ambition
ambientador *m.* air freshener
ambiente atmosphere; **medio ambiente** environment
ambiguo/a ambiguous
ambos/as both
amenaza threat
amenazar (c) to threaten (1)
América: América del Norte North America; **América del Sur** South America; **América Latina** Latin America
americano/a American
americanolatino/a *n., adj.* Latin American
ametrallar to gun down
amigable *adj.* amicable, nice
amigo/a friend
amistad *f.* friendship
amnistía amnesty
amontonado/a piled, heaped together
amor *m.* love
amoroso/a loving
ampliar (amplío) to extend, enlarge (2)
amplio/a extensive, comprehensive
amuleto amulet
analfabetismo illiteracy
análisis *m.* analysis
analítico/a analytical
analizar (c) to analyze
anaranjado/a orange (*color*)
anarquía anarchy
ancho/a wide, broad
anciano/a *n.* old man, old woman; *adj.* old
Andalucía Andalusia (*region in southern Spain*)
andaluz(a) *n., adj.* Andalusian
andamio scaffold
andar *irreg.* to walk; to wander
anfitrión, anfitriona host, hostess
anglohablante *n. m., f.* English speaker; *adj.* English-speaking (2)
angloparlante *n. m., f.* English speaker; *adj.* English-speaking
anglosajón, anglosajona *adj.* Anglo-Saxon
angustia anguish
animado/a cheerful, excited; **dibujo animado** (animated) cartoon (13)
animal *m.* animal
animar to encourage (13)
ánimo: estado de ánimo state of mind; mood
animosidad *f.* animosity
aniversario anniversary
anoche *adv.* last night
anónimo/a anonymous
anotar to note, jot down
ansia *f.* (*but:* **el ansia**) anxiety
ansioso/a anxious
antagonismo antagonism (21)
Antártida Antarctica
ante *prep.* before, in front of, in the presence of
antebrazo forearm
antecedente *m.* precedent
antena antenna
antepasado ancestor
anterior previous
antes *adv.* before; **antes de** *prep.* before; **antes (de) que** *conj.* before
anticientífico/a antiscientific
anticipación *f.*: **con anticipación** in advance
anticipar to anticipate
anticongelante *m.* antifreeze
anticuado/a old-fashioned; out-of-date, obsolete
antiderrochador(a) not wasteful
antiecológico/a antiecological
antiguamente in other times; formerly
antiguo/a ancient; old
antónimo *n.* antonym
antónimo/a *adj.* antonym
antorcha torch
antropología anthropology
antropólogo/a anthropologist
antropométrico/a anthropometric (*study of body measurement*)
anual annual
anudado/a knotted
anunciar to announce; to advertise
anuncio announcement; advertisement; **anuncio comercial** advertisement; **anuncio publicitario** advertisement (13)
añadir to add
año year; **noche** (*f.*) **de fin de año** New Year's Eve
apagar (gu) to turn off
aparato device; appliance
aparecer (zc) to appear
aparición *f.* appearance, apparition
apariencia appearance; **apariencia física** physical appearance (14)
apartado/a *adj.* remote, distant
apartar to separate; **apartarse** to leave
aparte *adv.* apart; **aparte de** *prep.* apart from
apasionado/a passionate
apasionamiento enthusiasm, excitement
apasionante exciting

apenas *adv.* scarcely, hardly
aplastar to leave speechless, stun
aplaudir to applaud
aplicación *f.* application
aplicar (qu) to apply
apodar to nickname
aporte *m.* contribution
apoyar to rest, lean; to support (1)
apreciado/a valuable; esteemed, well thought of
apreciar to appreciate; to appraise, evaluate
aprender to learn; **aprender a** (+ *inf.*) to learn how to (*do something*)
aprendiz(a) apprentice
aprendizaje *m.* learning
apresado/a caught; arrested
apresurarse to hurry
apretar (ie) to clench
aprobar (ue) to approve
apropiado/a appropriate
aprovecharse de to make use of, take advantage of
aproximación *f.* approximation
aproximado/a approximate
aproximar to move closer
aptitud *f.* aptitude
apuntar to note, jot down
aquejado/a (de) suffering (from); afflicted (with)
aquí *adv.* here
árabe *n. m., f.; adj.* Arab
árbol *m.* tree; **árbol genealógico** family tree
arbusto bush
arcipreste *m.* archpriest
arco arc; arch; **arco iris** rainbow
arder to burn
ardiente *adj.* burning
área *f.* (*but:* **el área**) area
arena sand
arete *m.* earring
argentino/a *n., adj.* Argentine
argumento argument; plot (*literature*)
árido/a dry
arma *f.* (*but:* **el arma**) weapon; **arma de fuego** firearm
armado/a armed
armadura armor
armonía harmony
aro hoop, ring
aroma *m.* aroma; perfume
aromatizar (c) to perfume; to flavor
arquear to arch
arrepentirse (ie, i) (de) to regret
arrestado/a arrested; detained
arrestar to arrest
arriba *adv.* above; **de arriba** from above
arriesgado/a risky
arriesgarse (gu) a (+ *inf.*) to risk (*doing something*)
arrodillarse to kneel
arrogante arrogant
arrojar to throw
arruga *n.* wrinkle
arrugar to wrinkle
arruinar to ruin
arsenal *m.* arsenal
arte *m.* art; **bellas artes** (*f. pl.*) fine arts
artesano/a craftsperson (22)
artículo article; **artículo definido** *gram.* definite article
artista *m., f.* artist
artístico/a artistic; **libertad** (*f.*) **de expresión artística** freedom of artistic expression (17)
arzobispo archbishop
asar to roast
ascendencia ancestry (21)
ascender (ie) to ascend
ascendiente *m., f.* ancestor (21)
asegurado/a sure (6); certain (6)
asemejar to be alike; **asemejarse a** to resemble
asesinar to murder
asesinato murder
asfixia asphyxiation; suffocation
así so; like this; **así como** just as; **así que** so
asiático/a *n., adj.* Asian
asiento seat
asignar to assign
asimétrico/a asymmetric, asymmetrical
asimilarse to become assimilated (2)
asimismo *adv.* also, as well; likewise
asistente *m., f.* assistant
asistir a to attend
asociación *f.* association
asociar to associate
aspecto aspect; **aspecto físico** physical appearance
aspiración *f.* aspiration (6)
aspirar to breathe in, inhale
astro star
astrología astrology (6)
astronomía astronomy
astuto/a astute, clever
asumir to assume
asunto subject, topic, matter
asustado/a frightened, scared (1)
asustar to scare, frighten (5)
atacar (qu) to attack
ataque *m.* attack
atar to bind
atardecer *m.* late afternoon
ateísmo atheism
atención *f.* attention; **prestar atención** to pay attention
atentatorio/a illegal
atento/a attentive
ateo/a *n. m., f.* atheist (6)
atiborrado/a full (*of stuff*)
atlántico/a: Océano Atlántico Atlantic Ocean
atmósfera atmosphere
átomo atom
atónito/a astonished, astounded; **dejar atónito/a** to astonish
atractivo/a attractive
atraer (*like* **traer**) to attract
atrapar to catch, trap (10)
atrás *adv.* back, backward; ago; **echarse para atrás** to lean backwards
atreverse to dare
atribuir (y) to attribute (21)
atributo attribute (21)
atrocidad *f.* atrocity
atropellado/a run over
audiencia audience
aula *f.* (*but:* **el aula**) classroom
aullar to howl
aumentar to increase, enlarge
aumento increase; raise; **en aumento** on the increase
aun *adv.* even
aunque *conj.* although, even though
ausencia absence
ausente absent
autodefensa self-defense
automático/a automatic
automóvil *m.* automobile
autonomía autonomy
autonómico/a *adj.* autonomous (*of an autonomous community of Spain*)
autónomo/a: comunidad (*f.*) **autónoma** autonomous community (*political division of Spain*)
autor(a) author

autoridad *f.* authority
autorizar (c) to authorize (17)
autorretrato self-portrait
avance *m.* advance
avanzar (c) to advance
ave *f.* (*but:* **el ave**) bird
avenida avenue
avenirse (*like* **venir**) to agree to
aventura adventure
aventurar to risk
avergonzarse (güe) (c) to be (become) ashamed, embarrassed
averiguar (güe) to ascertain, find out
aversión *f.* aversion, dislike (18)
avión *m.* airplane
avisar to inform; to warn
aviso advertisement
ayer *adv.* yesterday
ayuda *n.* help, assistance
ayudar to help, assist
ayuntamiento city hall
azteca *n. m., f., adj.* Aztec
azúcar *m.* sugar (22); **ingenio de azúcar** sugar mill
azufre *m.* sulfur
azul blue
azulado/a bluish

B

bagaje *m.* baggage
bailable danceable
baile *m.* dance
bajar to lower, let down
bajo *adv.* under
bajo/a *adj.* short; low; lowered; **barrio bajo** slum
balada ballad
balcón *m.* balcony
balear *adj.* Balearic, from the Balearic Islands
ballena whale
balsámico/a balsamic, soothing
bambú (*pl.* **bambúes**) bamboo
bancarrota bankruptcy
banco bank; **banco de plasma** blood (plasma) bank
banda band
bandera flag
baño bath; bathroom; **cuarto de baño** bathroom
baranda railing (*of a balcony*)
barandilla handrail, banister
barba beard
barbaridad *f.* atrocity
barco ship, boat
barrera barrier (21)
barrio neighborhood; **barrio bajo** slum
barro mud
basarse en to base (*one's ideas or opinions*) on
base *f.*: **a base de** based on
básico/a basic
bastante *adj.* enough; *adv.* fairly, rather; quite a lot
bastón *m.* staff
basura garbage; **tirar en la basura** to throw away (*in the garbage*) (9)
batalla: campo de batalla battlefield
batería battery
baúl *m.* trunk
bayoneta bayonet
beatitud *f.* beatitude, saintliness; bliss
bebé *m., f.* baby
beber to drink
bebida *n.* drink
béisbol *m.* baseball
bélico/a belicose, warlike
belleza beauty
bello/a beautiful; **bellas artes** fine arts
bendecir (*irreg.*) to bless
bendición *f.* blessing
bendito/a holy, blessed
beneficiar to benefit, profit
beneficio benefit; profit
beneficioso/a beneficial, useful
benéfico/a beneficial
bestia beast
Biblia Bible
biblioteca library
bicicleta bicycle
bicultural bicultural (2)
bien *m.*: **el bien común** the common good (17); **bien parecido/a** *adj.* good-looking (2); *pl.* wealth
bien *adv.* well; **llevarse bien** to get along well
bienvenida welcome; **dar** (*irreg.*) **la bienvenida** to welcome
bifurcarse to branch off
bigamia bigamy
bigote *m.* mustache
bilingüe bilingual (2)
bilingüismo bilingualism
billete *m.* bill (*money*)
biografía biography
biográfico/a biographical
biológico/a biological
bióxido dioxide
bisabuelo/a great-grandfather/great-grandmother; *pl.* great-grandparents
blanco/a white; **Blanca Nieves** Snow White
blancura whiteness
bloque *m.* block; apartment building
blusa blouse
boca mouth
boda wedding
bola ball
boliche *n. m.* bowling
bolígrafo pen
bolsa bag; **bolsa de plástico** plastic bag (9)
bolsillo pocket
bolso purse
bombón *m.* bonbon
bonito/a pretty
boquiabierto/a fascinated, astonished
bordar to embroider
borde *m.* edge
bordear to border on
borracho/a drunk
borrador *m.* rough draft
borrón *m.* blemish
bosque *m.* forest; **bosque tropical** tropical forest (10)
bosquejo outline
botánico/a botanical
botella bottle
brasileño/a *n., adj.* Brazilian
brazo arm
breve brief, short
brillante bright
brindar to drink a toast
británico/a British
broma prank, practical joke
bromista *adj. m., f.* fond of playing jokes
brotar to gush
bruja *n.* witch
brujería witchcraft (17)
brujo/a magician
brusco/a brusque, abrupt
budista *m., f.* Buddhist
buen, bueno/a good; **buenas noches** good evening
búfalo/a buffalo
bufo/a *adj.* comic
búho owl
burbuja bubble
burla *n.* taunt; **hacer** (*irreg.*) **burla de** to mock; to joke; *pl.* ridicule
burlarse de to make fun of, mock

bus *m.* bus
busca search; **en busca de** in search of
buscar (qu) to search, look for
búsqueda search

C

caballero gentleman; nobleman; knight
caballo horse
cabaña cabin
cabello hair
caber *irreg.* to fit
cabeza head (1); **dolor** (*m.*) **de cabeza** headache
cabildo town council
cabo cape; **al cabo de** at the end of; **al fin y al cabo** when all is said and done; **llevar a cabo** to carry out
cabra goat
cacao cocoa
cachaza sluggishness
cacto cactus
cada *inv.* each; every
cadáver *m.* corpse; body
cadena channel; network; chain
caer (*p.p.* **caído**) *irreg.* to fall; to fall due; **caer en las garras de** to fall into the clutches of; **caerle mal a uno** to make a bad impression on someone
café *m.* coffee
caído/a (*p.p. of* **caer**) bent; drooping
caimán *m.* alligator, caiman
caja box
calcular to calculate
cálculo calculus
calefacción *f.* heating (*system*)
calendario calendar
calentamiento heating, warming
calibre *m.* caliber
calidad *f.* quality
caliente hot
calificar (qu) to rate, classify (14); to consider (14)
callado/a quiet
callar to keep silent
calle *f.* street
calma *n.* calm
calor *m.* heat; **hace calor** it's hot (*weather*)
calpamulato/a half-breed
calvicie *f.* baldness
cámara camera
cambiar to change
cambio change; **en cambio** on the other hand
caminar to walk
camino road; trip, journey
camión *m.* truck
camisa shirt
camisón *m.* nightshirt
campaña campaign
campesino/a peasant (22)
campo country(side); field (6); **campo de batalla** battlefield
canadiense *n., adj.* Canadian
canal *m.* channel (14)
cáncer *m.* cancer
canción *f.* song
canela cinnamon
canoa canoe
cansado/a tired
cansarse to get tired
cantante *m., f.* singer
cantar to sing
cantidad *f.* quantity; amount; **adjetivo de cantidad** *gram.* quantifying adjective
caña (sugar) cane
capa cape; layer; **capa de ozono** ozone layer (10)
capacidad *f.* capacity; **capacidad intelectual** intellectual capacity (14)
capaz (*pl.* **capaces**) capable
Caperrucita Roja Little Red Riding Hood
capital *f.* capital (*city*)
capitolio capitol (*building*)
capítulo chapter
cápsula (space) capsule
captar to capture (*idea, attention*) (21)
capturar to capture
capucha hood
cara face
carabina carbine
carácter *m.* (*pl.* **caracteres**) character, nature
característica *n.* characteristic
característico/a *adj.* characteristic
caracterización *f.* characterization
caracterizar (c) to characterize (21)
carbón *m.* coal; charcoal
carbono: dióxido de carbono carbon dioxide
carburante *m.* fuel
carecer (zc) de to lack (5)
carencia lack; need
carestía lack, shortage
cargar (gu) to carry
cargo position (job)
Caribe *m.* Caribbean (Sea)
caricatura caricature
caricaturista *m., f.* caricaturist, cartoonist
carne *f.* meat
caro/a expensive
carpa carp (*fish*)
carpintero/a carpenter
carrera career; major; **¿qué carrera haces?** what's your major?
carro car; cart
carta letter; card
cartel *m.* poster
cartelón *m.* poster
cartera wallet
cartón *m.* cardboard
casa house; **en casa** at home
casado/a married
casarse (con) to get married (to)
casco hoof
casi *adv.* almost
caso case
casta caste
castaño/a chestnut (*color*)
castellano Castilian, Spanish
castigar (gu) to punish (5)
castillo castle
castizo quadroon (*a person having one black and three white grandparents*)
castor *m.* beaver
casulla chasuble (*sleeveless outer vestment worn by a priest during Mass or Eucharist*)
catalizador *m.* catalyst
cátedra lecture
catedral *f.* cathedral
categoría category
catolicismo Catholicism
católico/a Catholic
causa cause, reason
causar to cause, produce
cédula: cédula real royal document
ceja eyebrow
celebración *f.* celebration
celebrar to celebrate
célebre *m., f.* famous, celebrated
célula cell
cementerio cemetery
cena *n.* dinner, supper

cenar to have dinner
Cenicienta Cinderella
censor *m.* censor
censura censorship
censurar to censure
centenario centennial
centímetro centimeter
central central; **central** (*f.*) **nuclear** nuclear power plant
céntrico central
centro center
Centroamérica Central America
centroamericano/a Central American
ceño *n.* frown, scowl (1); **fruncir** (*z*) **el ceño** to frown (1)
cepillo brush
cera wax; **cera para muebles** furniture polish (9)
cerca *adv.* near
cercano/a near, close
cerebro brain
ceremonia ceremony
cero zero
cerrar (ie) to close
certeza certainty (5)
certificar (qu) to certify
certitud *f.* certainty
cesar de (+ *inf.*) to stop (*doing something*) (18)
champán *m.* champagne
champú *m.* (*pl.* **champúes**) shampoo (9)
chapulín *m.* grasshopper (*Mex.*)
charla chat; talk
charlar to chat
checo/a *n., adj.* Czech
chiapaneco/a of or from Chiapas, Mexico
chicano/a *n., adj.* Chicano/Chicana
chico/a *n.* boy, girl; *adj.* small
chileno/a *n., adj.* Chilean
chino/a *n. m., f.* Chinese person; *adj.* Chinese
chismear to gossip
chispa spark
chiste *m.* joke
chocolate *m.* chocolate (22)
chorro spout, jet (*of water*)
choza hut
ciclo cycle
ciego/a blind
cielo sky; heaven
cien(to) hundred; **por ciento** percent
ciencia science; **ciencia ficción** science fiction; **ciencias adivinatorias** fortune telling; **ciencias ocultas** occult sciences; **ciencias políticas** political science
científico/a *n.* scientist; *adj.* scientific
cierto/a certain, definite; true
cifra figure (*number*)
cigarrillo cigarette
cima peak
cinclar to chip; to chisel
cine *m. s.* movies
cinematográfico/a *adj.* film
cinta tape (*audio or video*)
cinturón *m.*: **cinturón de seguridad** seatbelt
circuito circuit
circulación *f.* circulation
circular to circulate
círculo circle
circunciso/a circumcised
circundante *adj.* surrounding
circunstancia circumstance
cirio tall wax candle
cisterna cistern
cita quotation
ciudad *f.* city; **ciudad estado** city-state (22)
ciudadano/a citizen (2)
civil: registro civil registry office
civilización *f.* civilization
clandestino/a clandestine
claro *adv.* clearly, of course; **claro que sí** yes, of course
claro/a *adj.* clear; light (*color*)
clase *f.* class; type; **compañero/a de clase** classmate; **salón** (*m.*) **de clase** classroom
clásico/a *n.* classic; *adj.* classical
clasificación *f.* classification
clasificar (qu) to classify
cláusula *gram.* clause; **cláusula adjetival** adjective clause; **cláusula nominal** noun clause
clave *adj. inv.* key (*important*)
clérigo priest
cliente *m., f.* customer
clima *m.* climate
climático/a climatic
cloaca sewer
cloro chlorine
clorofluorocarbono chlorofluorocarbon (10)
club *m.* club
cobija cover, blanket
cobrar to collect
cobre *m.* copper
cobrizo/a *adj.* copper; copper-colored
coche *m.* car
cocina kitchen; cooking
cocinar to cook
cocinero/a *n.* cook
coco coconut; bogeyman
cóctel *m.* cocktail
códice *m.* codex
codo elbow
coexistir to coexist
coger (j) to take hold of
cohabitación *f.* cohabitation
cohabitar to cohabit; to live together
cohete *m.* rocket
coincidir to coincide; to agree
cola tail
colaboración *f.* collaboration
colaborar to collaborate
colapso collapse
colección *f.* collection
colectividad *f.* community
colgante *adj.* hanging
colgar (ue) (gu) to hang
colmillo canine, eye-tooth; fang
colocar (qu) to place, put
colombiano/a *n., adj.* Colombian
colonia colony
colonización *f.* colonization
colonizador(a) colonizer
color *m.* color; **a todo color** full-color; **darle** (*irreg.*) **color** to color (*something*)
colorado/a red
columna column
combatir to fight, battle
combinación *f.* combination
combinar to combine
combustible *m.* fuel; **combustibles fósiles** fossil fuels (10)
comedia comedy (13)
comedor *m.* dining room
comentar to comment (on), talk about, discuss
comentario comment; remark
comenzar (ie) (c) a (+ *inf.*) to begin to (*do something*)
comer to eat
comercial: anuncio comercial advertisement
comerciante *m., f.* trader; wholesaler
comercio trade
comestible *adj.* **edible;** *n. pl.* food

cometer to commit
cómico/a comical, funny; **tira cómica** comic strip
comida food
comienzo beginning, start
comisión *f.* commission, committee
comité *m.* committee
como like, as; **tal como** just as, exactly the same as; **tan... como** as . . . as; **tanto como** as much as; **tanto/a(s)... como** as much/many . . . as
¿cómo? how?; what?
comodidad *f.* comfort
cómodo/a comfortable
compañero/a companion, friend; **compañero/a de clase** classmate; **compañero/a de cuarto** roommate
compañía company
comparación *f.* comparison
comparar to compare
compartir to share
compensar to compensate
competidor(a) *adj.* rival; competing
competir (i, i) to compete
complejidad *f.* complexity
complejo *n.* complex
complejo/a *adj.* complex
complementar to complement
complemento *gram.* object
completar to complete
completo/a complete; **por completo** completely
complicado/a complicated
cómplice *m., f.* accomplice
componer (*like* **poner**) to compose
comportamiento behavior (5)
comportarse to behave *(oneself),* act
composición *f.* writing; composition
compositor(a) composer
compra *n.* shopping; purchase; **hacer** (*irreg.*) **la compra** to do the shopping; **ir** (*irreg.*) **de compras** to go shopping
comprar to buy
comprender to understand; to comprise
comprensión *f.* comprehension, understanding
comprobar (ue) to verify, check; to confirm
compromiso commitment
compuesto/a (*p.p. of* **componer**) composed; put together
computadora computer
computar to compute, calculate
cómputo computation, calculation
común common; **el bien común** the common good (17); **en común** in common
comunicación *f.* communication; *pl.* communications; **medio de comunicación** medium or means of communication
comunicar (qu) to communicate
comunidad *f.* community (21); **comunidad autónoma** autonomous community (*political division in Spain*)
comunión *f.* communion
comunista *n. m., f.* Communist (*person*); *adj.* Communist
con with; **con frecuencia** frequently
concebir (i, i) to conceive
concedido/a granted
concentración *f.* concentration
concentrar to concentrate
concepción *f.* conception
concepto concept
conciencia conscience
concienciación *f.* consciousness-raising
concienzudo/a conscientious; **acciones** (*f.*) **concienzudas** conscientious actions (9)
concierto concert
concluir (y) to conclude
conclusión *f.* conclusion
concordancia *gram.* agreement, concordance
concreto/a *adj.* concrete
concubinato concubinage (17)
concurrir (a) to go to, attend (*an event*)
concurso contest (13)
condado county
conde *m.* count (*noble title*)
condena a muerte death penalty
condenado/a *n.* convict; criminal; *adj.* condemned
condenar to condemn; to denounce
condición *f.* condition; **a condición de que** provided that
condicional *m. gram.* conditional (tense)
conducir *irreg.* to lead; to drive; **licencia de conducir** driver's license
conducta behavior, conduct
conector *m.* connector
conejo rabbit (5)
conexión *f.* connection
conferencia lecture; conference
confesar (ie) to confess
confesión *f.* confession
confiado/a confident
confiar (confío) en to trust
confirmar to confirm
conflictivo/a controversial
conflicto conflict
conformar to form; **conformarse** to conform, comply
conforme (con) in accordance (*with*)
confrontar to confront (21)
confundir to mistake, confuse
confuso/a confused
congelante *m.* refrigerant
congregación *f.* congregation
congregar (gu) to assemble
congreso congress
conjetura conjecture
conjugar (gu) *gram.* to conjugate
conjunción *f. gram.* conjunction
conjunto set
conmemoración *f.* commemoration
conmemorar to commemorate
conmigo with me
conmocionar to move (*emotionally*)
conmover (ue) to disturb, trouble
connotación *f.* connotation
conocer (zc) to know, be acquainted with (*a person*)
conocimiento knowledge
conquista conquest (22)
conquistador(a) conqueror
conquistar to conquer
consciente conscious
consecuencia consequence
consecuente consequent
conseguir (i, i) (g) to obtain
consejero/a counselor, adviser
consejo advice
consenso consensus
consentimiento consent
consentir (ie, i) en to consent to
conservación *f.* conservation; preservation
conservar to preserve
consideración *f.* consideration
considerar to consider; to think
consigo with oneself
consistir en to consist of; to be composed of
constar de to be composed of

constitución *f.* constitution
constituir (y) to constitute; to make up
construcción *f.* construction
construir (y) to construct, build
consultar to consult
consumidor(a) consumer
consumir to consume; to use (9)
consumo consumption
contagioso/a contagious
contaminación *f.* contamination; pollution
contaminar to contaminate; to pollute
contar (ue) to tell, relate (6); **contar con** to count, rely on
contemplar to contemplate
contemporáneo/a contemporary
contener (*like* **tener**) to contain
contenido content(s)
contento/a happy; satisfied
contestar to answer, reply
contexto context
contigo with you (*s. fam.*)
continente *m.* continent
continuación *f.*: **a continuación** following, next
continuar (continúo) to continue, carry on
continuo/a continuous
contra *prep.* against; **en contra de** opposed to
contradecir (*like* **decir**) to contradict, oppose
contraer (*like* **traer**) **matrimonio** to get married
contrariedad *f.* setback
contrario: al contrario on the contrary; **por el contrario** on the contrary
contrastar to contrast
contraste *m.* contrast
contrato contract
contribución *f.* contribution
contribuir (y) to contribute
control *m.* control
controlar to control (18)
convencer (z) to convince
convento convent; monastery
conversación *f.* conversation
conversar to converse
converso/a *adj.* converted
convertir (ie, i) to convert
convicción *f.* conviction
convincente convincing
convivencia coexistence
convivir to live together (1)
coordinado/a coordinated
copa *n.* drink
copiar to copy
corazón *m.* heart (1)
cordillera mountain range
coreografía choreography
coro choir
corona crown
coronel *m.* colonel
corporal *adj.* corporal; **lenguaje** (*m.*) **corporal** body language
corral *m.* yard, corral
correcto/a correct, right
corredor(a) runner (22)
corregir (i, i) (j) to correct
correo mail
correr to run; to flow (*water*)
correspondencia correspondence
corresponder to correspond; to write to
correspondiente *adj.* corresponding
corrida de toros bullfight
corriente *adj.* current
corriente *f.* current; **cuenta corriente** checking account
corroerse *irreg.* to corrode (9)
corromperse to rot, putrefy
corrosivo/a corrosive
corrupción *f.* corruption
cortar to cut
corte *f.* court
cortés *adj. m., f.* (*pl.* **corteses**) polite, courteous
cortina curtain
corto/a short
cosa thing
cosecha harvest
coser to sew
costa coast
costar (ue) to cost (1); to take a lot (*of time, effort*)
costarricense *n., adj. m., f.* Costa Rican
costear to pay for
costoso/a costly, expensive
costumbre *f.* custom, habit; **por costumbre** usually
cotidiano/a daily (1)
coyote *m. coll. person paid to bring illegal immigrants across the border*
creación *f.* creation
crear to create
creatividad *f.* creativity
creativo/a creative
crecer (zc) to grow; to increase (10)
crecimiento growth
crédito credit
creencia belief, creed
creer (y) to believe; to think
crema: crema de afeitar shaving cream (9)
cremoso/a creamy
crepitar to crackle
creyente *m., f.* believer
cría de ganado cattle raising
criado/a servant
criatura creature; infant
crimen *m.* crime; **crimen por odio** hate crime (18)
crisis *f. inv.* crisis
cristalizado/a crystalized
cristianismo Christianity
cristiano/a *n., adj.* Christian
Cristo Christ; **Cristo Redentor** Christ the Redeemer
criterio criterion
crítica *n.* criticism
criticar (qu) to criticize (14)
crítico/a *adj.* critical
croquet *m.* croquet
cruce *m.* crossing
crucificado/a crucified
crucifijo crucifix
crucifixión *f.* crucifixion
crueldad *f.* cruelty
cruz *f.* (*pl.* **cruces**) cross
cruzar (c) to cross (1); **cruzar los dedos** to cross one's fingers (5)
cuadrado/a squared
cuadro painting, picture; square
cual *rel pron.* which, who
¿cuál? which?; what?
cualidad *f.* quality
cualquier any
cuando *adv., conj.* when; **de vez en cuando** from time to time
¿cuándo? when?
cuanto: cuanto mayor the bigger; **en cuanto a** as to, in regard to
¿cuánto/a? how much?, how many?; **¿cuántos/as?** how many?
cuarto room; **compañero/a de cuarto** roommate; **cuarto de baño** bathroom
cuarto/a fourth
cubano/a *n., adj.* Cuban
cubanoamericano/a *n., adj.* Cuban-American

cúbico/a cubic
cubiertos *pl.* silverware; **cubiertos de plástico** plastic forks, knives, and spoons (9)
cubrir (*p.p.* **cubierto/a**) to cover
cuello neck
cuenta bill; account; **a fin de cuentas** in the end; **cuenta corriente** checking account; **darse** (*irreg.*) **cuenta de** to realize; **tener** (*irreg.*) **en cuenta** to keep in mind; **tomar en cuenta** to take into account
cuentista *m., f.* storyteller
cuento story; **cuento de hadas** fairytale
cuerda rope, twine
cuerno horn
cuero leather
cuerpo body
cuestión *f.* question, matter
cuestionar to debate, question
cuestionario questionnaire
cuidado care, caution; **¡cuidado!** (*interj.*) careful!; **tener** (*irreg.*) **cuidado** to be careful
cuidar to look after, take care of
culminar to culminate
culpa fault, blame; **tener** (*irreg.*) **la culpa** to be guilty
culpable *n. m., f.* culprit; *adj.* guilty
culpar to blame
cultivar to cultivate
cultivo cultivation
culto/a cultured, refined
cultura culture (2)
cultural: absorción (*f.*) **cultural** cultural absorption (2)
cumpleaños *m. inv.* birthday
cumplido/a carried out
cumplir to complete; to fulfill
cuñado/a brother-in-law/sister-in-law
cura *m.* priest
curandero/a healer (*in traditional, homeopathic medicine*)
curar to cure; to treat
curiosidad *f.* curiosity
curioso/a curious
cursivo/a: letra cursiva italics
curso course
custodia custody
cuyo/a whose

D

dama lady
dañar to damage (21); to injure
dañino/a harmful, damaging, injurious (21)
daño damage; harm, injury (5); **hacer** (*irreg.*) **daño** to hurt, injure
danza dance
dar *irreg.* to give; to deliver, give (*blows*); **dar forma a** to form, shape; **dar gusto** to please, make happy; **dar la bienvenida** to welcome; **dar noticia de** to inform about something; **dar rabia** to anger, make angry; **dar un mal paso** to make a mistake; **dar un paseo** to take a walk; **dar vueltas** to turn in circles; **darle color** to color (*something*); **darse cuenta de** to realize
dato fact, piece of information; *pl.* data, information, facts
de *prep.* of; from
debajo: por debajo de under, underneath
debate *m.* debate
debatir to debate, argue, discuss
deber *n. m.* duty, obligation
deber *v.* to owe; **deber** (+ *inf.*) to have to, ought, should (*do something*)
debido a due to, because of
débil weak
debutante *f.* debutante
década decade
decenio decade
decidir to decide
décimo/a tenth
decir *irreg.* (*p.p.* **dicho/a**) to say; to tell; **es decir** that is to say; **querer** (*irreg.*) **decir** to mean
decisión *f.* decision
declaración *f.* statement
declarar to declare; to pronounce
decorar to decorate
decrecer (zc) to decrease; to decline
decreto decree
dedicación *f.* dedication
dedicar (qu) to dedicate, devote
dedo finger; **cruzar (c) los dedos** to cross one's fingers (5)
deducir (*like* **conducir**) to deduce, infer
defecto defect; shortcoming
defender (ie) to defend, protect
defensa defense
defensor(a) defender, protector
definición *f.* definition
definido/a defined; **artículo definido** *gram.* definite article
definir to define
deforestación *f.* deforestation (10); **tasa de deforestación** rate of deforestation (10)
deforestar to deforest
degradar to degrade
dejar to leave; to let, allow; **dejar atónito** to astonish; **dejar de** (+ *inf.*) to stop (*doing something*)
delante de in front of
delantero/a *adj.* front
delegación *f.* delegation
delgado/a thin, slender
deliberado/a intentional
delicadeza politeness
delicado/a delicate
delincuencia delinquency
delincuente *n. m., f.* delinquent
delirio delirium
delito crime (17)
demás *inv.* others, rest
demasiado *adv.* too; too much
democracia democracy (22)
democrático/a democratic
demográfico/a demographic
demoler (ue) to destroy, demolish
demonio demon
demostración *f.* demonstration
demostrar (ue) to demonstrate, show
denominado/a so-called
denotar to indicate; to show
dentista *m., f.* dentist
dentro *adv.* inside, within; **dentro de** *prep.* inside; within, in
denuncia accusation, denunciation
denunciar to denounce (17)
departamento department; region; apartment (*L.A.*)
dependencia dependence
depender (de) to depend (on)
deporte *m.* sport
deportista *m., f.* athlete
deportivo/a *adj.* sports
depósito deposit
depresión *f.* depression
deprimente depressing
deprimido/a depressed
derecha *n.* right, right-hand side
derecho *n.* right; law (17); **derecho elemental** basic right
derivado/a *n.* by-product; *adj.* derived
derretimiento *n.* melting, thaw

derrocar (qu) to overthrow
derrochador(a) wasteful
derrochar to waste, squander (9)
derroche *m.* waste
derrotar to defeat
desacreditar to discredit
desacuerdo disagreement
desafiante defiant
desafortunadamente unfortunately
desagrado displeasure
desaparecer (zc) to disappear
desaparecido/a *n.* disappeared person
desaparición *f.* disappearance
desapasionado/a dispassionate
desaprobar (ue) to disapprove of
desarrollar to develop
desarrollo development
desasociación *f.* disassociation
desastre *m.* disaster
desatascador *n.* drain plunger
desatinado/a *n.* fool; *adj.* foolish
descalzo/a barefoot
descamisado/a shirtless
descansar to rest
descender (ie) to descend
descendiente *m., f.* descendant
descifrar to decipher
descomponerse (*like* **poner**) to decompose (9)
desconfianza distrust, suspicion (1)
desconocer (zc) not to know, to be ignorant of
desconocido/a unknown
descontento/a unhappy
describir (*p.p.* **descrito/a**) to describe
descripción *f.* description
descrito/a (*p.p. of* **describir**) described
descubrimiento discovery (22)
descubrir (*p.p* **descubierto/a**) to discover; to find out
desde *prep.* from; since; **desde luego** of course; **desde que** *conj.* since
desear to desire, want
desechable disposable (9); **pañal** (*m.*) **desechable** disposable diaper (9)
desecho waste
desembarcar (qu) to disembark
desembocar (qu) to empty
desempeñar to fulfill, carry out
desempleo unemployment
deseo desire
deserción *f.* desertion, abandonment
desgarbado/a clumsy; ungainly
desgarrado/a broken; destroyed
desgastarse to wear out
desgaste *m.* erosion
desgracia misfortune
desgraciadamente unfortunately
deshonesto/a dishonest
desierto desert
designado/a designated
desigualdad *f.* inequality (18)
desintegración *f.* disintegration
desleal disloyal
deslealtad *f.* disloyalty
desnudar to strip (10)
desnudez *f.* nudity (17)
desnutrición *f.* malnutrition
desobedecer (zc) to disobey
desodorante *m.* deodorant (9)
desordenado/a untidy, messy (6)
despacio *adv.* slowly
despedazar (c) to break into pieces
despedida *n.* goodbye, farewell
desperdicio waste
despertar (ie) to awaken, arouse; **despertarse** to wake (*oneself*) up
desplazamiento displacement
desplazar (c) to move; to take the place of (1)
despoblado/a unpopulated; deserted
despreciable despicable
despreciar to despise, scorn, look down on (18)
desprecio contempt, scorn
desprestigiar to cause to lose prestige; to discredit (18)
después *adv.* after, afterwards; later; then; **después de** *prep.* after
destacar (qu) to stand out
destierro exile
destinado/a destined
destino destiny, fate
destrozar (c) to destroy
destrucción *f.* destruction
destruir (y) to destroy
desvelo insomnia
desventaja disadvantage (2)
desvestirse (i, i) to undress
desviar (desvío) to divert
detalle *m.* detail
detectar to detect
detenerse (*like* **tener**) **a** to stop, pause to
detenidamente carefully; thoroughly
detergente *m.* detergent (9)
determinado/a determined; specific
determinar to determine
detestar to detest, hate
detrás de *prep.* behind
devastación *f.* devastation, destruction
devolver (ue) (*p.p.* **devuelto/a**) to return, give back
devorar to devour, gobble
devoto/a devotee
día *m.* day; **día festivo** holiday; **hoy (en) día** nowadays
diablo devil
dialecto dialect (1)
dialogar (gu) to have a conversation with
diálogo dialogue
diamante *m.* diamond
diario *n.* newspaper
diario/a *adj.* daily
dibujante *m., f.* illustrator, cartoonist
dibujar to sketch, draw
dibujo drawing, sketch; **dibujo animado** (animated) cartoon (13)
dictador(a) dictator
dictadura dictatorship
dictar to dictate; to pronounce
didáctico/a didactic
diente *m.* tooth; **diente de ajo** garlic clove
dieta diet; **estar** (*irreg.*) **a dieta** to be on a diet
diferencia difference; **a diferencia de** unlike
diferenciar to differentiate, distinguish; **diferenciarse** to differ, be different
diferente different
difícil difficult
dificultad *f.* difficulty
dificultar to hinder; to obstruct
difundir to disseminate; to broadcast (14); **difundir opiniones** to disseminate opinions (17)
difunto/a deceased, dead
difusión *f.* diffusion, spreading; broadcasting
digno/a deserving
dimensión *f.* dimension
dinastía dynasty
dinero money
dios *m.* god
dióxido de carbono carbon dioxide
diploma *m.* diploma
dirección *f.* address; direction
directivo/a *adj.* managing

directo/a direct
director(a) director
dirigente *adj.* leading, governing
dirigir (j) to direct; **dirigirse a** to address, speak to
disciplinado/a disciplined, trained
disco record; disk
discrepancia discrepancy
discriminación *f.* discrimination
discriminar to discriminate (18)
discriminatorio/a: actitud (*f.*) **discriminatoria** discriminatory attitude (18); **acto discriminatorio** discriminatory act (18)
discurso speech
discusión *f.* discussion
diseñador(a) designer
diseñar to design
disfrutar to enjoy
disidencia dissidence
disminución *f.* diminution, decline
disminuir (y) to diminish, reduce
disolvente *m.* solvent
disponer (*like* **poner**) **de** to have (*something*) at one's disposal
disponibilidad *f.* availability
disponible available
disposición *f.* disposal; disposition
dispuesto/a: estar (*irreg.*) **dispuesto/a a** (+ *inf.*) to be ready to, prepared to (*do something*)
disputa dispute, argument
distancia distance; **mando a distancia** remote control (14)
distinción *f.* distinction
distinguir (g) to distinguish
distinto/a different, distinct
distorsionado/a distorted
distraer (*like* **traer**) to distract (13)
distrito district
disturbio disturbance
diversidad *f.* diversity
diversión *f.* diversion; entertainment
diverso/a diverse, different
divertido/a amusing, fun; funny
divertir (ie, i) to entertain; **divertirse** to have a good time
dividir to divide; to split
divino/a divine
divisar to see
división *f.* division
divisorio/a dividing, separating
divorciarse to get divorced
divorcio divorce
divulgación *f.* revelation
divulgativo/a publishing, spreading (*of news*)
doble double
doctor(a) doctor
doctrina doctrine
documental *m.* documentary
dogma *m.* dogma
dólar *m.* dollar
doler (ue) to hurt, ache
dolor *m.* pain, ache; **dolor de cabeza** headache
doloroso/a painful
doméstico/a domestic
dominación *f.* rule, dominion
dominar to dominate (18)
domingo Sunday
dominicano/a *n.* person from the Dominican Republic; *adj.* Dominican; **República Dominicana** Dominican Republic
dominio domain
dominó *m. s.* dominoes
don *m.* Don (*title of respect prefixed to a man's first name*)
donar to donate
donde *adv., pron.* where
¿dónde? where?
dondequiera *adv.* wherever, anywhere
dormido/a asleep; sleepy
dormir (ue, u) to sleep
dormitorio bedroom
dosis *f. s.* dose
drama *m.* drama, tragedy; play (*theater*) (13)
dramático/a dramatic
dramaturgo/a playwright
drenaje *m.* drainage
dualidad *f.* duality (2)
ducha shower
duda doubt; **sin duda** without a doubt
dudar to doubt
dudoso/a doubtful
dueño/a owner
dulce *n. m.* candy; *adj. m., f.* sweet
duplicar (qu) to double (*in number*)
duración *f* length (*of time*), duration
durante *prep.* during
durar to last
duro/a hard

E

e *conj.* and (*used instead of* **y** *before words beginning with* **i** *or* **hi**)
echador(a) de naipes tarot card reader
echar to throw, cast; to throw away; to pour; **echar de menos** to miss (*someone*); **echar sangre** to bleed; **echarse para atrás** to lean backwards
eclesiástico/a *adj.* ecclesiastic
eco echo
ecología ecology
ecológico ecological
ecologismo environmentalism
ecologista *m., f.* ecologist; environmentalist
economía economics; economy
económico/a economic; **nivel** (*m.*) **económico** (14) economic status
economizar (c) to economize
ecoturismo ecotourism
ecuatoriano/a *n., adj.* Ecuadoran
edad *f.* age; **Edad Media** Middle Ages
edificar (qu) to construct, build
edificio building
editorial *f.* publishing house
educación *f.* education
educado/a educated
educar (qu) to educate (13)
educativo/a educational
efectivamente in fact, indeed
efecto effect; **efecto invernadero** greenhouse effect (10)
eficiencia efficiency
egresado/a graduated *(from a school or institution)*
eje *m.* shaft; axis
ejecución *f.* performance
ejecutar to execute
ejemplar *m.* copy, volume (*of a book*)
ejemplificar (qu) to exemplify, illustrate
ejemplo example; **por ejemplo** for example
ejercer (z) to practice (*one's profession*)
ejercicio exercise; **hacer** (*irreg.*) **ejercicio** to exercise
ejército army
elaboración *f.* manufacture, production
elaborar to make; to elaborate, work out
elección *f.* election; choice
electricidad *f.* electricity
eléctrico/a electric

electrodoméstico electrical appliance
electrónica *n. f. s.* electronics
electrónico/a *adj.* electronic
elegante elegant
elegir (i, i) (j) to choose
elemental: derecho elemental basic right
elevar to raise, lift; to promote
eliminación *f.* elimination
eliminar to eliminate
elocución *f.* elocution
elogiar to praise (1)
elogio praise
embajada embassy
embajador(a) ambassador
embarazada pregnant
embarazo pregnancy
embarcar (qu) to embark
embargo: sin embargo nevertheless
emblema *m.* symbol (21)
embotellar to bottle
emergencia emergency
emigrar to emigrate
emisión *f.* emission
emisora radio station
emitir to broadcast (14); **emitir vapores tóxicos** to emit toxic fumes (9)
emoción *f.* emotion
emocional emotional
emocionar to move, touch (*emotionally*) (13)
emotivo/a emotional
emparejar to match
emperador emperor (22)
empezar (ie) (c) to begin, start; **empezar a** (+ *inf.*) to start (*doing something*)
empleado/a employee, worker
empleador(a) employer
emplear to use; to spend
empleo job; use
empobrecerse (zc) to become poor
empolvarse to powder oneself
emprender to start
empresa business, company (14); **administración** (*f.*) **de empresas** business administration
en *prep.* in; on; at
enajenante alienated
enamorarse (de) to fall in love (with)
encabezar (c) to head, lead
encantado/a pleased to meet you
encantador(a) charming
encantar to delight; to be extremely pleasing
encapuchado/a hooded
encarcelado/a imprisoned
encargar (gu) to put in charge; **encargarse de** (+ *inf.*) to take charge of or make oneself responsible for (*doing something*)
encarnación *f.* incarnation
encarnar to embody (21)
encender (ie) to light
encerrar (ie) to hold, contain; to lock up
encima: por encima de above, over
encontrar (ue) to find; **encontrarse con** to meet, encounter (*someone*)
encuclillado/a squatting
encuentro encounter; meeting (22)
encuesta survey, poll
encuestar to survey, poll
ENDESA abbreviation for **Empresa Nacional de Electricidad, S.A.** (*an electric company*)
enemigo/a enemy
energía energy (9)
enérgico/a energetic
enero January
enfadado/a angry (1)
enfadar to annoy, anger; **enfadarse** to become angry
enfado anger
enfermar: hacer (*irreg.*) **enfermar** to make sick, ill
enfermedad *f.* illness
enfermero/a nurse
enfermo/a *n. m., f.* ill or sick person; *adj.* ill, sick
enfocarse (qu) to focus (2)
enfoque *m.* focus
enfrentar to confront; **enfrentarse con** to meet or come face-to-face with (6)
enfrente de in front of
enfurecido/a furious
engañado/a deceived
enlatado/a canned, preserved
enlatar to can, preserve
enlazar (c) to join, link
enlodar to besmirch, defame
enojado/a angry (1)
enojo anger
enorme enormous
enrarecido/a thin
enriquecer (zc) to enhance; to enrich
ensamblaje *m.* assembly
ensayista *m., f.* essayist
ensayo essay
enseñanza education
enseñar to teach; to show
entender (*ie*) to understand; **entenderse** to know oneself
entendimiento understanding
enterarse de to find out about
entero/a entire
enterrado/a buried
entidad *f.* entity
entierro burial
entonar to sing
entonces *adv.* then; in that case; **desde entonces** since then
entorno surroundings, environment (*in which something is found*)
entorpecer (zc) to slow down
entrada entrance
entrar: entrar de to enter as; **entrar en** to enter, go into; **entrar por** to enter through
entre *prep.* between; among
entreabierto/a half-opened
entregar (gu) to deliver (13); to hand in
entretener (*like* **tener**) to entertain (13); **entretenerse** to amuse oneself
entretenido/a entertaining, amusing
entretenimiento entertainment
entrevista: programa (*m.*) **de entrevista** interview program (13)
entrevistar to interview
entusiasmado/a enthusiastic
entusiasmo enthusiasm
enumerar to enumerate
enunciar to state clearly; to enunciate
envasado/a: productos envasados canned goods (9)
envase *m.* package (*of products, foods*) (9)
envenenar to poison (10)
enviar (envío) to send; to mail
envío: gastos de envío shipping charges
envoltorio package (9)
envuelto/a (*p.p of* **envolver**) wrapped
epidémico/a *adj.* epidemic
episodio episode
época epoch, time
equilibrio equilibrium, balance

equipado/a provided, equipped
equivalente *n. m.; adj.* equivalent
equivocado/a wrong, mistaken
equivocarse (qu) to make a mistake
eradicar (qu) to eradicate
erigir (j) to erect, build
erosión *f.* erosion (10)
erosionado/a eroded
erradicar (qu) to eradicate
errante *adj. m., f.* wandering
error *m.* error
erupción *f.* eruption
escala scale; ladder
escalera ladder; stairs
escandalizar (c) to scandalize, shock
escanear to scan
escapar to escape (13)
escape *m.* escape (6)
escaso/a scarce, limited (14)
escena scene
escenario setting
esclavitud *f.* slavery
esclavo/a slave (22)
escoger (j) to choose
escolar *adj.* school
escoltar to escort
esconder to hide
escribano/a notary
escribir (*p.p.* **escrito/a**) to write
escritor(a) writer
escritura writing; handwriting
escuchar to listen to
escudo shield
escuela school; **escuela primaria** elementary school; **escuela secundaria** high school
esculpir to sculpt
escultor(a) sculptor
esfuerzo effort
eslavo/a Slavic
eso: por eso for that reason
espacial: nave (*f.*) **espacial** spaceship
espacio *n.* space
espantoso/a frightening
España Spain
español *m.* Spanish (*language*)
español(a) *n.* Spaniard; *adj.* Spanish; **Inquisición** (*f.*) **española** Spanish Inquisition
especial special; particular
especialización *f.* major (*school subject*)
especializarse (c) en to major in (2)
especie *f.* species; type, kind
específico/a specific
espectador(a) spectator
espejo mirror (5)
esperar to hope; to expect; to wait for
espiritismo spiritualism
espiritista *m., f.* spiritualist (6)
espíritu *m.* spirit
espiritual spiritual
espiritualidad *f.* spirituality
esplendor *m.* splendor
espliego lavender
espoleta wishbone (5)
espontáneo/a spontaneous
esposo/a husband/wife
espuma: espuma plástica plastic foam (9)
esqueleto skeleton
esquema *m.* plan, diagram
establecer (zc) to establish
estación *f.* station; season
estadística *n.* statistic
estadístico/a statistical
estado state (17); **ciudad** (*f.*) **estado** city-state; **estado de ánimo** state of mind; mood; **golpe** (*m.*) **de estado** coup d'état
Estados Unidos United States
estadounidense *n., adj. m., f.* of or from the United States
estampado printed fabric
estandarte *m.* standard, banner
estar *irreg.* to be; **estar a dieta** to be on a diet; **estar acostumbrado/a a** to be used to; **estar al tanto** to be informed about, up-to-date on; **estar de acuerdo** to agree; **estar de moda** to be in style; **estar de pie** to be standing; **estar dispuesto/a a** (+ *inf.*) to be ready to, prepared to (*do something*); **estar en vías de** to be in the process of; **estar seguro/a** to be sure; **sala de estar** living room
estatal *adj.* state
estatua statue
estatura height
estereotipar to stereotype (21)
estereotipo *n.* stereotype (21)
estilo style
estimación *f.* assessment
estimar to estimate
estimular to stimulate; to encourage (13)
estipulado/a stipulated
estrategia strategy
estrella star
estrenar to release, premiere (*a film*)
estrés *m.* stress
estresado/a stressed
estricto/a strict
estrofa stanza
estudiante *m., f.* student
estudiantil *adj.* student
estudiar to study
estudio study; *pl.* education, studies
etapa stage, phase
eterno/a eternal
etiqueta label; tag
etnicidad *f.* ethnicity (21)
étnico/a ethnic; **grupo étnico** ethnic group (13)
Europa Europe
europeo/a *n., adj.* european
europeocubano/a European-Cuban
evadir to evade
evaluación *f.* evaluation
evaluar (evalúo) to evaluate
evangélico/a evangelical
evasión *f.* escape
evento event
evidencia evidence; **poner** (*irreg.*) **en evidencia** to demonstrate
evitar to avoid
evolución *f.* evolution
exactitud *f.* accuracy
exacto/a exact
exageración *f.* exaggeration
exagerar to exaggerate
examen *m.* test
examinar to examine
excavadora bulldozer
excedente *adj.* surplus
excelente excellent
excepción *f.* exception
excesivo/a excessive
exceso excess; **en exceso** excessively
exclusivo/a exclusive
excombatiente *m., f.* war veteran
excusado *n.* bathroom
exhalar to exhale
exhibición *f.* exhibition
exhibir to exhibit, show
exigir (j) to demand
exilio exile
existencia existence
existir to exist
éxito success; **tener** (*irreg.*) **éxito** to be successful (2)

exitoso/a successful
exorcismo exorcism
expandir to expand, spread
expectativa expectation
expedir (i, i) to issue
experiencia experience
experto/a expert
explicación *f.* explanation
explicar (qu) to explain; to express
exploración *f.* exploration
explorador(a) explorer (22)
explorar to explore, examine
explotación *f.* exploitation
explotar to exploit (22)
exponer (*like* **poner**) to expose; to explain; to exhibit
exportador(a) exporter
exposición *f.* exposition (14)
expresar to express
expresión *f.* expression: **libertad** (*f.*) **de expresión artística** freedom of artistic expression (17)
expresivo/a expressive
expulsar to expel
expulsión *f.* expulsion
extender (ie) to extend, expand, stretch
extensión *f.* extension; extent, size
extenso/a extensive
exterminar to exterminate
exterminio extermination
externo/a external
extinción *f.* extinction
extinguirse (g) to be destroyed (10)
extirpar to eradicate
extramatrimonial extramarital
extranjero *n. m.* abroad
extranjero/a *n.* foreigner; *adj.* foreign; **lengua extranjera** foreign language (2)
extraño/a strange
extraordinario/a extraordinary
extremo *n.* extreme; **Extremo Oriente** Far East
extremo/a *adj.* extreme

F

fábrica factory (10)
fabricación *f.* manufacture
fabricado/a made, manufactured
facciones *f. pl.* facial features
fácil easy
facilidad *f.* ease
factor *m.* factor
factura bill
facultad *f.* school (*of a university*); ability
falda skirt
falsificar (qu) to falsify
falso/a false
falta lack, absence; **hacer** (*irreg.*) **falta** to be lacking, missing
faltar to lack, be missing
fama fame
familia family
familiar *n.* relative; *adj.* familiar; pertaining to a family
famoso/a famous
fanatismo fanaticism (17)
fanatizar (c) to make fanatical
fantasía fantasy
fantasma *m.* ghost
fantástico/a fantastic
fascinante fascinating
fascinar to fascinate
fastidiar to annoy, irritate, bother
fatídico/a fateful, ominous
favor *m.* favor; **a (en) favor de** in favor of; **por favor** please
favorecer (zc) to favor; to support (13)
favorito/a favorite
fe *f.* faith
febril feverish
fecha date (*calendar*)
feculento/a starchy
federación *f.* federation (22)
felicidad *f.* happiness
feliz (*pl.* **felices**) happy
femenino/a feminine
feminista *m., f.* feminist
fenol *m.* phenol, carbolic acid
fenómeno phenomenon
feo/a ugly
feroz (*pl.* **feroces**) ferocious
fertilizante *m.* fertilizer
fervoroso/a fervent; enthusiastic
festejar to celebrate
festival *m.* festival
festivo/a: día (*m.*) **festivo** holiday
ficción *f.*: **ciencia ficción** science fiction
ficticio/a fictitious
fiesta party; holiday
figura figure
figurado/a figurative
figurar to figure, appear
fijarse en to pay attention to; **fíjate** (just) imagine
fijo/a fixed
Filipinas Philippines
filmación *f.* filming
filmar to film
filo edge
filosofía philosophy
filósofo/a philosopher
filtrarse to filter, seep (*through something*)
fin *m.* end; goal, purpose; **a fin de cuentas** in the end; **a fin de que** so that; **a fines de** at the end of; **al fin y al cabo** when all is said and done; **fin de semana** weekend; **noche** (*f.*) **de fin de año** New Year's Eve; **por fin** finally
final *n. m.* end; ending; *adj.* final
finalizar (c) to complete, finish
financiado/a financed
financiero/a financial
finca farm, ranch
fino/a fine
firma signature
firmar to sign
física *n. s.* physics
físico *n.* physique
físico/a *adj.* physical; **apariencia física** physical appearance (14); **aspecto físico** physical appearance
fitosanitario/a phytosanitary
flaco/a thin
flecha arrow
florecer (zc) to flower; to flourish
florescencia flowering
floresta grove
flotar to float
fluidez *f.* (*pl.* **fluideces**) fluidity
flujo flow
flúor *m.* florine
fluorocarbonado/a fluorocarbolic
fobia phobia
foco center
fogata bonfire
folklorista *m., f.* folklorist
folleto pamphlet
fondo bottom; background
fonético/a phonetic
fontanero/a plumber
forestal *adj.* pertaining to forests or forestry
forma form; way, manner; **dar** (*irreg.*) **forma a** to form, shape
formación *f.* formation (2)
formar to form; **formar parte de** to be a part or member of
formativo/a formative

fórmula formula
fortaleza fortress
fortuito/a accidental, chance
fortuna fortune
forzado/a forced
fósil *adj.* fossil; **combustibles** (*m. pl*) **fósiles** fossil fuels (10)
foto *f.* photo
fotografía photograph
fracasar to fail
fracaso failure
fraccionamiento housing subdivision
frágil fragile
fraile *m.* friar
francés *m.* French (*language*)
francés, francesa *n.* French person; *adj.* French
Francia France
franco/a frank, direct
frase *f.* phrase; sentence
fraternidad *f.* fraternity
fraternizar (c) to fraternize
fray *m.* Brother (*used before the name of clergy in certain religious orders*)
frecuencia frequency; **con frecuencia** frequently
frecuente frequent
frente *m.* front; *f.* forehead; **frente a** *prep.* facing, opposite; **hacerle** (*irreg.*) **frente** to face up to
fresa strawberry
fresco/a fresh
fricativo/a *gram.* fricative
fricción *f.* friction
frigidez *f.* (*pl.* **frigideces**) frigidity
frigorífico refrigerator
frijol *m.* bean
frío/a cold
frívolo/a frivolous
frontera border (1); frontier (1)
fronterizo/a *adj.* border
fruncir (z) to wrinkle (1); **fruncir el ceño** to frown (1)
frustrar to frustrate
fruta fruit
fruto fruit
fuego fire; **arma** (*f. but:* **el arma**) **de fuego** firearm
fuente *f.* spring; source
fuera *adv.* outside
fuerte strong; loud
fuerza power; force; **a fuerza de** by means of; **fuerza oculta** dark force; **por la fuerza** by force
fulgor *m.* splendor; shine
fulminado/a stricken down
fumar to smoke
función *f.* performance; **en función de** as (a)
funcionalidad *f.* functional qualities
funcionar to work (*machine*)
funcionario/a *n.* official, functionary, public employee
funda pillowcase
fundador(a) founder
fusilar to shoot, execute by shooting (18)
fusión *f.* fusion
fútbol *m.* soccer
futuro *n.* future
futuro/a *adj.* future

G

gaita *s.* bagpipes
galo/a Gallic (French)
galardonar to reward
galeón *m.* galleon
galería gallery
gallego *m.* Galician (*language*)
galleta cookie
gallina chicken
gama gamut
gamo buck (*deer*)
ganadería cattle raising (10)
ganadero/a *adj.* cattle rancher
ganado cattle
ganador(a) winner
ganancia profit
ganar to win; to earn
ganas: tener (*irreg.*) **ganas de** (+ *inf.*) to feel like (*doing something*)
garantía guarantee
garantizar (c) to guarantee
garganta throat
garra: caer (*irreg.*) **en las garras de** to fall into the clutches of
gaseoso/a gaseous
gasolina gasoline
gastado/a worn-out, spent
gastar to spend; to use up; to waste
gastos de envío shipping charges
gato/a cat
genealógico/a: árbol (*m.*) **genealógico** family tree
generación *f.* generation
general *n. m.* general (*military*); *adj.* general; **por lo general** in general
generalización *f.* generalization
generalizado/a generalized
generar to generate
género type; kind; genus
genio ability, talent
genocidio genocide (18)
gente *f. s.* people
geografía geography
geográfico/a geographical
gesto gesture
gigantesco/a gigantic
girar to turn; to spin
gitano/a *adj.* gypsy
globo balloon
glorioso/a glorious
glotonería gluttony, greed
gobernador(a) governor
gobernante *m., f.* ruler, leader
gobernar (ie) to govern
gobierno government
golpe *m.* blow; **golpe de estado** coup d'état
golpear to hit, strike
gongo gong
gordo/a fat
gorguera ruffle
gorro cap
goteo *n.* dripping
gozar (c) to enjoy
grabación *f.* recording
grabar to engrave; to record
gracia: hacerle (*irreg.*) **gracia a uno** to strike one as funny
gracias thank you, thanks; **gracias a** thanks to
gracioso/a funny, amusing
grado level; degree
graduado/a graduated
gráfico/a *adj.* graphic
grafología graphology (*the study of handwriting*) (6)
gramática grammar
gramatical grammatical
gran, grande big, large; impressive; great; **Gran Bretaña** Great Britain
granja farm
granjero/a farmer
grano grain
gratis *inv.* free (*of charge*)
gratuito/a free (*of charge*)
grave serious
grecorromano/a Greco-Roman
grifo tap (*faucet*)
gris gray
gritar to shout
grito *n.* shout

grúa crane (*construction*)
grueso/a thick
grupo group; **grupo étnico** ethnic group (14)
guante *m.* mitt; glove
guapo/a good-looking, handsome
guatemalteco/a *n., adj.* Guatemalan
guerra war; **Segunda Guerra mundial** Second World War
guerrero/a *n.* warrior; *adj.* martial
guerrilla band of guerrillas
guerrillero guerrilla
guía *m., f.* guide (*person*); *f.* guidebook; **guía de programación** program guide (14)
guiar (guío) to guide; to conduct
gustar to be pleasing; to like; **no me gusta(n) para nada** I don't like it (them) at all
gusto pleasure; like; **dar** (*irreg.*) **gusto** to please, make happy; **mucho gusto** pleased to meet you

H

haber *irreg.* to have (*auxiliary*); **haber que** (+ *inf.*) to be necessary to (*do something*); **hay** there is, there are
habilidad *f.* ability
habitación *f.* room
habitante *m., f.* inhabitant
habitar to inhabit; to live in
hábito habit
hablante *m., f.* speaker
hablar to speak; to talk
hacer *irreg.* (*p.p.* **hecho/a**) to do; to make; **hace** + *time* (*time*) ago; **hace calor** it's hot (*weather*); **hace poco** a little while ago; **hace sol** it's sunny; **hacer burla de** to mock; to joke; **hacer daño** to hurt, injure; **hacer ejercicio** to exercise; **hacer enfermar** to make sick, ill; **hacer falta** to be lacking, missing; **hacer la compra** to do the shopping; **hacer preguntas** to ask questions; **hacerle frente** to face up to; **hacerle gracia a uno** to strike one as funny; **hacerse** to become; **¿qué carrera haces?** what's your major?
hacia *prep.* toward
hacienda ranch; estate
hada: cuento de hadas fairytale; **hada madrina** fairy godmother
haitiano/a Haitian
halagado/a flattered
hallar to find
harina flour
hasta *prep.* until; *adv.* even; **hasta que** *conj.* until; **hasta pronto** see you soon
hawaiano/a Hawaiian
hay (*from* **haber**) there is, there are
hazaña exploit, deed
hecho act; fact
hecho/a (*p.p. of* **hacer**) done; made
hectárea hectare
hembra female
hemisferio hemisphere
herbicida *m.* herbicide
heredar to inherit
hereje *m., f.* heretic
herejía heresy
herir (ie, i) to wound, hurt
hermano/a brother/sister
hermoso/a beautiful; handsome
héroe, heroína hero/heroine
heroico/a heroic
herradura horseshoe
heterosexualidad *f.* heterosexuality
heterosexualismo heterosexism
heterosexualista *m., f.* heterosexualist
hielo ice
hiena hyena
hierba grass
hierro iron
hijo/a son/daughter; *pl.* children
hilar to spin; to sew
hindú (*pl.* **hindúes**) *n., adj., m., f.* Hindu
hipnotismo hypnotism
hipocresía hypocrisy
hispánico/a *adj.* Hispanic
hispanización *f.* to make Hispanic that which is not
hispano/a Hispanic
Hispanoamérica Latin America
hispanohablante *n. m., f.* Spanish speaker; *adj.* Spanish-speaking
hispanoparlante *m., f.* Spanish-speaking
historia history
historiador(a) historian
historial *m.* record (*information*)
histórico/a historic
hogar *m.* home
hoja leaf; sheet (*paper*); layer
holandés *m.* Dutch (*language*)
hombre *m.* man
hombro shoulder
homofobia homophobia
homosexual *n., adj. m., f.* homosexual
homosexualidad *f.* homosexuality
honestidad *f.* honesty
honesto/a honest
honor *m.* honor
honrado/a honest
honrar to honor
hora hour; time
horario timetable, schedule
hornada batch
horóscopo horoscope
horrorizar (c) to horrify
hostia host (*communion wafer*)
hostilidad *f.* hostility
hoy today; now; **hoy (en) día** nowadays
hueco hole
huelga strike (*work stoppage*)
hueso bone
huésped(a) guest
huevo egg
huida escape, flight
huir (y) to flee
humanidad *f.* humanity
humano/a human; **ser** (*m.*) **humano** human being
húmedo/a humid, moist
humildad *f.* humility
humillante *adj.* humiliating
humor *m.* humor; mood
humorístico/a humorous
hurgar (gu) to rummage through
¡huy! *interj.* ouch!; gosh!

I

ibérico/a Iberian
icono icon
idéntico/a identical
identidad *f.* identity (21)
identificar (qu) to identify; **identificarse con** to identify oneself with
idioma *m.* language (2)
idiota *n., adj. m., f.* idiot
idiotizar (c) to make stupid, turn (*someone*) into an idiot
ídolo idol
idóneo/a proper
iglesia church (17)
ignorado/a unknown
igual same, similar; **al igual que** just as, like; **sin igual** without equal

igualdad *f.* equality (17)
igualmente *adv.* equally; likewise
ilegal illegal
ilógico/a illogical
iluminado/a illuminated
ilustrar to illustrate
imagen *f.* image (21); picture
imaginación *f.* imagination
imaginario/a imaginary
imaginarse to imagine, suspect
imaginativo/a imaginative
imitar to imitate
impaciencia impatience
impaciente impatient
imparcial impartial
impecable impeccable
impedimento obstacle
impedir (i, i) to prevent; to impede (13)
imperativo consideration
imperativo/a imperative, obligation
imperfecto *gram.* imperfect
imperio empire
implicar (qu) to imply
imponer (*like* **poner**) to impose
importancia importance
importar to matter; to be important; to import
imposibilitar to prevent; to make impossible
imposible impossible
imposición *f.* imposition
impregnado/a impregnated
imprenta printing
imprescindible indispensable, essential
impresión *f.* impression
impresionante impressive
impresionar to impress
impuesto *n.* tax
impulsar to drive; to push
impulsivo/a impulsive
inalterado/a unaltered
inca *n., adj., m., f.* Inca(n)
incaico/a Incan
incapacitado/a handicapped person
incendiario/a arsonist
incentivar to motivate
incertidumbre *f.* uncertainty
incesto incest
incidente *m.* incident
incidir to have an impact on; to affect
incienso incense
incitar to incite
inclinación *f.* inclination, preference; **inclinación sexual** sexual orientation (18)
inclinarse to bend, lean forward; to incline
incluir (y) to include
incluso *adv.* even; including
incomprensible incomprehensible
inconveniencia inconvenience
incorporar to incorporate
incredulidad *f.* incredulity
incrédulo/a unbelieving (6)
increíble incredible
incremento *n.* increase
incrustación *f.* incrustation, inlay
inculcar (qu) to inculcate, plant ideas (5)
incurrir en to commit, to make (*an error*)
indemnización *f.* compensation
independencia independence (17)
independiente independent
indeseado/a unwanted
indicar (qu) to indicate
indicativo *gram.* indicative
índice *m.* index; index finger; *adj.* index
indiferente indifferent
indígena *n. m., f.* indigenous person; *adj.* indigenous
indignar to irritate, anger (18)
indio/a *n., adj.* Indian
indirecto/a indirect
indiscriminado/a indiscriminate
individuo *m.* individual, person
inducción *f.* induction
indudable undoubted, without a doubt
industria industry
industrialización *f.* industrialization
industrializar (c) to industrialize (10)
ineludible unavoidable
inesperado/a unexpected
inexplorado/a unexplored
infante/a infant; prince/princess
infantil *adj.* infantile, children's
inferioridad *f.* inferiority
inferir (ie, i) to infer
infidelidad *f.* infidelity
infinitivo *gram.* infinitive
infinito infinite
inflexibilidad *f.* inflexibility
infligir (j) to inflict
influencia influence
influir (y) to influence; **influir en** to have or produce an effect on (14)
información *f.* information
informar to inform, tell (13)
informática computer science
informativo/a informative
informe *m.* report
infortunio misfortune, bad luck
infundir in instill (*something in someone*)
ingenio creativity, genious; **ingenio de azúcar** sugar mill
Inglaterra England
inglés *m.* English (*language*)
inglés, inglesa *n.* English person; *adj.* English
ingrediente *m.* ingredient
inhalar to inhale
inherente inherent
iniciador(a) initiator
iniciar to start, begin
injusticia injustice
injusto/a unfair, unjust
inmediato/a immediate
inmenso/a immense
inmigración *f.* immigration
inmigrante *m., f.* immigrant
inmigrar to immigrate
inmunodeficiencia: síndrome (*m.*) **de inmunodeficiencia adquirida (SIDA)** Acquired Immune Deficiency Syndrome (AIDS)
inmunológico/a immunological
innecesario/a unnecessary
innovador(a) innovative
inodoro toilet
inquietar to disturb, trouble, worry
inquieto/a uneasy, anxious
inquisición *f.* inquisition; **Inquisición española** Spanish Inquisition
inquisidor(a) inquisitor (17)
inquisitorial *adj.* inquisition
inscribirse (*p.p.* **inscrito/a**) **en** to register
insecticida *m.* insecticide
inseguro/a insecure, unsure
insensatez *f.* foolishness, senselessness
inseparable inseparable (2)
insertar to insert
insignia insignia (21)
insistir en to insist on
inspiración *f.* inspiration
inspirar to inspire (13)

instalación *f.* installation; equipment
instalar to install
instantáneo/a *adj.* instant
institución *f.* institution
institucional institutional
instituir (y) to institute
instituto institute
instruir (y) to instruct, teach
instrumento instrument
insuficiente insufficient
insultante *adj.* insulting
insultar to insult (1)
integrar to integrate; to form, make up; **integrarse en** to become integrated into
integridad *f.* integrity
íntegro/a integral
intelectual *n.* intellectual, scholar; **capacidad** (*f.*) **intelectual** intellectual capacity (14)
inteligencia intelligence
inteligente intelligent
intención *f.* intention
intensidad *f.* intensity
intenso/a intense
intentar to attempt, try
interacción *f.* interaction
interactivo/a interactive
intercalar to insert
intercambiar to exchange
intercambio *n.* exchange (22)
interdependencia interdependence
interés *m.* interest
interesado/a interested, concerned
interesante interesting
interesar to interest
interfaz *m.* interface
interferencia interference
interferir (ie, i) to interfere with (1)
interior *m., adj. m., f.* interior; **ropa interior** underwear
interminable endless
interno/a internal
interponerse (*like* **poner**) to intervene
interpretación *f.* interpretation
interpretar to interpret, decipher
intérprete *m., f.* interpreter
interrelación *f.* interrelation
interrogar (gu) to interrogate
interrupción *f.* interruption
intervenir (*like* **venir**) to take part in, participate
íntimo/a: prendas íntimas intimate apparel
intolerancia intolerance (18)
intolerante intolerant
intrigado/a intrigued
intrigante *m., f.* schemer
introducción *f.* introduction
introducir (*like* **conducir**) to introduce
introductorio/a introductory
intruso/a intruder
intuición *f.* intuition
intuitivo/a intuitive
inundar to inundate
invadir to invade (1)
invasión *f.* invasion
invasor(a) invader
invención *f.* invention
inventar to invent
invento invention
invernadero greenhouse; **efecto invernadero** greenhouse effect (10)
inverso/a: a la inversa on the contrary
invertir (ie, i) to invest
investigación *f.* investigation
invierno winter
invitación *f.* invitation
invitado/a guest
involucrar to involve, implicate
involuntario/a involuntary
inyección *f.* injection
ir *irreg.* to go; **ir a** (+ *inf.*) to be going to (*do something*); **ir de compras** to go shopping; **irse** to leave, go away
ira anger, ire
Irlanda Ireland
irlandés, irlandesa *n. m., f.* Irish person; *adj.* Irish
irracional irrational
irrespetuoso/a disrespectful
irreverente irreverent
irritar to irritate, annoy
isla island
islámico/a Islamic
Italia Italy
italiano Italian (*language*)
italiano/a *n. m., f.* Italian person; *adj.* Italian
izquierda *n.* left, left-hand side
izquierdo/a *adj.* left

J

jabón *m.* soap
jamás never
Japón *m.* Japan
jarra jar
jefe/a head; boss
jeroglífico hieroglyphic
Jesucristo Jesus Christ
jíbaro/a Indian of Caribbean origin
jornalero/a day laborer
joven (*pl.* **jóvenes**) *n. m., f.* young person; *adj.* young
jubileo jubilee
júbilo joy, jubilation
judaísmo Judaism
judaizante one who supports Judaism
judeoespañol *m.* Sephardic Jewish (*language*)
judío/a *n.* Jewish person; *adj.* Jewish
juego game
jueves *m. inv.* Thursday
juez(a) (*pl.* **jueces**) judge
jugar (ue) (gu) to play
jugo juice
jugoso/a juicy
juicio judgment; sanity; opinion
julio July
junco bulrush
jungla jungle
junio June
junta meeting; council
juntar to join; to unite; to gather
junto/a *adj.* together; joined
junto: junto a *prep.* near, next to; **junto con** *prep.* along with
justicia justice
justificar (qu) to justify
juvenil *adj.* juvenile; youth
juventud *f.* youth
juzgado court

K

kilómetro kilometer

L

labio lip
laboratorio laboratory
labrador(a) farmer
lacio/a straight (*hair*)
lacónico/a laconic
lado side; **al lado de** at the side of; **por otro lado** on the other hand; **por un lado** on one hand
ladrón, ladrona thief
lago lake
lágrima tear
lamentable lamentable, deplorable; sad

lana wool
lanza lance
lanzamiento launching
lanzar (c) to throw; to hurl; to release (*product*) (14)
lapislázuli *m.* lapis lazuli (*blue stone*)
largo/a long
largometraje *m.* feature film, movie
lasca chip of stone
lástima pity; shame
lastimar to hurt, injure
lata can (9)
látigo whip
latino/a *n., adj.* Hispanic; **América Latina** Latin America
Latinoamérica Latin America
latinoamericano/a *n., adj.* Latin American
latitud *f.* latitude
lavadora (clothes) washer, washing machine
lavandero/a laundry worker
lavaplatos *m. s.* (automatic) dishwasher
lavar to wash, clean; **lavarse** to wash (*oneself*)
lavavajillas *m. inv.* (automatic) dishwasher
lección *f.* lesson
leche *f.* milk
lector(a) reader
lectura reading
leer (y) to read
legado legacy
legalizar (c) to legalize
legislar to legislate
legumbre *m.* vegetable
lejanía remote place
lejía bleach
lejos de far from
lema *m.* motto, slogan
lengua language; **lengua extranjera** foreign language (2); **lengua nativa** native language (2)
lenguaje *m.* language
lentes *m. pl.* eyeglasses
león *m.* lion
lesbiana *n., adj.* lesbian
lesión *f.* injury, wound
lesionar to injure; to damage, harm
letra letter; lyrics (*of a song*); *pl.* letters (*academic discipline*); **letra cursiva** italics
leve slight
levitación *f.* levitation
ley *f.* law
leyenda legend
liberación *f.* liberation, freeing
liberar to liberate; to free
libertad *f.* liberty, freedom (17); **libertad de expresión artística** freedom of artistic expression (17); **libertad de palabra** freedom of speech (17); **libertad de prensa** freedom of the press (17)
libertario/a libertarian
libre free; **aire** (*m.*) **libre** outdoors
libretista *m., f.* librettist
libro book
licencia license; **licencia de conducir** driver's license
licor *m* liquor
líder *m.* leader
liderazgo leadership (21)
lienzo canvas
ligero/a slight
limitar to limit; to reduce
límite *m.* limit
limón *m.* lemon
limonero lemon tree
limpiador *m.* cleanser
limpiar to clean
limpieza cleaning, cleansing
limpio/a clean
linaje *m.* lineage, ancestry (18)
línea line
lineal linear
lingüístico/a linguistic
liquidar to kill; to liquidate
líquido liquid
lista list
listo/a smart
literario/a literary
literatura literature
litro liter
liturgia liturgy
llamar to call; **llamarse** to be called
llanto *n.* crying, sobbing
llanura *n.* plain
llegada arrival
llegar (gu) to arrive, get; to reach; **llegar a ser** to become
llenar to fill; to fill in (*a form*)
lleno/a full
llevar to take, carry; to wear; **llevar a cabo** to carry out; **llevarse bien** to get along well
llorar to cry
llover (ue) to rain
lluvia rain; **lluvia ácida** acid rain (10)
lobo/a wolf
localidad *f.* city, town
loción *f.* lotion
loco/a crazy person
locura madness, insanity
lógico/a logical
lograr to achieve, attain (5)
lomo loin; back (*of an animal*)
loor *m.* praise; eulogy
loro parrot
lote *m.* lot
lotería lottery
lubricante *adj.* lubricating
lucha fight, struggle
luchar to fight; to struggle (17)
luego then; **desde luego** of course
lugar *m.* place; **en primer lugar** in the first place; **tener** (*irreg.*) **lugar** to take place
luna moon
lunes *m. inv.* Monday
luterano/a Lutheran
luz *f.* (*pl.* **luces**) light

M

machetazo cut or blow with a machete
machete *m.* machete
macho/a strong, tough, macho
madera wood (5); **tocar (qu) madera** to knock on wood
maderos *pl.* lumber
madre *f.* mother
madrileño/a *n.* native of Madrid; *adj.* of, from, or pertaining to Madrid
madrina: hada madrina fairy godmother
madrugada dawn
maestría: diploma (*m.*) **de maestría** master's degree
maestro/a teacher
mágico/a magical
maíz *m.* corn (22)
maizal *m.* corn field
majo/a *young dandy or woman, common in 18th-century Madrid*
mal *m.* evil; *adv.* badly, poorly; **caerle** (*irreg.*) **mal a uno** to make a bad impression on someone; **dar** (*irreg.*) **un mal paso** to make a mistake; **menos mal** just as well; thank goodness; **salir** (*irreg.*) **mal** to turn out badly
mal, malo/a *adj.* bad

maldición *f.* curse (5)
maléfico/a evil
malgastar to waste (*money, resources*)
maligno/a malignant
maltratar to mistreat, abuse
maltrato abuse, maltreatment
malvivir to live badly
mamá mom
mamífero mammal
manar to spring, originate
mandamiento command, order
mandar to order, command; to mail
mandato *gram.* command
mandatorio/a mandatory
mando command; **mando a distancia** remote control (14)
manejado/a used
manejo operation; handling
manera way, manner; **de ninguna manera** absolutely not; **de tal manera** in such a way
manía idiosyncrasy
manifestación (*f.*) **política** political demonstration (17)
manifestar (ie) to demonstrate
manipular to manipulate
mano *f.* hand
manta blanket
mantener (*like* **tener**) to maintain; **mantenerse** to maintain oneself; to keep
mantuano/a person from Mantua, Italy
manual *m.* manual (*book*)
manzana apple
mañana *n.* morning; *adv.* tomorrow
mapa *m.* map
máquina machine
mar *m., f.* sea
maravilla wonder
maravilloso/a marvelous, wonderful
marca brand
marcado/a marked, pronounced
marcar (qu) to mark
marcha march; **poner** (*irreg.*) **en marcha** to put into operation
marejada heavy sea
margen *m.* (*pl.* **márgenes**) margin
marginación *f.* exclusion (18)
marido husband
marino/a *adj.* marine
marrano/a (*derrogatory*) false convert from Judaism to Christianity
marrón (*pl.* **marrones**) brown
martes *m. inv.* Tuesday
martillo hammer
marzo March
más more
masa dough; mix
máscara mask
mascota pet
masculino/a masculine
mascullar to mumble, mutter
masivo/a massive
mastil *m.* mast
mata bush
matar to kill
matemáticas *f. pl.* mathematics
matemático/a mathematical
materia subject (*academic*); material; matter; **materia prima** raw material
maternidad *f.* motherhood
materno/a maternal
matiz *m.* (*pl.* **matices**) nuance
matrícula registration
matrimonio marriage; **contraer** (*like* **traer**) **matrimonio** to get married
matrona matron
máximo *n.* maximum
máximo/a *adj.* maximum
maya *n., adj. m., f.* Mayan
maya-quiché Mayan language in Guatemala
mayo May
mayor great; greater; large; older; **cuanto mayor** the bigger
mayúscula capital letter
mazorca cob (*corn*)
mecánico/a mechanical
mecanismo mechanism
medalla medal
media *n.* average
mediados: a mediados de halfway through, in the middle of
medianoche *f.* midnight
mediante by means of
medicina medicine
médico/a *n.* doctor; *adj.* medical
medida measure, step
medio *n.* means; medium; middle; *adv.* half; **medio ambiente** environment; **medio de comunicación** medium or means of communication; **medio de transporte** means of transportation
medio/a half; **Edad** (*f.*) **Media** Middle Ages; **y media** half past (*time*)
medioambiental environmental
mediocridad *f.* mediocrity
medir (i, i) to measure
meditar to meditate
mejilla cheek (*face*)
mejor better; best
mejorar to improve
melancólico/a melancholic, sad
melindres *m. pl.* finickiness
melodía melody; tune
memoria memory; remembrance
mención *f.* mention
mencionar to mention
menesteroso/a needy
menor younger; youngest; smaller; smallest; lesser; least; slightest
menos *adv.* less; least; fewer; fewest; **a menos que** *conj.* unless; **al menos** at least; **echar de menos** to miss (*someone*); **menos mal** just as well; thank goodness; **por lo menos** at least
menosprecio contempt, scorn
mensaje *m.* message
mensajero/a messenger
mensual monthly
mentalidad *f.* mentality
mente *f.* mind
mentir (ie, i) to lie (*tell an untruth*)
mentira lie
mentón *m.* chin
menudo: a menudo often
meñique *m.* little finger
mercader(a) merchant, dealer (22)
mercado market
mercurio mercury
merecer (zc) to deserve
meridional southern
mérito merit
merodeo marauding
mes *m.* month
mesa table
mesero/a waiter, waitress
mestizaje *m.* (*interracial*) crossbreeding
mestizo/a *n., adj.* racially-mixed
meta goal
metafórico/a metaphoric
metano methane
meteorológico/a meteorological
meter: meter la pata to stick one's foot in one's mouth; **meterse** to get into, enter (1)
metódico/a methodical (6)
método method
metro meter

mexicano/a *n., adj.* Mexican
mexicanoamericano/a *n., adj.* Mexican-American
mexicoamericano/a *n., adj.* Mexican-American
mezcla mixture (2)
mezclar to mix
miamense *adj. m., f.* of or from Miami
microscopio microscope
miedo fear; **tener** (*irreg.*) **miedo** to be afraid
miedoso/a apprehensive, fearful
miembro member
mientras *adv.* meanwhile; **mientras (que)** *conj.* while
miércoles *m. inv.* Wednesday
mierda shit
migrar to migrate
milagro miracle (5)
milenario/a ancient
militar *m.* soldier; *adj.* military
milpa corn field (*Mex.*)
mina mine
mínimo *n.* minimum
mínimo/a *adj.* minimum; minimal
miniserie *f.* miniseries
ministerio ministry
ministro/a minister
minoría minority
minuto minute
mío/a *pron.* mine, of mine
mirada look, glance
mirar to look at, watch
misa Mass
misión *f.* mission
mismo/a same; self; **allí mismo** right over there; **sí mismo/a** oneself
misterioso/a mysterious
misticismo mysticism
mitad *f.* half
moda fashion; **estar** (*irreg.*) **de moda** to be in style
modelo *n., adj. m., f.* model
moderación *f.* moderation
moderar to moderate
moderno/a modern
módico/a moderate
modificar (qu) to modify
modo manner, way; **modo de vivir** lifestyle
molestar to annoy, bother
molesto/a annoyed
molino de viento windmill
momentáneo/a momentary
monarquía monarchy (22)
monasterio monastery
moneda coin
monja nun
monje *m.* monk
mono/a monkey
monolingüe monolingual
monolingüista monolinguist
monólogo monologue
montaje *m.* assembly (*of an apparatus*)
montaña mountain; **Montañas Rocosas** Rocky Mountains
monte *m.* mountain
montón *m.*: **un montón de** a lot of; loads of
moral *f. s.* morals, ethics; *adj.* moral; **principio moral** moral principle (17)
morboso/a morbid
moreno/a dark (*hair and skin*)
moribundo/a *n.* dying person
morir (ue, u) (*p.p.* **muerto/a**) to die
mormón, mormona *n., adj.* Mormon
mosca fly (1)
mostrar (ue) to show; to exhibit
motivar to motivate, cause
motivo motive, reason
moto *f.* motorcycle
mover (ue) to move
movimiento movement
mozambiqueño/a Mozambican
muchacho/a boy/girl
mucho *adv.* a lot; frequently
mucho/a *adj.* much; a lot of; *pl.* many; **mucho gusto** pleased to meet you
mudarse to move (2)
mudo/a: quedarse mudo/a to be left speechless
mueble *m.* piece of furniture; *pl.* furniture; **cera para muebles** furniture polish (9)
muerte *f.* death; **condena a muerte** death penalty
muerto/a *n.* dead person; *adj.* dead
muestra proof
mujer *f.* woman
mulato/a *n., adj.* mulatto (18)
mulo/a mule
multa fine (*legal*)
multifamiliar multifamily
multinacional multinational
mundial *adj.* world, worldwide; **Segunda Guerra mundial** Second World War
mundo world; **mundo occidental** Western world (5)
murciélago bat
murmullo murmur
murmurado/a murmured
música music
musical: vídeo musical music video (13)
músico/a musician
musulmán, musulmana *n., adj.* Muslim
mutuo/a mutual
muy very

N

nacer (zc) to be born; to appear, come out
nacimiento birth
nación *f.* nation
nacional national
nacionalidad *f.* nationality
nacionalista *adj. m., f.* nationalist
nada nothing; **más que nada** more than anything; **no me gusta(n) para nada** I don't like it (them) at all
nadie nobody, not anybody, no one
náhuatl *m.* language spoken by the Aztecs
naipe *m.* card; **echador(a) de naipes** tarot card reader
naranja orange
naranjo orange tree
narcotraficante *m.f.* drug trafficker
nariz *f.* nose
narración *f.* narration, account
narrador(a) narrator
narrar to relate, tell
natal natal (*pertaining to birth*); native
nativo/a *n., adj.* native; **lengua nativa** native language
natural natural; **recurso natural** natural resource
naturaleza nature
náuseas *f., pl.* nausea
nave *f.* ship; **nave espacial** spaceship
navegar (gu) to sail; **navegar la red** to surf the Internet
Navidad *f.* Christmas
navideño/a *adj.* Christmas
necesario/a necessary
necesidad *f.* necessity
necesitado/a needy

necesitar to need
negación *f.* negation
negar (ie) (gu) to deny; **negarse a** to decline, refuse to
negativo/a negative
negociación *f.* negotiation
negociante *m., f.* dealer, merchant
negocio business
negrero/a slave trader
negrita: palabra en negrita bold-faced word
negro/a *n.* black person; *adj.* black
neoyorquino/a of or from New York
nervioso/a nervous
neutro/a neutral
ni *conj.* neither, nor; not even; **ni siquiera** not even
nicaragüense *n., adj. m., f.* Nicaraguan
nieve *f.* snow
ningún, ninguno/a not one, none; **de ninguna manera** absolutely not
niñez *f.* (*pl.* **niñeces**) childhood
niño/a boy/girl; *pl.* children
nítrico/a *adj.* nitric
nivel *m.* level; **nivel de vida** standard of living (2); **nivel económico** economic status (14); **nivel social** social status (14)
Nobel: Premio Nobel Nobel Prize
noble *m.* nobleman
nobleza nobility
noche *f.* night; **buenas noches** good night; **noche de fin de año** New Year's Eve
nocivo/a harmful; **acción** (*f.*) **nociva** (9)
nocturno/a nocturnal
nombrar to name; to mention
nombre *m.* name
nominal: cláusula nominal *gram.* noun clause
norma norm, standard; rule
noroeste *m.* northeast
norte *m.* north; **América del Norte** North America
Norteamérica North America
norteamericano/a *n., adj.* North American
nostálgico/a nostalgic
nota note; grade
notar to note, notice, observe
noticia: dar (*irreg.*) **noticia de** to inform about something; **noticias** *f. pl.* news
noticiero newscast (13)
novela novel
novelista *m., f.* novelist
noveno/a ninth
noviazgo engagement
novio/a boyfriend/girlfriend; groom/bride; **ajuar** (*m.*) **de novia** bride's trousseau
nube *f.* cloud
nublado/a cloudy
nuestro/a *pron.* ours, of ours
numeración *f.* numbering
numerología numerology (6)
numeroso/a numerous
nunca never

O

o or
obedecer (zc) to obey
óbice *m.* obstacle
obispo bishop
objetar to object to
objetivo/a *adj.* objective (6)
objeto object; purpose
obligación *f.* obligation
obligar (gu) to oblige, obligate
obligatorio/a obligatory
obra work (*musical, theatre, etc.*)
observación *f.* observation
observador(a) observer
observar to observe
obstáculo obstacle
obstante: no obstante notwithstanding, nevertheless
obtener (*like* **tener**) to obtain, get
obvio/a obvious
ocasión *f.* occasion
ocasionar to cause
occidental western, occidental; **mundo occidental** Western world (5)
océano ocean; **Océano Atlántico** Atlantic Ocean; **Océano Pacífico** Pacific Ocean
oclusivo/a occlusive
octavo/a eighth
octubre *m.* October
ocultar to hide, conceal
oculto/a hidden; **ciencias ocultas** occult sciences; **fuerza oculta** dark force
ocupar to occupy
ocurrir to occur, happen; **ocurrirse** to occur to, come to mind
oda ode
odio hate, hatred; **crimen** (*m.*) **por odio** hate crime
odioso/a hateful, odious (21)
oeste *m.* west
ofender to offend (18)
ofensa offense
ofensividad *f.* offensiveness
ofensivo/a offensive (14)
oferta offer (14)
oficial *m., f.* official, officer; *adj.* official
oficina office
oficio trade (*job*)
ofrecer (zc) to offer
oído (inner) ear; hearing
oír *irreg.* to hear; to listen to
ojo eye; **¡ojo!** careful!; **órbita de los ojos** eye socket
ola wave (*sea*)
oler *irreg.* to smell
olfato smell, sense of smell
olímpico/a: Juegos Olímpicos Olympic Games, Olympics
olor *m.* smell, odor
olvidadizo/a forgetful
olvidar to forget; to leave behind; **olvidarse de** to forget (*something, to do something*)
omitir to omit, leave out
onda wave
oniromancia divination of dreams (6)
opción *f.* option
operación *f.* operation
operar to operate
opinar to think; to form, express, or have an opinion
opinión *f.* opinion; **difundir opiniones** to disseminate opinions (17)
oponerse (*like* **poner**) **a** to oppose, be opposed to (18)
oportunidad *f.* opportunity
oposición *f.* opposition
opresión *f.* oppression
oprimir to oppress (22)
optar to choose, select
optativo/a optional
optimizar (c) to optimize
opuesto/a (*p.p. of* **oponer**) opposed
oración *f.* sentence (*gram.*)
órbita de los ojos eye socket
orden *m.* (*pl.* **órdenes**) order, arrangement; *f.* religious order
ordenar to arrange, put in order

ordinario/a ordinary
oreja (outer) ear
orgánico/a organic
organización *f.* organization
organizar (c) to organize
órgano organ
orgullo pride
orgulloso/a proud
orientación *f.* orientation; **orientación sexual** sexual orientation
oriental eastern, oriental
oriente *m.*: **extremo oriente** Far East
orificio hole
origen *m.* origin
originar to cause
originario/a: ser (*irreg.*) **originario/a de** to be originally from, be a native of
ornitología ornithology (*study of birds*)
oro gold
orquesta orchestra
ortográfico/a *adj.* spelling
oscurecer (zc) to darken
oscuridad *f.* dark, darkness
oscuro/a dark
otorgar (gu) to give
otro/a other; another; **otra vez** again; **por otro lado** on the other hand
oveja sheep
oxidarse to get rusty
óxido oxide
oxígeno oxygen
oyente *m., f.* listener
ozono ozone; **capa de ozono** ozone layer (10)

P

pacer (zc) to graze
paciente *m., f.* patient
pacífico/a: Océano Pacífico Pacific Ocean
padre *m.* father; *pl.* parents
padrenuestro Lord's prayer
pagar (gu) to pay; to pay for
página page
pago por visión pay-per-view (*TV*)
país *m.* country
paja straw
pájaro bird
palabra word; right to speak; **libertad** (*f.*) **de palabra** freedom of speech (17); **palabra en negrita** bold-faced word
palma palm
paloma dove
palomitas *pl.* popcorn
pan *m.* bread
panameño/a *n., adj.* Panamanian
panorama *m.* panorama
panorámico/a panoramic
pantalla screen
pañal *m.* diaper; **pañal desechable** disposable diaper (9)
pañuelo handkerchief
papa potato (*L.A.*) (22)
Papa *m.* Pope
papá *m.* dad
papel *m.* paper; role
paquete *m.* package
par *m.* pair
para for; on behalf of; in order to, to; **no me gusta(n) para nada** I don't like it (them) at all; **para que** *conj.* in order that
parabólico/a parabolic
paraíso paradise
paralelo *n.* parallel
paralelo/a *adj.* parallel
paralítico/a paralytic
parapsicología parapsychology (6)
parar to stop, cease
parásito/a parasitic
parcela plot (*of land*)
parcial partial
parecer (zc) to appear, seem, look; **parece que** it looks as if; it seems that; **parecerse a** to look alike, resemble one another (6); **¿qué te parece?** what do you (*fam. s.*) think?
parecido/a alike, similar; **bien parecido/a** good-looking (2)
pared *f.* wall
pareja couple, pair
parentesco kinship, relationship
paréntesis *m. inv.* parenthesis, parentheses
pariente/a relative
párrafo paragraph
parte *f.* part; **formar parte de** to be part or member of; **por otra parte** on the other hand; **por todas partes** everywhere
participación *f.* participation
participante *m., f.* participant
participar to participate
particular: en particular particularly
partida hand: round (*of a game*)
partido party (*political*); game, match
partir: a partir de as of, from
pasado *n.* past
pasado/a *adj.* last
pasar to pass; to happen; to go through
pasarela runway (*stage*)
paseo: dar (*irreg.*) **un paseo** to take a walk
pasión *f.* passion
pasivo/a *gram.* passive (voice)
paso step; **dar** (*irreg.*) **un mal paso** to make a mistake
pastar to graze
pastel *m.* pastry; cake
pasto grass
pastorear to pasture (*cattle, sheep*)
pastoreo shepherding, tending flocks (10)
pata paw (5); **meter la pata** to stick one's foot in one's mouth
patrocinar to sponsor
patrocinio sponsorship
patrón, patrona patron; owner
paulatinamente little by little
paz *f.* (*pl.* **paces**) peace
pecho chest
pedazo piece
pedir (i, i) to ask, request; to ask for
pegamento glue (9)
pegar (gu) to stick; to hit, strike
pelea fight
pelear to fight; to quarrel
película film, movie
peligro danger (5)
peligroso/a dangerous
pelirrojo/a red-headed
pelo hair (1); **tomarle el pelo a alguien** to tease, pull someone's leg
pena penalty; pain
pendiente pending, present
pendón *m.* pennant
penetrante penetrating
penetrar to penetrate
península peninsula
penitencia penance
penitente *m., f.* penitent
pensamiento thought
pensar (ie) to think; **pensar** (+ *inf.*) to plan (*to do something*); **pensar en** to think about (*someone, something*); **¿qué piensas de... ?** what do you think about . . . ?
pensativo/a pensive, thoughtful

penumbra semidarkness
peor worse; worst
pequeño/a small, little
percibir to perceive, sense
perder (ie) to lose
pérdida loss, waste; damage
perdonar to pardon, forgive
perdurar to endure, last
peregrinación *f.* pilgrimage
pereza laziness
perfeccionar to perfect
perfecto/a perfect
perfil *m.* profile; outline, sketch
perfumado/a perfumed (9)
perfume *m.* perfume
periódico newspaper; **recorte** (*m.*) **del periódico** newspaper clipping
periodista *m., f.* journalist
periodístico/a journalistic
período *gram.* period; period, age, era
perjudicado/a injured (6)
perjudicar (qu) to harm, injure (10)
perjudicial harmful (10)
perjuicio harm
permiso permission
permitir to permit, allow
pero but
perpetuar (perpetúo) to perpetuate (21)
perpetuo/a perpetual
perro/a dog
persecución *f.* persecution
perseguidor(a) pursuer; persecutor
persignarse to cross oneself, make the sign of the cross
personaje *m.* character; personality
personalidad *f.* personality
personificar (qu) to personify
perspectiva perspective (22)
perspicaz (*pl.* **perspicaces**) shrewd (21)
persuadir to persuade
pertenecer (zc) a to belong to
pesar: a pesar de in spite of
pescador(a) fisherman, fisherwoman
peso weight; burden
pesticida *m.* pesticide (10)
pétalo petal
petroglífico petroglyph (*ancient rock carving*)
petróleo petroleum
pez *m.* (*pl.* **peces**) fish
picar (qu) to peck
pie *m.* foot; **estar** (*irreg.*) **de pie** to be standing
piedra rock, stone
piel *f.* skin
pierna leg
pila battery; **pila no recargable** nonrechargeable battery (9)
pintar to paint
pintor(a) painter
pintura painting; art of painting (9)
piojoso/a louse-ridden
pionero/a pioneer (22)
pirámide *f.* pyramid
pirata *m.* pirate
piscina pool
pizarra blackboard
placer *m.* pleasure
plaga plague
plagado/a full (of), plagued (by)
planear to plan
planeta *m.* planet
planicie *f.* plain
planificar (qu) to plan
planta plant
plantación *f.* plantation
plantar to plant (10)
plantear to propose, put forward (*an idea*)
plasma: banco de plasma blood (plasma) bank
plástico *n.* plastic; **plástico/a** *adj.* plastic; **bolsa de plástico** plastic bag (9); **cubiertos de plástico** plastic forks, knives, and spoons (9); **espuma plástica** plastic foam (9)
plata silver
plato plate
playa beach
plaza square, plaza
plazo period, term
pleito lawsuit
pleno: en pleno (+*n.*) in the middle of (+*n.*)
plomo lead
pluscuamperfecto *gram.* pluperfect, past perfect
población *f.* population
poblado/a populated
poblador(a) resident, inhabitant
pobre poor; pitiful
pobreza poverty
poco *adv.* little, not a lot; not often
poco/a *adj., pron.* little, not much; *pl.* few; **un poco de** a little (*of something*); **hace poco** a little while ago
poder *n. m.* power
poder *v. irreg.* to be able to, can
poderoso/a powerful
podrido/a rotten
poema *m.* poem
poesía poetry
poeta *m., f.* poet
polaco/a *n.* Polish
policía *m.* male police officer; *f.* police (*force*); **mujer** (*f.*) **policía** female police officer
policíaco/a *adj.* pertaining to police; detective
poliéster *m.* polyester
polilingüista *m., f.* polylinguist
política *s.* politics
político/a *n.* politician; *adj.* political; **ciencias políticas** political science; **manifestación política** political demonstration (17)
pollero/a *coll. person paid to bring illegal immigrants across the border*
pollo/a *coll.* illegal immigrant
polución *f.* pollution
polvillo fungus
polvo dust
poner *irreg.* to put, place; **poner en evidencia** to demonstrate; **poner en marcha** to put into operation; **ponerse** to become; **ponerse de rodillas** to kneel
pontífice *m.*: **Sumo Pontífice romano** Supreme Roman Pontiff, Pope
popularidad *f.* popularity
por *prep.* by; for; through; by way of; by means of; as; **por ciento** percent; **por completo** completely; **por debajo de** under, underneath; **por ejemplo** for example; **por el contrario** on the contrary; **por encima de** above, over; **por eso** for that reason; **por favor** please; **por fin** finally; **por lo general** in general; **por lo menos** at least; **por (lo) tanto** therefore; **por otro lado** on the other hand; **por supuesto** of course; **por todas partes** everywhere; **por último** finally; **por un lado** on one hand
¿por qué? why?
porcentaje *m.* percentage (2)
porche *m.* porch
porque because
porqué *m.* reason, cause
portarse to behave

portavoz *m.* (*pl.* **portavoces**) spokesperson
portugués *m.* Portuguese (*language*)
portugués, portuguesa *n., adj.* Portuguese
portuñol *m. blend of Spanish and Portuguese*
posabrazos *m. inv.* armrest
posclásico/a postclassical
poseer (y) to possess; to own
posesión *f.* possession; **adjetivo de posesión** *gram.* possessive adjective
posibilidad *f.* possibility
posible possible
posición *f.* position
positivo/a positive
posponer (*like* **poner**) to postpone
postergarse (gu) to postpone
postguerra postwar period
postular to apply for
postura position, attitude
potable drinkable, potable
potencia strength; potency
potencial *n. m., adj. m., f.* potential
potestad *f.* power, authority
práctica *n.* practice
practicar (qu) to practice; to perform; to play (*a sport*)
práctico/a practical
pradera large prairie
preceder to precede
precio price
preciso/a precise, exact
preconcebido/a *adj.* preconceived
predecir (*irreg.*) to predict
predicción *f.* prediction
predisponer (*like* **poner**) to predispose
predominar to predominate
prefabricado/a prefabricated
preferencia preference
preferir (ie, i) to prefer
pregunta question; **hacer** (*irreg.*) **preguntas** to ask questions
preguntar to ask (*a question*)
prejuicio prejudice
premiar to reward; to award a prize to (14)
Premio Nobel Nobel Prize
premonitorio/a *adj.* warning
premontado/a preloaded
prenda article of clothing; **prendas íntimas** intimate apparel
prendido/a turned on
prensa press; **libertad** (*f.*) **de prensa** freedom of the press
preñada pregnant
preocupación *f.* preoccupation, worry
preocupado/a preoccupied, worried
preocupante *adj.* worrying
preocupar to preoccupy, worry; **preocuparse** to be worried
preparación *f.* preparation
preparar to prepare
preposición *f. gram.* preposition
prerrogativa prerogative
presagio omen (5)
presencia presence
presentación *f.* presentation
presentador(a) presenter
presentar to present; to introduce
presente *m.* present (*time*); *adj.* present; *gram.* present tense
preservación *f.* conservation
presidente/a president
presión *f.* pressure
presionar to urge, press
preso/a *n.* prisoner; *adj.* (*p.p. of* **prender**) imprisoned
prestación *f.*; **prestaciones** features (*of a television channel*)
préstamo loan
prestar to lend, loan; to give, render; **prestar atención** to pay attention
pretérito *gram.* preterite (tense)
prevalecer (zc) to prevail
prevención *f.* prevention
previsible foreseeable
primario/a primary; **escuela primaria** elementary school
primavera spring
primer, primero/a first; **en primer lugar** in the first place
primitivo/a primitive
primo/a *adj.* raw; **materia prima** raw material
princesa princess
príncipe *m.* prince
principiante *m., f.* novice
principio principle; beginning; **al principio** at the beginning, at first; **principio moral** moral principal (17); **principio religioso** religious principle (17); **principio social** social principle (17)
prioridad *f.* priority
prisa: de prisa in a hurry
prisionero/a prisoner
privado/a private
privilegio privilege (17)
probabilidad *f.* probability
probar (ue) to try, taste
problema *m.* problem
procedencia origin
procedente *adj.* coming, originating (from)
proceder to proceed, continue
procedimiento procedure
proceso process
proclamar to proclaim
procurar to try
producción *f.* production
producir (*like* **conducir**) to produce
productivo/a productive
producto product (14); **productos envasados** canned goods (9)
profecía prophecy
profesión *f.* profession
profesional *n., adj. m., f.* professional
profesor(a) professor
profeta *m.* prophet (22)
profético/a prophetic
profundo/a profound, deep
programa *m.* program; **programa de entrevista** interview program
programación *f.* programming (*television and radio*); **guía de programación** program guide (14)
programador(a) programmer
progreso progress
prohibición *f.* prohibition, denial
prohibir (prohíbo) to forbid, prohibit
prolijo/a extensive
prolongar to prolong
promedio average
prometer to promise
promoción *f.* promotion
promocionar to promote
pronombre *m. gram.* pronoun
pronominalizado/a *gram.* pronominalized
pronóstico forecast
pronto soon; quickly; **hasta pronto** see you soon
pronunciación *f.* pronunciation
pronunciar to pronounce
propagación *f.* propagation
propaganda publicity
propagar (gu) to propagate
propensión *f.* propensity, tendency
propicio/a propitious, favorable
propiedad *f.* property

propietario/a owner
propio/a own; proper; personal
proponente *m., f.* proponent
proponer (*like* **poner**) to propose
proporción *f.* proportion
proporcionar to provide (13)
propósito purpose (5); **a propósito** by the way
propuesto/a (*p.p. of* **proponer**) proposed
propulsor(a) *adj.* propulsive
proseguir (i, i) (g) to continue with
protagonista *m., f.* protagonist
protección *f.* protection
protector(a) protector
proteger (j) to protect (5)
protesta protest
protestante *m., f.* Protestant
protestar to protest
provecho benefit
proveer (y) (*p.p.* **provisto/a**) to provide
providencia providence
provincia province
provocar (qu) to provoke
provocativo/a provocative
próximo *adv.* near, nearby
próximo/a *adj.* next
proyecto project
prueba test; proof
pseudónimo pseudonym
publicar (qu) to publish
publicidad *f.* publicity; advertising
publicista *m., f.* publicist
publicitario/a *adj.* advertising; **anuncio publicitario** advertisement (13)
público *n.* public
público/a *adj.* public
pudrirse to rot, decay
pueblo town; people
puente *m.* bridge
puerta door
puertorriqueño/a *n., adj.* Puerto Rican
pues well
puesto job; position
puesto/a (*p.p. of* **poner**) put; place; turned on
pulgada inch
pulir to polish
pulmón *m.* lung (10)
pulsar to press
punta point; tip; **a punta de** by means of
punto point; **punto de vista** point of view
puntuación *f.* punctuation
puño fist
puro/a pure
pústula pimple

Q

que *rel. pron.* who; whom; that; which
¿qué? what?; which?; **¿qué tal?** how's it going? what's up?; **¿qué te parece?** what do you (*fam. s.*) think?
quebrada crack, gap
quechua *m.* Quechua (*Incan language spoken by many indigenous people in Peru and Ecuador*)
quedar to be located; to be left (*over*); **quedarse** to remain, stay (*in a place*); **quedarse mudo/a** to be left speechless
quejarse to complain
quemar to burn (10)
querer *irreg.* to want; to wish, desire; to love, like; **querer decir** to mean
queso cheese
quien *rel. pron.* who, whom
¿quién? who?; whom?
quieto/a quiet, still, peaceful
química chemistry
químico/a *adj.* chemical
quinceañero/a *adj.* turning fifteen years old
quincha reed
quinto/a fifth
quiromancia chiromancy, palmistry (6)
quitar to remove, take away
quizás *adv.* maybe, perhaps

R

rabia: dar (*irreg.*) **rabia** to anger, make angry
racional reasonable, rational
racismo racism (18)
radiación *f.* radiation
radio *f.* radio (*medium*)
radiofónico/a *adj.* radio
raíz *f.* (*pl.* **raíces**) root
ramo bouquet (of flowers)
rana frog
rango rank (*order*)
rapidez *f.* (*pl.* **rapideces**) rapidity, speed
rápido/a fast, quick
raqueta racket
raro/a rare; strange
rasgo trait, feature
rasurarse to shave (oneself)
rato while, little while
ratón *m.* mouse
raya stripe
rayo ray: **rayo X** X-ray (10)
raza race (18)
razón *f.* reason; **tener** (*irreg.*) **razón** to be right
razonable reasonable (6)
reacción *f.* reaction
reaccionar to react
real real; royal; **cédula real** royal document
realidad *f.* reality; **en realidad** truly, in truth
realista *n. m., f.* realist; *adj. m., f.* realistic (14)
realizado/a accomplished (6)
realizar (c) to carry out; perform; to fulfill, realize
rebajar to reduce (*in price*)
rebaño *n.* flock (*of sheep*)
rebelde *m., f.* rebel
rebozo long, narrow stole or shawl
recalcar (qu) to emphasize
recargable rechargeable; **pila no recargable** nonrechargeable battery (9)
recargar (gu) to recharge
recepción *f.* reception
recepcionista *m., f.* receptionist
receptor(a) receiving
receta recipe
rechazar (c) to refuse; to reject
rechazo rejection
rechinar to creak (*upon moving*)
recibir to receive; to get
reciclable recyclable
reciclaje *m.* recycling
reciclar to recycle (9)
recién *adv.* recently, newly
recipiente *m.* receptacle, container (9)
recíproco/a reciprocal
reclinarse to recline
recoger (j) to pick up, retrieve; to collect; to gather
recomendación *f.* recommendation
recomendar (ie) to recommend
recóndito/a hidden
reconocer (zc) to recognize

recopilar to compile
recordar (ue) to remember
recorrer to travel through or across
recorte (*m.*) **del periódico** newspaper clipping
recreación *f.* recreation
recreativo/a recreational
recrudecimiento worsening
rectitud *f.* uprightness
recto/a straight
recuerdo memory
recurrir (a) to appeal, resort (to); to return (to)
recurso resource; **recurso natural** natural resource (10)
red *f.* network; Internet; **navegar (gu) la red** to surf the Internet
redacción *f.* editing
redentor *m.***: Cristo Redentor** Christ the Redeemer
redondo/a round
reducir (*like* **conducir**) to reduce (9)
reemplazar (c) to replace, substitute
referencia reference
referente *m., f.* referent
referirse (ie, i) a to refer to
reflejar to reflect
reflejo reflection
reflexionar to reflect, meditate
reforma reform
reforzar (ue) (c) to reinforce
refrán *m.* saying, proverb
refresco soft drink
refugiarse to take refuge
refugio refuge
regalar to give (a gift) (1)
regalo gift
régimen *m.* regime
región *f.* region
regir (i, i) (j) to govern (17)
registro civil registry office
regla rule
regresar to return
rehusar (rehúso) to refuse
reina queen
reír(se) (i, i) to laugh (21)
relación *f.* relation; relationship
relacionar(se) to relate, connect (2)
relajarse to relax
relatar to relate, narrate
relativo/a *adj.* relative
relato story
relevancia relevance
religión *f.* religion
religioso/a *n.* religious person; *adj.* religious; **principio religioso** religious principle (17)
rencilla quarrel (21)
rencor *m.* resentment, bitterness
rendido/a exhausted
rendimiento performance
renovar (ue) to renew
renta rent
rentable income-producing
renunciar to renounce, give up
reparación *f.* repair
repartir to distribute
repasar to review
repaso review
repeler to repel; to reject
repetir (i, i) to repeat
reponer (*like* **poner**) to replace
reportaje *m.* report
reportar to report
reposo rest
representación *f.* representation
representante *m., f.* representative
representar to represent (21)
representativo/a *adj.* representative
represión *f.* repression
reprimir to repress
reprobar (ue) to censure, disapprove (17)
república republic; **República Dominicana** Dominican Republic
republicano/a republican
repugnancia repugnance, disgust (18)
repugnar to contradict; to disgust (18)
repujado/a embossed
repulsión *f.* repulsion
reputación *f.* reputation
requerir (ie, i) to require, need
res *m.* beef
resentimiento resentment
resentirse (ie, i) to begin to weaken, to give way
reservación *f.* reservation
reservado/a reserved
residencia residence, home
residente *m., f.* resident
residir to reside
resignarse to resign oneself
resistir to resist
resolución *f.* resolution
resolver (ue) (*p.p.* **resuelto/a**) to resolve; to solve
resonar (ue) to resound
respecto: (con) respecto a regarding; **al respecto** regarding the matter
respetar to respect (*someone*)
respeto *n.* respect (*for someone*)
respirar to breathe (10)
responder to answer, reply, respond to
responsabilidad *f.* responsibility
responsable responsible
respuesta answer, reply
resquicio opportunity
restaurante *m.* restaurant
resto rest, remainder; *pl.* leftovers
restringir (j) to restrict, limit
resucitar to bring back to life, revive
resultado result
resultar to result, to turn out to be
resumen *m.* summary
resumir to summarize
retener (*like* **tener**) to retain
retirar to withdraw
retornable returnable
retransmitir to rebroadcast, relay
retrasado/a behind, lagging
retratar to portray, describe
retrato portrait
reunión *f.* meeting
reunir (reúno) to bring together; **reunirse** to meet; get together
reutilizar (c) to reuse, recycle
revelar to reveal
reventar (ie) to burst
revés *m.***: al revés** the other way around
revisar to revise, check
revista magazine
revolución *f.* revolution
revolucionario/a revolutionary
rey *m.* king
rezar (c) to pray
rico/a rich
ridiculizar (c) to ridicule
riesgo risk (6)
rifle *m.* rifle
rígido/a rigid
rigor *m.* rigor
rincón *m.* (*pl.* **rincones**) corner
río river
riqueza wealth
risa laugh; laughter
ritmo rhythm; rate
rito rite
ritual *m.* ritual
rivalidad *f.* rivalry
rizado/a curly
robar to rob, steal
rocoso/a: Montañas Rocosas Rocky Mountains

rodear to surround
rodilla knee; **ponerse** (*irreg.*) **de rodillas** to kneel
rojo/a red; **Caperucita Roja** Little Red Riding Hood
rol *m.* role
romance *m.* romance
romano/a: Sumo Pontífice romano Supreme Roman Pontiff, Pope
romántico/a romantic
romper (*p.p.* **roto/a**) to break
rompimiento break
ron *m.* rum
ronco/a hoarse; raucous
ropa clothes, clothing; **suavizante** (*m.*) **de ropa** fabric softener (9)
ropero wardrobe, closet
rosa rose
rosado/a pink
rosario rosary
rostro face
roto/a (*p.p. of* **romper**) broken
rozadora lawn mower
rubio/a blond(e)
rueda wheel (22)
ruido noise
rumbo direction, course
rumor *m.* noise
ruso/a *n.* Russian
ruta route
rutina routine

S

sábado Saturday
sábana sheet
saber *irreg.* to know (*something*); **saber** (+ *inf.*) to know how, be able to (*do something*)
sabiduría wisdom; knowledge (5)
sábila aloe
saborear to taste
sacar (qu) to take out; to extract
sacerdotal priestly
sacerdote *m.* priest (22)
saco bag
sacrificio sacrifice
sadomasoquismo sadomasochism
sagrado/a sacred
sal *f.* salt
sala living room, room; **sala de estar** living room
salida departure; exit
salir *irreg.* to leave, go out; **salir mal** to turn out badly
salón (*m.*) **de clase** classroom
saltar to jump
saltatrás *m.* throwback
salud *f.* health
salvadoreño/a *n. m., f.* Salvadoran
salvaje wild
san *short form of* **santo**
sanbalgo/a mixed races
sancionado/a sanctioned
sangrar to bleed
sangre *f.* blood (1); **echar sangre** to bleed
sangriento/a bloody; bleeding
sanitario/a sanitary
sano/a healthy
santo/a saint
sardina sardine
sastrería tailor shop
Satanás *m.* Satan
satánico/a satanic
satélite *m.* satellite
sátira satire
satírico/a satirical
satirizar (c) to satirize
satisfacción *f.* satisfaction
satisfacer (*like* **hacer**) to satisfy
satisfecho/a (*p.p. of* **satisfacer**) satisfied
secado/a dried
sección *f.* section
seco/a dry
secreto/a secret
sector *m.* sector
secuestrado/a kidnapped
secundario/a: escuela secundaria high school
sedentario/a sedentary
sefardí (*pl.* **sefardíes**) *n. m., f.* Sephardi; *adj. m., f.* Sephardic
segregar (gu) to segregate (18)
seguido/a successive
seguir (i, i) (g) to follow; to continue; to continue to be
según *prep.* according to
segundo *n.* second; *adv.* secondly
segundo/a *adj.* second
seguridad *f.* security
seguro/a sure; **estar** (*irreg.*) **seguro/a** to be sure
selección *f.* selection, choice
seleccionar to select, choose
selecto/a exclusive, select
sello stamp, seal
selva forest; jungle
semana week; **fin** (*m.*) **de semana** weekend
semanal weekly
sembrar (ie) to sow, plant
semejante similar; such, of that kind; **semejante a** like, similar to
semejanza similarity
semestre *m.* semester
semilla seed
senador(a) senator
sencillo/a simple
senda path
sensacional sensational
sensacionalista *n., adj. m., f.* sensationalist (14)
sensato/a sensible
sentado/a seated, sitting
sentarse (ie) to sit (down)
sentencia judgment; sentence (*for a crime*)
sentido sense; **tener** (*irreg.*) **sentido** to make sense
sentimiento feeling
sentir (ie, i) to feel; to experience
señal *f.* sign; signal; traffic light
señalar to point out; to indicate; to designate (1)
señor *m.* Mr.; gentleman, man
señora Mrs.; lady
señorita Miss; young lady
separación *f.* separation
separar to separate
sepelio burial
septiembre *m.* September
séptimo/a seventh
ser *m.* being; **ser humano** human being
ser *irreg.* to be; **llegar (gu) a ser** to become; **ser originario/a de** to be originally from, be a native of
serie *f., s.* series; **serie de acción** action series (13)
serio/a serious
serpiente *f.* snake, serpent
servicio service (14)
servilleta napkin
servir (i, i) to serve
sesión *f.* session
severo/a severe
sexista *n., adj. m., f.* sexist (14)
sexo sex
sexto/a sixth
sexual: inclinación (*f.*) **sexual** sexual orientation (18); **orientación** (*f.*) **sexual** sexual orientation
si if
sí yes

sí *pron.* self; **sí mismo/a** oneself
sibilino/a mysterious
sicología psychology
sicológico/a pscychological
sicólogo/a psychologist
SIDA *m.* **(síndrome de inmunodeficiencia adquirida)** AIDS (Acquired Immune Deficiency Syndrome)
siempre *adv.* always
siervo/a servant
siglo century
significado *n.* meaning
significativo/a significant
signo sign
siguiente following, next
silencio silence
silencioso/a silent
silvestre wild
simbólico/a symbolic
simbolismo symbolism
simbolizar (c) to symbolize; to represent (21)
símbolo symbol
simétrico/a symmetrical
similitud *f.* similarity
simpático/a nice
simplificado/a simplified
simultáneo/a simultaneous
sin *prep.* without; **sin duda** without a doubt; **sin embargo** nevertheless; **sin igual** without equal; **sin que** *conj.* without
sincero/a sincere
síndrome (*m.*) **de inmunodeficiencia adquirida (SIDA)** Acquired Immune Deficiency Syndrome (AIDS)
siniestro/a sinister
sino *conj.* but (*contradicting a previous negative clause*)
sinónimo *n.* synonym
sinónimo/a *adj.* synonymous
sintaxis *f.* syntax
sintonizar (c) to tune in to
siquiera: ni siquiera not even
sistema *m.* system
sistemático/a systematic
sitio place; location, site
situación *f.* situation
soberano/a sovereign
sobras *pl.* leftovers
sobre *prep.* above, over; on top of; about, approximately
sobrenatural supernatural
sobrepastoreo overgrazing
sobrepoblación *f.* overpopulation
sobretodo overcoat
sobrevivir to survive
social: nivel (*m.*) **social** social status (14); **principio social** social principle (17)
sociedad *f.* society
sociocultural sociocultural
socioeconómico/a socioeconomic
sociohistórico/a sociohistorical
sofá *m.* sofa
sol *m.* sun; **hace sol** it's sunny
solamente only
soldado soldier (22)
soledad *f.* solitude
soler (ue) (+ *inf.*) to be in the habit of, be accustomed to (*doing something*)
solicitar to solicit
solidaridad *f.* solidarity (21)
solidificar (qu) to solidify
sólido/a *adj.* solid
sollozo sob
sólo *adv.* only, solely
solo/a *adj.* alone
soltero/a *adj.* single, unmarried
solución *f.* solution
solvente *m.* solvent
sombra shadow
sombrero hat
sometido/a subjected
sonido sound
soñar (ue) to dream; **soñar con** to dream about, of
soportar to bear, put up with (18)
soporte *m.* support
sor *f.* Sister (*used before the name of a nun*)
sordo/a deaf; muffled
sordomudo/a deaf-mute
sorprendente surprising
sorprender to surprise
sorpresa surprise
sorteo *n.* raffle
sospecha suspicion
sospechar to suspect
sospechoso/a suspicious
sostén *m.* support
sostener (*like* **tener**) to support, maintain (*an idea*)
suave soft
suavidad *f.* softness
suavizante (*m.*) **de ropa** fabric softener (9)
subdesarrollado/a underdeveloped, not industrialized
súbito/a sudden, unexpected
subjetivo/a subjective (6)
subjuntivo *gram.* subjunctive
subordinación *f.* subordination
subordinado/a subordinate
subrayar to underline
suburbano/a suburban
subversivo/a subversive
subyacer (*like* **yacer**) to lie, be present in
subyugar (gu) to subjugate
suceder to happen, occur
sucesivo/a successive
sucio/a dirty
Sudáfrica South Africa
Sudamérica South America
sudamericano/a *n., adj.* South American
sudoroso/a sweaty
suegro/a father-in-law/mother-in-law
sueldo salary, pay
suelo ground; soil
sueño sleep; dream
suerte *f.* luck, fate; destiny (5); **tener** (*irreg.*) **suerte** to be lucky
suéter *m.* sweater
suficiente sufficient
sufrimiento suffering
sufrir to suffer; to undergo, experience
sugerencia suggestion
sugerir (ie, i) to suggest
suicidarse to commit suicide
sujeción *f.* fastening
sujeto *gram.* subject
sumar to add, add up; **sumarse** to join
suministrar to supply
sumiso/a submissive
sumo/a extreme, highest; **Sumo Pontífice romano** Supreme Roman Pontiff, Pope
superar to surpass, exceed
superficie *f.* surface
superhéroe *m.* superhero
superior *adj.* top, upper; superior
superioridad *f.* superiority
supermercado supermarket
superstición *f.* superstition
supersticioso/a superstitious
supervisar to supervise
suplicar (qu) to beseech; to beg
suponer (*like* **poner**) to suppose, assume, imagine

suposición *f.* supposition
supremo/a supreme
suprimir to suppress (17)
supuesto/a supposed, assumed; **por supuesto** of course
sur *m.* south; **América del Sur** South America
surfear to surf
surgimiento rise
surgir (j) to arise, appear (1)
suroeste *m.* southwest
suspendido/a suspended
suspensión *f.* suspension
suspicaz *f.* (*pl.* **suspicaces**) suspicious
suspirar to sigh
sustancia substance
sustantivo *gram.* noun
sustentador(a) sustaining
sustituir (y) to replace
susto fright
sutil subtle
sutileza subtlety
suyo/a *pron.* his, hers, yours (*form. s., pl.*), theirs, its, one's

T

tabaco tobacco
tabla board; chart
tabú (*pl.* **tabúes**) taboo
tachar to cross out
tachón *m.* correction; crossing out
tal such, such a; so; **con tal (de) que** provided that; **de tal manera** in such a way; **¿qué tal?** how's it going? what's up?; **tal como** just as, exactly the same as; **tal vez** perhaps
talador(a) woodcutter; woodsman
talar to fell, cut down (10)
talismán *m.* talisman, amulet (6)
taller *m.* shop
tallo stem
tamaño size
también *adv.* also
tambor *m.* drum
tampoco *adv.* neither, not either
tan *adv.* so, as; at least, only; **tan... como** as . . . as
tanque *m.* tank
tanto *adv.* so much, so long, so far, so often; *n. m.*: **estar** (*irreg.*) **al tanto** to be informed about, up-to-date on; **por (lo) tanto** therefore
tanto/a *adj.* as much; so much; such a; **tanto/a... como** as much . . . as; **tantos/as** so many; as many; **tantos/as... como** as many . . . as
tardar en (+ *inf.*) to take a long time to (*do something*)
tarde *f.* afternoon; *adv.* late
tarea task, job; homework
tarjeta card
tarot *m.* tarot (card) (6)
tasa rate; **tasa de deforestación** rate of deforestation (10)
taza cup
teatro theater; play
techo roof
tecla key (*piano, keyboard*)
técnica technique
técnico/a *adj.* technical
tecnología technology
tecnológico/a technological
tedio tedium
tejano/a *n., adj.* Texan
tela cloth fabric
tele *f.* TV
teleadicta *m., f.* TV addict
teleauditorio (television) audience
telefónico/a *adj.* telephone
teléfono telephone
telenoticias *f. pl.* television news
telenovela soap opera (13)
telepatía telepathy
teleproducción *f.* television production
teleteatro television drama
televidente *m., f.* (television) viewer (13)
televisión *f.* television (*medium*)
televisivo/a *adj.* of or related to television (13)
televisor *m.* television set
tema *m.* subject, theme, topic
temático/a thematic
tembloroso/a *adj.* trembling, shaking
temer to fear, be afraid of (5)
temor *m.* fear
temperatura temperature
templo temple
temporada period (of time)
tendencia tendency
tender (ie) a to tend to
tenedor *m.* fork
tener *irreg.* to have; **tener cuidado** to be careful; **tener en cuenta** to keep in mind; **tener éxito** to be successful (2); **tener ganas de** (+ *inf.*) to feel like (*doing something*); **tener la culpa** to be guilty; **tener lugar** to take place; **tener miedo** to be afraid; **tener razón** to be right; **tener sentido** to make sense; **tener suerte** to be lucky
tenis *m.* tennis
tenso/a tense
tentación *f.* temptation
tentenelaire *m., f.* half-breed
teocracia theocracy (22)
teológico/a theological
teólogo/a *n.* theologian; *adj.* theological
teoría theory
tercer, tercero/a third
terminar to finish
término term; limit
terminología terminology
termómetro thermometer
terremoto earthquake
terreno land
terrestre underground
territorio territory
terror *m.* terror
terrorista *m., f.* terrorist
tertulia social gathering
testamento will
testigo *m., f.* witness
tez *f.* (*pl.* **teces**) complexion
tibieza coolness
tiempo time; weather
tienda store
tierra land, earth; Earth
tijeras *f. pl.* scissors
tilde *f.* tilde
timidez *f.* shyness
tímido/a shy, timid
tinieblas *f. pl.* darkness, shadows
tío/a uncle/aunt
típico/a typical
tipo type, kind
tira cómica comic strip
tiranía tyranny (17)
tirar to throw; to throw away (1); **tirar en la basura** to throw away (*in the garbage*) (9)
titulado/a entitled
titular *m.* headline
titularse to be titled
título title
toalla towel
tocante a concerning
tocar (qu) to touch (1); to touch upon; to knock; to be one's turn; **tocar madera** to knock on wood

todavía still; yet
todo/a all, whole; **a todo color** full-color; **por todas partes** everywhere; *pl.* all; everyone
todoterreno *m.* all-terrain vehicle
tolerar to tolerate, put up with; to stand (bear)
tomar to take; to make; to drink; **tomar a la tremenda** to take something too seriously; **tomar en cuenta** to take into account; **tomarle el pelo a alguien** to tease, pull someone's leg
tomate *m.* tomato (22)
tonelada ton
tono tone
tontería foolishness
torero bullfighter
toro: corrida de toros bullfight
toser to cough
total *m.* total; **en total** in all
totalidad *f.* whole
tótem *m.* (*pl.* **tótems** *or* **tótemes**) totem
tóxico/a toxic; **emitir vapores tóxicos** to emit toxic fumes (9)
trabajador(a) worker
trabajar to work
trabajo work; job
tradición *f.* tradition
tradicional traditional
tradicionalismo traditionalism
traducir (*like* **conducir**) to translate (2)
traer *irreg.* to bring (5)
tráfico traffic
tragedia tragedy
trágico/a tragic
trama plot (*literary*)
trampa trap
tranquilo/a tranquil, calm
transcripción *f.* transcription
transformación *f.* transformation
transformar to transform
transmisión *f.* broadcast, broadcasting
transmitir to transmit
transpiración *f.* transpiration
transpondedor *m.* transponder
transportación *f.* transportation
transportado/a transported
transporte *m.* transport; transportation; **medio de transporte** means of transportation
tras *prep.* after; behind
trascendental far-reaching
trasladarse to move
trasnacional transnational
traspasar to go through; to cross
trastorno upheaval
tratamiento treatment
tratar to treat; to address; **tratar de** to try to; **tratarse de** to be about, a question of
trato treatment
través: a través de through, across
trayecto journey
trébol *m.* clover (5)
tremendo/a tremendous, terrible; **tomar a la tremenda** to take something too seriously
tren *m.* train
triángulo triangle
tribu *f.* tribe
tribunal *m.* court
trimestre *m.* trimester, quarter (*academic*)
triste sad
tristeza sadness
triunfal triumphant
triunfar to be successful (2)
tronco trunk (*of a tree*)
tropical: bosque (*m.*) **tropical** tropical forest (10)
trópico *s.* tropics
trozo piece, fragment
tubérculo tuber, root vegetable
tubería plumbing
tumba tomb
tumbar to knock down
tupido/a thick, dense
turco/a *n.* Turk; *adj.* Turkish
turista *m., f.* tourist
turquesa turquoise
tuyo/a *pron.* yours (*fam.*), of yours (*fam.*)

U

u or (*used instead of* **o** *before words beginning with* **o** *or* **ho**)
últimamente lately, recently
último/a last; final; **por último** finally
ultravioleta *adj. m., f.* ultraviolet
umbral *m.* threshold
únicamente only
único/a only, sole; unique
unidad *f.* unit; union
unido/a united
uniformado/a uniformed
uniforme *m.* uniform
unión *f.* union
unir to join
universidad *f.* university
universitario/a *n.* university student; *adj.* university
universo universe
uña nail, fingernail
urbanismo city planning
urbanístico/a *adj.* city-planning, housing
urbanización *f.* urbanization
urdir to scheme, plot
urgir (j) to urge; to be urgent
uruguayo/a *n., adj.* Uruguayan
usar to use; employ
uso *n.* use
utensilio utensil
útil useful
utilidad *f.* utility
utilizar (c) to utilize, use
uva grape

V

vaca cow
vacación *f.* vacation; **de vacaciones** on vacation
vacante vacant, unoccupied
vaciar (vacío) to empty
vacilación *f.* vacillation, hesitation
vacío/a empty
vainilla vanilla
valer *irreg.* to be worth
validez *f.* (*pl.* **valideces**) validity
válido/a valid
valle *m.* valley
valor *m.* value; worth; courage
valorar to value
vapor *m.* vapor; **emitir vapores tóxicos** to emit toxic fumes (9)
variación *f.* variation
variado/a varied
variante *f.* variant
variar (varío) to vary
variedad *f.* variety
vario/a varied; different; *pl.* various; several
varón *m.* man
vasco/a *adj.* Basque
vasija vessel, receptacle
vaso (drinking) glass
vecino/a neighbor
vegetación *f.* vegetation
vegetal *adj.* vegetable
vehículo vehicle
vela candle

veloz (*pl.* **veloces**) fast, rapid
vena vein
vencer (z) to conquer
vendedor(a) *adj.* vending
vender to sell
venenoso/a poisonous
venganza revenge
venir *irreg.* to come; to arrive
venta sale
ventaja advantage (2)
ventana window
ver *irreg.* (*p.p.* **visto/a**) to see; to look (at)
veracidad *f.* veracity, truthfulness
verano summer
verborragia verbiage; verbosity
verdad *f.* truth; **de verdad** truly, really
verdadero/a true
verde green
verdugo executioner
veredicto verdict
vergonzante shameful
vergüenza shame; embarrassment; **darle** (*irreg.*) **vergüenza a uno** to be ashamed
verificar (qu) to verify; to check
vermut *m.* vermouth
versión *f.* version
verso verse; line (*of a poem*)
vestido dress
vestimenta vestment, robe (*clerical*)
vestirse (i, i) to dress
veterano/a veteran
vez *f.* (*pl.* **veces**) time; **a la vez** at the same time; **a veces** sometimes; **de vez en cuando** from time to time; **dos veces** twice; **en vez de** instead of; **otra vez** again; **tal vez** perhaps; **una vez** once
vía way; method; **estar** (*irreg.*) **en vías de** to be in the process of
viajar to travel
viaje *m.* trip, journey
vicepresidente/a vice president
viciado/a foul; polluted
vicio vice; bad habit
víctima victim
victoria victory
vida life; **nivel** (*m.*) **de vida** standard of living (2)
vidente *m., f.* seer, clairvoyant (22)
vídeo video; **vídeo musical** music video (13)
vidrio glass (9)
viejo/a old
viento wind; **molino de viento** windmill
viernes *m. inv.* Friday
vigilar to watch; to guard (13)
vigor *m.* vigor, strength
vil despicable, vile
vino wine
violación *f.* violation; rape
violar to violate; to rape
violencia violence
violento/a violent
violinista *m., f.* violinist
virgen *f. n., adj.* virgin
virilidad *f.* virility
viruela smallpox (22)
visión *f.* vision; **pago por visión** pay-per-view (*TV*)
visita visit
visitante *m., f.* visitor
visitar to visit
vista sight (13); view; glance; **a la vista** visible; **punto de vista** point of view
visto/a (*p.p. of* **ver**) seen
visualización *f.* visualization
vitalidad *f.* vitality
vitamina vitamin
vitorear to applaud, cheer (22)
vitral *m.* stained-glass window
vitrina glass showcase; store window
viudo/a widower/widow
vivienda house, dwelling
vivir to live; **modo de vivir** lifestyle
vivo/a alive; **en vivo** live (*performance*)
vocablo word; term
vocabulario vocabulary
vocal: ejecución (*f.*) **vocal** vocal performance
volcán *m.* volcano
volteado/a *adj.* turned away
volumen *m.* (*pl.* **volúmenes**) volume
voluntad *f.* will
voluntario/a *n.* volunteer; *adj.* voluntary
volver (ue) (*p.p.* **vuelto/a**) to return, give back; **volver a** (+ *inf.*) to do (*something*) again
vos you (*fam. s. C.Am., Arg.*)
voseo *use of* **vos** *in addressing someone*
votar to vote
voto vote
voz *f.* (*pl.* **voces**) voice; **en voz alta** out loud
vuelta: dar (*irreg.*) **vueltas** to turn in circles

Y

y and
ya already; now
yacer *irreg.* to lie; to lie buried, rest

Z

zapatero/a shoemaker
zapato shoe
zodíaco zodiac
zona zone, area
zurdo/a left-handed

INDEX

GRAMMAR AND COMMUNICATION INDEX

TOPIC INDEX

Photographs: *Page 2 left* Corbis/Bettman, *right* Mitchell Gerber/Corbis; *6 and 10* Peter Menzel; *16 right* © Claudio Bravo, Courtesy Marlborough Gallery, NY; *16 left* David Alfaro Siqueiros, *El sollozo*. 1939. Enamel on composition board, 48 1/2 x 24 3/4. The Museum of Modern Art, New York. Given anonymously. Photograph © The Museum of Modern Art, New York.; *17 top* Patssi Valdez, *bottom* © Claudio Bravo, Courtesy Marlborough Gallery, NY; *18 left* Esbin-Anderson/Omni Photo Communications, Inc., *right* Courtesy of Jim Lee; *35 left* Ulrike Welsch, *right* Bob Krist/Harmony House; *42* AP/Wide World Photos; *47* Robert Fried/Stock Boston; *72 right* Iglesia Santo Tomé, Toledo, Spain (St. Thomas Church)/SuperStock, *left* © Fernando Botero, Courtesy of Marlborough Gallery, NY; *73 top* Carmen Lomas Garza. Photo M. Lee Fatheree, Collection of Nicholas and Christine Hernandez Trust Collection. Pasadena, CA., *bottom* Germán Pavón; *74* Mark Udry/SuperStock; *80 left* Suzanne Murphy-Larrond, *right* Danny Lehman/Corbis; *86 left* Beryl Goldberg, *right* Arxiu Mas, Barcelona; *91* Peter Menzel; *98* Frerck/Odyssey/Chicago; *105* Tony Savino Photo/The Image Works; *130 top right* © Daniel Quintero/Licenced by VAGA, New York, NY. Courtesy, Marlborough Gallery, *bottom left* Wilfredo Lam, *The Jungle*. 1943. Gouache on paper mounted on canvas, 7′10 1/4 x 6′6 1/2. The Museum of Modern Art, New York. Inter-American fund. Photograph © 1999 The Museum of Modern Art, New York.; *131 top* Photo by Eric Borcherding, Courtesy of Instituto de Cultura Puertorriqueña, *bottom* Grace Solís, represented by ARC; *139* Peter Menzel; *144* Éster Hernández; *150* Stephanie Maze/Woodfin Camp; *156* Ulrike Welsch; *160* Danny Lehman/Corbis; *163* AGE Fotostock; *190 bottom* Archivo fotográfico, Museo Nacional Centro de Arte Reina Sofía, *top* Armando M. Pena, Jr.; *191 left* © Daniel Quintero/Licenced by VAGA, NY, NY Courtesy, Marlborough Gallery, *right* Photo by Charlotte Raymond, Quibb Gallery (BMS) Courtesy of Félix Rodríguez Báez; *192 left* Peter Menzel, *right* Beryl Goldberg; *198* Magino/The Image Works; *204* Esbin-Anderson/Omni Photo Communications, Inc.; *210* Courtesy of Cruz/Kravetz: IDEAS; *223 bottom* Beryl Goldberg; *250* Fernando Botero. *The Presidential Family*. 1967. Oil on canvas 6′8 1/8 x 6′5 1/4. The Museum of Modern Art, New York. Gift of Warren D. Benedek. Photograph © 1999 The Museum of Modern Art, New York; *252* AGE Fotostock; *258 left* M. Antman/The Image Works, *right* Radical Press/Photo Reporters/IPOL; *261* Centro de Arte Reina Sofía, Madrid, Spain/AKG, Berlin/SuperStock. © 1999 Estate of Pablo Picasso/Artists Rights Society (ARS), New York.; *262* SuperStock; *263 left* AP/Wide World Photos, *right* Poveda/Photo Reporters/IPOL; *269* Arxiu Mas, Barcelona; *282* NBT/Photo Reporters/IPOL; *308 top* Amado M. Pena, Jr., *bottom* Juan Sánchez; *309 top left* Éster Hernández, *bottom right* Santa Barraza; *310* Bob Daemmrich/Stock Boston; *315 left* Corbis/Picture Press, *right* Corbis/Hulton-Deutsch Collection; *320* Peter Menzel/Stock Boston; *324* SuperStock; *328 top* Corbis/Bettmann Archive, *bottom* Loren McIntyre/Woodfin Camp; *329* Corbis/Bettman Archive; *332* "A Logo for America" by Alfred Jaar; *337* The Granger Collection, NY.

Realia: *Page 22* © Quino/Quipos; *23* From *Tú*. Reprinted with permission of Editorial Televisa; *32-33* From *Hombre Internacional.* Reprinted with permission of Editorial Televisa; *42* From *Más*. Reprinted with permission of CYN. ZARCO; *84 Muy Interesante*; *89* From *Mexican Folk Narrative from the Los Angeles Area* (Austin: University of Texas, 1973); *100, 101, 103* © Quino/Quipos; *147* Copyright *El País* 1992; *154* From *Rumbo*. Courtesy of Grupo Nación, San José, Costa Rica; *160-161 Revista Ecología; 166* Javad/Cartoonists & Writers Syndicate; *167* Palomo/Cartoonists & Writers Syndicate; *168* Bado/Cartoonists & Writers Syndicate; *169* © Quino/Quipos; *170* Courtesy *Natura*, G + J España; *196 (all)* © Quino/Quipos; *197 Diez Minutos*; *197* © Quino/Quipos; *201* From *Más*. Reprinted with permission of Christina Simon; *207 La familia de hoy*; *208* Reprinted with permission of *Ciencia y* *desarrollo*/CONACYT; *208 El Mercurio*; *213 Semana*, Bogota; *216, 219-220 (all) Satelite TV*, Publisat, S.A.; *227 Visión*; *255 Muy Interesante*; *287 Quehacer político*; *314* Text: From "Entre nuestras dos comunidades." Copyright © 1992 Enrique Fernández. First published in *Más*, July-August, 1992. Reprinted by permission of Susan Bergholz Literary Services, New York. All rights reserved. Photo: Stevens/Sipa Press; *317* Bonafont; © 1995 Citibank (South Dakota), N.A.; *318* Reprinted by permission from Editorial America, S.A. d/b/a, Editorial Televisa; *340* Cherepanov/Cartoonists & Writers Syndicate; *340* Constantin/ Cartoonists & Writers Syndicate; *341* Haramija/Cartoonists & Writers Syndicate; *342* Copyright © 1992 by the New York Times Co. Reprinted by permission.

Literary Readings: *Page 55-57* "La novia ausente" Marco Denevi, *El amor es un pájaro rebelde*, Buenos Aires, Corregidor, 1993; *114-115* "Cirios" by Marjorie Agosín from *La Felicidad*. Reprinted with permission of Editorial Cuarto Propio, Santiago de Chile; *174-175* "Kentucky" by Ernesto Cardenal from *Nueva antología poetíca*. Reprinted with permission of Siglo Veintiuno Editores; *214* From *Memoria del fuego III* by Eduardo Galeano. Reprinted with permission of Siglo Veintiuno Editores; *232-233* "Telenovela" by Rosario Castellanos from *Poesía no eres tú: Obra poética, 1948-1971*. Reprinted with permission of Gabriel Guerra Castellanos and Fondo de Cultura Económica; *277, 278-281* From *Memoria del fuego II* and *Memoria del fuego III* by Eduardo Galeano. Reprinted with permission of Siglo Veintiuno Editores; *292-293* "Una carta de familia" by Álvaro Menéndez Leal from *El país que edificó un castillo de hadas y otros cuentos maravillosos*. Reprinted with permission of Editorial Universitaria Centroamericana/EDUCA, San José, Costa Rica; *346-347* Courtesy of the heirs of Nicolás Guillén and Agencia Literaria Latinoamericana.

ABOUT THE AUTHORS

James F. Lee is Professor of Spanish, Director of Language Instruction, and Director of the Programs in Hispanic Linguistics in the Department of Spanish and Portuguese at Indiana University. His research interests lie in the areas of second language reading comprehension, input processing, and exploring the relationship between the two. His research papers have appeared in a number of scholarly journals and publications. His previous publications include *Making Communicative Language Teaching Happen* (1995, McGraw-Hill) and several co-edited volumes, including *Multiple Perspectives on Form and Meaning,* the 1999 volume of the American Association of University Supervisors and Coordinators. Dr. Lee is also the author of *Tasks and Communicating in Language Classrooms* (2000, McGraw-Hill). He has also co-authored several textbooks, including *¿Sabías que... ? Beginning Spanish* (2000, McGraw-Hill) and *Ideas: Lecturas, estrategias, actividades y composiciones* (1994, McGraw-Hill). He and Bill VanPatten are series editors for The McGraw-Hill Second Language Professional Series.

Dolly Jesusita Young is Associate Professor of Spanish in the Department of Romance Languages at the University of Tennessee, where she supervises the first- and second-year Spanish programs and provides teacher training for graduate students. She received her Ph.D. in Foreign Language Education from the University of Texas at Austin in 1985. She has published widely in the areas of language anxiety and foreign language reading. She co-edited the first language anxiety volume *Language Anxiety: From Theory and Research to Classroom Implications*, with Dr. Elaine K. Horwitz, and co-wrote a supplementary Spanish reader, *Esquemas,* with the late Darlene F. Wolf. More recently she published a volume in The McGraw-Hill Second Language Professional Series entitled *Affect in Foreign Language and Second Language Learning: A Practical Guide to Creating a Low-Anxiety Classroom Atmosphere* (1999).

Darlene F. Wolf was, at the time of her death, Assistant Professor of Spanish in the Department of Romance Languages at the University of Alabama, where she served as the Director of first-year Spanish and was responsible for the training of graduate teaching assistants. She taught a range of undergraduate and graduate courses in Spanish linguistics and applied linguistics. She received her Ph.D. in Spanish Applied Linguistics at the University of Illinois in 1991, specializing in second-language reading research. She published several articles in this area. She co-authored, along with Dolly Jesusita Young, *Esquemas,* a supplementary Spanish reader, as well as other textbooks on developing reading strategies in various languages.

Paul Michael Chandler is Associate Professor of Spanish and Coordinator of first-year Spanish at the University of Hawai'i at Manoa. He teaches Spanish and Portuguese languages, teaching methodology, historical Spanish language, and Hispanic literature; he is also responsible for teacher training. He received his Ph.D. in 1992 from Indiana University in Bloomington, where he served as course coordinator. Before joining the faculty at Hawai'i, he was the Applied Linguist/Methodologist at San Jose State University in California, where he taught courses in language, phonetics, linguistics, and teaching methodology. He has edited the proceedings of the Hawai'i Association of Language Teachers conference and is co-author of a conversation/composition text, *Con destino a la comunicación: Oral and Written Expression in Spanish* (1998, McGraw-Hill).